"十三五"国家重点出版物出版规划项目

经济科学译丛

平狄克 鲁宾费尔德《微观经济学》（第九版）学习指导

乔纳森·汉密尔顿（Jonathan Hamilton）
瓦莱丽·萨斯洛（Valerie Suslow） 编

李 彬 译

张 军 校

Study Guide for Microeconomics

(Ninth Edition)

中国人民大学出版社

·北京·

《经济科学译丛》

编辑委员会

《经济科学译丛》总序

中国是一个文明古国，有着几千年的辉煌历史。近百年来，中国由盛而衰，一度成为世界上最贫穷、落后的国家之一。1949 年中国共产党领导的革命，把中国从饥饿、贫困、被欺侮、被奴役的境地中解放出来。1978 年以来的改革开放，使中国真正走上了通向繁荣富强的道路。

中国改革开放的目标是建立一个有效的社会主义市场经济体制，加速发展经济，提高人民生活水平。但是，要完成这一历史使命绝非易事，我们不仅需要从自己的实践中总结教训，也要从别人的实践中获取经验，还要用理论来指导我们的改革。市场经济虽然对我们这个共和国来说是全新的，但市场经济的运行在发达国家已有几百年的历史，市场经济的理论亦在不断发展完善，并形成了一个现代经济学理论体系。虽然许多经济学名著出自西方学者之手，研究的是西方国家的经济问题，但他们归纳出来的许多经济学理论反映的是人类社会的普遍行为，这些理论是全人类的共同财富。要想迅速稳定地改革和发展我国的经济，我们必须学习和借鉴世界各国包括西方国家在内的先进经济学的理论与知识。

本着这一目的，我们组织翻译了这套经济学教科书系列。这套译丛的特点是：第一，全面系统。除了经济学、宏观经济学、微观经济学等基本原理之外，这套译丛还包括了产业组织理论、国际经济学、发展经济学、货币金融学、公共财政、劳动经济学、计量经济学等重要领域。第二，简明通俗。与经济学的经典名著不同，这套丛书都是国外大学通用的经济学教科书，大部分都已发行了几版或十几版。作者尽可能地用简明通俗的语言来阐述深奥的经济学原理，并附有案例与习题，对于初学者来说，更容易理解与掌握。

经济学是一门社会科学，许多基本原理的应用受各种不同的社会、政

数学知识复习

如果你对基本代数运算已经生疏，那么你会发现求解数量经济问题以及用直线和曲线来描述经济概念是很困难的事。良好的数学基础可以使你专注于经济学而不是代数运算。如果你感到自己的数学知识异常薄弱，可以要求你的老师向你推荐一本数学复习书。假如你只是想要做个快速的回顾，那么接下来的内容可能就够用了。

函数符号

如果销售量与广告支出的关系是线性的，那么我们可以将其写作：

销售量＝100＋0.5×广告支出

在其他情况下，我们也许没有确切的方程，而只能用一般的函数形式描述：销售量＝f(广告收入)，其中 $f()$ 代表存在某种函数关系。一个函数由 $y=f(x)$ 表示，读作“y 等于 x 的函数 f”。函数就是为每一个 x 指定一个唯一 y 值的某种规则或方式。我们说 y 是因变量，其值的大小决定于自变量 x 的值。

线性函数

因变量的变化率除以自变量的变化率就是函数的斜率。用符号来表示，斜率可以写作 $\Delta y/\Delta x$，读作“由 x 的变化所导致的 y 的变化”。

在图 1 中，由 A 点移动到 B 点，销售量从 110 增加到 140，与此同时，广告支出从 20 增加到 80。因此，

$$\frac{\Delta\text{销售量}}{\Delta\text{广告支出}}=\frac{110-140}{20-80}=\frac{-30}{-60}=+0.5$$

从 B 点到 C 点的变化率也是＋0.5。因此，在图 1 所画的直线上，任何两点间的斜率均恒等于 0.5。一般地，任何线性函数都可以表示为 $y=a+bx$ 的形式，其中 a 和 b 为给定的常数（它们的取值根据不同方程或不同问题而不同）。a 被定义为 y 轴截距（直线与 y 轴的交点），描述了当 x 的取值为 0 时的 y 值。在图 1 中，y 轴截距是 100，因此这个线性方程的形式为：销售量＝100＋0.5×广告支出。系数 b 被定义为斜率。一般地，对任何线性函数 $y=a+bx$，斜率均等于 b 而 y 轴截距等于 a。x 轴截距等于 $-a/b$，可

以通过令 $y=0$ 而求 x 的值得到。

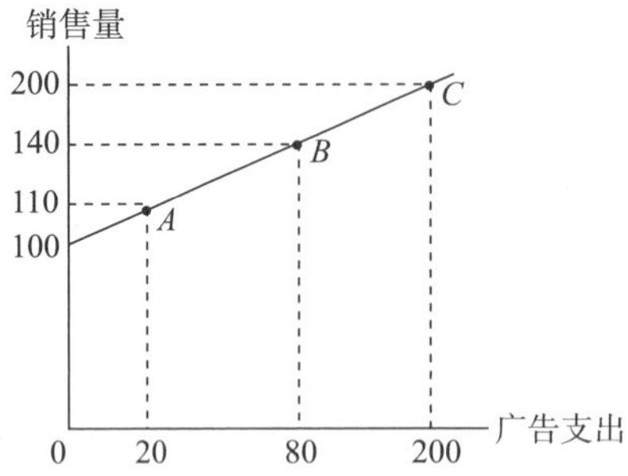

图 1

只给出两个点 B 和 C，如何得到对应的方程？给定直线上任何两个点，你都可以求解出对应的线性方程。在确定了斜率之后，你可以写出方程的一般形式 $y=a+0.5x$。再把直线上任何一点代入方程。例如代入图 1 中的 C 点，则 $200=a+0.5\times200$，从而 $a=100$。因此，该线性方程为 $y=100+0.5x$。通过令 $y=0$，因而 $0=100+0.5x$，求得 x 轴截距为 $x=-200$。

现在假设给你另一条直线上的两个点，要你找到相应的方程。这两个点分别是 $(x_0, y_0)=(2, 46)$ 和 $(x_1, y_1)=(15, 20)$。这条直线的斜率为 $\Delta y/\Delta x=(46-20)/(2-15)=26/(-13)=-2$。因此，我们有 $y=a-2x$。现在，把一个点代入方程中求解 a：$20=a-2\times15$，从而 $a=50$。因此，这个线性方程为 $y=50-2x$。斜率为 -2，y 轴截距为 50，而 x 轴截距（令 $y=0$）为 25。这一负斜率的直线如图 2 所示。

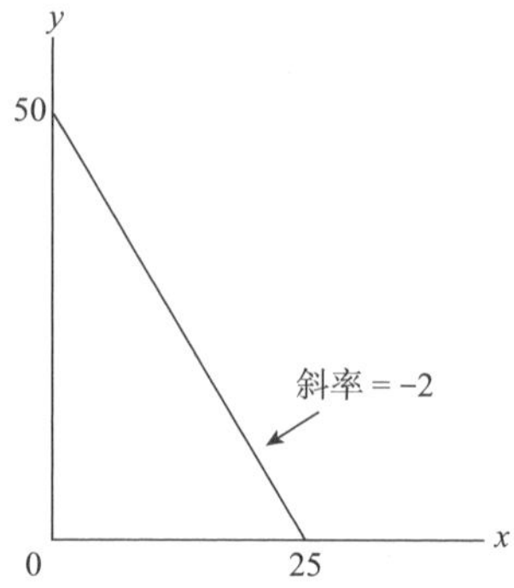

图 2

非线性函数

非线性函数的斜率和线性函数一样，都是 $\Delta y/\Delta x$，不过在曲线上的不同点，其斜率值不同。考虑如图 3 所示的收益函数，我们发现，当销售量从 0 增加到 100 时，收益从 0 上升到 500，这意味着斜率为 5。但是，如果我们考察销售量从 50 增加到 100 的变化，则收益从 375 上升到 500，我们会得到斜率为 2.5。曲线的斜率依赖于测量的位置。因此，度量曲线在某点的斜率变得很有意义（也就是说，用 x 的无限小的变化所带来的 y 的变化来度量斜率）。用图描述，就是经过曲线上这一点的切线的斜率。在图 3 中，当销售量为 50 时，经过 E 点的切线为 l。正如图 3 所示，该切线的斜率为 5。

*微积分

下面是函数求导的一些基本法则：

函数	导数 $y'=\mathrm{d}y/\mathrm{d}x$	例子
$y=$常数	$y'=0$	$y=10\Rightarrow y'=0$
$y=x$	$y'=1$	—
$y=kx$	$y'=k$	$y=10x\Rightarrow y'=10$
$y=kx^2$	$y'=2kx$	$y=3x^2\Rightarrow y'=6x$
$y=kx^n$	$y'=knx^{n-1}$	$y=x^{31}\Rightarrow y'=31x^{30}$
$y=f(x)+g(x)$	$y'=\mathrm{d}f/\mathrm{d}x+\mathrm{d}g/\mathrm{d}x$	$y=10x-0.4x^2\Rightarrow y'=10-0.8x$
$y=f(x)g(x)$	$y'=f(x)(\mathrm{d}g/\mathrm{d}x)+(\mathrm{d}f/\mathrm{d}x)g(x)$	$y=(2x)(x^3)\Rightarrow y'=2x(3x^2)+2(x^3)=8x^3$
$y=g[z(x)]$	$y'=(\mathrm{d}g/\mathrm{d}z)(\mathrm{d}z/\mathrm{d}x)$	$y=10z$,其中 $z=3-5x\Rightarrow y'=10\times(-5)=-50$

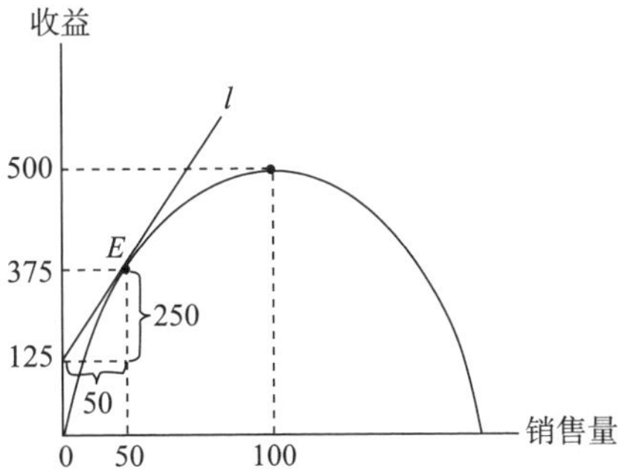

图 3

求解经济学问题

大部分经济学问题都可以通过三种不同的方法求解：直觉法、图形分析法以及数学计算法。直觉法对于简单的问题十分有用。随着你学习的深入，你的经济学直觉也会越来越好。不过，对于那些更为复杂的问题，倘若你只依赖于直觉而不付诸笔端，你很有可能会错过细节（或者说答案错误）。有必要强调的是，即使直觉无法总是提供精确的答案，你依然永远不要忽视它。或许这些代数和几何不断令你感觉混乱。或许，你可能犯了一个简单的代数错误，发现你的答案是“如此不符合经济学常识”。在这些情形下，请让你的直觉指引你找到正确答案，或者即使无法彻底解决此问题，也至少指引你找到解答问题的正确方法。

无论是简单的问题还是复杂的问题，你都可以通过画图来抓住问题的本质。学习使用图形的好处是它可以帮你把注意力集中于问题的核心。如果你不能很好地运用方程将问题概念化，那就尝试着先画图，这将有助于你厘清建立方程的思路。使用图形还能促进你对材料的理解。当你的老师画出一些曲线，告诉你某些事肯定正确时，不要理所当然地给予信任。重新画一下，自己来断定老师是否说对了。

无论你偏好使用哪一种方法来解决经济学问题，你都必须首先专注于学习那些基本概念和基础理论。为此，你需要积极主动地去解决本学习指导和教材中的每一个问题和每一幅图。

目 录

第1篇 导论：市场与价格

第2篇 生产者、消费者与竞争性市场

第3篇 市场结构与竞争策略

第4篇 信息、市场失灵与政府的角色

第 *1* 篇

导论：市场与价格

第1章 绪论

重要概念

- 实证理论
- 规范理论
- 微观经济学
- 宏观经济学
- 完全竞争市场
- 非竞争性市场
- 名义价格（现值美元价格）
- 实际价格（不变美元价格）

本章重点

经济学研究那些相互竞争的欲求如何配置稀缺的资源。经济学作为一门社会科学，试图既解决实证（positive）问题，也解决规范（normative）问题。实证理论一般这样来描述世界：比如，为什么不同行业的厂商表现出不同的定价行为？规范理论则用来向政府和商业部门提供一些政策建议：政府是否应该对药品价格进行管制？某个厂商是否应该进行跨国投资？记住以下这一点很重要：规范经济学必须以实证经济学作为基础；或者说，在对一个经济问题提出政策建议以前，首先必须预计谁将会受这个政策的影响，以及可能的影响结果是什么。经济学并不会告诉我们应该选择哪一个政策，但是它可以指导那些进行决策的人。

微观经济学是经济学的一个分支，研究个体行为，例如消费者、工人和厂商。另一个经济学的主要分支是宏观经济学，它着眼于对经济总量的研究，例如国民生产总值、失业率和货币供给。

市场是买方和卖方的集合，他们在市场中交换商品或服务。市场的范围是指市场的地理边界和商品边界。有些商品在本地交易，而有些商品则在世界范围内交易。类似地，有些市场交易某种单一的商品，比如原糖，而另一些市场则交易一系列差异化的商品，比如微型汽车、紧凑型汽车和中型汽车。

完全竞争市场是指存在着大量买方和卖方的市场，其中没有一个买方或卖方能单独对价格产生显著影响。在完全竞争市场中，只有唯一的价格，这个价格就是市场价格，它控制着整个市场。非竞争性市场是指个别厂商可以影响市场价格的市场。在非竞争性市场中，卖方可以制定不同的价格。在本章中，最重要的一点是要认识到并非所有市场都是一模一样的。

要想在一个给定的市场中比较商品和服务在不同时点的价格，考虑总体价格水平的变动非常重要。名义价格是“原始的”（raw）或者观测到的价格数据，没有针对通货膨胀而进行调整。名义价格有时被称为“现值美元”（current dollar）价格。实际价格是指经过总体价格指标调整后得到的价格。它也被称为“不变美元”（constant dollar）价格，因为价格指标试图使得美元的价值不随时间推移而改变。最常用的总体价格指标是消费者价格指数（CPI）。

概念复习和练习

微观经济学的主题（第 1.1 节）

在这一节，作者讨论了许多经济学的基本主题，比如，不同的经济个体（消费者、工人、厂商）以及理论和模型的作用。在这里我们着重谈论一下实证分析和规范分析的区别。

“会发生什么?”这样一个问题和“什么是最好的?”这个问题是有差别的。企业经理和公共政策制定者常常需要同时解答这两类问题。实证分析涉及解释和预测。例如，联邦政府将最低工资水平提高 25%会对青少年失业造成什么影响？规范分析涉及“应该是怎样”的判断。例如，考虑到一个更高的最低工资限制会使青少年的境况变好，而与此同时也会让其他一部分人失业，那么提高最低工资水平是否符合整个社会的利益？规范分析常常需要在增进经济效率与改变收入分配（公平）之间进行权衡。微观经济学仅指出了一些隐含决策的成本和收益，它并不能告诉我们哪一个政策是最好的。关于最好的判断需要每一个个体甚至整个社会来做出，但无论如何，在做出一个规范性的判断之前，实证分析是必不可少的。

✍ **练习**

1. 判断下列命题是实证性的还是规范性的：

a. 在未来的 100 年中，太阳能将被越来越广泛地采用。

b. 对于美国富人的征税太高了。

c. 如果美国政府提高当前的食糖配额，食糖的价格将会下降，从而玉米糖浆行业将会受到损害。

d. 某个大型汽车生产厂商增加广告投入会影响其他汽车生产厂商的销售情况。

e. 两个企业间的合并行为总是应该被允许。

什么是市场？（第 1.2 节）

市场是买方和卖方的集合，他们在市场中互动并达成交易。在本章中，理解竞争性市场和非竞争性市场之间的区别非常有必要。下面我们花一些时间来详细地讨论一下。

完全竞争市场的特征是所有的买方和卖方接受同样一个“正在执行的市场价格”，单个的买方和卖方都没有能力影响市场价格。每一个买方和卖方都是整个市场中很小的一部分，他们的行为根本不足以对市场价格产生影响。即使单个卖方想要售出一般情形下所能出售产品的两倍，对整个市场的影响也好比一桶水中的一滴。在非竞争性市场中，单个厂商足够大（相对于市场的大小而言），从而可以影响商品的价格。当然，在一个非竞争性市场中，可能存在多种价格水平，尤其是当部分消费者对于某种特定的商品存在着品牌忠诚的时候。

注意，当我们谈及“市场”时，这个市场可能是本地的、区域的、全国的或者是全球的。例如，你可能会认为隐形眼镜市场是一个本地市场——你必须通过本地验光师才能购买隐形眼镜。但事实上，我们可以观察到，存在着很多出售隐形眼镜的邮购公司。认识到这一点可能会改变你对市场范围的看法。另外，一个市场可以包括一种商品或者多种相关商品。“存在一个汽车市场”的表述是否精确？或者说，称微型汽车市场、紧凑型汽车市场、中型汽车市场等是否更符合现实？

✍ **练习**

2. 你认为下面的市场是竞争性市场还是非竞争性市场？试解释。

  a. 小麦市场。

  b. 可乐市场。

  c. 本地居民用电市场。

3. 你认为下面的产品是否可以被定义为一个市场？为什么？

  a. 麦当劳的汉堡包。

  b. 马萨诸塞州坎布里奇的快餐店。

  c. 美国的全部餐馆。

实际价格与名义价格（第 1.3 节）

在比较各个时期的价格水平时，首先应该剔除通货膨胀（总体价格水平的变动）的影响。也就是说，价格应该用实际指标（不变美元）而不是名义指标（现值美元）来衡量。比如，假设总体价格水平在过去的一年中提高了 5 个百分点，而你的工资也恰好提高了 5 个百分点。你的名义工资增加了，但从实际来看，其实你今年的境遇并不比去年好。

为了计算一种商品的实际价格，我们需要一种衡量总体价格的方法。最常用的方法就是消费者价格指数（CPI）。假设消费者价格指数从 1980 年的 82.4 增至 1990 年的 130.7。这意味着消费者价格指数在 1980—1990 年间升高了 59%。[升高的百分比是 (130.7－82.4)/82.4，等于 0.59 或 59%。] 因此，若已知某所大学教育的名义价格从 1980 年的 3 499 美元增加到了 1990 年的 7 602 美元，我们可以据此计算出 1980—1990 年间以实际价格来衡量的大学教育是变贵了还是变便宜了。以 1980 年美元价格计，1990 年大学教育的实际价格为：

$$\frac{\text{CPI}_{1980}}{\text{CPI}_{1990}}\times 1990\text{ 年的名义价格}$$

$$=\frac{82.4}{130.7}\times 7\ 602=4\ 792.69(\text{美元})$$

因此，大学教育的实际价格在 1980—1990 年间上升了大约 37%（4 792.69[①] 美元相对于 1980 年的 3 499 美元）。一般来说，在 Z 年的某种商品的实际价格以基年 B 的美元价格来计算为：

$$Z\text{ 年的实际价格}=\frac{\text{CPI}_B}{\text{CPI}_Z}\times Z\text{ 年的名义价格}$$

✍ **练习**

4. 假设某所大学教育的名义价格从 1990 年的 7 602 美元提高到 2016 年的 25 694 美元。已知 1980 年的 CPI 为 82.4，1990 年的 CPI 为 130.7，2016 年的 CPI 为 241.7。以 1980 年美元价格计算的 1990 年教育的实际价格是多少？以实际指标来衡量，大学教育在 1990 年和 2016 年哪一年相对较贵？（以 1983 年作为基年，假设该年的 CPI 等于 100。）

习题集

5. 说明下面的问题是实证性的还是规范性的。如果是规范性的，那么在这个规范性问题被解决以前，你首先应该考虑什么实证性问题？

  a. 如果一场霜冻使得佛罗里达州的橘子产量减少了 15%，这对于超市的橘子汁价格会产生什么样的影响？

  b. 对每加仑汽油征收 0.5 美元的税会减少多少油耗（转而使用低排量汽车、拼车等）？

  c. 为了投资机场的扩建，美国应该对飞机票征税还是应该对飞机的燃料和机场着陆费征税？

  d. 假如相应的法律要求所有的小企业都向它们的雇员提供健康保险，小企业的数目是否会下降？

  e. 更高的汽油价格（通过征税）或者联

① 原书数据为 4 792.16，疑有误。——译者注

邦政府对于汽车节能标准更严格的设定是不是减少汽油消费的更好方法?

6. 假设你被雇用来完成这样一项任务：检查汽油的消费是否受到汽油价格变动的影响。为了完成你的分析，你需要通过总体价格指标来调整每加仑汽油的名义价格。使用下表中的数据计算以 1970 年美元价格来衡量的 1977 年和 1989 年汽油的实际价格。

年份	汽油价格（美元/加仑，包括税收）	消费者价格指数（1982—1984 年＝100）
1970	0.28	38.8
1977	0.58	60.6
1989	1.10	124.0

7. 从 1985 年起，欧共体（1993 年发展为欧盟）成员国之间的市场壁垒大幅度降低。
   a. 市场壁垒的降低对于欧洲的许多商品市场的地理范围会产生什么样的影响?
   b. 你认为降低市场壁垒会使市场的竞争性增强还是减弱?

8. 下表是有关美国的小汽车和小货车的销售量数据，选择的年份为 1980—2010 年。完全忽略小货车市场而孤立地研究小汽车市场是否合理? 或者，对于小汽车和小货车来说，二者是单一的市场还是存在两个分离的市场?

年份	小汽车的销售量	小货车的销售量
1980	8 981 800	2 215 800
1987	10 170 900	4 704 200
1994	8 990 400	6 054 500
2000	8 852 100	8 491 600
2002	8 108 700	8 713 200
2006	7 820 700	8 683 400
2010	5 728 600	5 826 000

自测题

9. 为了防止臭氧层空洞，是否应该对二氧化碳征税?
   a. 这个问题是一个实证经济学问题。
   b. 这个问题是一个规范经济学问题。
   c. 这个问题不是一个经济学问题，它涉及化学和物理知识。
   d. a 和 b。
   e. 以上选项都不正确。

10. 提高最低工资水平是否会增加失业，这个问题是：
   a. 一个实证经济学问题。
   b. 一个规范经济学问题。
   c. 一个政治学问题，而不是一个经济学问题。
   d. a 和 b。
   e. 以上选项都不正确。

11. 完全竞争市场：
   a. 拥有许多买方和卖方。
   b. 拥有几个大买方。
   c. 是买方和卖方的集会处。
   d. a 和 b。
   e. a 和 c。

12. 以下选项中，你认为哪一个是完全竞争市场?
   a. 本地电话市场。
   b. 世界大豆市场。
   c. 世界石油市场。
   d. b 和 c。
   e. a、b 和 c。

13. 以下选项中，你认为哪一个是非竞争性市场?
   a. 国际电视机市场。
   b. 美国谷物市场。
   c. 你所在城市的报纸市场。
   d. 以上选项都正确。
   e. 以上选项都不正确。

14. 一种商品的不变美元价格：
   a. 等于其实际价格。
   b. 等于其名义价格。
   c. 是经过通货膨胀调整的总体价格。
   d. b 和 c。
   e. a 和 c。

15. 如果在通货膨胀期间，大学教育的实际价格上升了，则：

a. 它的名义价格不变。

b. 它的名义价格上升，但上升的速度比一般价格指数慢。

c. 它的名义价格上升，而且上升的速度比一般价格指数快。

d. 它的现值美元价格不变。

e. 以上选项都不正确。

第1章答案

练习答案

1. a. 实证性的。 b. 规范性的。
   c. 实证性的。 d. 实证性的。
   e. 规范性的。

2. a. 竞争性市场：许多小型买方和卖方。
   b. 竞争性市场（尽管可能存在争议）：有两个大企业——可口可乐和百事可乐，还有许多小企业。在某些时候，这些企业表现得非常具有竞争性。
   c. 非竞争性市场：通常只有一个地区性的、受管制的企业或者国有公共事业企业来负责本地居民的用电供给。

3. a. 这个市场太狭窄了：麦当劳的汉堡包与麦当劳的其他产品（如鸡肉三明治）存在竞争关系，同时麦当劳的汉堡包也与其他快餐连锁店供应的食品存在竞争关系。
   b. 尽管你还想把冷冻速食食品包括进来，但这或许构成了一个更加具体而合理的产品市场。从地理上来讲，这个市场的范围太广了。即使坎布里奇不是一个大城市，那些步行或者驱车比较容易到达的快餐店也仍然会成为坎布里奇地区快餐店的强大的竞争对手。
   c. 无论是从产品的定义来看还是从地理的定义来看，这个市场都太宽泛了：首先，一个高级的四星级餐馆并不和快餐店竞争；其次，餐馆在本地市场上竞争，而不是在一个全国性市场上竞争。

4. 以1980年美元价格计算的1990年教育的实际价格为：

$$(CPI_{1980}/CPI_{1990})\times 7\ 602$$
$$=(82.4/130.7)\times 7\ 602$$
$$=4\ 793\text{(美元)(四舍五入)}$$

以1983年美元价格计算的1990年教育的实际价格为：

$$(CPI_{1983}/CPI_{1990})\times 7\ 602$$
$$=(100/130.7)\times 7\ 602$$
$$=5\ 816\text{(美元)(四舍五入)}$$

以1983年美元价格计算的2016年教育的实际价格为：

$$(CPI_{1983}/CPI_{2016})\times 25\ 694$$
$$=(100/241.7)\times 25\ 694$$
$$=10\ 631\text{(美元)(四舍五入)}$$

因此，大学教育的实际价格在1990—2016年间上升了大约83%。

习题集答案

5. a、b和d是实证性问题——一个事件的可能结果是什么？c和e是规范性问题——达到某个目标的最佳方法是什么？对于机场的扩建，你需要了解每种征税可能的后果是什么。对于汽油的消费，你需要了解汽油消费税和执行更为严厉的燃料节能标准可能产生的不同结果。

6. 以1970年美元价格来表示的1977年的实际价格，等于1977年的名义价格乘以1970年CPI和1977年CPI的比值。也就是0.58×(38.8/60.6)=0.37(美元)。1989年的实际价格为1.10×(38.8/124.0)=0.34(美元)。

7. a. 在市场壁垒降低以前，许多市场的地理范围仅局限于一国的国界。现在市场超越了一国的国界，所以许多商品市场的地理范围扩大了（尤其是那些运输成本相对较低的商品）。
   b. 如果在市场壁垒降低以前，不同的国家中有不同的企业来生产某些商品，那么市场壁垒降低应该使得该市场表现得更加具有竞争性。但是，如果在市场壁垒降低以前，同一个企业在不同的国家中生产并销售商品，则壁垒的降低或消除并不能增加该商品市场上竞争性企业的数目，这样我们并不能得出该类市场的竞争性会增强的结论。

8. 数据表明，小货车的销售量占小汽车和小货车总销售量的比重在增大（从 1980 年的大约 20% 增加到 2010 年的大约 50%）。这很可能是由于消费者的偏好或者供给条件随着时间的推移发生了变化。还有一种可能是这两个市场是分离的。不管怎样，作为一种新型交通工具（尤其像小型旅行车和多功能运动车），小货车是小汽车（诸如客货两用车）强有力的竞争者。所以，一个较为合理的看法是把小汽车和小货车整体作为一个单一的市场来理解。

自测题答案

9. b. 该问题是一个关于给定的政策是否应该被采纳的问题。

10. a. 这是一个描述性（实证性）问题，它谈论的是工资率的提高对劳动市场的影响。

11. a. 市场是完全竞争市场的条件是，它必须有大量小型的买方和卖方。而一个集会处并不是必需的。

12. b. 世界大豆市场由无数买方和卖方组成。本地电话市场的服务一般来说是由一个（受管制的）企业提供的。世界石油市场有大量的卖方，但这些卖方中的一部分形成了一个卡特尔（OPEC）来限制竞争。

13. e. 尽管大多数城市只有一份日报，但它们面临着来自当地电视、广播和网络新闻来源的竞争。它们还同这些新闻来源为广告而竞争。应该注意，不要将一个市场定义得太过狭窄。

14. e. 根据定义，不变美元价格等于实际价格，这两者都在名义价格中扣除了通货膨胀的影响。

15. c. 当大学教育的名义价格比通货膨胀率增长得更快时，大学教育的实际价格会升高。

第 2 章 供给与需求的基本原理

重要概念

- 供给曲线
- 需求曲线
- 市场均衡
- 均衡价格
- 弹性
- 最高限价和最低限价
- 超额需求和超额供给

本章重点

需求-供给模型可以用于分析竞争性市场（在竞争性市场上，单个买方和卖方都无法控制价格）。供给曲线是指在每一个价格水平下生产者所愿意出售的数量。因为在市场价格较高时，生产者所愿意出售的商品要比价格较低时多，所以供给曲线向右上方倾斜。需求曲线是指在每一个价格水平下消费者所愿意购买的商品数量。在价格较高时，消费者所愿意购买的商品要比价格较低时少，所以需求曲线向右下方倾斜。需求曲线和供给曲线共同决定市场均衡，在均衡价格下，需求量等于供给量。

弹性是一种有用的方法，度量一个经济变量（如需求量、供给量、广告支出水平或者储蓄率）对另一个变量（如价格、收入或税率）变化的反应。需求的价格弹性是指价格变动1%所导致的需求量的百分比变化。假如一种商品的需求是富有弹性的，那么价格上升1%将会导致需求下降超过1%。假如一种商品的需求是缺乏弹性的，那么价格上升1%将会导致需求下降不到1%。

需求量或者供给量对于价格变化的反应常常依赖于时间的长度。对于大部分商品而言，从长期来看，需求的价格弹性更大，这反映了当商品价格上升时，消费者在长期内对于该商品进行替代的能力更强。从长期来看，供给也更加富有弹性，当然原因有所不同：在短期，生产者面临着生产能力的约束，而在长期，生产者可以扩大他们的生产能力。

以价格控制形式出现的政府干预会使得市场偏离均衡。政府的最高限价被用来设定一个低于市场均衡价格水平的价格，从而导致超额需求：在该限价处，消费者愿意购买的数量超过生产者愿意供给的数量。如果政府设定一个最低限价，那么这个限价将会位于市场均衡价格之上，从而导致超额供给。

概念复习和练习

供给与需求（第 2.1 节）

供给和需求是微观经济学最基本的分析工具。但是这一工具仅仅适用于竞争性市场，因为在竞争性市场中，单个买方和卖方无法改变价格。在第 10 章，我们将学习如何分析单个买方或卖方能够控制价格的市场。

供给曲线告诉我们在每一个价格水平上厂商愿意供给多少商品。随着价格的上升，厂商将供给得更多。供给量增加的程度依赖于它们在短期内雇用到新的工人或者让工人加班的难易程度。而从长期来看，厂商可以购买生产设备，以扩大生产规模。因此供给曲线向右上方倾斜。

需求曲线告诉我们在每一个价格水平下消费者所愿意购买的商品数量。当商品的价格上升时，需求量会变少。这是因为：(1) 每一个消费者的购买量变少了；(2) 某些消费者可能会不再购买该商品。因此需求曲线向右下方倾斜。

市场机制（第 2.2 节）

市场均衡是指存在某个均衡价格，使得供给与需求相等。在任何其他价格处，市场要么存在超额需求，要么存在超额供给。在供给曲线向右上方倾斜而需求曲线向右下方倾斜的常见情况下，超额供给导致价格下降，而超额需求会使得价格上升。当价格停留在均衡价格处时，不存在使价格上升或下降的压力。

✍ **练习**

1. 考虑小型汽车市场。图 2.1 描述了小型汽车的需求和供给。如果小型汽车的初始价格为 P_1(P_1 有可能是需求曲线和供给曲线发生移动前的均衡价格)，试解释市场达到均衡的调整过程。如果初始价格为 P_2，试解释市场达到均衡的调整过程。

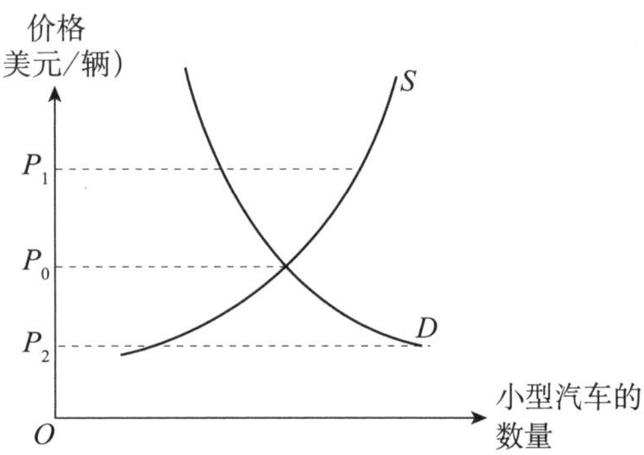

图 2.1

市场均衡的变动（第 2.3 节）

当市场的某些外部条件发生变化时，我们需要移动供给曲线或者需求曲线。而当商品价格本身发生变化时，仅仅是沿着供给曲线或需求曲线移动。

当某种相关商品（替代品或互补品）的价格或者收入与广告支出变动时，商品的需求就会变动。在其他情况下，需求也会发生变动，如天气变化（防晒霜的需求会变动），以及相应法规的改变（如法定饮酒年龄界限的提高或降低）。供给变动的主要原因是生产成本（工资、原材料价格）的变动和技术进步。

举例来说，可以考虑汽水市场。茶、果汁或者瓶装饮用水的价格上升会导致汽水的需求曲线向外移动。这个过程可以由图 2.2(a) 中需求曲线从 D_0 向 D_1 的移动表示。(为了简便起见，我们常常画一系列平行线。当然，需求曲线在移动的同时还有可能发生旋转，但是在没有更多的信息时，我们就采用这样一个最简单的假定，即需求曲线的斜率不变，而只有截距改变。) 椒盐脆饼或者薯条（汽水的互补品）价格的上升会导致汽水的需求曲线向内移动，图中从 D_0 移至 D_2。塑料和玻璃（瓶装汽水的投入品）价格的上升会导致汽水的供给曲线向上移动，见图 2.2(b)。但是，汽水本身价格的变动并不会移动需求曲线或供给曲线；价格的变动仅仅表现为沿着需求曲线或供给曲线的移动。

这可以从图 2.2(b) 中看到，比如，投入成本的上升导致供给曲线发生移动，这个移动进一步又导致了沿着需求曲线的移动（均衡价格上升而均衡数量下降）。当价格上升时，需求对此的反应是沿着曲线的移动，而不是整条曲线的移动。

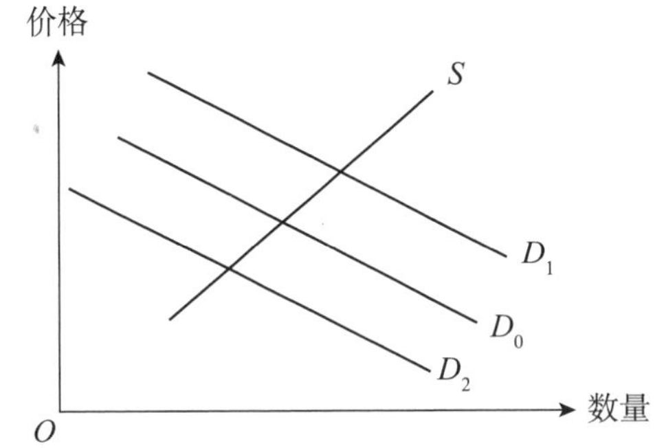

(a)

汽水市场：

当替代品的价格上升时，需求外移；当互补品的价格上升时，需求内移。

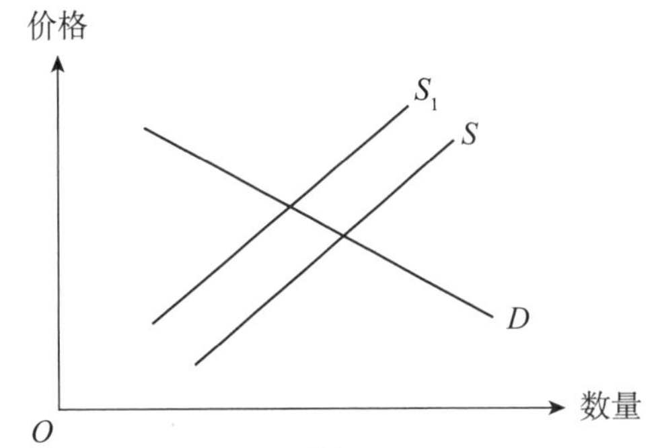

(b)

汽水市场：

当某种投入品的价格上升时，供给上移。

图 2.2

✍ **练习**

2. 考虑以下几个市场的需求曲线和供给曲线——矿产资源市场、小麦市场、汽油市场以及钢铁市场。试说明以下每种市场变化如何影响需求曲线或供给曲线，或同时影响需求曲线和供给曲线。新的市场均衡价格和数量与初始均衡相比发生了怎样的变化？（注意：只考虑这些变化的短期效应，而不考虑因长期效应而导致的多重影响。）

a. 随着矿产资源的日益枯竭以及从地下提取矿产储备变得更加困难，生产矿产资源的成本上升。

b. 由于中西部地区的大洪水，美国一半的小麦收成毁于一旦。与此同时，由于消费者偏好健康食品，种植燕麦（小麦的一种替代品）的农民大幅度增加，相应地，燕麦的价格下降。

c. 联邦政府因担心石油枯竭而决定通过配额将当前汽油销量降低一半。

d. 美国的所有钢铁公司与钢铁工会进行新的劳动合约谈判。工会接受工资下降，以帮助钢铁公司渡过难关。

指南：处理供给曲线和需求曲线

供给曲线

供给量（Q_S）与市场价格（P）之间的关系可以表示成线性形式：

$$Q_S = c + dP$$

通常，如果我们能在该直线上找到两点，我们就可以求出 c（截距）和 d（斜率）的值。图 2.3 中的供给曲线表示某个矿场的煤产量，价格用美元/吨来计量，数量用吨/星期来表示。Q 位于方程的左边，所以这个方程的斜率就是 $\Delta Q_S/\Delta P = d$。而在通常情况下，我们用横轴表示数量，所以该直线的斜率就是 $\Delta P/\Delta Q_S = 1/d$。对于直线来说，$\Delta Q_S/\Delta P$ 在任意两点之间的值都相等，因而，可以这样来求出斜率：

$$\frac{Q^2 - Q^1}{P^2 - P^1} = \frac{3\,000 - 2\,000}{5 - 4} = 1\,000$$

或者 $\frac{Q^3 - Q^1}{P^3 - P^1} = \frac{5\,000 - 2\,000}{7 - 4} = 1\,000$，等等。

c 是该直线上 $P = 0$ 处的值（它可能是一个负数）。要求出 c，根据已得的斜率，取直线上的任意一点，然后把这一点代入直线的方程即可。比如，我们用点（Q^3，P^3）=（5 000，7）求解，$5\,000 = c + 1\,000 \times 7$，求出 $c = -2\,000$。将直线上任何其他点代入方程，都可以求出 c 值。当然，求出的所有 c 值是一样的。

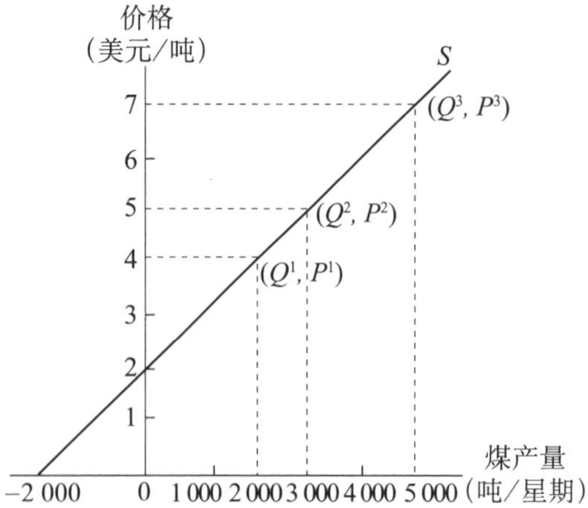

图 2.3

✍ **练习**

3. 使用表 2.1 中的点来求出铜线的供给曲线方程。

表 2.1

价格（美元/磅） (P)	数量（磅） (Q)
1.00	500
0.75	350
0.50	200

需求曲线

现在我们用相同的方法处理图 2.4 中的需求曲线。首先，我们可以把需求曲线写成一般形式：

$$Q_D - a - bP$$

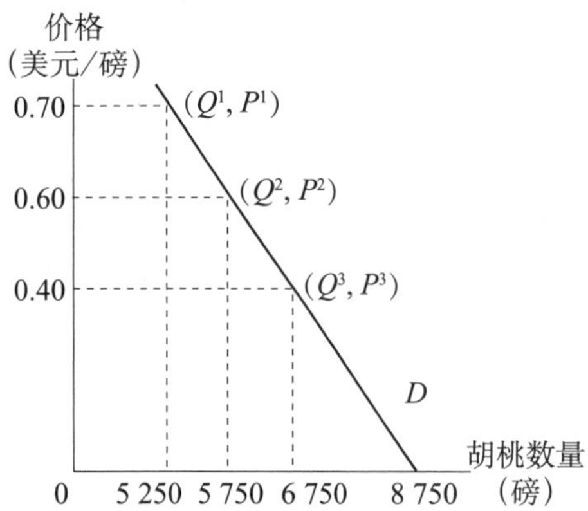

图 2.4

其中，Q_D 用磅来计量，P 用美元/磅作为单位。由于需求曲线的斜率为负，为了方便起见，我们在方程中的价格系数前面加了负号。方程的斜率 $\Delta Q_D/\Delta P$ 等于 $-b$。通过在图 2.4 中选出两点（Q^1，P^1）和（Q^2，P^2），然后运用公式：

$$\frac{Q^2-Q^1}{P^2-P^1}=-b$$

求得方程的斜率为

$$\frac{5\ 750-5\ 250}{0.60-0.70}=-5\ 000$$

✍ **练习**

4. 在图 2.4 中，如果你选择点（Q^3，P^3）和（Q^1，P^1）来计算该需求曲线的斜率，你会得到与上面一样的答案。试验证。

需求曲线的截距 a 是指当价格等于 0 时的需求量。因为 $Q^2=a-bP^2$，我们有 $5\ 750=a-5\ 000\times0.6$，即 $a=8\ 750$。在确定了斜率以后，我们可以在需求曲线上取任意一点来求出截距。因此，图 2.4 所描述的需求曲线方程是 $Q_D=8\ 750-5\ 000P$。

✍ **练习**

5. 使用表 2.2 给出的市场数据。

表 2.2

价格（美元） (P)	需求量 (Q_D)	供给量 (Q_S)
10	1 000	100
20	800	500
30	600	900
40	400	1 300

a. 以横轴表示数量，以纵轴表示价格，画出需求曲线和供给曲线。

b. 试分别求出需求曲线 $Q_D=a-bP$ 和供给曲线 $Q_S=c+dP$ 的截距与斜率。

c. 把 $P=10$ 美元和 $P=40$ 美元代入方程，验证表 2.2 所给出的数据，并证实你所求出的需求方程和供给方程是正确的。

d. 求出均衡价格和均衡数量。

指南：运用方程研究供给曲线和需求曲线的变动

练习 5 所求得的需求曲线和供给曲线是关于价格和数量的二维图形，其他所有的变量都保持不变。如果其他变量发生变化，需求曲线和供给曲线（其中的一条或者两条）就会发生移动。从需求方面来看，这些变量包括消费者的收入、替代品的价格、互补品的价格、广告支出以及天气情况。从供给方面来看，这些变量包括资本的价格、原材料的价格、土地的价格、劳动的价格（工资）以及技术变化。

✍ **练习**

6. 考虑在夏季人们对啤酒的需求。假设

$$Q_D = 30 - 5P + 0.01I - 2R$$

其中，Q 以 1 000 箱 6 听装啤酒为单位；P 的单位为美元/6 听装；I 为收入；R 为夏季的雨天数。供给曲线由 $Q_S = -100 + 20P$ 给出。

a. 假设 $I = 20\ 000$ 美元，$R = 15$。画出需求曲线和供给曲线，并求出市场均衡价格和均衡数量。

b. 假设 $I = 20\ 000$ 美元，$R = 10$。画出新的需求曲线并找出新的市场均衡。比较原均衡与新均衡。雨天从 15 天降至 10 天能否清楚地解释 Q 和 P 的变动？若要观察供给对此的反应，是否要移动供给曲线？

供给与需求的弹性（第 2.4 节）

需求曲线和供给曲线的重要特征之一是数量对于价格的反应程度或者反应灵敏度。假设卡车的年需求曲线为 $Q_D = 100\ 000 - 2\ 500P$，其中价格以美元来衡量。我们知道，卡车的价格每上升 1 美元，会导致卡车的年需求量减少 2 500 辆。为什么不直接用 2 500 作为这种反应的衡量指标呢？原因在于，该指标用于度量时其单位太随意了。如果价格以美分来计，需求曲线就变为 $Q_D = 100\ 000 - 25P$。现在价格每上升 1 美分，就会导致卡车的需求量减少 25 辆，而不是 2 500 辆。而弹性使用的是无量纲的百分比变化，可以避免选择不同单位所带来的混乱。

需求的价格弹性（price elasticity of demand）通常被定义为：

$$E_P = \frac{\%\Delta Q}{\%\Delta P} = \frac{\Delta Q/Q}{\Delta P/P} = \frac{P}{Q} \times \frac{\Delta Q}{\Delta P}$$

对于曲线是线性的情形，$\Delta Q/\Delta P$ 为常数。如果把线性需求曲线写作 $Q_D = a - bP$，那么 $\Delta Q/\Delta P = -b$。于是我们可以把弹性公式简便地重写为：

$$E_P = -b\ (P/Q)$$

对于上面的两条需求曲线（一个以美元作为单位，另一个以美分作为单位），在 $P = 10$ 美元和 $Q = 75\ 000$ 处，弹性为：

$$E_P = \frac{10}{75\ 000} \times (-2\ 500) = -0.33\text{(以美元为单位)}$$

以及

$$E_P = \frac{1\ 000}{75\ 000} \times (-25) = -0.33\text{(以美分为单位)}$$

由于弹性是无量纲的，所以这两个答案相同。

弹性并不等于斜率。尽管线性需求曲线的斜率是恒定的，但沿着需求曲线移动时，弹性是不断变化的。在上面的例子中，在 $P = 10$ 美元处，$E_P = (10/75\ 000) \times (-2\ 500) = -0.33$，而在 $P = 30$ 美元处，我们有 $E_P = (30/25\ 000) \times (-2\ 500) = -3$。

因为需求的价格弹性总是小于 0（需求曲线向下倾斜），所以富有弹性的需求与缺乏弹性的需求之间的区分就在于 E_P 是小于 -1 还是大于 -1。如果 $|E_P| < 1$，那么需求是缺乏弹性的。这意味着，当价格变动时，需求量对此的反应很小。价格每上升 1%，

需求量的下降将小于1%。“完全无弹性”表示价格变动时，商品的需求量保持不变。在这种情形下，需求曲线是垂直的，并且$E_P=0$。如果$|E_P|>1$，那么需求是富有弹性的。这意味着，当价格变动时，需求量对此的反应很灵敏。价格每上升1%，需求量的下降将大于1%。“完全弹性”意味着需求曲线是水平的，$E_P=-\infty$：在某个固定的价格水平下，消费者将购买市场上所有的供给，但只要价格上升一个微小的量，消费者的需求将马上变为零。

在继续下一部分之前，关于需求的价格弹性，需要注意以下两个方面：

（1）当你碰到需求的价格弹性是一个正数时，不要感到迷惑。在谈论需求的价格弹性的时候，通常是不带“负号”的。但是必须记住，在数学方程中用需求的价格弹性进行某些计算的时候，你用的弹性需要带负号。

（2）我们已经复习了完全无弹性和完全弹性的概念。当你考虑一个一般性问题时，你不能把需求曲线假设成完全垂直的或者完全水平的形状，除非问题本身需要（或者暗示）你做出这样具体的假设。这是极端情况。

图2.5系统地给出了线性需求曲线上的弹性变化：弹性在需求曲线与价格轴相交处是$-\infty$，在纵轴截距和中点之间小于-1（富有弹性），在中点处是-1，在中点与横轴截距之间大于-1但小于0（缺乏弹性），在需求曲线与横轴的交点处是0。这种分布形式是因为弹性等于数量的百分比变化除以价格的百分比变化。虽然当我们沿着直线向下移动时，需求曲线的斜率是不变的，但是进入弹性公式的基本价格和数量却在不断地变动。

✍ **练习**

7. 速冻比萨的需求曲线为$Q_D=8-2P$。在$P=0$点处的需求的价格弹性是多少？在$P=2$处呢？在$P=4$处呢？

需求的收入弹性是指收入每变化1%所引起的需求量的百分比变化：

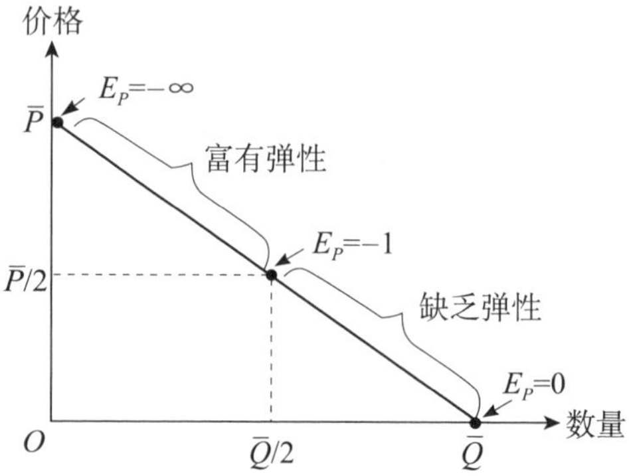

图2.5

$$E_I=\frac{\%\Delta Q}{\%\Delta I}=\frac{\Delta Q/Q}{\Delta I/I}=\frac{I}{Q}\times\frac{\Delta Q}{\Delta I}$$

需求的交叉价格弹性（cross-price elasticity of demand）是指某种相关商品的价格每变化1%所引起的某商品需求量的百分比变化：

$$E_{Q_xP_y}=\frac{\%\Delta Q_x}{\%\Delta P_y}=\frac{\Delta Q_x/Q_x}{\Delta P_y/P_y}=\frac{P_y}{Q_x}\times\frac{\Delta Q_x}{\Delta P_y}$$

如果两种商品互为替代品，那么需求的交叉价格弹性为正；如果两种商品是互补品，那么需求的交叉价格弹性为负。在这种分类下，通过比较需求的交叉价格弹性是大于1还是小于1，我们仍然可以讨论需求量对于价格是富有弹性的还是缺乏弹性的。

供给的价格弹性（price elasticity of supply）是指价格每变化1%所引起的供给量的百分比变化：

$$E_S=\frac{\%\Delta Q_S}{\%\Delta P}=\frac{\Delta Q_S/Q_S}{\Delta P/P}=\frac{P}{Q_S}\times\frac{\Delta Q_S}{\Delta P}$$

假设线性供给曲线为$Q_S=c+dP$，那么$\Delta Q/\Delta P=d$。供给的价格弹性公式变为：

$$E_S=d(P/Q)$$

供给的价格弹性是一个正数：如果$E_S>1$，那么供给曲线是富有弹性的；如果$0<E_S<1$，那么它是缺乏弹性的。

短期弹性与长期弹性（第2.5节）

对于非耐用品来说，其短期需求比长期需求缺乏弹性。当某种商品的价格上升时，消费者需要时间来调整，以适应或者习惯于少用该种商品。因此，考虑到消费者需要时间来调整并消费其他替代品，以改变消费行为，对于商品价格的改变，消费者在长期内的反应更为灵敏。而对于耐用品来说，短期的需求更富有弹性。比如，洗衣机的价格下降，将有更多的家庭愿意购买洗衣机。在短期，许多洗衣机会被售出。但在长期，大部分销售行为只不过是为了替代旧的洗衣机。

当然有一些例外情况，比如金属废料，其长期供给一般来说要比短期供给富有弹性。在短期，现存的生产能力约束限制了企业扩大产量的速度，也就是说，在短期内供给对于价格的反应存在限制。

✍ **练习**

8. 在过去的几年中，平信的价格在稳步上升。同时，传真、电子邮件和其他形式的自动在线支付工具的价格越来越便宜，也越来越便利。美国邮政总局正考虑将每枚邮票的价格提高 3 美分。试描述在短期内和在长期内平信的需求量对于邮票价格上升的反应。

*理解并预测市场条件变化的后果（第 2.6 节）

需求曲线或者供给曲线的移动会造成均衡价格和均衡数量如何变动？为了回答这类问题，我们有必要先给出需求曲线和供给曲线的具体方程。为了简单起见，我们假定需求曲线和供给曲线是线性的。那么只要知道需求曲线上的一个点以及在该点的需求的价格弹性，我们就可以推导出需求曲线的具体形式。同样，只要知道供给曲线上的一个点以及在该点的供给的价格弹性，我们也就知道了该供给曲线方程。

我们把线性需求曲线记作 $Q_D=a-bP$，弹性公式为 $E_P=-bP/Q$，或者 $b=-E_P Q/P$。假设在价格为 12 美元、商品数量为 15 000 处，需求的价格弹性是 -6。在这种情形下，$b=-(-6)\times 15\ 000/12=7\ 500$。给定需求曲线的斜率，我们可以求出截距。既然 $Q_D=a-bP$，那么 $a=Q_D+bP$，也就是 $a=15\ 000+7\ 500\times 12=105\ 000$。

因此，近似的需求曲线就是 $Q_D=105\ 000-7\ 500P$。为什么这只是近似的呢？回忆一下我们沿着线性需求曲线移动时的弹性变化，因此，如果我们不知道处在曲线上的哪一点，我们就无法确定弹性值。

前面我们只用了某个唯一相关点 $Q=15\ 000$、$P=12$ 美元及其弹性 -6 就推导出了整条需求曲线。因此，这一直线方程只是一条近似的需求曲线。

对于线性供给曲线 $Q_S=c+dP$，我们可以进行类似的推导。由 $E_S=dP/Q$，我们有 $d=E_S Q/P$。对于该供给曲线，我们可以求出截距为：$c=Q_S-dP$。

✍ **练习**

***9.** **a.** 对于某条供给曲线，在 $P=12$ 美元、$Q=15\ 000$ 处，供给的价格弹性为 4，求出这条供给曲线的方程。

b. 假如该供给曲线就是 a 中所求得的形式，而需求曲线是 $Q_D=105\ 000-7\ 500P$，求出均衡价格和均衡数量。

c. 假如对于所有的价格，供给都相应地增加 20%，求出新的均衡价格和均衡数量。

政府干预的后果：价格控制（第 2.7 节）

到目前为止，我们都是在均衡市场的假定下分析问题的。市场处于均衡状态的假定在什么情况下会不正确呢？一种很重要的情形就是，政府在某个市场上设置了一个最高价格或最低价格。最高限价是指政府设定一个低于市场均衡价格的价格。而如果政府设定一个高于均衡价格的价格，则称作最低限价。最高限价会导致超额需求（政府管制价格所产生的短缺），而最低限价会导致超额供给（政府管制价格所产生的过剩）。最高限价或最低限价使得市场无法处于均衡状态，虽然它们是为了达到其他一些社会目标。

✍ **练习**

10. **a.** 如果飞盘的供给曲线是 $Q_S=-10\ 000+$

5 000P，需求曲线是 $Q_D = 40\ 000 - 2\ 000P$，5 美元的最高限价会产生什么样的结果？此时市场是否处于均衡状态？如果不是，在最高限价下，存在着多少超额需求？

b. 最近一段时间，飞盘渐渐不再流行，现在飞盘的需求曲线是 $Q_D = 20\ 000 - 2\ 000P$。那么现在这个 5 美元的最高限价会产生什么样的结果？市场是否达到了均衡？如果没有达到，那么此时存在多少超额需求或者超额供给？

习题集

11. a. 使用练习 10 中最初的飞盘供给曲线和需求曲线（$Q_S = -10\ 000 + 5\ 000P$，$Q_D = 40\ 000 - 2\ 000P$），计算市场的均衡价格和均衡数量。求出均衡价格处的需求的价格弹性和供给的价格弹性。

b. 假如飞盘制造厂商转向使用回收再利用的塑料，显然这会降低飞盘的制造成本，这对于飞盘的均衡价格和均衡数量会有什么样的影响？

c. 假如大众在认识到飞盘是一种“亲近自然”的娱乐方式之后，飞盘再次流行，这对于飞盘的均衡价格和均衡数量会产生什么样的影响？

12. *［数学要求高］图 2.6(a) 和图 2.6(b) 分别给出了两条需求曲线和两条供给曲线，其中的每一条曲线上都标有特定的点。对于每一组曲线，指出供给曲线或需求曲线在 A 点和 B 点的弹性是否相等。（提示：对于每一组曲线，先写出弹性的定义，然后通过可获得的信息做出恰当的比较。）

13. *［预测市场条件变化的后果］波当克州立大学（PSU）坐落于小城波当克维里。目前，标准学生公寓的租金为 300 美元/月，学校租出了 15 000 个公寓房间。波当克州立大学正在考虑通过降低现有的入学标准来扩大招生。当地的经济学家预测，在当前的价格和数量下，对于公寓的需求的价格弹性是 −1/4，而长期供给的价格弹性为 1/2。

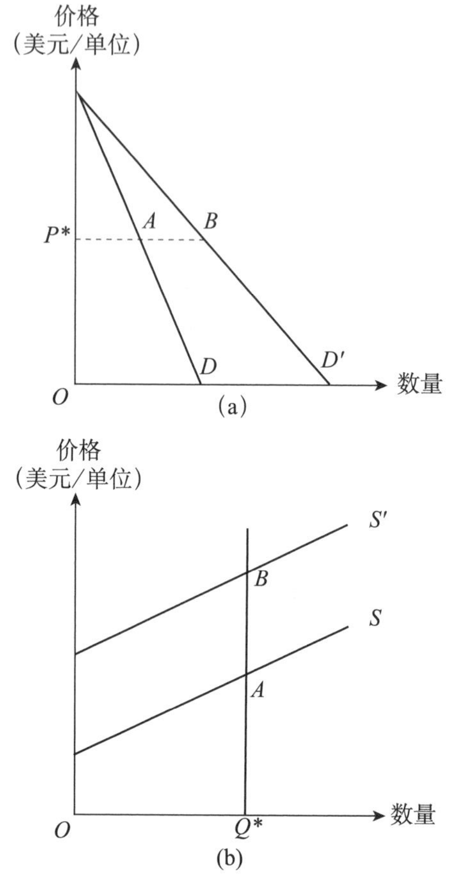

图 2.6

a. 求出需求曲线和供给曲线的方程。

b. 由于波当克州立大学招生人数的增加，对于公寓的需求增长了 20%。当市场达到新的长期均衡时，均衡价格和均衡数量分别是多少？计算新的均衡下的需求的价格弹性。

14. 你是一个普通软饮料商店的经理，由于当地经济的增长，你所面对的消费群体的收入增长了 5%。

a. 据估计，那些普通软饮料的需求的收入弹性为 −2。假定你所在商店的软饮料存货没有短缺和剩余，为了适应需求的下降，试估计你应该改变多少软饮料的订购数量。

b. 假设你决定不再出售普通软饮料。你当前的存货需要满足原先收入水平下的预期需求。如果普通软饮料的需求的价格弹性为－1/3，为了使需求量上升 10%，价格需要如何调整？

15. 1996 年 12 月，墨西哥宣布提高从美国进口的木质家具的关税。（实际的进口关税增加得并不明显，但为了讨论关税效应，这里我们假设关税的变动十分明显。）

a. 假设生产木质餐桌椅的美国厂商向墨西哥出口它们的产品，那么关税增加会对它们的产品在墨西哥市场上的价格产生什么样的影响？试用墨西哥市场的需求-供给曲线图来解释你的答案。

b. 你认为美国国内的餐桌椅市场会受到怎样的影响？用美国国内市场的需求-供给曲线图来分析你的结论。你认为这一影响在短期还是在长期更加明显？

c. 设想你是一个企业的经理，你的企业用钢材和玻璃作为原材料来生产餐桌椅。预测你的企业订单会有什么变化。

16. 试画出两条平行的线性需求曲线，然后从原点出发，画一条正斜率的直线，该直线与两条需求曲线相交。试比较两个交点处的弹性大小。［提示：回忆一下弹性公式 $E_P=-b(P/Q)$。］

自测题

17. 下面哪种情况不会导致棒球需求的改变？

a. 阳光明媚的好天气。

b. 棒球棍价格的下降。

c. 9 岁孩子人数的增加。

d. 棒球价格的上升。

e. 以上情况都会导致棒球需求的改变。

18. 在市场处于均衡状态时，

a. 在该价格水平下，买方和卖方可以分别购买和出售他们所期望的数量。

b. 价格不会自动下降或者上升。

c. 供给量等于需求量。

d. 以上选项都正确。

e. 以上选项都不正确。

19. 上个月你以 400 美元/个的价格在全国售出了 10 000 个立体声音响，上上个月你以 410 美元/个的价格售出了 9 000 个。下个月你准备将价格进一步降低到 389.99 美元/个。假如（1）市场对你的商品的需求是线性的，（2）所有其他参数都保持不变，你预计下个月的销售量会是多少？

a. 10 100 个。

b. 11 000 个。

c. 11 001 个。

d. 11 051 个。

e. 12 000 个。

20. 如果需求缺乏弹性，那么

a. 价格升高 2%会导致需求量下降小于 2%。

b. 价格升高 2%会导致需求量下降 2%。

c. 价格升高 2%会导致需求量下降大于 2%。

d. 价格升高 2%会导致需求量增加小于 2%。

e. 以上选项都不正确。

21. 在图 2.7 中，对于曲线 A 和曲线 B 的需求的价格弹性的比较，哪一个是正确的？

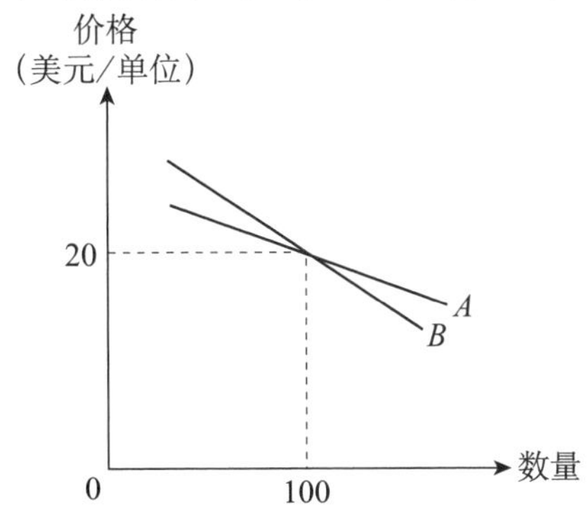

图 2.7

a. 在点 $P=20$、$Q=100$ 处，曲线 A 的需求的价格弹性大于曲线 B。

b. 在点 $P=20$、$Q=100$ 处，曲线 A 的需求的价格弹性小于曲线 B。

c. 在点 $P=20$、$Q=100$ 处，曲线 A 和曲线 B 的需求的价格弹性相同。

d. 无法判断曲线 A 和曲线 B 的弹性大小。

22. 假如咖啡的短期需求的价格弹性大约是 -0.25，以下哪一个最有可能是咖啡的长期需求的价格弹性？

a. -0.10。

b. -0.25。

c. -0.40。

d. $-\infty$。

e. 以上选项都不正确——在长期，需求的价格弹性总是为正。

23. 花生的需求曲线是 $Q_D=20\ 000-5P$，其中 Q_D 用吨来度量，P 为每吨的价格。在 $P=800$ 美元处，需求的价格弹性是多少？

a. -4。

b. $+4$。

c. -0.25。

d. $+0.25$。

e. 以上选项都不正确。

后面接着的三个问题都基于如下需求曲线和供给曲线：

$Q_D=189-2.25P$

$Q_S=124+1.5P$

你的答案需要保留小数点后两位数字。

24. 市场的均衡价格是

a. 84 美元。

b. 82.67 美元。

c. 17.33 美元。

d. 150.00 美元。

e. 以上选项都不正确。

25. 售出的均衡数量是：

a. 65。

b. 150。

c. 313。

d. 84。

e. 以上选项都不正确。

26. 在市场均衡点处，需求的价格弹性等于：

a. -2.25。

b. $+2.25$。

c. -0.26。

d. -0.17。

e. 以上选项都不正确。

27. 下面哪一个选项是正确的？

a. 电的长期需求曲线要比短期需求曲线陡峭。

b. 电视机的长期需求曲线要比短期需求曲线陡峭。

c. 帆船的长期供给曲线要比短期供给曲线陡峭。

d. 再生铝的长期供给曲线要比短期供给曲线平坦。

第 2 章答案

练习答案

1. 如果市场的初始价格比市场出清价格高，在该价格处生产者会生产比消费者所愿意购买的数量更多的小型汽车。生产者将会发现他们生产的汽车过剩了，比如，过多的存货开始囤积。为了消除市场过剩，生产者不得不降低小型汽车的价格（或打折或优惠）。在他们降低价格后，需求会增加，而供给则会减少，从而过剩开始慢慢地下降。这一调整过程将持续到价格到达均衡价格 P_0 处。

   而如果市场的初始价格比市场出清价格低，消费者所需求的小型汽车要比生产者在该价格处所愿意生产的多，所以市场存在短缺。那些需要小型汽车的消费者会竞相出高价来购买小型汽车。这使得价格有上升的压力，而价格的上升使得生产者开始扩大产量。这一调整过程将持续到价格稳定于均衡价格 P_0 处。

2. a. 如果生产成本上升，供给曲线将会向上移动（向左），均衡价格上升，而均衡数量下降。如图 2A.1(a) 所示。

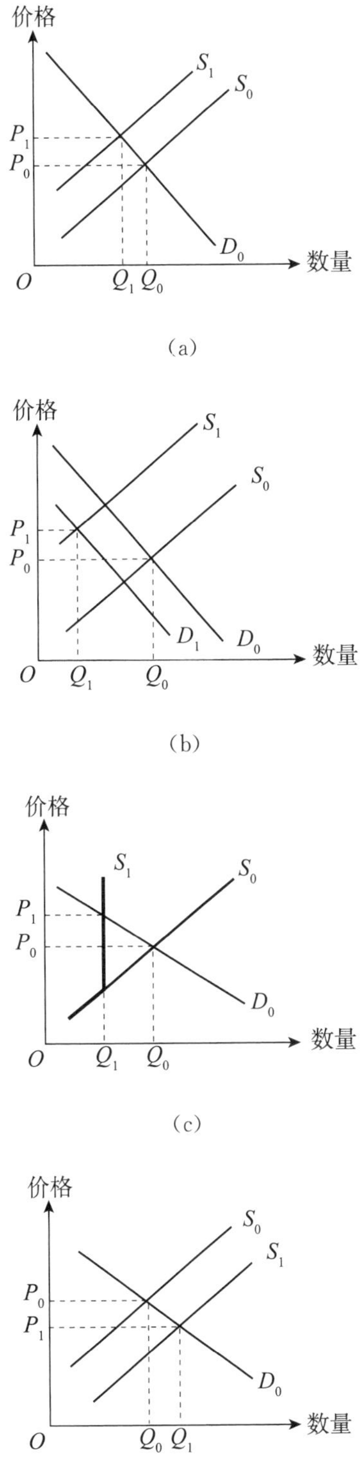

图 2A.1

b. 大洪水会使供给曲线向左移动，如图 2A.1(b) 所示。而燕麦和燕麦糠（小麦的替代品）的价格下降会使小麦的需求曲线向左移动。均衡价格可能升高，也可能降低，但是均衡数量必定下降。（为了看清新均衡价格的不确定性，请画出需求曲线和供给曲线不同程度的移动。）

c. 配额的作用在于限制供给，如图 2A.1(c) 所示。根据配额制，均衡数量下降，而均衡价格上升（沿着需求曲线的移动）。

d. 工会接受工资下降，钢铁公司可以相应地降低生产成本。这使得它们的供给曲线向外移动（向右），如图 2A.1(d) 所示，从而均衡价格下降，均衡数量上升。

3. 供给曲线 $Q_S = c + dP$ 的斜率是 $d = \Delta Q_S / \Delta P = (500 - 350)/(1.00 - 0.75) = 600$。（你可以用表 2.1 中任意两点的组合来求出 d。）截距是 $500 = c + 600 \times 1$，即 $c = -100$。因此，供给曲线为 $Q_S = -100 + 600P$。

4. 解法和前面的练习一样，斜率是 $(6\,750 - 5\,250)/(0.40 - 0.70) = 1\,500/(-0.30) = -5\,000$。

5. a. 见图 2A.2。

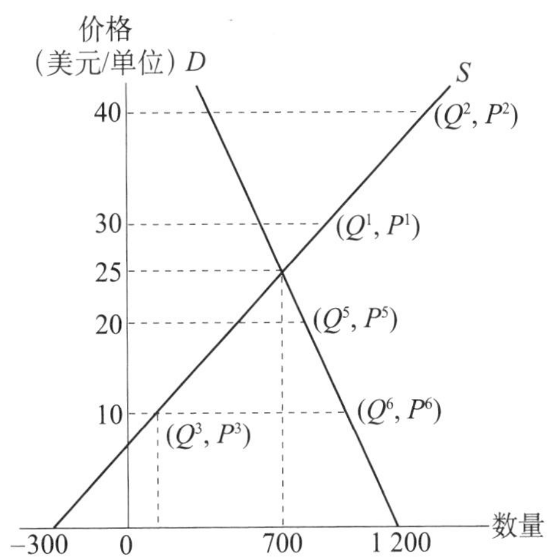

图 2A.2

b. 首先考虑供给曲线。利用点（Q^1，P^1）

要大于 A 点的弹性。

13. a. 需求方程和供给方程的一般线性形式分别为 $Q_D = a - bP$，$Q_S = c + dP$。由于 $E_D = -bP/Q$，将数据代入其中即得 $-1/4 = -b \times 300/15\,000$，所以 $b = 12.5$。由 $E_S = dP/Q$，将数据代入其中可得 $1/2 = d \times 300/15\,000$，所以 $d = 25$。把求得的斜率代入需求方程中，$Q_D = a - 12.5P$，$15\,000 = a - 12.5 \times 300$，可得 $a = 18\,750$。同样，$Q_S = c + dP$，将数据代入其中可得 $15\,000 = c + 25 \times 300$，所以 $c = 7\,500$。需求方程和供给方程分别是 $Q_D = 18\,750 - 12.5P$，$Q_S = 7\,500 + 25P$。

b. 当需求增长 20%时，得到新的需求曲线：

$$Q'_D = 1.2 \times (18\,750 - 12.5P) = 22\,500 - 15P$$

令 $Q'_D = Q_S$，有 $22\,500 - 15P = 7\,500 + 25P$，所以 $P^* = 375$，而 $Q^* = 16\,875$。在新均衡点处，$E_D = -15 \times 375/16\,875 = -0.33$。

14. a. 由于需求量下降的百分比是收入增加的百分比的两倍，所以软饮料的订购应该减少 10%。在数学上，$E_I = \frac{\%\Delta Q_D}{\%\Delta I}$，即 $-2 = \frac{\%\Delta Q_D}{5\%}$，所以 $\%\Delta Q_D = -10\%$。

b. 应该使价格降得足够低来刺激需求从而使其增加 10%，以补偿由于收入改变而带来的需求下降（如 a 中所述）。因为数量增加的百分比是价格下降的百分比的 1/3，所以你应该降价 30%，以确保售出所有的存货。

15. a. 提高关税会导致美国厂商在墨西哥出售的每一单位木质餐桌椅所得到的价格上升，这使供给曲线向左移动。供给曲线的移动使得墨西哥木质餐桌椅市场上的均衡价格升高，均衡数量下降。如图 2A. 5(a) 所示。

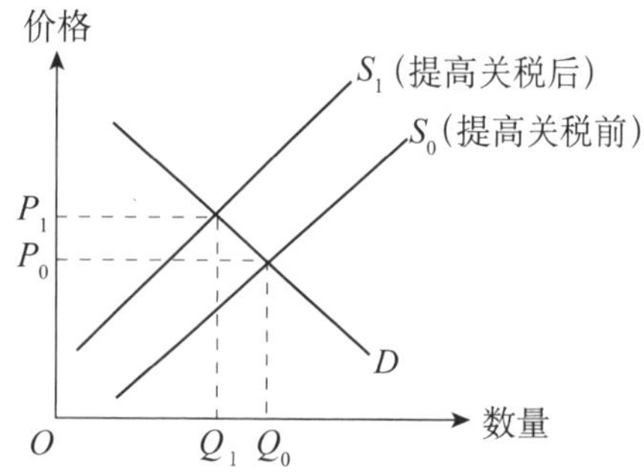

图 2A. 5（a） 墨西哥木质餐桌椅市场

b. 美国厂商发现在国内出售比在墨西哥出售利润更大，这使得美国国内的供给曲线向右移动。供给曲线的移动使国内市场的均衡价格变低，而均衡数量提高。见图 2A. 5(b)。在短期，关税效应比较大，因为短期的产量已经固定，国内厂商只能将部分对墨西哥的出口转向在国内销售，从而国内的供给增多。但从长期来看，关税所产生的效应将会得到缓和，因为厂商可以做出降低总产量的决策。

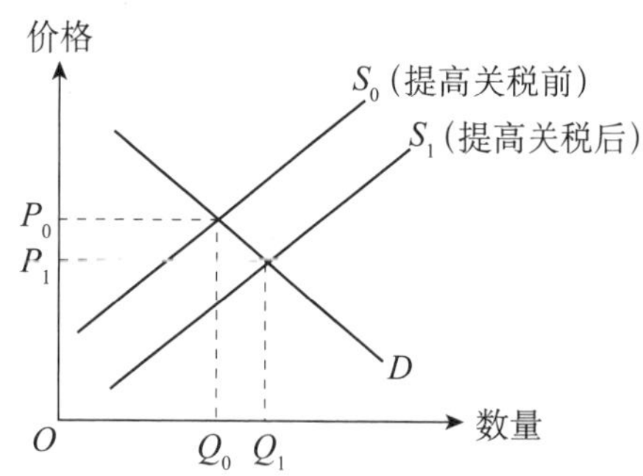

图 2A. 5（b） 美国木质餐桌椅市场

c. 如果钢材和玻璃材料的餐桌椅是木质餐桌椅的替代品，你的企业收到的订单将会增加。

16. 如图 2A. 6 所示。由于（P_1，Q_1）和（P_2，Q_2）位于同一条经过原点的直线上，所以 $P_1/Q_1 = P_2/Q_2$。因为这两条需求曲线是平行的，$b_1 = b_2$，所以这两点的弹性相等。(注意：$Q = a - bP$。)

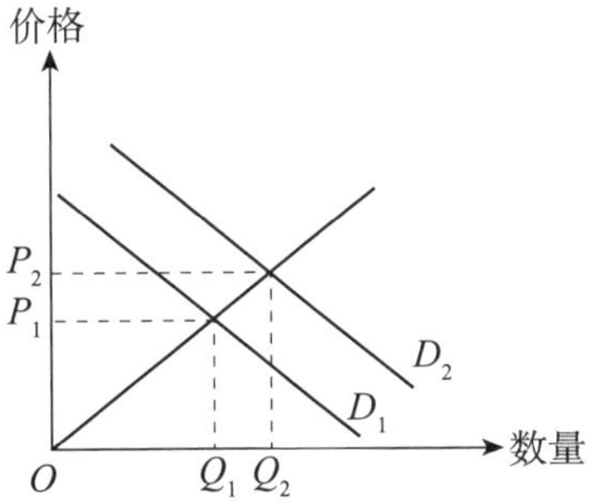

图 2A.6

自测题答案

17. d. 棒球价格的变化导致的是沿着棒球需求曲线的移动。阳光明媚的好天气、棒球棍价格的下降以及 9 岁孩子人数的增加都使需求曲线向外移动。

18. d. 选项 a 是竞争性市场的特征，而 b 和 c 则是市场均衡的定义。

19. c. 根据题目所给出的两个需求点，求出需求曲线的斜率和截距：(9 000－10 000)/(410－400)＝－100，10 000＝a－100×400，a＝50 000。因此需求曲线是 $Q=50\ 000-100P$。当 $P=389.99$ 美元时，Q＝11 001。

20. a. $E_P=\%\Delta Q/\%\Delta P$。需求缺乏弹性意味着$|E_P|<1$。

21. a. 点（100，20）同时位于两条需求曲线上，凭直觉，相对平缓的曲线具有较大的价格灵敏度。给定的一个价格变化导致的曲线 A 的数量变化要比曲线 B 的数量变化大，显然，曲线 A 相对于曲线 B 更加富有弹性。用代数知识来分析，由于 $E_P=-bP/Q$，其中 b 是需求曲线的斜率（$Q_D=a-bP$），所以具有较大 b 值的曲线（将 P 和 Q 固定为常量），其弹性值也较大。

22. c. 对于大多数商品（耐用品除外）来说，长期需求的价格弹性的绝对值要比短期需求的价格弹性的绝对值大。

23. c. 当 $P=800$ 美元/吨时，需求量是 16 000 吨。

$$E_P=-bP/Q$$
$$=-5\times800/16\ 000$$
$$=-4\ 000/16\ 000=-0.25$$

24. c. 令 $Q_S=Q_D$，我们有 $124+1.5P=189-2.25P$。合并同类项，得到 $3.75P=65$，从而 P＝17.33 美元。

25. b. P^*＝17.33 美元（根据上题），$Q_S=124+1.5\times17.33=150$。

26. c. $E_P=-bP/Q=-2.25\times17.33/150=-0.26$。

27. b. 一般来说，耐用品的长期需求的价格弹性要小于短期需求的价格弹性。为了理解不选择 d 的原因，参见教材中图 2.13 附近的讨论。

第 2 篇

生产者、消费者与竞争性市场

第 3 章

消费者行为

重要概念

- 偏好假设
  - ◆ 完备性
  - ◆ 传递性
  - ◆ 越多越好
- 无差异曲线
- 预算约束
- 边际替代率
  - ◆ 边际替代率递减
- 效用最大化的市场篮子
- 显示偏好
- 生活成本指数

本章重点

本章探讨了偏好理论，借此我们能够研究消费者行为，并且可以预测一个典型消费者面对价格变化、收入变化以及企业或政府不同政策调整时的反应。两个基本分析工具是无差异曲线和预算约束。无差异曲线代表了能带给消费者相同满足程度的所有市场篮子的组合。无差异曲线上的点的斜率被称为边际替代率（MRS）。MRS 描述了消费者在保持满足无差异的条件下，为了得到另外一种商品而愿意放弃的某种商品的比率。为了以一致的方式使用无差异曲线，我们需要三个有关偏好的假设：完备性、传递性以及越多越好。另外，我们通常假设无差异曲线有边际替代率递减的特点。最后一个假设确保了无差异曲线凸向原点，也就是假设消费者偏好平均的商品组合，而不是极端地拥有很多一种商品，而另一种商品的数量为 0。

预算约束描述了在既定的市场价格和收入水平下，消费者可以拥有的商品数量组合。我们假设消费者通常会花掉其全部收入。

无差异曲线和预算约束共同决定了消费者效用最大化的商品组合。消费者努力在满足预算约束的条件下，选择一个位于最高无差异曲线上的市场篮子。

当预算线和无差异曲线相切时，便实现了效用最大化。在这个切点上，两种商品的边际替代率等于价格之比。

利用无差异曲线分析消费者的选择要求我们描述消费者对所有可能的商品和服务组合的偏好。有时我们只要利用比这少得多的信息，即仅仅观察当价格和收入变化时，消费者选择是如何相应地变化的，便可以预测消费者的行为。这种分析，即所谓的显示偏好分析，常常被用来检验个人选择是否与消费者理论的假设一致。

利用效用理论，我们可以知道当价格随着时间的推移变动时，为了保持原有的满足水平，消费者需要获得多少收入。特别是，生活成本指数试图度量在通货膨胀的环境下我们的购买力是如何变化的。理想生活成本指数度量了在保持效用不变的条件下收入必须变动多少。然而效用的度量是困难的，因此经济学家运用了许多其他价格指数来近似地度量满足程度的变化。拉氏指数度量分别以基期价格和当期价格购买特定的基期市场篮子的成本。帕氏指数则衡量分别以基期价格和当期价格购买特定的当期市场篮子的成本。

概念复习和练习

消费者偏好（第 3.1 节）

研究消费者行为，区分一个消费者想做什么和能做什么是很重要的。本章的第一节是关于偏好的，讨论消费者选择时不考虑成本。为了理解偏好，考虑两个消费品市场篮子之间的比较。市场篮子是不同种类商品和服务的一个组合。消费者偏好理论的基本假设如下：

（1）完备性。对任意两个市场篮子，消费者要么偏好其中某一个篮子，要么觉得两个篮子之间无差异。

（2）传递性。对任意三个市场篮子，如果消费者在第一个和第二个之间偏好第一个，在第二个和第三个之间偏好第二个，那么消费者在第一个和第三个之间偏好第一个。

（3）越多越好。假设第一个市场篮子中的任何一种商品都比第二个市场篮子中的多，那么消费者在两个市场篮子之间偏好第一个。

这些假设排除了什么情况呢？第一个假设即完备性假设表明消费者能够在任何两个市场篮子之间做出选择。例如，你是偏好100 加仑牛奶和 1 条蓝色牛仔裤的市场篮子还是偏好 200 条蓝色牛仔裤和 2 加仑牛奶的市场篮子呢？完备性假设意味着消费者能够比较任意两个市场篮子，偏好其中的一个或者觉得两者之间无差异。

第二个假设即传递性假设把对不同市场篮子之间的比较联系了起来。它意味着消费者的偏好是理性的或者说是一致的。下面这个练习阐明了传递性偏好与非传递性偏好之间的区别。

✍ 练习

1. 威廉在市场篮子 P 和市场篮子 Q 之间偏好 P，在市场篮子 Q 和市场篮子 R 之间偏好 Q，在市场篮子 P 和市场篮子 R 之间偏好 P。每次提供两个市场篮子让威廉选择，而不是让他在市场篮子 P、Q 和 R 之间选择：

a. 先在 P 和 Q 之间选择；接下来在被选中的市场篮子和 R 之间选择。威廉最终选择的是哪个市场篮子？

b. 现在先在 Q 和 R 之间选择；接下来在被选中的市场篮子和 P 之间选择。威廉最终选择的是哪个市场篮子？

c. 比较 a 和 b 的答案。威廉的偏好是否具有传递性？

d. 如果威廉在 P 和 Q 之间偏好 P，在 Q 和 R 之间偏好 Q，在 R 和 P 之间偏好 R，那么 a 和 b 的答案会有什么变化？这样的偏好是可传递的吗？

在该练习 d 的答案中，你应该已经发现，威廉面对的选择顺序改变了他的决策。这意味着威廉的偏好是非理性的。这是因为威廉在 d 中的偏好是非传递性的。传递性假设确保了决策结果的相同，而不管选择顺序如何。

第三个假设即越多越好假设意味着商品有正的价值。这一假设是为了简化分析；修改假设来涵盖那些价值为负的商品也是很容易的。

那么有关偏好的假设告诉了我们有关无差异曲线的什么东西呢？完备性假设告诉我们，每一个市场篮子都会有一条无差异曲线经过。传递性假设和越多越好假设使得消费者的无差异曲线不会相交。越多越好假设同时也告诉我们，无差异曲线必定会向右下方倾斜。

无差异曲线

假如市场篮子中只有两种商品，我们便可以画出一条二维的无差异曲线来展现假设的消费者偏好。无差异曲线，如图 3.1 所示，是能带给消费者相同满足程度（即相同效用）的市场篮子的组合。

令横轴表示食品（F）的数量单位，纵轴表示衣服（C）的数量单位。图 3.1 所画的无差异曲线上的每一个市场篮子都能带给消费者相同的满足程度，市场篮子 A 与市场篮子 B 或市场篮子 D 同样令消费者满意。

但是，在图 3.1 中，无差异曲线右上方的每个市场篮子均包含更多单位食品，或者更多单位衣服，或者两者都更多，因而必定比市场篮子 A 好。这条无差异曲线左下方的每个市场篮子均包含更多单位食品，或者更多单位衣服，或者两者都更少，因而必定比市场篮子 A 差。

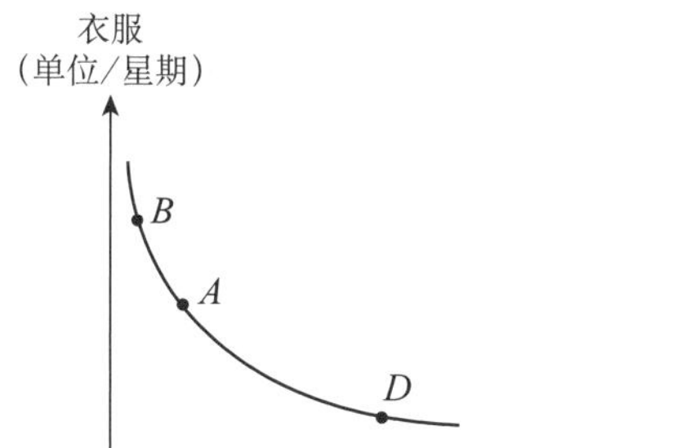

图 3.1

无差异曲线显示的仅仅是一种序数偏好排列。较高无差异曲线上的市场篮子比较低无差异曲线上的市场篮子更受偏好，但是我们确实不知道它带来的更多的满足有多大。有些经济学家过去使用基数偏好排列，赋予不同水平的满足程度以具体的数值。但是，对于消费者的大多数行为，我们只需使用序数排列就可以描述了。

✍ **练习**

2. 画出无差异曲线来表示下列消费者偏好：

a. 我无法区分苹果味果冻和葡萄味果冻之间的区别，但两者我都喜欢。

b. 我只喜欢葡萄味果冻，从不吃苹果味果冻。

c. 苹果味果冻和葡萄味果冻混合起来更好吃，虽然我不太在意两者混合的比例。

边际替代率

无差异曲线的斜率是消费者愿意交换的比率。当我们沿着食品和衣服的无差异曲线移动时，我们看到，在不同的市场篮子上，消费者为了获得额外一单位食品而愿意放弃的衣服数量是不同的。我们把这一消费者愿意做的权衡量化为边际替代率（MRS）。

食品对衣服的 MRS 是指消费者为了获得额外一单位食品而愿意放弃的衣服的最大数量。正式地，无差异曲线上的 MRS 等于 $-\Delta C/\Delta F$。

从图 3.2 中的市场篮子 J 开始，消费者为了获得 3 单位食品愿意放弃 2 单位衣服，J 和 L 之间的 MRS 等于 2/3。利用衣服和食品的微小变化，我们可以衡量无差异曲线上任意一点的 MRS。例如，M 点的 MRS 等于无差异曲线 M 点上切线的斜率的负数。

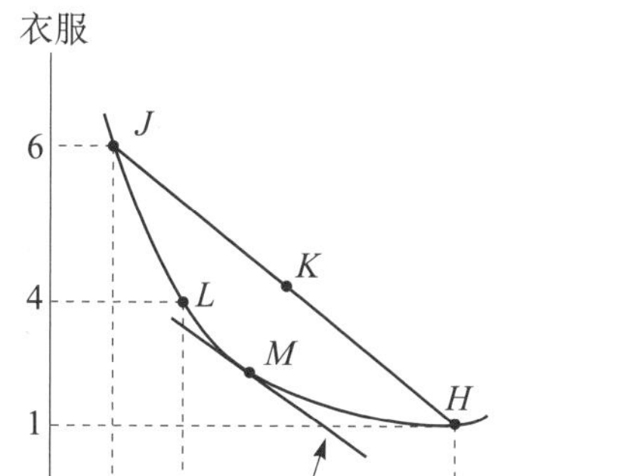

图 3.2

最后一个我们要补充的（虽然不是必需

的）有关消费者偏好的假设是，无差异曲线是凸的——当我们沿着曲线向下移动时，它会变得越来越平缓。这意味着当食品增加时，MRS（为正值）会减小，我们称之为边际替代率递减。你拥有的一种商品越多，增加额外一单位给你带来的价值就越少。例如，我们刚刚计算得出从 J 到 L 的边际替代率是 2/3，从 L 到 H 的边际替代率是 3/9＝1/3。这验证了当我们沿着曲线向下移动时，MRS 是递减的。MRS 递减的一个含义是，平均的商品组合比极端配置的商品组合更受欢迎。例如，看图 3.2 中的市场篮子 J、K 和 H，市场篮子 J 和 H 在商品配置方面是不平衡的，而市场篮子 K（H 和 J 的中点）是平衡的。基于凸性无差异曲线，消费者无疑会偏好市场篮子 K，因为 K 落在更高的无差异曲线上（你可以画一条经过 K 的无差异曲线，以验证其正确性）。这就是经济学家相信凸性无差异曲线假设是合理的的一个原因：对现实消费者选择的观察也告诉我们消费者偏好多样化的组合。

✍ **练习**

3. 史蒂夫仅消费意大利面和葡萄酒。下面三个市场篮子都位于其无差异曲线上：A＝(1，8)，B＝(2，4)，C＝(3，2)，其中 (1，8) ＝ (1 磅意大利面，8 瓶葡萄酒)，依此类推。

- **a.** 以横轴表示每星期的意大利面（磅），以纵轴表示每星期的葡萄酒（瓶），画出史蒂夫的无差异曲线，并标出 A、B 和 C 点。
- **b.** A 和 B 之间的边际替代率是多少？B 和 C 呢？史蒂夫的无差异曲线满足边际替代率递减的假设吗？

完全替代品和完全互补品

有两种偏好的特殊例子值得关注。对于完全替代品，无差异曲线是直线，且消费者的 MRS 相同，而不管每种商品他拥有多少。例如，想一想你拿五分镍币交换一角硬币的比率，它并不取决于你拥有的五分镍币和一角硬币的多少，你将始终以两个五分镍币去交换一个一角硬币。

对于完全互补品，无差异曲线呈直角形。例如，想一想你对左鞋和右鞋的不同组合的偏好。为了增加你的满足程度，你需要同时增加这两种商品——仅增加一只左鞋不会让你处于更高的无差异曲线上。在这个例子中，除了没有适当定义的节点之外，MRS 要么为无穷大（垂直部分的无差异曲线），要么为零（水平部分的无差异曲线）。

✍ **练习**

4. 画出下述例子中的两条典型的无差异曲线，并分别描述它们的 MRS。

- **a.** 对于知名品牌的阿司匹林和一般品牌的阿司匹林，消费者觉得它们在各个方面都是相同的。
- **b.** 对于左手手套和右手手套，消费者只想成双成对地戴。
- **c.** 对于一个左手手套和一个右手手套，摇滚明星认为后者毫无价值。也就是说，有没有右手手套对他来说没有关系，因为他只戴左手手套。

预算约束（第 3.2 节）

第 3.2 节讨论在既定价格和收入水平下消费者能够购买的东西。消费者面临的预算约束把他的花费限制在其收入允许的范围内。假如 F 和 C 是两种商品的数量，预算线为 $P_FF+P_CC=I$，其中，P_F 为单位食品的价格，P_C 为单位衣服的价格，I 为可利用的总收入。我们把预算约束写成等式，而不是写成 $P_FF+P_CC\leqslant I$ 的形式，这样做的原因是，越多越好假设意味着消费者为了增加满足程度，将始终选择一个在预算线上的点而不是在其下方的点。

图 3.3 描述了一条典型的预算线。预算线的截距分别为 I/P_C 和 I/P_F（假如全部收入都花在衣服或食品上所能购买的衣服或食品的最大量）。预算线的斜率为价格之比的负数，$-P_F/P_C$。收入的变化会引起预算线的一个平行移动，而价格的变化将会改变预算线的斜率。

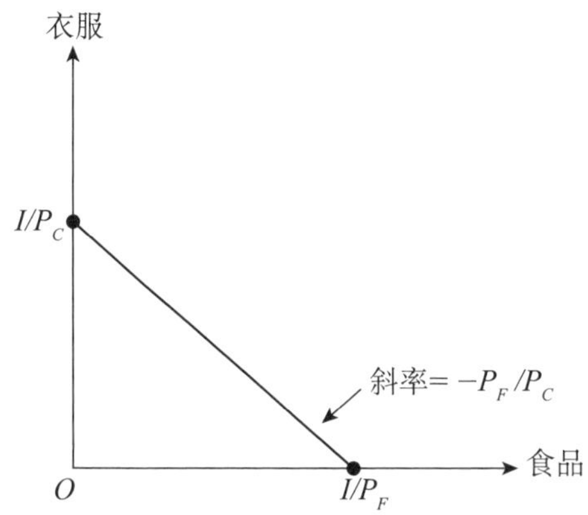

图 3.3

我们可以非常容易地重写预算线方程，把纵轴的商品移到方程的左边。在这里，因为我们在纵轴上表示衣服，所以我们将把方程从

$$P_F F + P_C C = I$$

改写成

$$C = I/P_C - (P_F/P_C)F$$

你可以立即发现，纵轴的截距为 I/P_C，预算线的斜率为 $-P_F/P_C$。令 $C=0$，可以得到横轴的截距为 I/P_F。

✍ **练习**

5. 画出下列预算线：

a. $10F+20C=400$。

b. $5F+10C=400$。

c. $10F+10C=400$。

d. $20F+20C=400$。

比较 a 和 b、a 和 c 以及 a 和 d。哪一个比较体现了收入变化？哪一个比较体现了价格变化？

消费者选择（第 3.3 节）

面对购买满足预算约束的市场篮子这一机会，消费者将会如何选择？首先，他会花光所有的收入，因为越多越好。其次，他将选择能带给他最大偏好的商品组合的市场篮子。这个最受偏好的市场篮子位于满足预算约束的最高无差异曲线上。因为无差异曲线是平滑的，所以在预算线的约束下，效用最大化的市场篮子位于预算线与无差异曲线的切点上。在这一切点上，预算线的斜率等于无差异曲线的斜率，即 $MRS=P_F/P_C$。换句话说，给定价格，在这一点上消费者愿意交换的比率等于其能够交换的比率。

✍ **练习**

6. 假设消费者没有位于切点上。预算线的斜率与 MRS 的比较可以告诉我们，沿着预算线，消费者将愿意往哪个方向移动。

a. 设 $MRS=5$，$P_F/P_C=3$。消费者位于切点上吗？若没有，消费者是偏好预算线上一个有更多食品的市场篮子还是一个有更多衣服的市场篮子？

b. 设 $MRS=2$，$P_F/P_C=3$。消费者位于切点上吗？若没有，消费者是偏好预算线上一个有更多食品的市场篮子还是一个有更多衣服的市场篮子？

c. 设 $MRS=3$，$P_F/P_C=3$。消费者位于切点上吗？

d. 分别画出上述三种情况的预算线和无差异曲线。

在一些特殊情形下，无差异曲线是不平滑的，这样无差异曲线和预算线之间可能就没有切点。下面两个练习考虑了在最受偏好的市场篮子上 MRS 不等于价格之比的情形。

✍ **练习**

7. 以完全互补品为例，画出一条预算线和一组无差异曲线。消费者最偏好什么样的市场篮子？

8. 以完全替代品为例，画出一条预算线和一组无差异曲线。消费者最偏好什么样的市场篮子？（提示：在这个例子中，无差异曲线为直线，其斜率可以与预算线的斜率不同。）

显示偏好（第 3.4 节）

尽管我们无法获知消费者偏好的详情，但通过观察消费者的选择，我们可以得到一些有关无差异曲线的信息。这被称为显示偏好分析。消费者在价格变动时的购买决策揭示了其偏好。

首先，考虑图 3.4(a) 中的情形，其中消费者选择了市场篮子 A。这告诉了我们什么呢？我们已经知道了消费者在 A 与两种商品都比 A 少的任何市场篮子之间偏好 A。现在，我们也知道，A 与图 3.4(a) 阴影部分中的市场篮子以及与 A 位于同一条预算线上的市场篮子相比，A 都更受偏好。因为在其他所有位于预算线上的市场篮子都可得到的情况下，消费者选择了 A，所以与其他市场篮子相比，A 被显示为更受偏好。一般地，若当市场篮子 A 和市场篮子 B 都可行时，消费者选择了 A，那么 A 比 B 更受偏好。

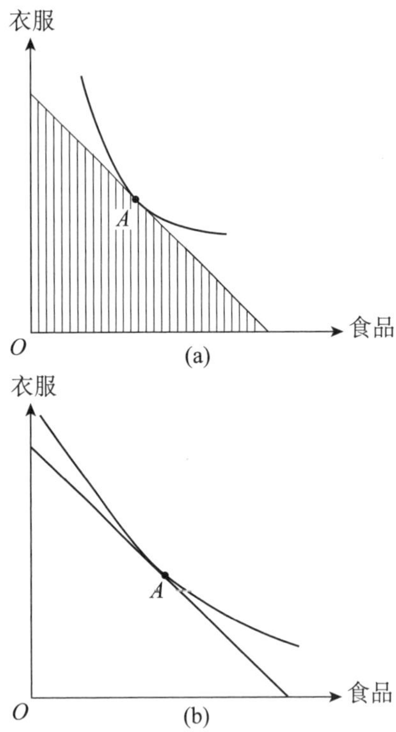

图 3.4

当我们变动价格和消费者的收入时（从而预算线以各种方式移动），我们会发现更多有关消费者偏好的东西。到目前为止，我们对穿过 A 的无差异曲线知之甚少，我们还不知道它的形状是像图 3.4(a) 还是像图 3.4(b)。

现在，假设我们观察到，当预算线为 l_1 时消费者选择了市场篮子 A，而当预算线为 l_2 时消费者选择了市场篮子 B，如图 3.5 所示。既然 A 和 B 都位于 l_1 上，而 A 更受偏好，且 B 与所有位于 l_2 上或者位于 l_2 下方的市场篮子相比都更受偏好，这说明与 l_1 下方的市场篮子以及在图 3.5 阴影区域中的所有市场篮子相比，A 更受消费者偏好。我们可以继续以这种方法排除那些与 A 相比不受消费者偏好的市场篮子。

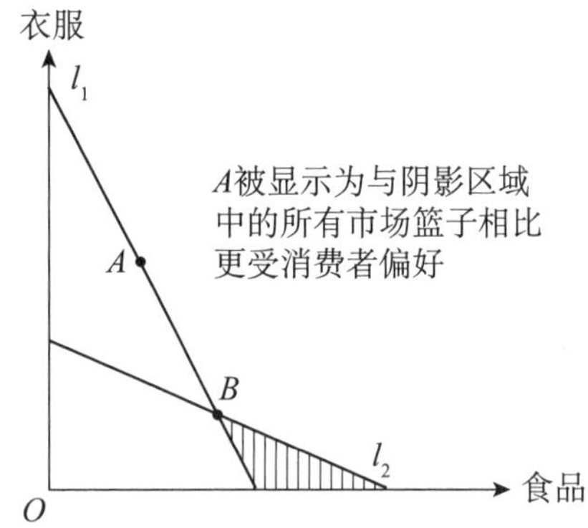

图 3.5

我们也可以试着寻找比市场篮子 A 更受偏好的市场篮子。考虑图 3.6，市场篮子 G 比市场篮子 A 更受偏好。由于边际替代率递减的假设，A 和 G 之间的所有市场篮子也都比 A 更受偏好（可以自己画几条可能的无差异曲线来证明这一点，记住无差异曲线不能相交）。所以，运用显示偏好分析，我们可以逼近真实的无差异曲线，虽然无法准确确定真实的无差异曲线。

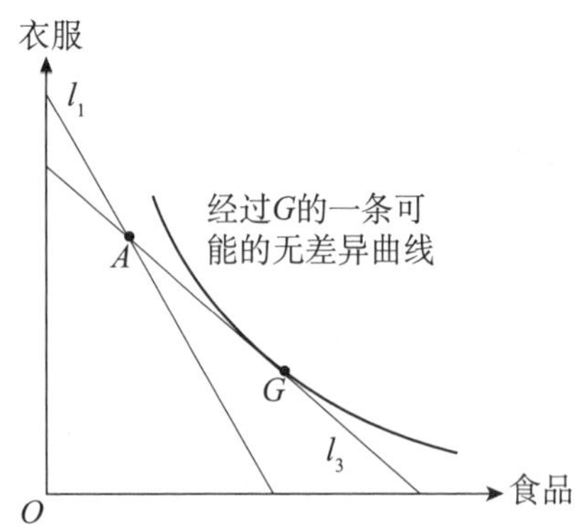

图 3.6

✍ **练习**

9. 食品和衣服的价格都为 10 美元/单位，苏珊每月有 400 美元的收入。在这个收入水平下，她购买 25 单位食品和 15 单位衣服。

a. 画出最初的预算线，同时标出苏珊当前的市场篮子，以 A 表示。

b. 第二年，苏珊的收入跌为每月 350 美元，食品的单位价格为 7 美元，衣服的单位价格为 14 美元，此时她购买 28 单位食品和 11 单位衣服。以 B 标出该点。她是在收入变化之前还是在收入变化之后境况更好？

c. 第三年，她的收入上升为每月 588 美元，食品和衣服的单位价格不变，仍然分别为 7 美元和 14 美元。她购买 36 单位食品和 24 单位衣服，以 C 标出该点。她的境况是在现在更好，还是在收入为 400 美元、价格都为 10 美元时更好？

边际效用与消费者选择（第 3.5 节）

在一条无差异曲线上，每个市场篮子都带来相同的效用。效用只不过是对消费者从消费特定市场篮子中得到的满足的一种度量。效用函数为市场篮子赋予一定的数值，若赋予市场篮子 A 的数值大于赋予市场篮子 B 的数值，那么说明 A 比 B 更受偏好。当消费者得到更多的商品从而移向更高的无差异曲线时，效用值增大。效用的实际数值对无差异曲线分析来说并不重要，因为这只是一种序数排列。图 3.7(a) 和图 3.7(b) 中所画的偏好相同，尽管它们的效用数值不同。

对于边际效用分析，效用的实际数值确实是重要的。食品的边际效用 MU_F 为当消费者的市场篮子增加额外一单位食品时，他将获得的额外效用。MU_C 则为增加额外一单位衣服所带来的额外效用。回忆一下，你拥有的一种商品越多，额外的一单位该商品对你的价值也就越小，这意味着边际效用取决于你当前市场篮子中包含的商品数量。

MRS 等于边际效用之比，也就是 $MRS=MU_F/MU_C$。我们有关效用最大化的准则 $MRS=P_F/P_C$，自然地就变成了 $MU_F/MU_C=P_F/P_C$，重新整理后，得到 $MU_F/P_F=MU_C/P_C$。因此，对于最受偏好的市场篮子，消费者花在每种商品上的最后一美元所带来的边际效用相等。为了在预算约束下最大化效用，消费者将选择这样的市场篮子：最后一美元无论是花在食品上还是花在衣服上，所带来的效用增量都相等。一旦消费者处于这一点上，最后一美元花在哪里就变得无关紧要，这意味着消费者找到了不想再变动的一点。这是效用最大化的点。对于任意数量的商品，我们都可以应用这一准则。

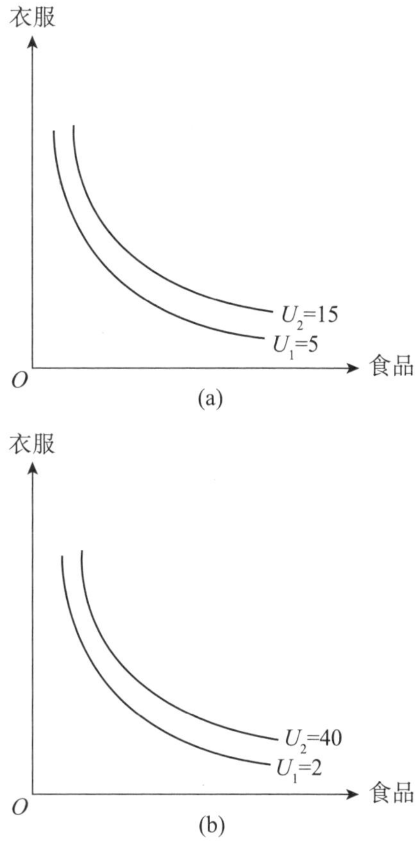

图 3.7

✍ **练习**

10. 利用下表的信息回答下列有关消费者在食品和衣服之间做选择的问题：

衣服	MU_C	MU_C/P_C	食品	MU_F	MU_F/P_F
1	60	6	1	115	5.75
2	55	—	2	105	—
3	51	—	3	98	—
4	48	—	4	94	—
5	47	—	5	92	—
6	46	—	6	90	—

a. 填充表中的空格。

b. 令 $I=130$ 美元，$P_F=20$ 美元，$P_C=10$ 美元。市场篮子 $C=1$、$F=6$ 满足预算约束吗？这是效用最大化的市场篮子吗？若不是，消费者将会朝哪个方向重新安排他的购买决策（也就是说，是更多的食品还是更多的衣服）？

c. 令 $I=130$ 美元，$P_F=20$ 美元，$P_C=10$ 美元。利用表中的信息，在预算约束下消费者的效用最大化的市场篮子是什么？

* 生活成本指数（第 3.6 节）

消费者价格指数，也就是 CPI（第 1 章已介绍过），是生活成本指数的一个例子，它度量总体的价格水平。当然，确定“总体”的含义是困难的。在实践中，它被定义为与一组典型商品和服务相联系的价格水平。负责计算 CPI 的政府机构——劳工统计局（Bureau of Labor Statistics，BLS）周期性地对消费者进行调查，以寻求一个典型消费者的商品组合以及他在各项商品上的花费。从这个商品组合的花费出发，劳工统计局试图度量当价格上涨时，消费者为了维持原有水平的满足程度需要花费多少钱。

购买力的最佳度量不是 CPI，而是理想生活成本指数，它被定义为以当前价格达到一个给定效用水平所花成本相对于以基期价格达到相同效用水平所花成本的比值。虽然这个指数是理想的，但实践起来却很难，因为我们无法度量消费者的满足程度和偏好。所以，人们用相对很容易得到的数据计算近似生活成本指数来代替理想生活成本指数。

两个最流行的指数是拉氏指数（类似于 CPI）和帕氏指数。拉氏指数度量的是，与以基期价格购买基期商品和服务组合的花费相比，以当期价格购买基期商品和服务组合的花费。其公式如下：

$$LI=\frac{P_2Q_1}{P_1Q_1}$$

下标“1”表示第一年（基期）的消费组合和价格，“2”表示当期的消费组合和价格。考虑一个简单的例子：假设消费者在 2010 年挣得 10 000 美元，且只购买食品（10 美元/磅）和衣服（30 美元/件）。在 2010 年，他购买了 400 磅食品和 200 件衣服。第二年价格上涨，食品的价格为 12 美元/磅，衣服的价格为 35 美元/件。相应的拉氏指数等于：

$$LI=\frac{12\times400+35\times200}{10\times400+30\times200}$$

$$=\frac{11\ 800}{10\ 000}=1.18$$

在本例中，2010—2011 年的生活成本上涨了 18%。

帕氏指数的定义与此类似，只不过它不是把消费者的商品组合限定在基期，而是着眼于当期消费的商品数量。具体地说，帕氏指数度量的是，与以基期价格购买当期商品和服务组合的花费相比，以当期价格购买当期商品和服务组合的花费。其公式如下：

$$PI=\frac{P_2Q_2}{P_1Q_2}$$

拉氏指数和帕氏指数都不是理想生活成本指数，其中的一个重要原因是：这两个指数都假设当价格变动时，消费者将继续消费相同的组合。虽然做这样的假设可以简化计算，降低数据收集成本，但却是不切实际的。当价格变化时，消费者将以一种商品替代另一种商品，或者改变特定商品的消费数量。因为这个原因，拉氏指数放大了生活成本的实际变动，而帕氏指数则相反。政府统计部门已经注意到了这个（以及其他的）问题，并继续努力改进其对外发布的生活成本指数的精确度。

✍ **练习**

11. 苏珊 2000 年购买了 30 张 DVD 和 600 磅食品，当时 DVD 的价格为 30 美元/张，食品的价格为 4 美元/磅。2010 年，DVD 的价格下降为 20 美元/张，食品的价格上升为5美元/磅。

a. 以2000年为基期，计算苏珊2010年的拉氏指数。

b. 2010年苏珊的收入发生了变动，她购买了40张DVD以及550磅食品。以2000年为基期，计算苏珊2010年的帕氏指数。

c. 我们能够确信苏珊的境况在2000年和2010年哪个年份更好吗？

习题集

12. 某个星期，一个快餐店对菲利普消费的碳酸饮料每瓶收取0.3美元，玉米饼每盎司收取0.1美元。菲利普把他的全部收入都花在这两种商品上，这个星期消费了6瓶碳酸饮料和30盎司玉米饼。之后的一个星期，两种商品的价格上升，碳酸饮料为每瓶0.75美元，玉米饼为每盎司0.25美元。菲利普的收入也变化了，他现在购买3瓶碳酸饮料和36盎司玉米饼。他这两个星期的行为一致吗？哪个星期菲利普的境况更好？

13. 某人只消费两种商品：梨子和栗子。在市场篮子6个梨子和2个栗子与市场篮子4个梨子和7个栗子之间，她偏好前者。然而，在市场篮子6个梨子和2个栗子与市场篮子2个梨子和8个栗子之间，她偏好后者。这样的偏好与我们有关消费者偏好的假设是否一致？（提示：画出这些市场篮子；接下来试着画出满足消费者行为理论假设的无差异曲线。）

14. 琼日常购买汽油和食品。当汽油的价格为1美元/加仑时，她每星期购买50加仑汽油，并花费50美元在食品上。政府把减少汽油的消费作为其环境政策的一部分，并正在考虑两个可选政策。它们是：（1）限制汽油的消费量，每人每星期最多只能消费40加仑；（2）把汽油的价格提高到1.25美元/加仑。为了简化起见，假设食品价格不变，为1美元/单位。

a. 画图说明琼的初始预算线以及她在政策（1）和（2）下的预算线。

b. 假设琼在政策（2）下最偏好的市场篮子是每星期消费40加仑汽油。在图上说明这一点。琼是在政策（1）下境况更好，还是在政策（2）下境况更好？

c. 假设琼在政策（2）下最偏好的市场篮子是每星期消费70加仑汽油（我们不知道她最初偏好的市场篮子）。你对b的回答会改变吗？

15. 卡伦的食品对衣服的边际替代率为3/2，不管她当前消费多少单位食品和衣服。画出几条她的无差异曲线。假如她的收入为100美元，$P_F=5$美元，$P_C=10$美元，她的预算线该如何表示？她偏好什么样的市场篮子？

16. 阿瑟消费两种商品：冰茶和糖。他很挑剔，只喜欢按两茶匙糖与一品脱冰茶这样的比例调配的饮料。

a. 画出阿瑟对冰茶（单位：品脱）和糖（单位：茶匙）的偏好。

b. 假如阿瑟有4美元收入，糖的价格为0.05美元/茶匙，冰茶的价格为0.15美元/品脱，他将偏好什么样的市场篮子？

c. 假设糖的价格为0.10美元/茶匙，冰茶的价格为0.05美元/品脱，阿瑟的效用最大化消费组合是什么？

17. 乔治喜欢网球和奶酪。奶酪当前为4美元/磅，他每星期有250美元的收入。每星期他打5小时网球。遗憾的是，因为生活在一个多雨的新英格兰小镇，他必须去室内体育馆打球。目前，他支付的场馆租金为11美元/小时。

a. 画出他的预算线和能说明他当前偏好的市场篮子的无差异曲线。

b. 一个新俱乐部开张了，并提供下列机会：支付每星期30美元的会员费后，在场馆内打网球只需支付5美元/小时的租金。假设乔治接受了这一机会，画出此时的预算线。

c. 乔治会加入这个新俱乐部吗？试解释。

d. 假设会员费为每星期 25 美元，且支付后乔治在场馆内打网球仍然只需支付 5 美元/小时的租金。乔治是会确定无疑地加入这个新俱乐部、确定无疑地不会加入还是不一定加入？假如他加入了，他打网球是会打得更多、更少还是不确定？

e. 假设会员费为每星期 40 美元，且场馆租金仍然为 5 美元/小时。乔治是会确定无疑地加入这个新俱乐部、确定无疑地不会加入还是不一定加入？假如他加入了，他打网球是会打得更多、更少还是不确定？

18. *［折弯的预算线］肯拥有一份小时工资为 15 美元的工作。若他一个星期工作 40 小时以上，他将获得 50％的加班费，使得他的小时工资增加为 22.5 美元。他在消费一种商品和闲暇之间做出选择。假设他每星期可利用的时间为 80 小时（另外的 88 小时他用来睡觉以及坐车）。画出他的预算线，假设他消费的单一商品为 6 美元/单位。肯究竟会不会每星期工作整整 40 小时？试解释。

19. 考虑两种商品分别为食品和衣服的情形。假设 MRS 递增（即无差异曲线凹向原点）。你预期衣服和食品的消费模式会是什么？

20. 考虑教材中讨论的大学信托基金问题（例 3.5 和图 3.17）。画出有信托基金和没有信托基金时的预算线。接下来画出一组使得学生若从基金中获利，便会花费较少的收入在教育上的无差异曲线。你的无差异曲线是否展示了递减的 MRS？

自测题

21. 图 3.8 中的无差异曲线违背了偏好的哪个假设？

a. 完备性。

b. 传递性。

c. 边际替代率递减。

d. 上述三个假设都违背了。

e. 上述三个假设都没违背。

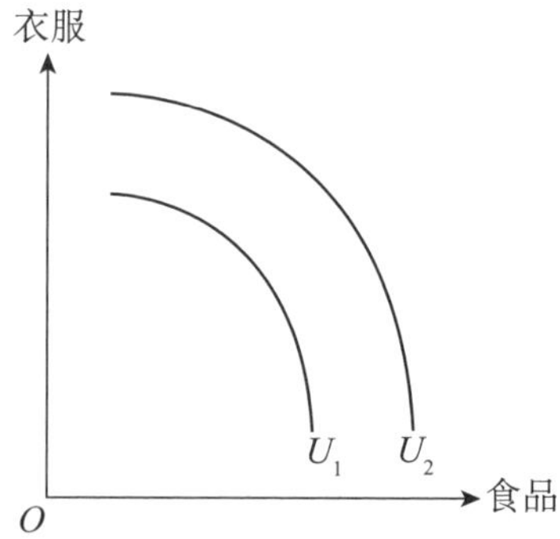

图 3.8

22. 从有关偏好的三个假设出发，可以得出：

a. 无差异曲线不能相交。

b. 在无差异曲线上右上方的点有更高的满足程度。

c. 每个市场篮子都落在同一条无差异曲线上。

d. 只有 a 和 b 是正确的。

e. a、b 和 c 都正确。

23. 雷无法分辨可口可乐和百事可乐之间的差异，对他来说，这两种商品是：

a. 完全替代品。

b. 完全互补品。

c. 非传递性的。

d. 必需品。

e. 上述选项都不正确。

24. 乔治一直把瓶装矿泉水和果汁混合起来喝。另外，他强调要精确地以每 9 盎司矿泉水与 1/8 盎司果汁相混合。对乔治来说，这两种商品是：

a. 完全替代品。

b. 完全互补品。

c. 非传递性的。

d. 必需品。

e. 上述选项都不正确。

25. 乔的预算线为 $15F+45C=900$。当乔选择他最偏好的市场篮子时，他购买了 10 单位 C。因此，他也购买：

a. 10 单位 F。

b. 30 单位 F。

c. 50 单位 F。

d. 60 单位 F。

e. 上述选项都不正确。

26. 金只购买咖啡和 CD，咖啡的价格为 0.60 美元/杯，CD 的价格为 12 美元/张。她每星期有 18 美元的收入可以花在这两种商品上。当她最大化自己的效用水平时，咖啡对 CD 的边际替代率为：

a. 0.05。

b. 20。

c. 18。

d. 1.50。

e. 上述选项都不正确。

27. 在有关偏好的假设中，哪个告诉我们消费者最偏好的市场篮子会位于预算线上，而不是位于预算线下方？

a. 完备性。

b. 传递性。

c. 越多越好。

d. 边际替代率递减。

e. 上述选项都不正确。

28. 如图 3.9 所示，保持收入不变，什么变化将导致预算线从直线（1）变为直线（2）？

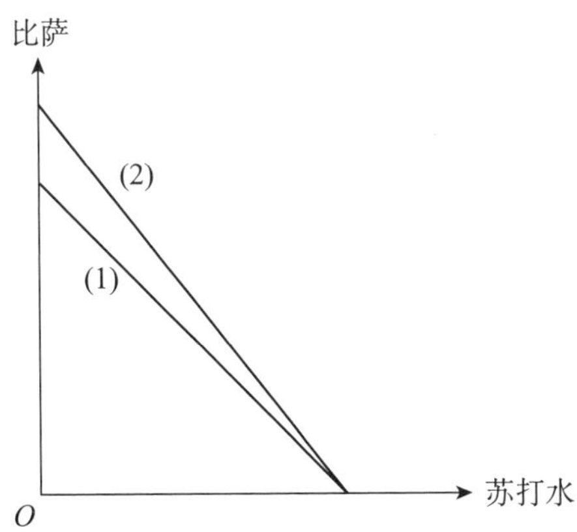

图 3.9

a. 苏打水的价格下降。

b. 比萨的价格下降。

c. 比萨的价格上升。

d. 苏打水的价格上升。

e. b 和 c。

29. 如图 3.10 所示，预算线开始时为 $5F+10C=200$，此时哈罗德购买 30 单位食品和 5 单位衣服。直线（1）和（2）分别为接下来两期的预算线，且哈罗德在这三种情形下获得的效用水平相同。在接下来的两期他可能购买的市场篮子是：

a. A 和 B。

b. A 和 D。

c. B 和 E。

d. D 和 E。

e. 信息不充分。

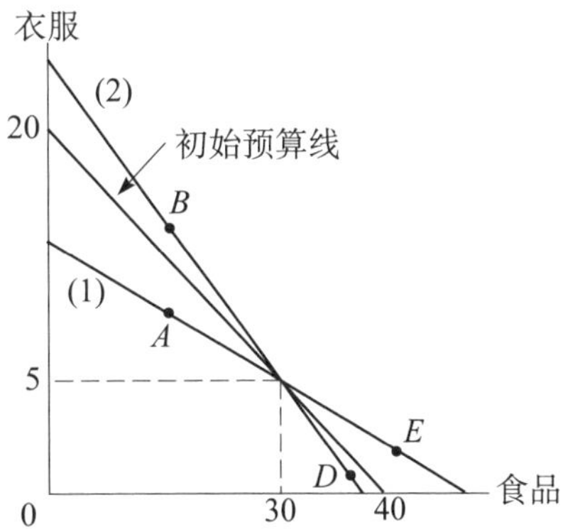

图 3.10

30. 一单位切达干酪花费了卡尔 40 美元，而一个百老汇晚上的表演秀花费了他 100 美元（包括门票、停车费等）。当卡尔最大化其效用水平时，从切达干酪中获得的边际效用为 8，那么他从百老汇表演秀中获得的边际效用为多少？

a. 3.2。

b. 20。

c. 50。

d. 500。

e. 上述选项都不正确。

31. 莉萨喜欢两种不同的三明治作为自带午餐：花生黄油加奶油干酪三明治，以及奶油干酪加果子冻三明治。对莉萨来说，下述哪种说法是正确的？

a. 花生黄油和果子冻是互补品。

b. 奶油干酪和果子冻是替代品。

c. 花生黄油和奶油干酪是替代品。

d. 花生黄油和果子冻是替代品。

e. 上述选项都不正确。

32. 萨姆选择把他的全部收入花在食品上，不买任何衣服。所以他的无差异曲线

a. 是垂直的。

b. 是水平的。

c. 有大于价格比率的 MRS，从而预算线与食品轴相交。

d. 有小于价格比率的 MRS，从而预算线与食品轴相交。

e. 上述选项都不正确。

第 3 章答案

练习答案

1. a. 在 P 和 Q 之间，威廉选择 P，接下来在 P 和 R 之间，他选择 P。

b. 在 Q 和 R 之间，威廉选择 Q，接下来在 P 和 Q 之间，他选择 P。

c. 是的，威廉的偏好具有传递性：这三个市场篮子之间的选择顺序不影响他最终的选择。

d. 基于这样的偏好，在 P 和 Q 之间，威廉选择 P，接下来在 P 和 R 之间，他选择 R。改变一下选择顺序，若在 Q 和 R 之间，威廉选择 Q，接下来在 P 和 Q 之间，他选择 P。这里选择顺序影响了最终的偏好，因为这样的偏好不满足传递性。

2. a. 见图 3A.1(a)，既然消费者不能说出两种口味的区别，那么他只在意他所拥有的果冻的总量。

b. 见图 3A.1(b)，苹果味果冻数量的增加不会影响消费者的效用水平，因为他从来不吃。

c. 见图 3A.1(c)，这里混合的商品组合要比单一的好，消费者愿意在两种口味之间进行交换。

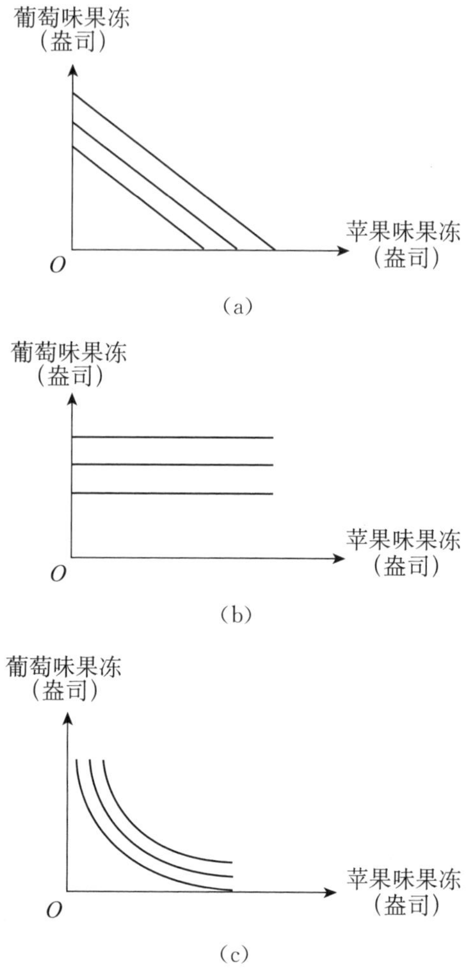

图 3A.1

3. a. 见图 3A.2。

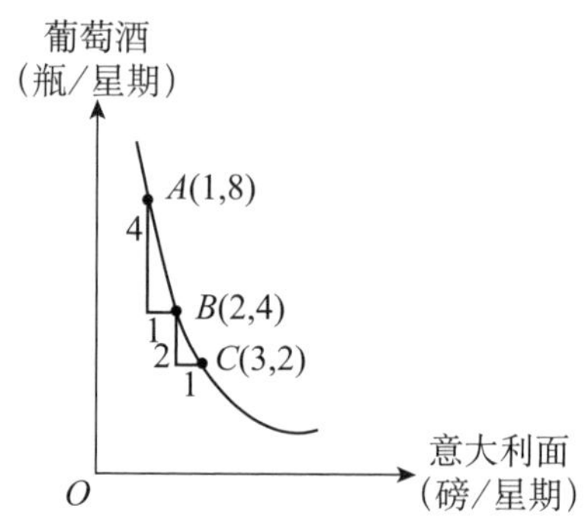

图 3A.2

b. $MRS_{A,B}=-(8-4)/(1-2)=4$；$MRS_{B,C}=-(4-2)/(2-3)=2$。是的，这条无差异曲线满足边际替代率递减的假设，因为沿着横轴，当意大利面的数量增加时，MRS 下降了。

4. a. 这两种商品对消费者来说是完全替代品。见图 3A.3(a)，注意到消费者愿意以 1∶1 的比率用知名品牌的阿司匹林交换一般品牌的阿司匹林，所以每一条无差异曲线的 MRS 都等于 1。

b. 这两种商品是完全互补品。消费者拥有两双手套的效用水平比拥有一双手套的效用水平高，但是拥有不成对的手套不会增加他的效用。见图 3A.3(b)，无差异曲线的水平部分的 MRS=0，垂直部分的 MRS=∞。

c. 见图 3A.3(c)，该摇滚明星只有拥有更多的左手手套，才可以实现更高的无差异曲线，额外的右手手套不会增加或者减少他的满足程度（右手手套对他来说是中性的）。

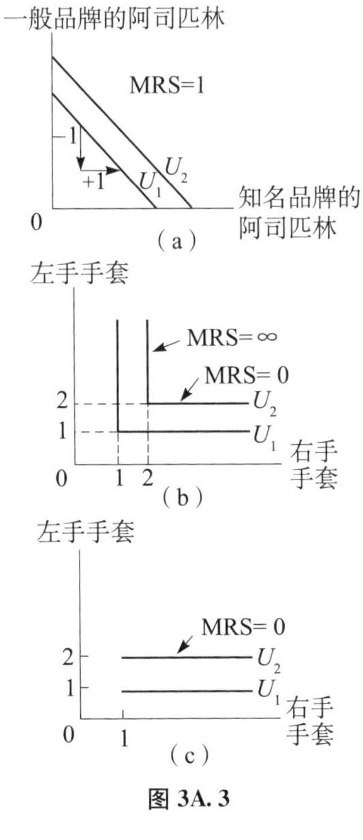

图 3A.3

5. 利用等式 $C=I/P_C-(P_F/P_C)F$，你可以得到如下表所示的截距和斜率：

预算线	纵轴截距 (I/P_C)	横轴截距 (I/P_F)	斜率 (P_F/P_C)
a	20	40	1/2
b	40	80	1/2
c	40	40	1
d	20	20	1

如图 3A.4 所示，从 a 到 b，斜率没有改变，但是预算线外移了，因此这反映了收入变化。从 a 到 c，斜率改变了，但是横轴截距没有改变，因此这反映了商品 C 的价格变化。从 a 到 d，纵轴截距没有改变，但是斜率改变了，因此这反映了商品 F 的价格变化。

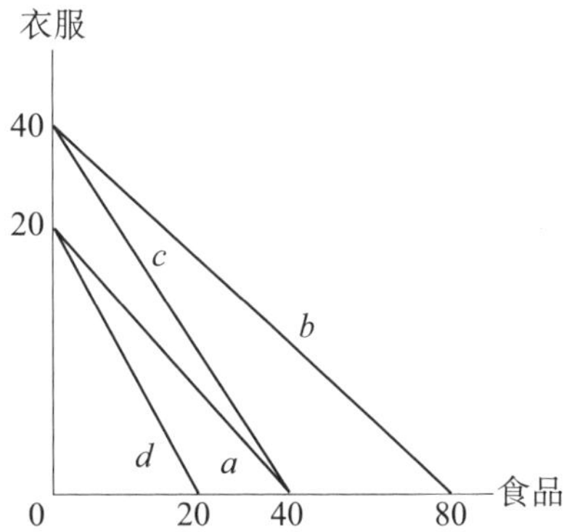

图 3A.4

6. a. 因为 $MRS>P_F/P_C$，所以消费者没有位于切点上。消费者偏好预算线上一个有更多食品的市场篮子（预算线比无差异曲线更平缓）。

b. 因为 $MRS<P_F/P_C$，所以消费者没有位于切点上。消费者偏好预算线上一个有更多衣服的市场篮子（无差异曲线比预算线更平缓）。

c. $MRS=P_F/P_C$，所以消费者位于切点上。

d. 见图 3A.5。

7. 见图 3A.6，对于任何预算线，最受偏好的市场篮子必然位于无差异曲线的拐点上。

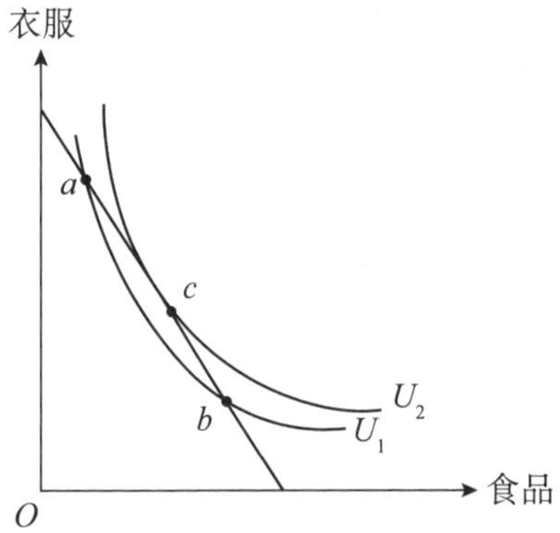

图 3A. 5

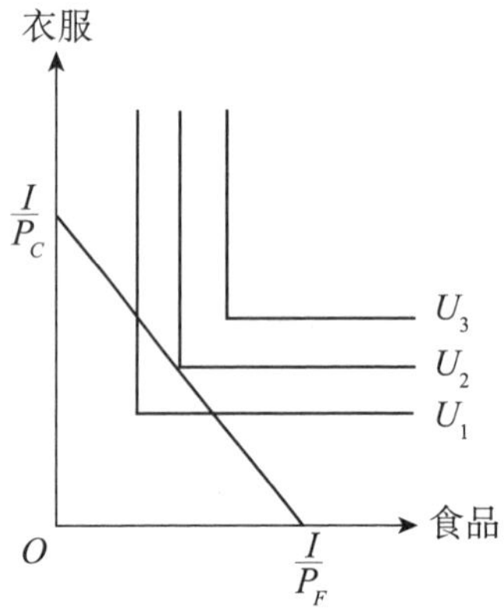

图 3A. 6

8. 见图 3A. 7，假如如图 3A. 7(a) 所示，MRS$>P_F/P_C$，消费者将会只消费 F；假如如图 3A. 7(b) 所示，MRS$<P_F/P_C$，消费者将会只消费 C；假如如图 3A. 7(c) 所示，MRS$=P_F/P_C$，那么预算线上的每一个市场篮子对于消费者来说都是一样好的。

9. a. 见图 3A. 8，最初的预算线为 l_1，此时苏珊的市场篮子为 A，因为食品和衣服的价格都为 10 美元，所以 l_1 的纵轴截距和横轴截距都为 400/10=40。

b. 新的预算线为 l_2，市场篮子 $B(F=28，C=11)$ 只需花费 350 美元，在原来的预算线下方。因为苏珊之前有能力购买 B 但是没有这样做，因此现在她的境况一定变糟了。

c. 最终的预算线为 l_3，市场篮子 $C(F=36，C=24)$ 中的两种商品都比原来的市场篮子中的多，位于更高的无差异曲线上，因此价格变化之后，苏珊的境况变好了。这个市场篮子比原先的市场篮子花费要多，但是仅有这一点还不足以确定新的市场篮子会更受偏好，因为我们不知道苏珊的无差异曲线的形状。例如，在图 3A. 8 中，市场篮子 $D(F=10，C=37)$ 位于约束线 l_3 上，比市场篮子 A 花费更多，但它可能与 A 位于同一条无差异曲线上，正如 U_1 的延长虚线所表明的。

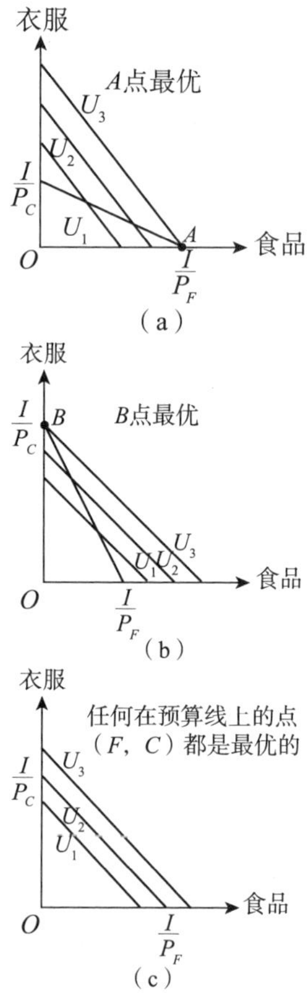

图 3A. 7

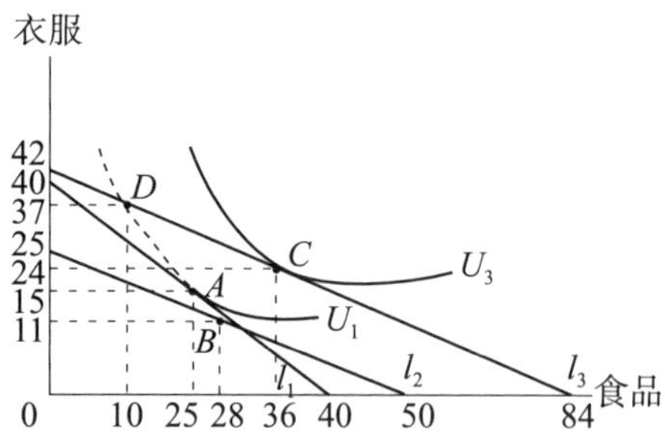

图 3A. 8

10. a. 见表 3A.1。

表 3A.1

衣服	MU_C	MU_C/P_C	食品	MU_F	MU_F/P_F
1	60	6.60	1	115	5.75
2	55	5.50	2	105	5.25
3	51	5.10	3	98	4.90
4	48	4.80	4	94	4.70
5	47	4.70	5	92	4.60
6	46	4.60	6	90	4.50

b. 是的，因为 $1\times10+6\times20=130$(美元)$=I$，所以这个市场篮子满足预算约束。但是该市场篮子却不是效用最大化的市场篮子，因为 $MU_C/P_C=6>MU_F/P_F=4.5$。消费者可以通过多花一些钱在衣服上来提高效用水平。

c. 效用最大化的市场篮子应该满足以下条件，即花在 C 上的最后一美元所带来的边际效用等于花在 F 上的最后一美元所带来的边际效用。从表中可以看出，市场篮子 $C=5$、$F=4$ 满足这个条件（两种商品的边际效用与价格之比都为 4.7），同时它也满足预算约束，因为 $5\times10+4\times20=130$(美元)。注意，虽然 $C=6$、$F=5$ 时 $MU_C/P_C=MU_F/P_F=4.6$，即两者也相等，但是这个市场篮子花费过多，即 $6\times10+5\times20=160$(美元)。

11. a. $LI=\frac{20\times30+5\times600}{30\times30+4\times600}=\frac{3\ 600}{3\ 300}=1.09$

b. $PI=\frac{20\times40+5\times550}{30\times40+4\times550}=\frac{3\ 550}{3\ 400}=1.04$

c. 以 2000 年的价格度量，苏珊 2000 年的市场篮子比 2010 年的市场篮子便宜。以 2010 年的价格度量，苏珊 2010 年的市场篮子比 2000 年的市场篮子便宜。因此，在 2000 年，她无法购买 2010 年的市场篮子，在 2010 年，她无法购买 2000 年的市场篮子。我们不能确定哪年苏珊的境况更好。

习题集答案

12. 由于 30 盎司玉米饼加上 6 瓶碳酸饮料的花费为 4.8 美元，因此第一条预算线为 $0.1T+0.3S=4.8$。由于 36 盎司玉米饼加上 3 瓶碳酸饮料的花费为 11.25 美元，因此第二条预算线为 $0.25T+0.75S=11.25$。图 3A.9 画出了这两条预算线。注意两种情形下的价格之比（P_T/P_S）都为 1/3，因此两条预算线平行。因为他在第二条预算线的约束下买不起第一个市场篮子，所以并没有显示出不一致的情况。他第一星期的境况明显更好。

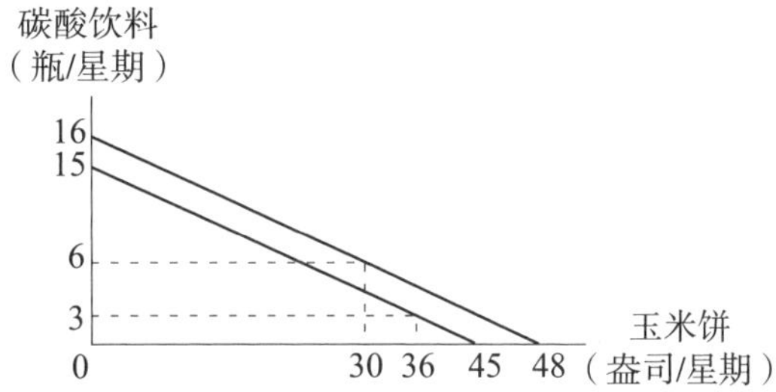

图 3A.9

13. 这样的偏好与越多越好、传递性以及边际替代率递减这些假设是不一致的。如图 3A.10 所示，若市场篮子 1 比市场篮子 2 更受偏好，市场篮子 3 比市场篮子 1 更受偏好，那么，假如两条无差异曲线为一般无差异曲线的形状，它们便会相交。

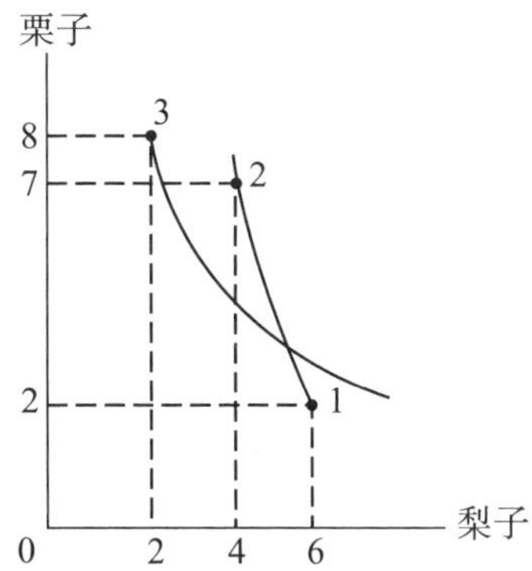

图 3A.10

14. a. 见图 3A.11(a)。最初的预算线为 L_0

(按照题目给出的信息，我们知道她购买食品和汽油的总收入为 100 美元)。在配给政策（1）下，琼的预算线为 L_1，其他部分与原来的预算线相同，只是在每星期 40 加仑所对应的这一点上停止。在图中这表现为预算线到了 40 加仑所对应的这一点后便向下垂直。所以如果她购买 40 加仑汽油，那么她会花 60 美元在食品上。政策（2）的效应是预算线向内旋转，变成 L_2(她现在最多能够购买 100/1.25＝80 加仑汽油)。

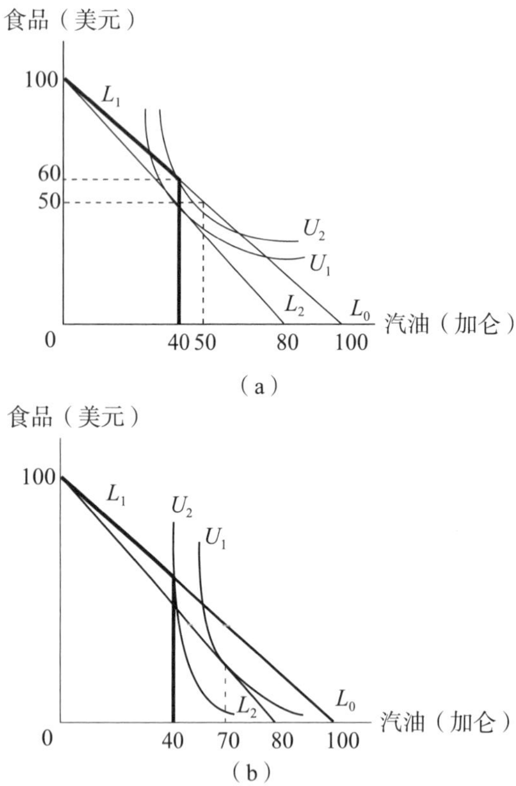

图 3A.11

b. 随着价格的变化，假如她选择购买 40 加仑汽油，那么她只剩下 50 美元去购买食品了。由于越多越好，自然 40 加仑汽油与 60 美元食品的市场篮子要比 40 加仑汽油与 50 美元食品的市场篮子好，所以琼更喜欢配给政策，即在政策（1）下境况更好。这在图 3A.11(a) 中表现为琼在配给政策下能够达到更高的无差异曲线（U_2）。

c. 在这种情形下，琼很可能不喜欢她的汽油消费被限定为 40 加仑，如图 3A.11(b) 中的例子所示。

15. 图 3A.12 显示了卡伦的无差异曲线。预算线（粗线）为 $5F+10C=100$。由于她的 MRS 为 3/2，价格比为 1/2，因此为了达到最高的无差异曲线，她将只购买食品（A 点）。

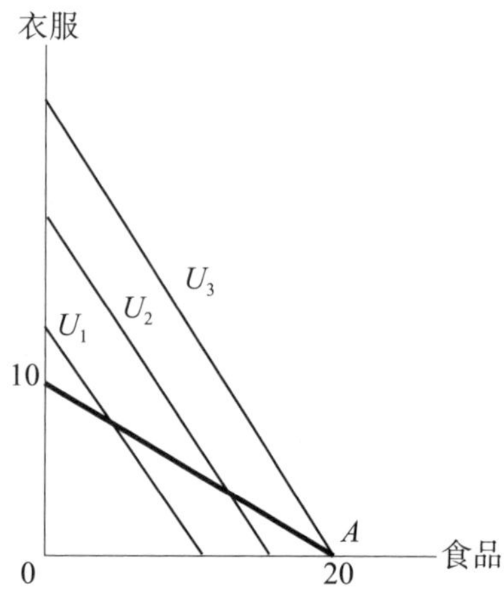

图 3A.12

16. a. 图 3A.13 显示了阿瑟的无差异曲线。由于只喜欢按照两茶匙糖与一品脱冰茶这样的比例调配的饮料，因此他的无差异曲线为直角形，且角上的比例为 1/2。

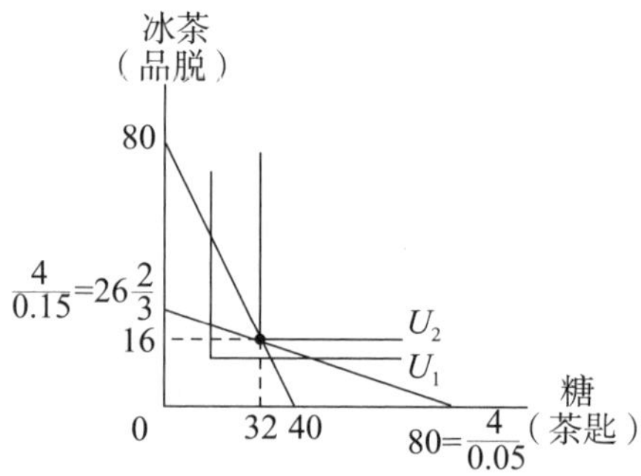

图 3A.13

b. 既然阿瑟的偏好为每一品脱冰茶加两茶匙糖，那么他最喜欢的市场篮子将始终满足 $S=2T$。又因为预算线为 $0.05S+0.15T=4$，我们便可以解出 T：$0.05(2T)+0.15T=4$，即 $0.25T=$

4，从而 $T^*=16$，于是 $S^*=32$。我们可以把上述解代入预算线来验证：$0.05\times32+0.15\times16=4$。

c. 假如 $P_S=0.10$，$P_T=0.05$，那么预算线为 $0.10S+0.05T=4$。又因为 $S=2T$，所以 $0.10(2T)+0.05T=4$，即 $0.25T=4$，从而 $T^*=16$，同样，$S^*=32$。验证一下，$0.10\times32+0.05\times16=4$。这两条预算线恰好都经过无差异曲线的角。

17. a. 见图 3A.14。乔治在网球上花了 55 美元，因此可以用来买奶酪的钱为 250－55＝195 美元。于是他购买 195/4＝48.75 磅奶酪。

b. 见图 3A.14。由于 30 美元的会员费直接来源于乔治原来的收入，因此他可以用来消费的收入从 250 美元下降到 220 美元。新的预算线为 B_1。

c. 是的，加入这个新俱乐部后他的境况变好了，能达到更高的无差异曲线（U_1），并与新的预算线 B_1 相切。

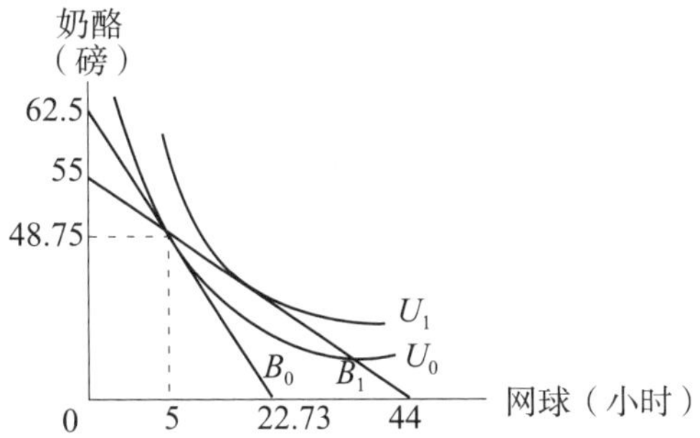

图 3A.14

d. 在这种情形下，他的预算线高于他原来的市场篮子（5，48.75）。现在他可以加入这个俱乐部，打更多的网球，或者消费更多的奶酪，或者两者都更多。因此我们可以确定地说他会加入。但是我们无法确定他是否会打更多的网球。

e. 在这种情形下，他的预算线低于他原来的市场篮子（5，48.75）。新预算线高于原来预算线的那一部分都为多打网球、少消费奶酪的点。由于不知道乔治确切的无差异曲线，我们无法确定在新的预算线下他的境况是变好了还是变糟了。然而，如果他加入这个俱乐部，他打网球的时间将肯定会多于 5 小时。

18. 这两种商品为闲暇和消费。假设肯的消费等于他的收入，最高的收入为 $I=15\times40+22.5\times40=1\,500$ 美元，而预算线方程取决于肯是否加班。令 H＝工作的时间（小时）、L＝闲暇的时间（小时）以及C＝消费。那么，当 $H<40$ 时，预算线为 $15(L-40)+6C=600$；而当 $H>40$ 时，闲暇的价格为 22.5 美元，于是预算线变为 $22.5L+6C=1\,500$。这两条预算线相交于点 $(L, C)=(40, 100)$。图 3A.15 显示了这条预算线，当 $H<40$ 时，斜率为 $-P_L/P_C=-15/6=-2.5$；当 $H>40$ 时，斜率为 $-22.5/6=-3.75$。考虑预算线的另一种方法是从 $(L, C)=(80, 0)$ 开始。肯每工作一小时，就会增加 2.50 美元的消费，直到他达到 40 小时的工作（$L=40$）。在这一点上，他每多工作一小时，就会增加 3.75 美元的消费。因为预算线在 $H=40$ 处发生了折弯，所以肯是工作 40 小时以上还是工作 40 小时以下取决于他的无差异曲线的形状。因为无差异曲线是平滑的，所以他不会正好工作 40 小时。

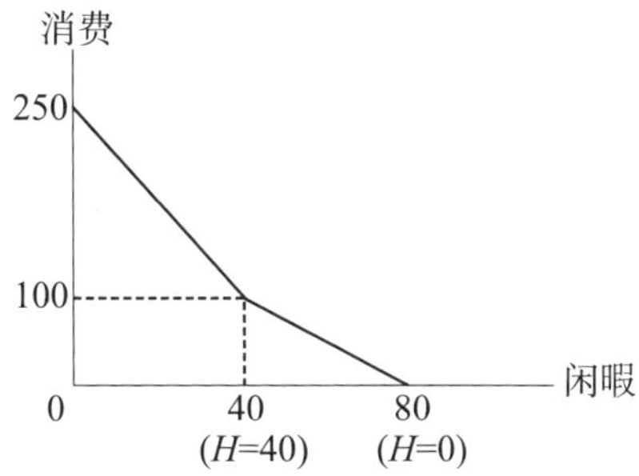

图 3A.15

19. 如果 MRS 递增，消费者将会一直选择角点解——而 MRS 等于价格比率的切点则为预算线上最不受偏好的市场篮子。见图 3A.16。

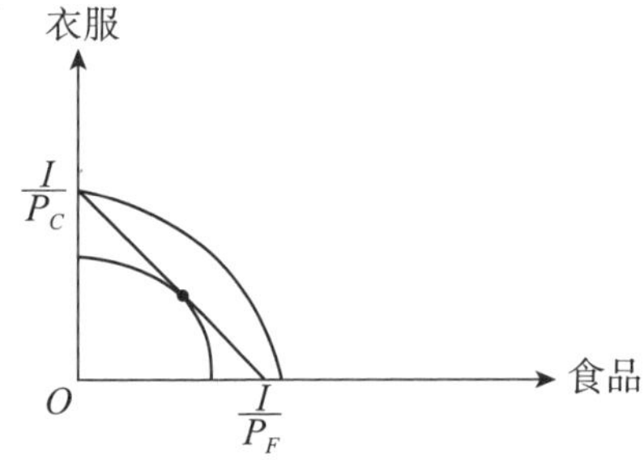

图 3A.16

20. 见图 3A.17。只要 E_0（没有信托基金时在教育上的花费）超过了信托基金的数额，我们就可以画出一条无差异曲线，使得消费者在有信托基金的情形下处于一个角点解。显然，这两条无差异曲线都具有边际替代率递减的性质。小数额的信托基金也许不会使学生花更多的钱在教育上。当且仅当信托基金的数额大于 E_0 时，E_1 才肯定会超过 E_0。

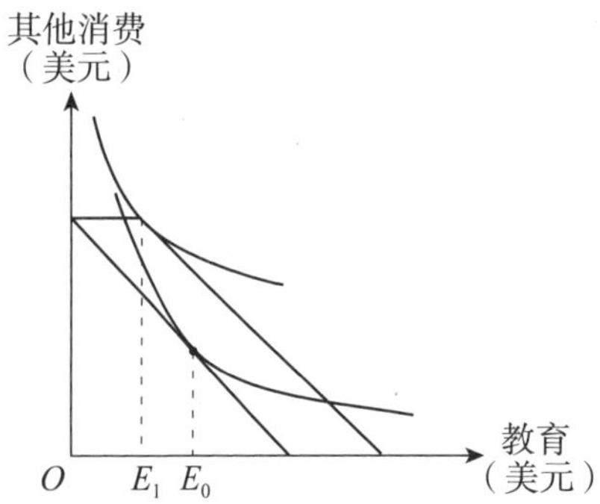

图 3A.17

自测题答案

21. c. 图 3.8 中的无差异曲线是凹的而不是凸的。凹的无差异曲线的边际替代率是递增的。而递减的边际替代率意味着随着横轴数值的增加，无差异曲线将会变得平缓。

22. e. 在消费者行为的基本假设下，所有的说法都是正确的。

23. a. 雷将一直愿意以一瓶可口可乐换取一瓶百事可乐，换句话说，两者对他来说是一样的。这意味着这两种商品是完全替代品，无差异曲线将会是一条直线（MRS 是常数）。

24. b. 乔治必须以这样的比例把果汁和矿泉水混合起来消费，这意味着他的无差异曲线为 L 形的。

25. b. 我们假设乔将花光他所有的收入。若 $C=10$，那么 $15F=900-45\times10=450$，于是 $F=450/15=30$。

26. a. 在金最偏好的市场篮子那一点上，她的 MRS 与价格比率（$P_{咖啡}/P_{CD}$）相等，等于 0.60/12，即 0.05。

27. c. 完备性、传递性以及边际替代率递减说明了无差异曲线的形状以及它们之间的关系，而越多越好假设则确保消费者将会花光他所有的收入，从而消费更多商品（也就是说，到达预算线上的某一点）。

28. b. 这里 $S=$ 苏打水，$P=$ 比萨。横轴截距 I/P_S 保持不变，这意味着 P_S 没有改变（因为收入没变）。由于斜率为 P_P/P_S，斜率改变说明一定是比萨的价格下跌了。这也可以从图 3.9 直观地看出来，因为假如消费者把他的全部收入都花在比萨上，他现在可以购买更多的比萨。

29. c. 市场篮子（30，5）已经被显示为比市场篮子 A 和市场篮子 D 更受偏好，这些市场篮子都位于初始预算线之内，但是没有被选择。只有 B 和 E 为一致的选择。

30. b. 在效用最大化的那一点，$MU_C/MU_B=P_C/P_B$，这里 $C=$ 奶酪，$B=$ 百老汇表演秀。于是，$8/MU_B=40/100$，这意味着 $MU_B=20$。

31. d. 由于对莉萨来说，她愿意用三明治中的花生黄油交换果子冻，因此它们是替代品。相反，花生黄油和奶油干酪对她来说是互补品，奶油干酪和果子冻亦然。

32. c. 只要 MRS 大于价格比率，便会出现角点解。

第4章 个人需求与市场需求

重要概念

- 价格-消费曲线
- 收入-消费曲线
- 恩格尔曲线
- 正常品和劣等品
- 价格变化的收入效应和替代效应
- 吉芬商品
- 需求的价格弹性
  - 点弹性
  - 弧弹性
- 消费者剩余
- 网络外部性
  - 攀比效应
  - 虚荣效应

本章重点

利用迄今为止构建的预算约束以及无差异曲线，我们可以分析价格和收入的变化会怎样影响消费者的选择。首先，考虑保持收入水平以及其他所有商品价格不变的条件下一种商品价格的变化。随着这种商品价格的变化，效用最大化的市场篮子将会改变。从一种商品的价格变化与其需求的变化之间的关系出发，我们可以推导出价格-消费曲线（两个坐标轴分别表示两种商品的数量）以及需求曲线（一个坐标轴表示商品价格，另一个表示商品数量）。其次，考虑保持所有商品的价格都不变的条件下收入的变化。随着收入的变化，效用最大化的市场篮子也会改变，由此出发，我们可以得到收入-消费曲线（两个坐标轴分别表示两种商品的数量）以及恩格尔曲线（一个坐标轴表示收入，另一个表示商品数量）。假如某种商品的消费随着收入的增加而增加，我们便称之为正常品；反之，假如某种商品的消费随着收入的增加而减少，便称之为劣等品。

商品价格的变化实际上会产生两种效应：首先，消费者的实际购买力改变了；其次，商品之间的相对价格也改变了。价格变化的替代效应在保持效用水平不变的条件下分离出相对价格变化的效应；而价格变化的收入效应在保持相对价格不变的条件下分离出实际购买力或者说实际收入变化的效应。价格变化的总效应为替代效应与收入效应之和。

假如一种商品为正常品，那么替代效应

和收入效应的方向相同，因此该商品的需求曲线向右下方倾斜；反之，假如一种商品为劣等品，只要替代效应大于收入效应（在这种情况下，收入效应与替代效应的方向相反），那么它的需求曲线将依然向右下方倾斜。只有在商品为劣等品且收入效应大于替代效应时，需求曲线才会向右上方倾斜，这种商品被称为吉芬商品。

本章回顾了需求的价格弹性，即价格变动 1%所导致的需求量的百分比变化。我们区分了点弹性与弧弹性，前者对应需求曲线上的某一点，而后者度量需求曲线上两点之间的弹性。

无差异曲线和预算线使得我们可以直接观察到，当价格或者收入变化时，消费者的境况是变好了还是变坏了。消费者剩余度量了消费者的福利水平，它直接从需求曲线得出。消费者剩余等于消费者为了获得一定数量的商品愿意支付的最大货币量与购买时实际支付的价格之间的差额。消费者剩余的增加说明消费者的境况变好了。

假如一个人对某种商品的需求依赖于其他人的需求，此时便存在网络外部性。教材讨论了两种类型的网络外部性：攀比效应，指消费者对一种商品的需求随着其他人对该商品的购买而增加；而虚荣效应则相反，指消费者对一种商品的需求随着其他人对该商品的购买而下降。攀比效应使得需求曲线更有弹性，而虚荣效应则降低了需求曲线的弹性。

概念复习和练习

个人需求（第 4.1 节）

价格变化

经济学家很少利用消费者行为模型去确切地解释消费者具体购买什么。更常见地，消费者行为模型被用来解释当消费者的消费可能集变化时，他们会如何反应。例如，考虑图 4.1 中无差异曲线所代表的消费者，两种商品分别为食品和衣服，其中 $P_F=2$ 美元，$P_C=10$ 美元，$I=100$ 美元。当食品的价格从 2 美元跌为 1 美元时，预算线将会以纵轴上的截点为中心旋转。对于任何原有的衣服消费量，消费者都能够购买比以前更多的食品。显然消费者的境况变好了，因为现在增加了新的消费可能集（同时仍然可以购得原有消费集），消费者将会移向一个新的效用最大化的市场篮子。如图 4.1 所示，此时消费者消费了更多的食品和更少的衣服。

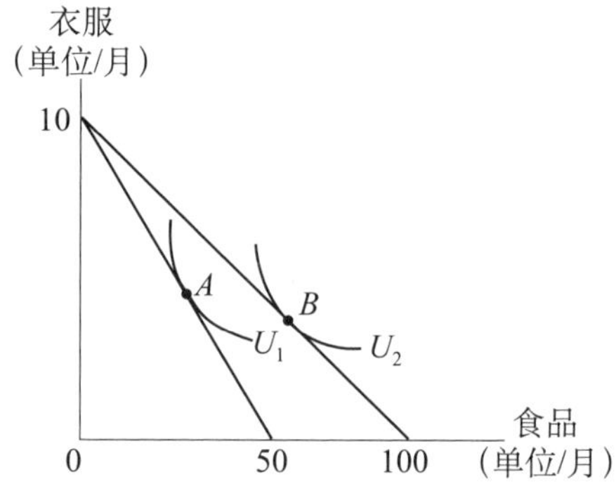

图 4.1

✍ **练习**

1. 在图 4.1 中，假如食品的价格上升，对食品的消费必然会上升或者下降吗？对衣服的消费必然会上升或者下降吗？

现在假定食品的价格被设定在各种各样不同的水平上，而衣服的价格以及收入水平保持不变。在每个新的价格下，消费者都会选择一个最偏好的市场篮子。这些给消费者带来最大满足程度的点的轨迹构成价格-消费曲线，如图 4.2 所示。价格-消费曲线为在各个不同的食品价格水平下，无差异曲线与预算线的切点的连线。

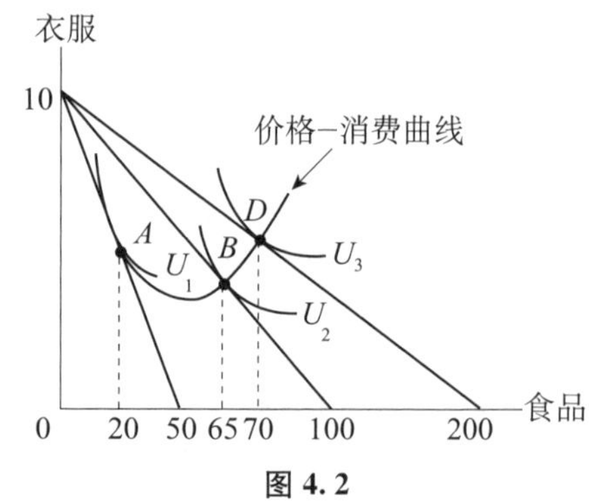

图 4.2

虽然价格-消费曲线显示了消费者对食品的消费是怎样随着食品价格的变化而变化的，但是利用起来却比较麻烦，因为食品的价格只能通过预算线的斜率间接地反映。而需求曲线则直接给出了食品价格与食品消费量之间的关系。

对于每个市场篮子，我们都可以相应地画出食品价格（P_F）和食品数量（F），这样我们便可以从价格-消费曲线中导出需求曲线。（回想一下，P_C 以及 I 是保持不变的。）图 4.2 中的每一条预算线都对应一个 P_F。如图 4.3 所示，需求曲线描述了在各个食品价格水平下消费者愿意购买的食品数量。假如 P_C 或者 I 改变，我们将会得到另外一条不同的需求曲线，它位于初始需求曲线的左侧或者右侧。

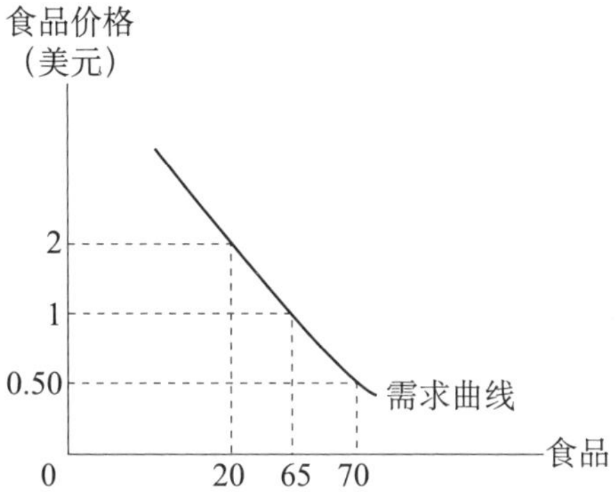

图 4.3

收入变化

消费者收入的变化将会引起预算线的平行移动。收入变化后最受偏好的市场篮子为无差异曲线与新预算线的切点。在不同收入水平下最大化消费者满足程度的所有切点的轨迹构成收入-消费曲线。图 4.4 描述了收入-消费曲线的一个例子，其中 P_F＝10 美元，P_C＝10 美元，I 分别为 100 美元、200 美元、300 美元。和价格-消费曲线一样，收入-消费曲线图中的两个坐标轴分别为食品和衣服的数量。我们也可以画出恩格尔曲线，把一种商品的消费数量与消费者的收入直接联系起来。图 4.5 为一幅典型的恩格尔曲线图，纵轴表示收入水平，横轴表示消费水平。在画恩格尔曲线以及收入-消费曲线时，价格被假定为是固定的，而其中任何一种商品价格的变化都会引起恩格尔曲线的移动。

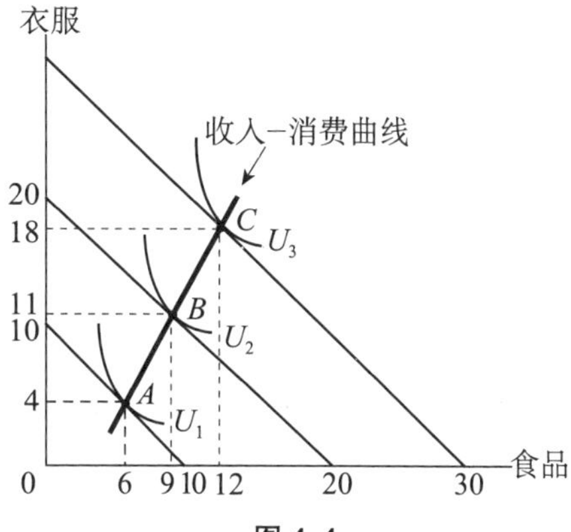

图 4.4

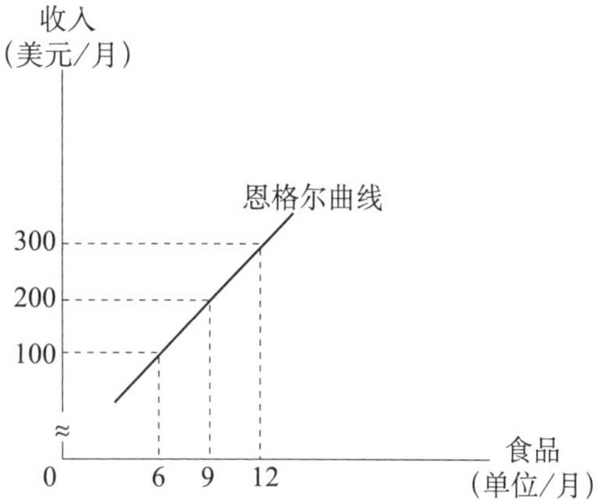

图 4.5

如果收入增加，消费者可能会增加也可能会减少对一种商品的购买。当一种商品的消费量随着收入的增加而增加时，我们称该商品为正常品（例如，乘飞机旅行）。如果一种商品的消费量随着收入的增加而减少，我们就称该商品为劣等品（例如，乘公交车旅行）。正常品的恩格尔曲线向右上方倾斜，而劣等品的恩格尔曲线向右下方倾斜。一种商品可能在一定的收入范围内为劣等品，而在另外的收入范围内为正常品，因此在判断一种商品为正常品还是劣等品时，确定收入范围很重要。

✍ **练习**

2. a. 假如食品和衣服都为正常品，收入-消费曲线的斜率是正还是负？

b. 假如食品为正常品而衣服为劣等品，收入-消费曲线的斜率是正还是负？

c. 假如只有两种商品，它们会不会在相同的收入范围内都为劣等品？试解释。

收入效应与替代效应（第 4.2 节）

本节考察一种商品的需求如何受其他商品价格的影响。在图 4.6 中，当食品的价格为 P_F^1 时，消费者的初始消费点为 A 点。现在假设食品的价格下降为 P_F^2。一种商品价格的下降会引起两种变动，我们分别称之为价格变化的收入效应和替代效应。食品价格下降的第一个结果是，由于消费者的真实收入或者说购买力上升，其预算线外移；第二个结果是预算线的陡峭程度变缓了，也就是预算线在横轴上的端点外移了（回忆一下，端点的表达式为 I/P_F，因此 P_F 下跌后端点必然外移）。第一种变动使得消费者的境况变好了，因为他可以购买更多数量的商品；第二种变动意味着随着相对市场价格的变化，在消费者最偏好的市场篮子那一点上的 MRS 也因此而改变了。

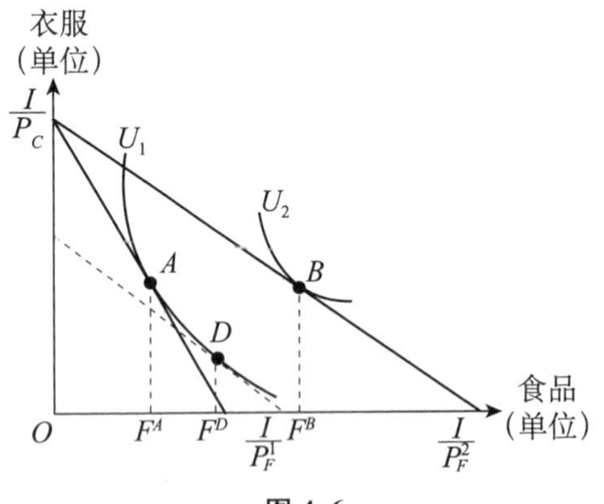

图 4.6

为了分析价格变化后消费者的反应，我们可以单独考察这两种效应。替代效应为食品消费的变化，即调整收入和食品价格，保持消费者最偏好的市场篮子仍然落在初始无差异曲线上，从而使效用保持不变。可以通过画一条假想的与新预算线（本例中即为食品价格更低的无差异曲线）平行同时又恰好与初始无差异曲线相切的预算线来得到替代效应。在图 4.6 中，食品消费从 A 点到 D 点的变化，也就是 F^D-F^A，即为食品价格下降的替代效应。替代效应的方向一般与价格变化的方向相反，在保持效用不变的条件下，价格上升会引起消费数量减少，反之亦然。若 P_F 下降，F 沿着无差异曲线增加；若 P_F 上升，F 则沿着无差异曲线减少。

我们知道消费者实际上不会停留在 D 点，为了显示纯粹的替代效应，我们假想性地改变了消费者的收入，使得他的效用水平不变，以抵消价格的变化。收入效应描述了当收入从这个假想的水平变为实际的水平时，消费如何变化。收入效应为收入从假想的图 4.6 中 D 点的水平变为与价格变化之后的实际预算线相对应的收入（即图 4.6 中 B 点的水平）时食品消费的变化。因此，收入效应为 F^B-F^D。对于正常品，价格下降的收入效应为正；而对于劣等品，该效应为负。

把这两种效应放在一起，我们便可以得出价格变化的总效应。根据价格变化的总效应以及相伴随的收入效应，我们定义了三种类型的商品：正常品、劣等品以及吉芬商品（见下表）。

P_F 下降时的消费效应

替代效应	收入效应	总效应	商品类型	需求曲线的斜率
F 增加	F 增加	F 增加	正常品	向下
F 增加	F 减少	F 增加	劣等品	向下
F 增加	F 减少	F 减少	吉芬商品	向上

对于正常品，其消费与商品价格成反比，商品价格下降时消费增加，商品价格上升时则消费减少。正常品的需求曲线向右下方倾斜。

对于劣等品，总效应取决于收入效应以及替代效应的大小。只要收入效应小于替代效应，劣等品价格下降的总效应将依然会导致其需求的增加。然而，当收入效应大于替代效应时，其需求反而会随着价格的上升而增加，我们称这种类型的商品为吉芬商品，其需求曲线向右上方倾斜。

✍ **练习**

3. a. 假如 X 和 Y 为经济中仅有的两种商品，考虑对商品 X 征收 10%的销售税的效应。从初始效用最大化的点开始，画出 X 价格变化的替代效应和收入效应。假定 X 和 Y 为正常品。

b. 现在假设对 X 征收 10%的销售税的同时，给予消费者同等数额的税收返还，使得只要消费者愿意，他就可以继续消费他原有的市场篮子。画出销售税和税收返还对预算线的影响以及消费者的效用最大化选择。这时初始的效用最大化市场篮子与新的效用最大化市场篮子之间的不同与 a 中的收入效应相同吗？试解释。

市场需求（第 4.3 节）

一种商品的市场需求曲线为个体需求曲线的简单水平加总。水平加总反映了这样一个事实，即我们把在各给定价格水平下消费者的需求加总起来，是为了得到各价格水平下的市场需求。

✍ **练习**

4. 阿博特对菠萝的需求曲线为：$Q_A=15-5P$，其中 Q_A 为阿博特消费的数量，P 为价格。科斯特洛对菠萝的需求曲线为 $Q_C=20-2P$，其中 Q_C 为科斯特洛消费的数量。假设市场中菠萝的消费者只有他们两个。分别在两幅图上画出他们的个人需求，然后画出市场需求曲线。

需求的弹性

第 2 章已经引入了需求的价格弹性，$E_P=\%\Delta Q/\%\Delta P$。需求的价格弹性能告诉我们当价格变动时总收益如何变动的信息。假如需求是富有弹性的，那么当价格下降时，总收益会增加。在这种情形下，需求对价格变动非常敏感。当价格下降时，有足够多的新消费者被低价格吸引，带来的收益增加大于销售单价下降所带来的收益损失，因此总收益反而上升。若需求是缺乏弹性的，消费者对价格的变化不敏感，当价格下降时，总收益也会随之下降，因为此时被低价格吸引的新消费者相对较少。在特殊情形下，价格下降所吸引的新消费者恰好能够使得总收益保持不变，此时的需求具有单位弹性。

✍ **练习**

5. 1991 年 4 月 29 日，《华尔街日报》报道了于当年年初开始实施的新奢侈税的影响。这 10%的奢侈税针对的是购买奢侈品时支付金额中超过 30 000 美元的那一部分。例如，购买一辆 50 000 美元的梅赛德斯-奔驰汽车，你必须另外支付 2 000 美元。1991 年 1—4 月，梅赛德斯-奔驰汽车的销售量与 1990 年同期相比下降了 27%。

a. 估算梅赛德斯-奔驰汽车在价格为 50 000 美元时的需求的价格弹性。假设 1990—1991 年，市场除了征收奢侈税外，其他因素都不变。

b. 在征收奢侈税后，梅赛德斯-奔驰汽车的总收益是增加了、下降了还是保持不变？

6. 画出一条线性需求曲线。回忆一下，需求在上半部分是富有弹性的，在中点是单位弹性的，在下半部分则缺乏弹性。在你的需求曲线的中点，画出价格以及相应的数量，并用阴影标出此时的总收益。说明当价格分别翻番和减半时，这部分面积会如何变化。

经济学家在讨论需求的价格弹性时，通常是指点弹性。当计算百分比变化的基数 P 和 Q 变化时，点弹性也会随之改变。弧弹性提供了另外一种可供选择的计算方法：计算两点之间的弹性。例如，对价格从 P_1 到 P_2 的变化，弧弹性等于：

$$E_P=\frac{(Q_2-Q_1)/[(Q_1+Q_2)/2]}{(P_2-P_1)/[(P_1+P_2)/2]}=\frac{\Delta Q\bar{P}}{\Delta P\bar{Q}}$$

弧弹性利用初始价格与新价格的平均数

$P=(P_1+P_2)/2$ 以及初始数量与新数量的平均数 $Q=(Q_1+Q_2)/2$ 来计算弹性。弧弹性具有以下性质，即当价格从 P_1 上升到 P_2 以及从 P_2 下降到 P_1 时，它们的弹性是相同的。对于价格的微小变动，弧弹性与点弹性大致相等；而对于大的变动，利用弧弹性则会更好。

✍ **练习**

7. 考虑下述需求曲线 $Q_D=2\ 000-40P$。如果 $P=10$ 美元，计算此时需求的点弹性。如果 $P=30$ 美元，计算此时需求的点弹性。另外，价格从 10 美元上升到 30 美元时的弧弹性为多少？验证一下价格从 30 美元下降到 10 美元时的弧弹性与上述结果是否一致。

消费者剩余（第 4.4 节）

图 4.7 描述了史密斯一家对网球馆的需求曲线（他们的意愿支付函数）。若场馆每小时收费 15 美元，那么他们将只愿意租 1 小时。若每小时收费 12 美元，他们将租 2 小时。若场馆租金为 1 美元/小时或者更少，他们每星期将租 5 小时。

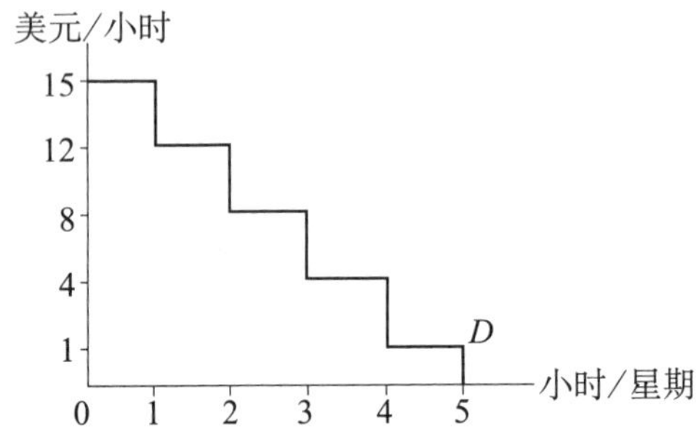

图 4.7

假定这个本地网球馆每小时收费 10 美元，史密斯一家将租 2 小时并支付 20 美元。但是，如果这是史密斯一家唯一能去的场馆，那么他们为每星期 2 小时的场馆租赁愿意支付的最大货币量是多少？从他们的需求曲线可以看出，对第一个小时，他们愿意支付 15 美元，对第二个小时，他们愿意支付 12 美元，因此为这两个小时，他们最多愿意支付 27 美元。

既然他们实际支付的 20 美元比最大愿意支付额少 7 美元，那么他们有 7 美元的剩余可以用来购买其他商品。我们把消费者愿意为一种商品支付的最大货币量与他购买该商品时实际支付的价格之间的差额称为消费者剩余。我们可以通过计算消费者在购买每一单位商品时的保留价格与实际支付价格之间的差额来得到消费者剩余。在本例中，总额为 7 美元的消费者剩余中包括在第一个小时里获得的 5(＝15－10)美元以及在第二个小时里获得的 2＝(12－10)美元。

✍ **练习**

8. 安德森一家对网球馆租赁的需求为（见下表）：

P （美元/小时）	Q （小时/星期）
24	1
17	2
8	3
2	4
0	4

a. 当租赁时间分别为 1 小时/星期、2 小时/星期、3 小时/星期以及 4 小时/星期时，他们愿意支付的最大货币量分别为多少？

b. 当市场价格分别为 20 美元、15 美元以及 7 美元时，他们的消费者剩余分别为多少？

c. 网球馆的管理公司正在考虑这样一个方案，即每星期对会员收取不计时的统一费用，会员缴纳上述费用后可以不限时地在场馆内打球。安德森一家为此愿意支付的最大货币量为多少？

为了简化起见，我们假设图 4.7 中的需求曲线为直线，就像图 4.8 中所示的食品的需求曲线一样（需求曲线平滑这一假设隐含地表明消费者能够购买小数单位的商品）。在图 4.8 中，当 $P_F=30$ 美元时，消费者将购买 15 单位食品。由于在价格高于 30 美元时，消费者愿意购买数量为正的食品，因此他一定觉得最初 15 单位食品的单位价值大于 30 美元。他为一定数量的商品愿意支付的最大货币量为需求曲线以下纵轴和价格线之间的面积，而实际支付的货币量则等于价格乘以数量，为一个矩形的面积。消费者剩余，即上述两值的差额，等于由需求曲线、纵轴以及价格线构成的三角形的面积。由于三角形的面积为 1/2×底×高，所以当 $P=$ 30 美元时，消费者剩余等于 1/2×15×50=375（美元）。为了计算或者画出消费者剩余，你必须确定既定价格下的需求量。

消费者剩余等于价格线以上、需求曲线以下的面积，但只能达到价格要求的数量。

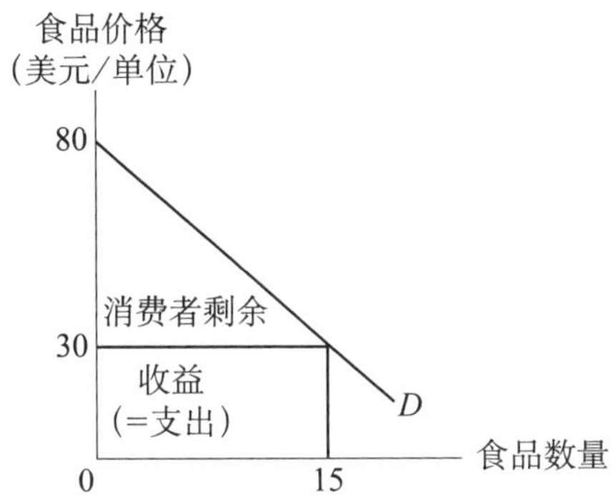

图 4.8

✍ **练习**

9. 目前一个电话公司在新计划下对美国任何地方的长途电话每分钟都收取 20 美分。它知道使用这个计划的消费者有两种类型：A 类型消费者的需求曲线为 $Q=40-0.5P$，而 B 类型消费者的需求曲线为 $Q=120-P$，其中，Q 为每月长途电话分钟数，P 则以美分/分钟计。A 类型消费者和 B 类型消费者的数量相等。

a. 分别画出上述两种类型消费者的需求曲线，并计算他们各自的消费者剩余以及电话公司的总收益。

b. 该电话公司正在考虑在目前每分钟收费 20 美分的基础上，每月再额外收取 10 美元。此时，总收益是上升还是下降？为什么？

网络外部性（第 4.5 节）

消费者需求的变动可能不仅仅与价格和收入有关。实际上，在有些情况下，其他消费者的选择会影响我们对一种商品的需求。攀比效应表现为其他人对一种商品消费的增加导致消费者对该商品的需求曲线右移。例如，当一个小孩拥有本年度最热门的玩具时，附近的其他小孩也会要这个玩具。即使其他消费者购买相同的数量，每个消费者的需求曲线也会因其他人消费量的增加而向右移动，因此价格下降会引起每个消费者的购买量增加。与保持其他消费者消费不变时的需求曲线相比，具有攀比效应的需求曲线更加平缓。

虚荣效应表现为其他人对一种商品消费的增加导致消费者对该商品的需求曲线左移。假如人人都拥有一辆凯迪拉克轿车，那么那些精英人士便会发现拥有一辆凯迪拉克轿车不再那么吸引人了。与保持其他消费者消费不变时的需求曲线相比，具有虚荣效应的需求曲线更加陡峭。

✍ **练习**

10. 产生攀比效应以及虚荣效应的原因不仅仅在于消费者为了赶时髦以及消费者的不安全感。某些商品还因其他原因而存在网络外部性。请说明下面的例子呈现的是上述效应中的哪一种（攀比效应还是虚荣效应）？

a. 一个经常人满为患的旅馆。

b. 一种个人电脑软件产品。

c. 一场摇滚音乐会。

*需求的经验估计（第 4.6 节）

需求曲线的经验估计是应用微观经济学中的一个重要组成部分。需求曲线的函数形式为估计的主要对象。两种常见的形式分别为线性需求曲线：

$$Q_D=a-bP+cI$$

式中，Q_D 为需求，P 为价格，I 为收入，a、

b 和 c 为大于 0 的常数；

以及对数需求曲线：

$$\log(Q_D)=\alpha-\beta\log(P)+\gamma\log(I)$$

式中，α、β 和 γ 为大于 0 的常数。对数形式的需求曲线也被称为不变弹性需求曲线（弹性为常数）。为了验证这种情形下需求的弹性不随价格的变化而变化，首先把需求曲线从对数形式变为数量和价格之间简单的直接关系：

$$Q_D=e^{\alpha}P^{-\beta}I^{\gamma}$$

利用微积分，该需求曲线的斜率为：

$$\partial Q_D/\partial P=-\beta e^{\alpha}P^{-\beta-1}I^{\gamma}$$

需求弹性因此为：

$$E_P=\frac{\partial Q_D}{\partial P}\frac{P}{Q}=\frac{-\beta e^{\alpha}P^{-\beta-1}I^{\gamma}P}{e^{\alpha}P^{-\beta}I^{\gamma}}=-\beta$$

对于这种形式的需求函数，需求曲线上任意一点的价格弹性都相同，为 $-\beta$。同时收入弹性也为常数，等于 γ。

✍ 练习

*11. 假设你们公司生产能量饮品，营销部门估计其需求函数为 $Q_E=e^{0.5}P_E{}^{-3}P_C{}^{1.5}I_{1.1}$，其中 R＝能量饮品的数量，C＝咖啡，I＝总收入。

a. 能量饮品的需求的价格弹性为多少？能量饮品与咖啡的交叉价格弹性为多少？能量饮品的收入弹性又为多少？

b. 这些估计是否具有经济意义？

习题集

12. 维姆在他的收入增加时对汉堡包的购买减少了。但是，当汉堡包的价格上升时，他的购买量增加了。这样的行为可能吗？假如不可能，它违背了哪个消费者行为的基本假设？你能确定汉堡包对维姆来说是什么类型的商品吗（正常品、劣等品还是吉芬商品）？

13. 康妮对电的需求由方程 $Q=2\,000-100P$ 给出，式中，Q 以千瓦时/月计，P 则以美分/千瓦时计。

a. 分别计算康妮在点 $P=9$、$P=10$ 以及 $P=11$ 处的需求的价格弹性。

b. 若成本为零，当前价格定为 $P=11$，你将建议当地电力公司提高价格还是降低价格？

c. 许多当地电力公司都对每月的耗电大户收取相对高一点的费率，以鼓励节约。假设对每月 500 千瓦时以内的消费规定 $P=5$，而对超出的消费规定 $P=10$。求康妮的消费者剩余并作图。

14. 一个典型的消费者每年消费的汉堡包估计如下表所示：

价格（美元）	收入为每年 20 000 美元时的消费量（磅）	收入为每年 30 000 美元时的消费量（磅）
0.50	1 000	1 500
1.00	900	1 100
1.50	800	900

a. 若汉堡包生产商联合会让你计算需求的价格弹性，你将用弧弹性还是点弹性？为什么？分别计算当 $I=20\,000$ 美元和 $I=30\,000$ 美元时的需求的价格弹性。从中你可以发现什么？

b. 利用这些数据画出恩格尔曲线的草图。

15. 假定某消费者每月拥有 600 美元的收入并全部花在 X、Y 两种商品上。商品 Y 的价格为 20 美元。当 $P_X=2$ 美元时，他每月消费 240 单位 X；当 $P_X=3$ 美元时，他每月消费 160 单位 X；当 $P_X=4$ 美元时，他每月消费 120 单位 X。

a. 画出该消费者的价格-消费曲线。当 X 的价格变动时，他在 X 上的支出为多少？

b. 他对 X 的需求是富有弹性的、缺乏弹性的还是单位弹性的？

16. 某一消费者在说到他喜欢的果子冻三明

治时，声称他只喜欢苹果味果子冻和葡萄味果子冻各一半的三明治。确定并画出当价格和收入变化时该消费者最优的苹果味果子冻和葡萄味果子冻组合，同时推导葡萄味果子冻的需求对价格的函数。

17. Venmo 是一个使用手机应用程序将资金转移给另一个人或企业的系统。一个常见的用途是向朋友汇款，以便分担费用（餐厅用餐、音乐会门票等）。Venmo 允许你汇款给另一个人，无论此人是否有 Venmo 账户。但是，如果接收者没有 Venmo 账户，他必须创建一个账户（只需要单击并输入一些信息）。讨论为什么 Venmo 可能受益于要求接收者在第一次汇款给别人之前拥有 Venmo 账户。

18. 假设某消费者的无差异曲线在任何一条从原点出发的射线上的斜率都相等（因此两种商品的消费量都翻番后，其 MRS 不变）。以横轴表示食品，以纵轴表示衣服，画出预算线和无差异曲线。

a. 说明当衣服价格上涨而收入不变时，消费者对衣服的购买量下降。

b. 具有这样的无差异曲线的食品和衣服都为正常品吗？

自测题

19. 约翰目前每月购买 40 罐碳酸饮料。为了减少垃圾，政府对每罐碳酸饮料征收税收 t，同时用这些税收收入对消费者进行税收返还。在上述税收征收之后但在收到税收返还之前，约翰每月购买 34 罐碳酸饮料。约翰每月收到 $r=34t$ 的税收返还。下述说法正确的是：

a. 他的境况在没有税收和税收返还时更好。

b. 征税之前和征税之后他的境况一样好。

c. 他的境况在没有税收和税收返还时更糟。

d. b 或 c 可能是对的。

e. 信息不充分。

20. 安迪在洋葱价格为 0.75 美元/磅时购买了 10 磅。假如洋葱价格下降为 0.50 美元/磅，他会购买 30 磅。在这个价格区间内，需求的弧弹性为多少？

a. －1.33。

b. －2。

c. －2.5。

d. －6。

e. 上述选项都不正确。

21. 笔记本电脑的需求对价格富有弹性。在 21 世纪初，当笔记本电脑的价格下降时，其他条件都保持不变，则

a. 消费者剩余增加，总支出减少。

b. 消费者剩余减少，总支出减少。

c. 消费者剩余增加，总支出增加。

d. 消费者剩余减少，总支出增加。

e. 消费者剩余以及总支出都未变。

22. 当商品为下列何种类型时，其恩格尔曲线具有正的斜率？

a. 劣等品。

b. 吉芬商品。

c. 正常品。

d. a、b 和 c 都正确。

e. 上述选项都不正确。

23. 下列哪一对商品为互补品？

a. 热狗与鸡肉。

b. 冰茶与柠檬水。

c. 热狗与热狗包。

d. 鸡肉与排骨。

e. 上述选项都为互补品。

24. 若排骨的需求曲线向下倾斜，下列哪种说法是正确的？

a. 替代效应与收入效应的方向相同。

b. 替代效应与收入效应的方向相反，同时收入效应相对较大。

c. 替代效应与收入效应的方向相反，同时替代效应相对较大。

d. a 或者 b。

e. a 或者 c。

接下来的两个问题针对图 4.9 中显示的简对网球的需求曲线。

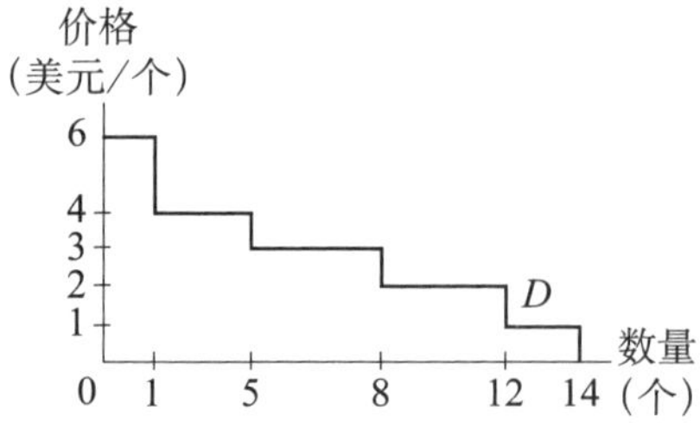

图 4.9

25. 若网球价格为 3 美元/个，简的消费者剩余为：

a. 0 美元。

b. 7 美元。

c. 15 美元。

d. 22 美元。

e. 31 美元。

26. 若网球价格为 2 美元/个，简的消费者剩余为：

a. 15 美元。

b. 21 美元。

c. 24 美元。

d. 39 美元。

e. 上述选项都不正确。

27. 近年来佛罗里达的霜冻使得橘子的价格上升，橘农的总收益也增加了。从这些事实中我们可以推断橘子的需求为：

a. 缺乏弹性的。

b. 单位弹性的。

c. 富有弹性的。

d. 向上倾斜的。

e. 完全弹性的。

接下来的两个问题基于以下信息：索菲和马克是其所在小镇中 DVD 租赁市场中仅有的两个消费者。他们每星期的需求曲线如图 4.10 所示。

28. 假如租金为 2.50 美元/盘，该市场每星期的总需求量为：

a. 3 盘。

b. 6 盘。

c. 15 盘。

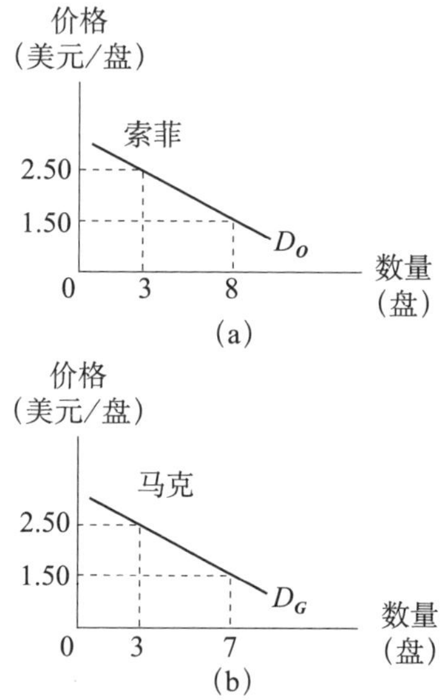

图 4.10

d. 10 盘。

e. 上述选项都不正确。

29. 假如价格从 2.50 美元/盘下跌为 1.50 美元/盘，市场需求是：

a. 富有弹性的。

b. 单位弹性的。

c. 缺乏弹性的。

d. 完全无弹性的。

e. 信息不充分。

第 4 章答案

练习答案

1. 当食品的价格上升时，食品的消费量通常会下降。但是，食品有可能为吉芬商品，于是当价格上升时，消费量也随之上升。当食品的价格上升时，不管食品或衣服是不是吉芬商品，衣服的消费量都可能上升，也可能下降。

2. a. 图 4A. 1(a) 说明收入-消费曲线向上倾斜（斜率为正）；更多的收入意味着购买了更多的商品。

b. 假如衣服为劣等品，收入-消费曲线的斜率就为负；收入增加后，食品的消费量增加，但是衣服的消费量减少，见图 4A.1(b)。

c. 不会，假如两种商品都为劣等品，那么当收入上升时，食品和衣服的消费都将减少。当收入上升时，消费者的购买量反而变少了，这违背了越多越好假设。

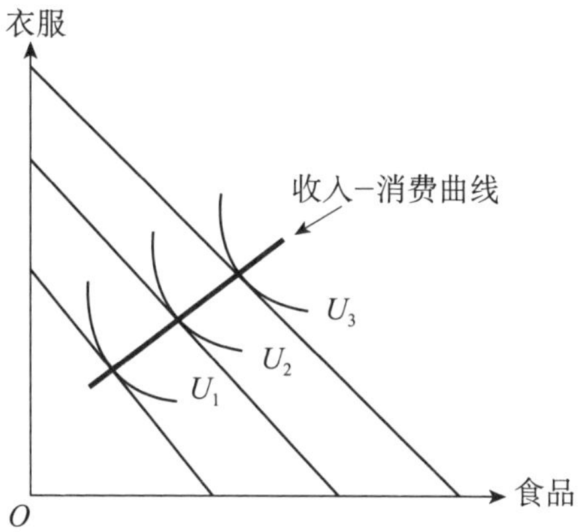

(a)

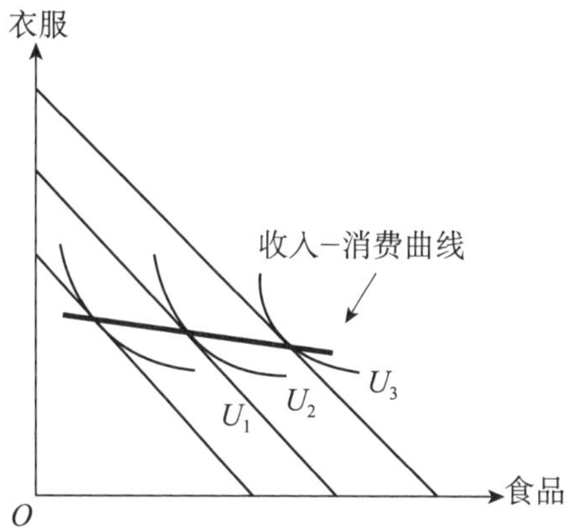

(b)

图 4A.1

3. a. 对 X 征收 10%的销售税使得预算线沿着 x 轴向内旋转，如图 4A.2(a) 所示。替代效应为从初始的效用最大化的 A 点到假想的效用最大化的 D 点。D 点通过画一条与初始无差异曲线 U_1 相切但又反映 X 的新价格（也就是，与新的实际预算线平行）的预算线得到。收入效应为从 D 点到实际的效用最大化的 B 点，反映了由 X 的价格上升所导致的实际收入的降低。假设 X 和 Y 为正常品，X 和 Y 的消费将从 D 点降到 B 点。价格变动的总效应为 X 的消费从 X_1 减到 X_2。

b. 税收返还后，消费者能够消费他初始的市场篮子 A，这意味着我们要通过 A 点画出新的预算线，如图 4A.2(b) 所示。这与我们在图 4A.2(a) 中画的与 U_1 相切的预算线不同。新的效用最大化的市场篮子将会落在更高的无差异曲线上，如 U_2 上的 B 点。如果消费者有足够的收入去购买市场篮子 A，那么他便会把花在 X 上的部分收入用来购买相对便宜的 Y。

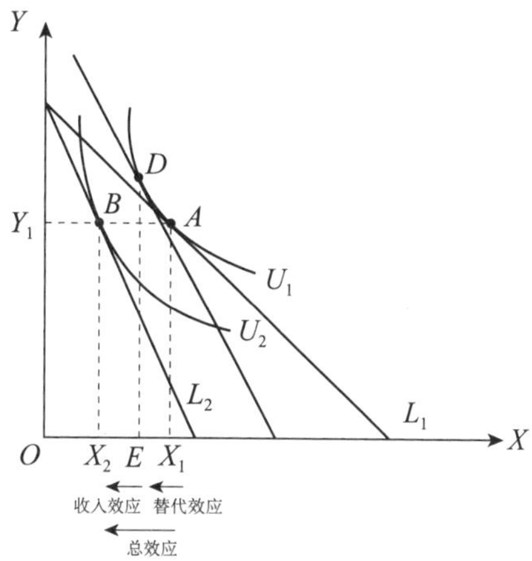

(a)

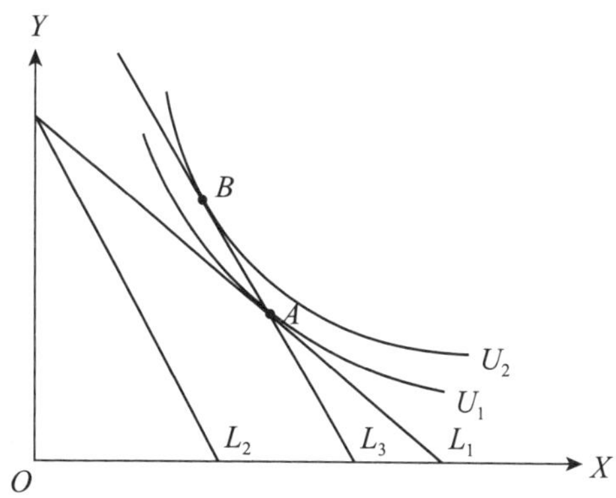

(b)

图 4A.2

4. 如果价格高于 3 美元/单位，那么阿博特对菠萝的需求将会降到 0，所以在每一价格水平下，总需求为：

$Q_T = 35 - 7P$，若 $P \leqslant 3$（把 Q_A 和 Q_C 加总）

以及

$Q_T = 20 - 2P$，若 $P > 3$

见图 4A.3。

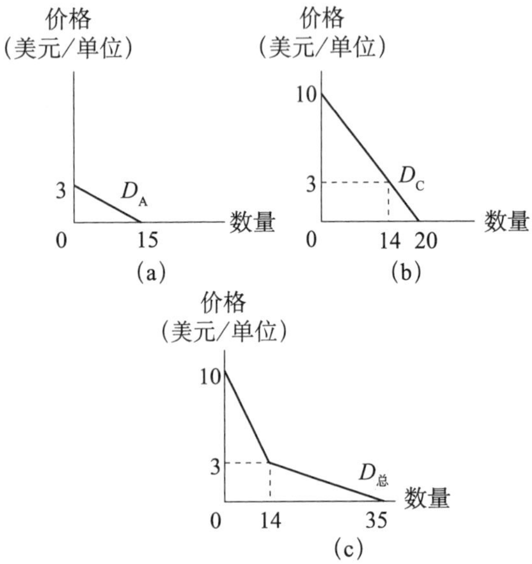

图 4A.3

5. **a.** 因为这 10%的税针对的是一定价格以上的那一部分，所以由该税导致的 2 000 美元的价格上涨相对于最终的汽车价格来说，上涨幅度为 4%：$E_P = \%\Delta Q / \%\Delta P = -27/4 = -6.75$。

   b. 由于 $|E_P| > 1$，所以总收益将随着价格的上涨而下跌。

6. 总收益为原点与需求曲线上的一点所构成的矩形的面积，见图 4A.4。在需求曲线中点以上，矩形的面积随着价格的下降而增大；在中点以下，矩形的面积则随着价格的下降而缩小，直到变为零。

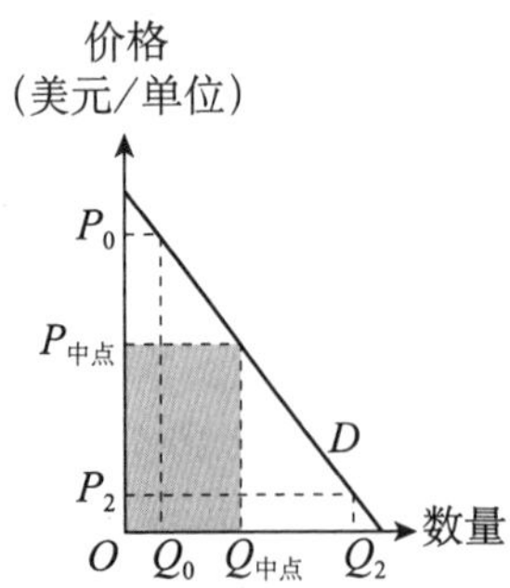

图 4A.4

7. 点弹性 $E_P = -bP/Q$，其中，$-b$ 为需求曲线的斜率。

   当 $P=10$ 时，$E_P = -40 \times 10/(2\ 000 - 40 \times 10) = -400/1\ 600 = -1/4$。

   当 $P=30$ 时，$E_P = -40 \times 30/(2\ 000 - 40 \times 30) = -1\ 200/800 = -1.5$。

   对于弧弹性，我们利用公式：

$$E_P = \frac{\Delta Q}{\Delta P} \times \frac{(P_1 + P_2)/2}{(Q_1 + Q_2)/2} = \frac{-b(P_1 + P_2)/2}{(Q_1 + Q_2)/2}$$

   因此，对于从 $P=10$、$Q = 2\ 000 - 40 \times 10 = 1\ 600$ 到 $P=30$、$Q = 2\ 000 - 40 \times 30 = 800$ 的变化，弧弹性为：

$$E_P = \frac{-40 \times (10+30)/2}{(1\ 600 + 800)/2} = -0.67$$

   对于相反方向的价格变化，弧弹性的公式相同。

8. **a.** 对于每星期租赁 1 小时，他们愿意支付 24 美元。对于每星期租赁 2 小时，他们愿意为第一小时支付 24 美元，为第二小时支付 17 美元，总共为 41 美元。对于每星期租赁 3 小时，他们愿意为第一小时支付 24 美元，为第二小时支付 17 美元以及为第三小时支付 8 美元，总共为 49 美元。对于每星期租赁 4 小时，他们愿意为第一小时支付 24 美元，为第二小时支付 17 美元，为第三小时支付 8 美元以及为第四小时支付 2 美元，总共支付 51 美元。

   b. 若 $P=20$ 美元，他们将打 1 小时网球，由于他们愿意支付 24 美元，他们获得 4 美元的消费者剩余。

   若 $P=15$ 美元，他们将打 2 小时网球并支付 30 美元，由于他们愿意支付 41 美元，他们获得 11 美元的消费者剩余。

   若 $P=7$ 美元，他们将打 3 小时网球并支付 21 美元，由于他们愿意支付 49 美元，他们获得 28 美元的消费者剩余。

c. 当 $P=0$ 时，他们将打 4 小时网球。由于他们愿意为这 4 小时支付 51 美元，所以按星期收取的费用可以为 51 美元/星期。

9. a. 对于 A 类型消费者：$Q=40-0.5P$。见图 4A.5(a) 所画的需求曲线。当 $P=20$ 时，$Q=30$，所以 $CS_A=0.5\times30\times(80-20)=900$(美分)，也就是 9 美元。

对于 B 类型消费者：$Q=120-P$。见图 4A.5(b) 所画的需求曲线。当 $P=20$时，$Q=100$，所以 $CS_B=0.5\times100\times(120-20)=5\ 000$(美分)，也就是 50 美元。

总收益$=20\times30+20\times100=2\ 600$(美分)，也就是 26 美元。

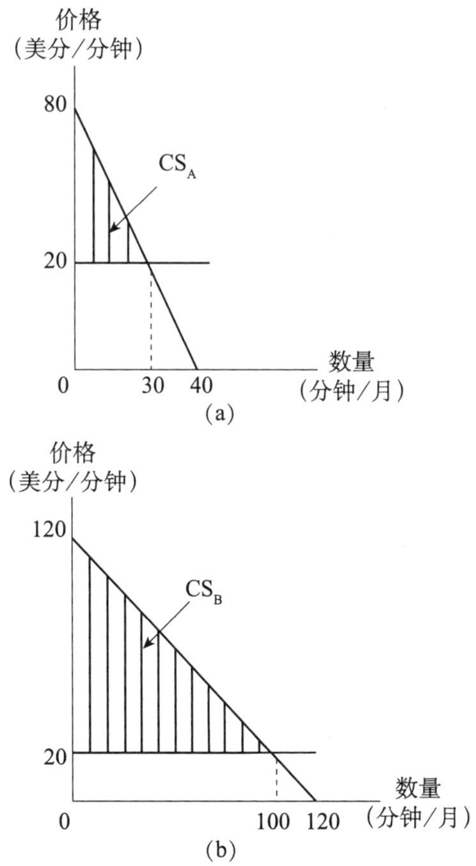

图 4A.5

b. 假定这每月 10 美元费用的收入效应足够小，使得需求曲线的位置保持不变。由于 CS_A 仅为 9 美元，因此 A 类型消费者不愿意支付这每月 10 美元的费用，于是离开这个市场。B 类型消费者在价格为 20 美分/分钟时，其消费者剩余为 50 美元，他们愿意支付这增加的费用并继续消费 $Q=100$，以最大化效用（因为最优需求数量取决于单位价格而不是一次总费用）。所以，每个 B 类型消费者现在花 $20\times100+1\ 000=3\ 000$(美分)，也就是 30 美元。以前，该公司分别从每个 A 类型消费者那里得到 6 美元，从每个 B 类型消费者那里得到 20 美元。由于 A 类型消费者和 B 类型消费者的数量相等，收取这个费用之后，总收益将会增加（从每两个消费者那里得到 26 美元到从每个消费者那里得到 30 美元），尽管部分消费者离开了市场。

10. a. 价格下降会吸引消费者，但是拥挤（意味着更长的排队队伍以及相对较差的服务）会使其他消费者望而却步。这类似于虚荣效应。

b. 购买一种个人电脑软件产品的人越多，你就越有可能找到一位经验丰富的使用者来请教问题。同样，一个计算机书店有有关该软件的使用指南的可能性也就越大。所以，我们将会观察到攀比效应。

c. 在这里，拥挤也许会使一些消费者望而却步。但是，由于一场音乐会带来的部分快乐正是同其他歌迷一起观看乐队表演，我们也许能观察到攀比效应。

11. a. $E_E=-3$；$E_{E,C}=1.5$；$E_I=1.1$。

b. 可以说对能量饮品的需求是富有弹性的（因为替代品很多，包括咖啡、能量棒等）。能量饮品与咖啡的交叉价格弹性应该为正，这意味着它们互为替代品，但是弹性不是很大，考虑到咖啡有许多消费者看重的特点，这不足为奇。收入弹性为正意味着能量饮品是正常品，同时该弹性略大于 1，说明能量饮品的消费对收入有较小的弹性。

习题集答案

12. 对于维姆来说，汉堡包是吉芬商品，因为他对汉堡包的需求随着价格的上涨而增加。如果汉堡包对维姆来说是很强的劣等品（也就是，收入效应大于替代效应），这种情形便会出现。这样的消费者行为没有违背我们有关偏好的基本假设。

13. a. 假如 $Q=a-bP$，那么 $E_P=-b(P/Q)$。当 $P=9$ 时，$E_P=-100\times(9/1\ 100)=-0.82$；当 $P=10$ 时，$E_P=-100\times(10/1\ 000)=-1.00$；当 $P=11$ 时，$E_P=-100\times(11/900)=-1.22$。

b. 当 $P=11$ 时，$E_P=-1.22$。因此，当价格下降时，收益将会增加（因为当 $P=11$ 时，需求是富有弹性的）。实际上，你可以建议它们把价格降到 10 美分/千瓦时。此时如果价格再下降，收益就会减少，因为此时需求变得缺乏弹性了。

c. 消费者剩余为图 4A.6 中阴影部分的面积。

$$CS=(10-5)\times500+0.5\times1\ 000\times(20-10)=7\ 500(\text{美分})$$

也就是 75 美元。

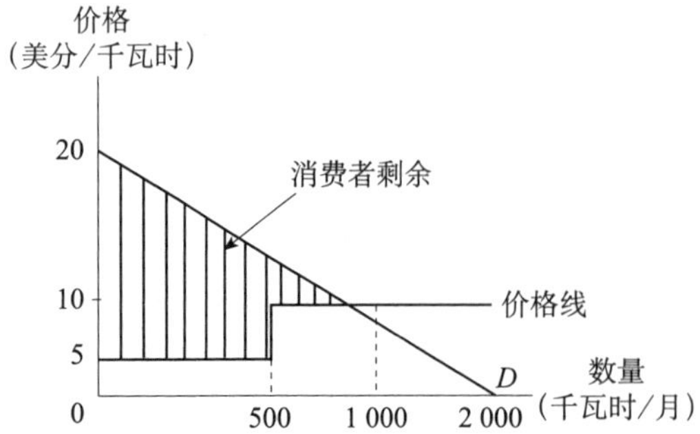

图 4A.6

14. a. 题中的数据只允许我们考察价格的变动间隔为 50 美分的情形，因此计算弧弹性是最佳的。

当 $I=20\ 000$ 美元时：

$$E_P=\frac{\Delta Q}{\Delta P}\cdot\frac{\bar{P}}{\bar{Q}}=\frac{1\ 000-900}{0.50-1.00}\times\frac{0.75}{950}=-0.16$$，对于 P 从 0.50 美元到 1.00 美元

$$E_P=\frac{900-800}{1.00-1.50}\times\frac{1.25}{850}=-0.29$$，对于 P 从 1.00 美元到 1.50 美元

当 $I=30\ 000$ 美元时：

$$E_P=\frac{1\ 500-1\ 100}{0.50-1.00}\times\frac{0.75}{1\ 300}=-0.46$$，对于 P 从 0.50 美元到 1.00 美元

$$E_P=\frac{1\ 100-900}{1.00-1.50}\times\frac{1.25}{1\ 000}=-0.50$$，对于 P 从 1.00 美元到 1.50 美元

因此，需求是缺乏弹性的。不过，在更高收入水平上，缺乏弹性的程度要低一些。

b. 见图 4A.7。

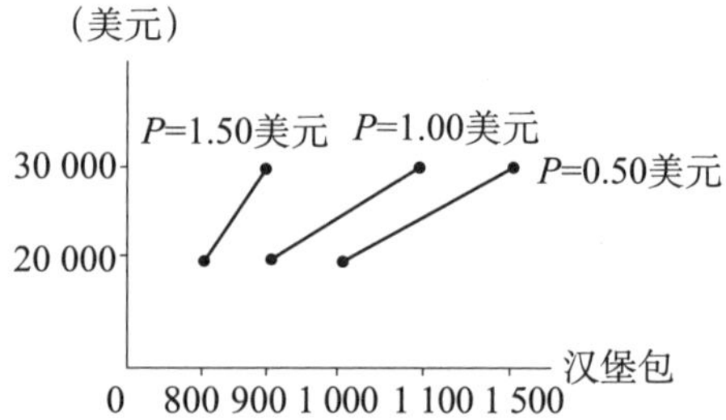

图 4A.7

15. a. 见图 4A.8。因为花在 X 上的支出一直为 480 美元，所以 Y 的消费量必须一直等于 6，从而相应的价格-消费曲线是水平的。

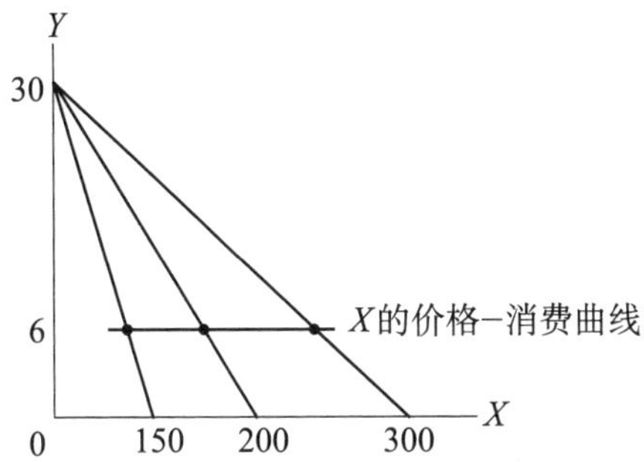

图 4A. 8

b. 他对 X 的需求为单位弹性的，因为当价格变动时，总支出保持不变。

16. 这里，A=苹果味果子冻，G=葡萄味果子冻。由于该消费者只吃等量苹果味果子冻和葡萄味果子冻混合的三明治，所以它们是完全互补品，因此，对于任何收入水平以及相应的价格比率，当消费者选择他的最优市场篮子时，$A=G$。从而收入-消费曲线和价格-消费曲线都为 45°线。把 $A=G$ 代入预算线 $P_AA+P_GG=I$，我们得到 $G=I/(P_A+P_G)$。见图 4A. 9(a)～图 4A. 9(c)。

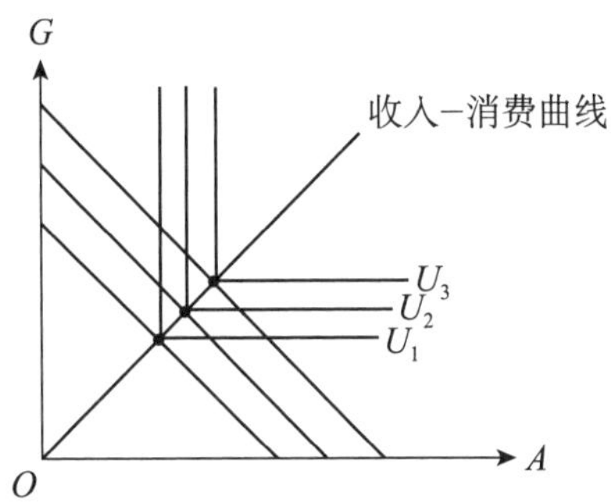

(a)

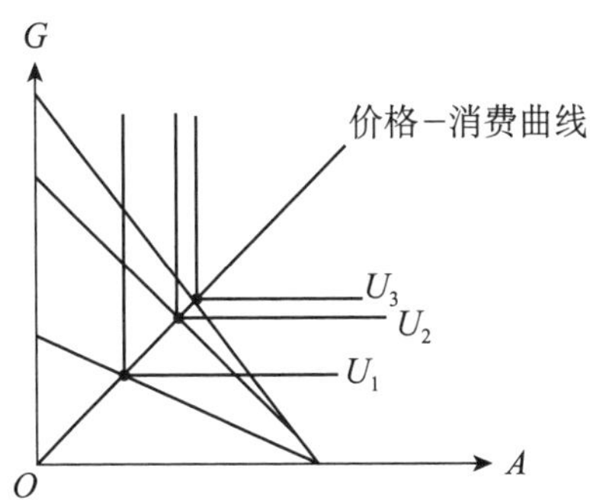

(b)

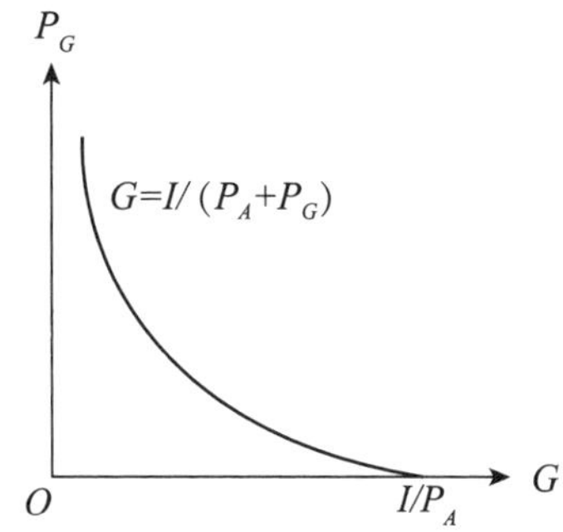

(c)

图 4A. 9

17. Venmo 是一个具有正网络外部性的社交网站的例子。用户越多，每个用户从 Venmo 中获得的收益就越多。能够向尚未拥有 Venmo 账户的人汇款，使用起来就更容易（即汇款人不必事先检查接收者是否拥有账户）。但是，当接收者建立了他的 Venmo 账户时，他现在可能开始使用网络向其他人汇款。因此，这应该会促进 Venmo 在初创阶段的增长。

18. a. 图 4A. 10 显示在衣服价格上涨之后，预算线上的切点一定落在连接原点和初始最受偏好市场篮子的射线下方。由于几条无差异曲线上的点若都落在经过初始最受偏好市场篮子的射线上，则这几条无差异曲线在这些点上的斜率相等，所以与射线上的这一点相比，在新的切点上，消费者将会购买更多的食品，而对衣服的购买量将会减少。

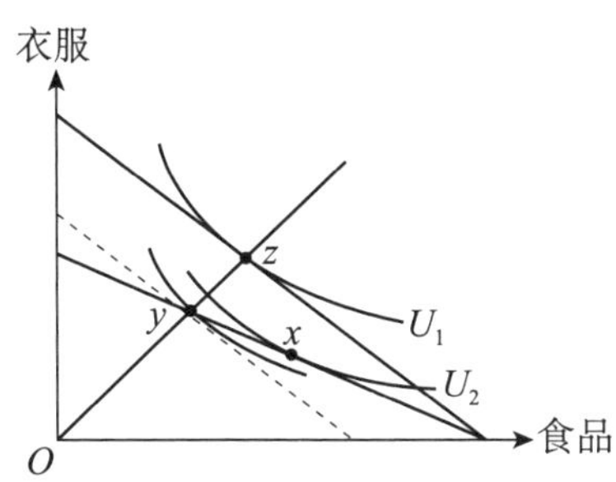

图 4A. 10

b. 收入效应表现为预算线的平行移动。由于落在经过原点的射线上的点的

MRS 保持不变，因此当收入下降时，消费者对这两种商品的购买量都下降。所以，这两种商品都为正常品。

自测题答案

19. e. 毫无疑问，在征税之后约翰的境况变得糟糕了。但是我们无法确定在收到税收返还之后他的境况是变好了还是变差了，因为我们不知道返还的数额。

20. c. 利用弧弹性公式：

$$E_P=\frac{\Delta Q}{\Delta P}\times\frac{\overline{P}}{\overline{Q}}$$
$$=\frac{30-10}{0.50-0.75}\times\frac{(0.50+0.75)/2}{(30+10)/2}$$
$$=-2.5$$

21. c. 消费者剩余随着价格的下降而增加（只要需求曲线是稳定的，这也就是其他条件都保持不变这个假定很重要的原因）。当需求对价格富有弹性时，价格下降将会导致在该产品上的总支出增加。

22. c. 对于劣等品以及吉芬商品，恩格尔曲线的斜率为负。

23. c. 热狗与热狗包通常一起被消费（它们是互补品）。其中一种商品价格的下降会同时增加消费者对这两种商品的需求。另外的商品对为二选一的商品，也就是替代品。

24. e. 如果收入效应与替代效应方向相同（正常品的情况），或者（对于劣等品）如果替代效应大于收入效应，那么需求曲线便会向下倾斜。

25. b. 当 $P=3$ 美元时，简购买 8 个网球，花费 24 美元。她总共愿意支付 31[$=6\times1+4\times(5-1)+3\times(8-5)$]美元。差额为其消费者剩余：CS＝31－24＝7(美元)。

26. a. 当 $P=2$ 美元时，简购买 12 个网球，花费 24 美元。她总共愿意支付 39[$=31+2\times(12-8)$]美元。差额为其消费者剩余：CS＝39－24＝15(美元)。

27. a. 若收益随着价格的上涨而增加，那么需求为缺乏弹性的。

28. b. 把个人需求曲线水平加总，得到市场需求曲线。当 $P=2.50$ 美元时，$Q_O=3$，$Q_G=3$，从而总需求为 6 盘。

29. a. 需求对价格是富有弹性的：

$$E_P=\%\Delta Q/\%\Delta P$$
$$=[(6-15)/6]/[(2.50-1.50)/2.50]$$
$$=-3.75$$

第5章 不确定性与消费者行为

重要概念

- 概率
- 支付
- 期望值
- 方差（标准差）
- 期望效用
- 风险偏好（风险厌恶、风险喜好、风险中性）
- 风险溢价
- 风险-回报关系

本章重点

在完全确定的情形下进行决策是很少见的。更为普遍的是，人们发现自己处于决策结果不止一种的情形。本章考察不确定性条件下的决策问题：如何描述风险，人们对待风险的态度有何不同，以及人们可以怎样应对风险。

风险环境可以描述为所有可能发生的结果（也称为事件或者自然状态）以及每个结果发生的概率估计。概率是指某一给定结果出现的可能性，每个结果的概率都介于0和1之间。与每个结果相关的支付为该结果的价值（以美元计）。风险的两种度量是本章的焦点，这两种度量是期望值与方差，期望值度量平均支付，而方差度量可能支付的可变性。

不同的人对待风险的态度是不同的，而对待风险的态度将会影响他们的决策。我们通过关注消费者从不同选择中获得的效用来区分其对待风险的态度。特别地，我们考察一定（确定）收入的效用，并把它与不确定情形下的期望效用做比较。期望效用为各个结果带来的效用的加权平均值，其中，权数为各个结果对应的概率。这里是指以效用形式计而不是以美元计的平均支付。对于风险厌恶的人来说，在获得一份确定的收入与参与一场有相同期望收入的赌博之间，他更喜欢前者。风险喜好者则会更喜欢参与赌博，而不是获得与赌博的期望收入相等的确定收入。

而风险中性的人认为，获得一份确定的收入与参与一场有相同期望收入的赌博是无差异的。

大多数人愿意花费一定的收入来避免风险，特别是在世界上的某些地方存在大的不利风险（例如，火灾和地震）时。风险溢价是一个风险厌恶的人为避免承担风险而支付的数额。一个人越厌恶风险，或者结果的方差越大，风险溢价就越高（保持其他条件不变）。

不同的风险资产具有不同的期望回报。风险厌恶的投资者会选择一个资产组合来平衡期望回报和风险。一项投资的期望回报越高，投资者承担的风险（以回报的标准差衡量）就越大。这种权衡可以用预算线的形式表现出来。无差异曲线则可以用来描述给投资者带来相同满足程度的不同风险和回报的组合。投资者选择无差异曲线与预算线相切的那个风险和回报组合来最大化效用。

概念复习和练习

描述风险（第 5.1 节）

概率是描述风险环境的基本工具。某个事件的概率简单地说就是它会发生的频率。在有些情况下，例如投掷硬币，正面朝上的（客观）概率可以直接通过重复试验确定。在另外一些情形下，例如道琼斯 30 种工业股票平均价格指数明天是否上涨，概率也许仅仅是对某个事件发生的可能性的一个主观估计。对于大多数经济问题，我们只能求出主观概率（这在不同个体间可能是有差异的）。上述任意一种概率都可以用来做决策。

对风险事件的基本描述由所有可能结果（相互之间是互斥的）的一个排列以及每个结果发生的概率构成。由于这些事件在未来总有一个会发生，所以所有可能事件的概率之和等于 1。例如，考虑农民面临要不要花钱给他的庄稼喷洒杀虫剂这样一个决策问题，在最简化的情况下，两个可能的结果是：（1）今年害虫没有对庄稼造成损失；（2）害虫对庄稼造成了损失。好的结果发生的概率是 70%(0.70)，这意味着坏的结果发生的概率为 30%(0.30)，这样 0.30＋0.70＝1。假如我们更现实地看待这个问题，就有六个可能的结果：（1）害虫没有对庄稼造成损失；（2）害虫对庄稼造成了 20%的损失；（3）害虫对庄稼造成了 40%的损失；（4）害虫对庄稼造成了 60%的损失；（5）害虫对庄稼造成了 80%的损失；（6）害虫对庄稼造成了 100%的损失。与这六个结果对应的概率加起来必定为 1。例如，假如第一个事件发生的概率为 25%，而事件（2）～（6）发生的概率相等，那么我们就有 0.25＋0.15＋0.15＋0.15＋0.15＋0.15＝1。

不确定性情形下的期望值为各个可能结果下的支付以其概率为权数的加总。若 $\Pr_i$ 为获得 X_i 美元的概率，且可能的结果有三个，那么期望值由下式给出：

$$\begin{aligned}\text{期望值} &= E(X) \\ &= \Pr_1 X_1 + \Pr_2 X_2 + \Pr_3 X_3\end{aligned}$$

方差度量了可能结果的分散度。例如，若有三个可能的结果，那么方差为：

$$\begin{aligned}\text{方差} &= \sigma^2 \\ &= \Pr_1[X_1 - E(X)]^2 + \Pr_2[X_2 - E(X)]^2 \\ &\quad + \Pr_3[X_3 - E(X)]^2\end{aligned}$$

而标准差则为方差的平方根：

$$\text{标准差} = \sigma = \sqrt{\sigma^2}$$

例如，假如一张彩票中得 500 000 美元的概率为 0.001、中得 200 美元的概率为 0.02、中得 0 美元的概率为 0.979，那么该彩票的期望值为：

$$\begin{aligned}E(X) &= 0.001 \times 500\,000 + 0.02 \\ &\quad \times 200 + 0.979 \times 0 \\ &= 500 + 4 + 0 \\ &= 504(\text{美元})\end{aligned}$$

方差为：

$$\begin{aligned}\sigma^2 &= 0.001 \times (500\,000 - 504)^2 \\ &\quad + 0.02 \times (200 - 504)^2 + 0.979 \\ &\quad \times (0 - 504)^2 \\ &= 249\,746\,784(\text{美元})\end{aligned}$$

✍ **练习**

1. 杰夫住在加利福尼亚，他明年所有的财富，包括他的房子，一共为 500 000 美元。明年有 10%的可能性发生地震，他的房子会因此被摧毁，房子价值 200 000 美元。假如杰夫没有购买保险，他明年的期望财富为多少？

2. 劳伦这学期即将大学毕业。她已经有一个工作机会，年薪为 24 000 美元，同时她还申请了另外一个年薪为 32 000 美元的工作。假如她获得那个较好的工作的概率为 3/4，她下一年的期望收入为多少？她下一年收入的方差以及标准差呢？

对风险的偏好（第 5.2 节）

我们通过计算人们的期望效用来判断其对待风险环境的态度。假如 $u(X)$ 为某个人从 X 美元收入中获得的效用，那么其期望效用为：

$$E(u)=\Pr_1 u(X_1)+\Pr_2 u(X_2)+\Pr_3 u(X_3)$$

式中，X_1、X_2 和 X_3 为三个可能的结果。计算期望效用与计算期望值的方法几乎完全相同，唯一的差异是你必须把概率与结果的效用而不是结果的美元额相乘。

正如人们对商品的爱好千差万别，人们对风险的偏好也不同。我们可以把人们对待风险的偏好分为三类：风险厌恶、风险中性以及风险喜好。如果一个风险厌恶的人面临在一场期望值为 100 美元的赌博和确定的 100 美元收入之间做选择，他总是会选择确定的那一个。对待其他的事情也同样如此，在"安全"的选择与有风险的选择之间，他更喜欢前者。换句话说，风险厌恶的人赋予风险环境以负的效用。如果一个风险中性的人面临相同的选择（一场期望值为 100 美元的赌博和确定的 100 美元收入），他会觉得两者之间无差异——对于风险中性的人来说，唯一要紧的是支付的美元数额，而不是结果所伴随的风险。如果一个风险喜好的人面临相同的选择，他总是会选择赌博，他赋予风险环境以正的效用。

风险厌恶和风险喜好的消费者都会选择给他们带来最高期望效用水平的选项。与此相反，风险中性的人则会选择给他们带来最高期望值（美元）的选项。图 5.1 分别描述了三种不同风险偏好的效用曲线。

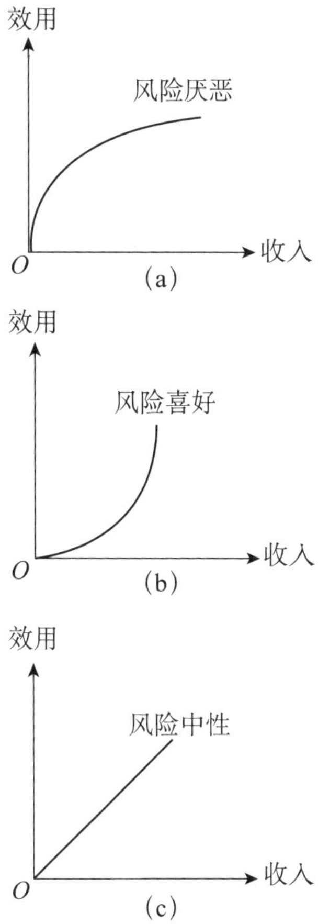

图 5.1

注意，对于风险厌恶的人来说，收入的边际效用递减——虽然总效用随着收入的增加而增加，但是随着收入水平的上升，效用增加的速度下降。设想一个风险厌恶的人处于图 5.1(a) 中的某一点上，在该点上收入的下降会导致其效用水平有一个较大程度的下滑，而收入的增加则只会引起效用水平有一个较小程度的上升。这有助于解释为什么凸性效用曲线描述了风险厌恶的人的偏好：风险厌恶的人不喜欢"不利"的风险。

个人对风险的偏好可能会随着其收入水平的变化而变化。图 5.2 描述了个人对风险

$$R_p = bR_m + (1-b)R_f$$

式中，R_m 为股票市场投资组合（风险资产）的期望回报；R_f 为无风险资产的回报；而 $0 \leqslant b \leqslant 1$ 则为该投资组合中投资于股票市场的比例。

该投资组合的标准差为：

$$\sigma_p = b\sigma_m + (1-b)0 = b\sigma_m$$

因为只有股票市场投资组合具有风险性。这意味着 $b=\sigma_p/\sigma_m$。

把该投资组合的期望回报重新写成 $R_p = R_f + b(R_m - R_f)$，我们可以将 b 的表达式代入其中，以导出预算线：

$$R_p = R_f + \sigma_p(R_m - R_f)/\sigma_m$$

投资组合的期望回报随着其回报标准差的增大而增加。在如图 5.4 所示的风险-回报图中，预算线为一条具有正斜率的直线，而无差异曲线则向上倾斜并呈凸性。无差异曲线呈凸性是因为一个风险厌恶的投资者在承担较大风险时要求得到较高的期望回报。

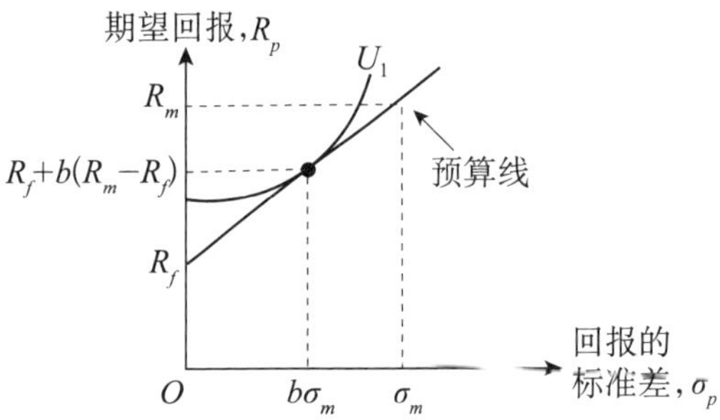

图 5.4

就正常品的需求而言，消费者的最优组合为无差异曲线与预算线的切点。如图 5.5 所示，无差异曲线的精确形状决定了投资者是投资较多的财富还是较少的财富于风险资产上。A 投资者对风险非常厌恶：风险增加后，为了保持效用水平不变，他需要期望回报有一个相对较大的上升。而 B 投资者对风险的厌恶程度相对较低，他选择的最优投资组合（B 点）具有相对较高的风险水平。

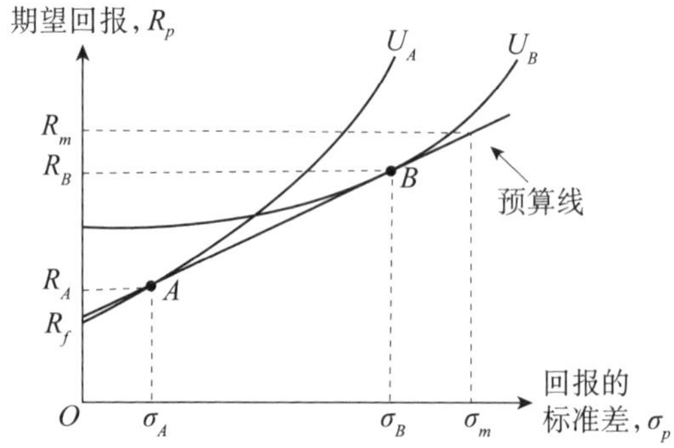

图 5.5

习题集

7. 一枚骰子的六个面上分别标有 1～6 的数字，每次掷骰子时，每面出现的概率相同。对于掷一次骰子来说，掷出数值的期望值为多少？方差和标准差呢？

8. 一名主管面临选择 A 投资项目的机会，该投资项目成功的概率为 0.60，此时将获利 30 000 美元，但是有 0.40 的概率失败（获利为 0 美元）。该主管也可以选择 B 投资项目，从而可以稳当地获利 10 000 美元。他选择了 B 投资项目。你能确定他的风险偏好吗？

9. *［数学要求高］某消费者在下一年的收入为 14 400 美元，但是他因患病损失 4 400 美元的概率为 1/2，除此之外没有其他的效用损失。他的效用函数为 $\sqrt{X}$，其中 X 为扣除其遭受的损失后的净收入。

a. 该消费者的期望效用为多少？

b. 期望损失为多少？期望收入呢？为了避免风险，他愿意接受的确定性收入的最小额为多少（即完全确定的收入）？风险溢价呢？画图表示你的答案。

c. 假如发生损失的概率为 1/4，重新计算 a 和 b 的答案。

10. Free&Lite(F&L) 产品的经营者正在考虑推出一种无脂肪的早餐香肠。F&L 基于对一些消费者的调查得出了混合多样的结论，预计该产品大受欢迎的概率为 0.60。如果该产品大受欢迎，那么 F&L

每年将可以售出 500 000 根香肠；若不是大受欢迎，F&L 每年将可以售出 250 000 根。F&L 已经算出，其第一年的销售利润取决于其建设的厂房面积的大小。如果 F&L 建一个小厂房，那么不管该无脂肪的早餐香肠的需求为 250 000 根还是 500 000 根，利润都为 62 500 美元。如果建一个大厂房，则当需求为 250 000 根时，利润为 −12 500 美元；而当需求为 500 000 根时，利润为 150 000 美元。假定 F&L 的经营者为风险中性者，他们愿意支付多少给市场调查公司，以获得有关他们产品的销售额的完全信息？

11. *［对风险资产的需求］金融分析家常常建议人们在 40 岁以前把大部分储蓄投资到股票上，在中年时则将一部分储蓄投资到股票上，将另一部分储蓄投资到债券上，而在接近退休时把大部分储蓄投资到债券上。风险-回报模型表明，人们根据自己的风险厌恶程度来选择投资组合。假如金融分析家的建议是恰当的，这是不是因为人们对风险的厌恶程度在其一生当中会改变？或者说，在人的一生当中其风险厌恶程度都不变这一观点是否合理？

自测题

12. 玛莎愿意支付 300 美元去避免有 4%的可能性发生的 8 000 美元的损失，她是：

a. 风险中性者。

b. 风险厌恶者。

c. 风险喜好者。

d. 非理性者。

e. 信息不充分。

13. 南妮特明年的收入是无法确定的。如果她的期望效用小于其期望收入的效用，那么她是：

a. 风险厌恶者。

b. 风险喜好者。

c. 风险中性者。

d. a 或者 c。

e. b 或者 c。

14. 图 5.6 画出了汤姆的效用对其收入的函数。下列哪种说法是正确的？

a. 他在低收入水平上为风险中性者，在较高的收入水平上则为风险喜好者。

b. 他在低收入水平上为风险喜好者，在较高的收入水平上则为风险厌恶者。

c. 他在低收入水平上为风险厌恶者，在较高的收入水平上则为风险喜好者。

d. 他在低收入水平上为风险喜好者，在较高的收入水平上则为风险中性者。

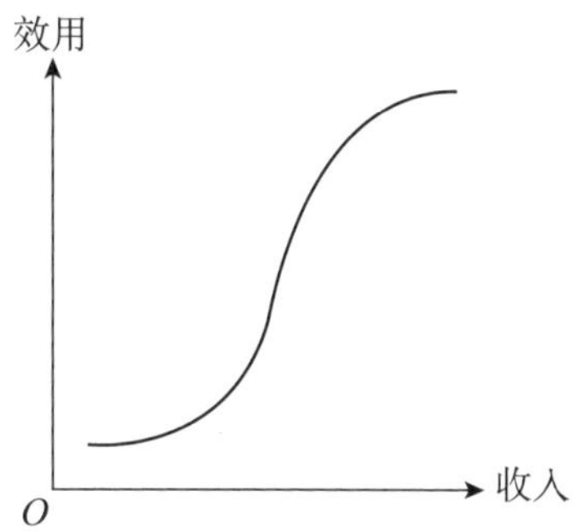

图 5.6

15. 大多数投资者是风险厌恶者（至少在一定程度上）。所以，期望回报相对较高的资产具有：

a. 较小的方差。

b. 较大的方差。

c. 方差的大小不一定。

d. a 或者 c。

e. 上述选项都不正确。

接下来的两个问题和下列问题有关：一个投资者有 60 000 美元。开一个录像店或者体育用品商店需花费 30 000 美元。在这个夏季上述商店的利润取决于天气。如果天气不错，那么开一个录像店的利润可达 40 000 美元，开一个体育用品商店的利润则为 90 000 美元；如果天气很糟糕，那么开一个录像店的利润可达 80 000 美元，而开一个体育用品商店的利润则为 30 000 美元。

16. 假如坏天气出现的概率为 1/2，那么一

个风险厌恶的投资者将会开

a. 两个录像店。

b. 一个录像店和一个体育用品商店。

c. 两个体育用品商店。

d. a 或者 c。

e. 信息不充分。

17. 一个风险中性的投资者将会开两个体育用品商店，如果好天气出现的概率

a. 大于 1/2。

b. 大于 3/4。

c. 小于 1/2。

d. 小于 1/4。

e. 信息不充分。

第 5 章答案

练习答案

1. 杰夫的期望财富为地震不发生的概率乘以此时他的财富，加上地震发生的概率乘以他的房子被摧毁之后的财富：

$$E(\text{财富})=0.90\times500\ 000+0.10\times300\ 000=480\ 000(\text{美元})$$

2. 劳伦的期望收入为：

$$E(X)=1/4\times24\ 000+3/4\times32\ 000=30\ 000(\text{美元})$$

收入的方差为：

$$\sigma^2=1/4\times(24\ 000-30\ 000)^2+3/4\times(32\ 000-30\ 000)^2=12\ 000\ 000(\text{美元})$$

收入的标准差为：$\sqrt{\sigma^2}=3\ 464.10$(美元)。

3. 杰夫为风险厌恶者。可以用两种方法得到上述答案：

a. 画出该函数在一定区间内的图形，如图 5A.1 所示，可以看出，该图形表现出风险厌恶者的特点。

b. *［微积分方法］求出 $u(W)=W^{0.5}$ 的一阶以及二阶导数：

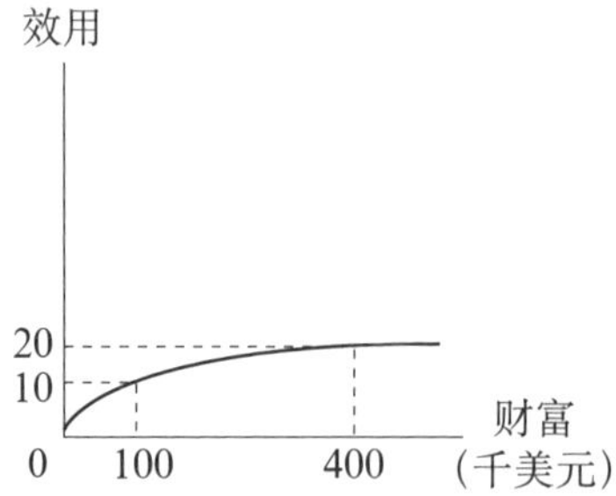

图 5A.1

$$\frac{\partial u}{\partial I}=0.5W^{-0.5}，\frac{\partial^2 u}{\partial W^2}=-0.25W^{-1.5}$$

由于一阶导数为正而二阶导数为负，因此效用曲线表现出边际效用递减的特点。换句话说，由于效用曲线的斜率以递减的比率增加，所以在相对较高的财富水平上，它变得越来越平缓。这只会出现在风险厌恶者的效用曲线上。

4. 在练习 1 里，我们算出杰夫的期望财富为 480 000 美元。由于杰夫的效用函数为 $u=\sqrt{W}$，所以其期望效用为（保留到小数点后两位）：

$$\begin{aligned}E(u)&=0.90u(500\ 000)+0.10u(300\ 000)\\&=0.90\times\sqrt{500\ 000}+0.10\times\sqrt{300\ 000}\\&=0.90\times707.11+0.10\times547.72\\&=691.17\end{aligned}$$

图 5A.2 显示了我们要求的风险溢价，即 C 点与 D 点之间的距离。

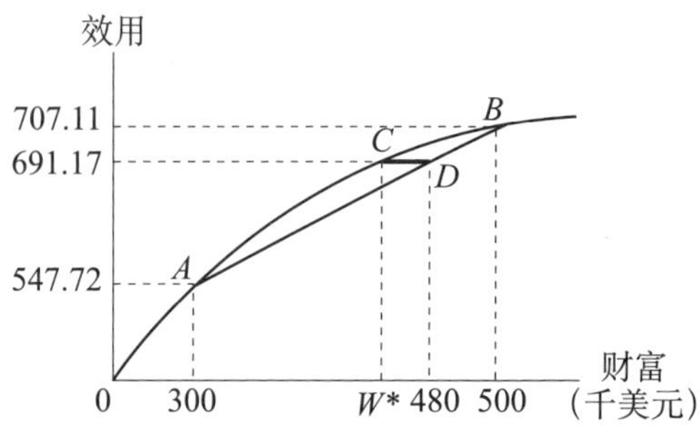

图 5A.2

在 C 点上，$u(W^*)=691.17$，即

$\sqrt{W^*}=691.17$，从而，$W^*=477\ 715.96$（四舍五入后）。所以，杰夫的风险溢价为 480 000－477 715.96＝2 284.04（美元）。

5. 见表 5A.1。以美元计的期望损失为 0.05×400＝20（美元）。假如该业主没有购买保险而他的雇员受伤了，那么他的财富为 15 000－400＝14 600（美元）。所以，在没有保险的情况下，他的期望财富 $E(W)=0.05\times14\ 600+0.95\times15\ 000=14\ 980$（美元）。假如该业主花 20 美元购买保险，他的期望收入没有变化，那么购买保险的决策没有改变其期望财富。

表 5A.1

全额保险	受伤（Pr＝0.05）	没有受伤（Pr＝0.95）	期望财富
否	14 600 美元	15 000 美元	14 980 美元
是	14 980 美元	14 980 美元	14 980 美元

6. 表 5A.2 显示了各个结果下的利润：

表 5A.2

决策	销售量为 50（Pr＝0.4）	销售量为 100（Pr＝0.6）	期望利润
购买 50 套	5 000 美元	5 000 美元	5 000 美元
购买 100 套	1 500 美元	12 000 美元	7 800 美元

在不完全信息条件下，风险中性者会选择订购 100 套。不完全信息条件下的期望利润为 0.4×1 500＋0.6×12 000＝7 800（美元）。而完全信息条件下的期望利润为 0.4×5 000＋0.6×12 000＝9 200（美元）。所以，完全信息的价值为 9 200－7 800＝1 400（美元）。

习题集答案

7. 一枚骰子各个面上的数字 1～6 出现的概率为 1/6，所以掷一次骰子的期望值为：

$$E(X)=1/6\times(1+2+3+4+5+6)=3.5$$

方差为：

$$\sigma^2=1/6\times[(-2.5)^2+(-1.5)^2+(-0.5)^2+0.5^2+1.5^2+2.5^2]=2.92$$

标准差为：

$$\sigma=\sqrt{\sigma^2}=1.71$$

8. E(来自 A 的回报)＝0.60×30 000＋0.40×0＝18 000（美元）

E(来自 B 的回报)＝10 000（美元）

该主管为风险厌恶者。假如他为风险中性者，那么他会更偏好 18 000 美元的支付。风险喜好的主管也会偏好 A 投资项目。而风险厌恶者则不一定偏好高风险、高回报的 A 投资项目，这取决于他对风险的厌恶程度。由于该主管选择了 B，所以他一定为风险厌恶者。

9. a. 如果没有发生损失，消费者的收入为 14 400 美元，这给他带来了 $\sqrt{14\ 400}=120$ 的效用。如果他生病，那么他的收入为 10 000 美元，效用等于 100。所以，$E(u)=1/2\times120+1/2\times100=110$。

b. 他的期望损失为 1/2×（14 400－10 000）＝2 200（美元），期望收入为 1/2×（14 400＋10 000）＝12 200（美元）。他为了避免风险而愿意接受的收入的最小额为 $u(X^*)=\sqrt{X^*}=110$ 的解，也就是 $X^*=12\ 100$ 美元。风险溢价为 12 200－12 100＝100（美元）。见图 5A.3。

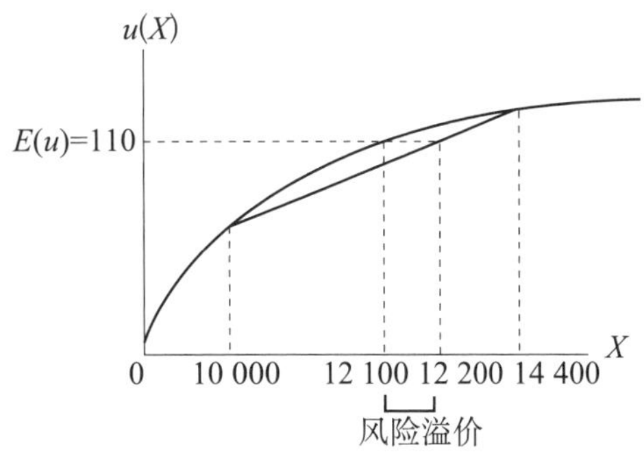

图 5A.3

c. 在新的概率分布下，$E(u)=3/4\times120+1/4\times100=115$。

他为了避免风险而愿意接受的收入的最小额为 $u(X^*)=\sqrt{X^*}=115$ 的解，也就是 $X^*=13\ 225$(美元)。期望收入为 $3/4\times14\ 400+1/4\times10\ 000=13\ 300$(美元)。从而风险溢价为 $13\ 300-13\ 225=75$(美元)。与 b 相比，因为发生损失的概率较低，所以他愿意支付的风险溢价下降了。

10. 表 5A.3 显示了各个结果下的利润：

表 5A.3

决策	需求微弱 (Pr=0.4)	需求强劲 (Pr=0.6)	期望利润
小厂房	62 500 美元	62 500 美元	62 500 美元
大厂房	−12 500 美元	150 000 美元	85 000 美元

F&L 的经营者作为风险中性者，在不完全信息条件下会选择建一个大厂房。这样他们的期望利润就得到了最大化，等于 $0.4\times(-12\ 500)+0.6\times150\ 000=85\ 000$(美元)。在完全信息条件下的期望利润为 $0.4\times62\ 500+0.6\times150\ 000=115\ 000$(美元)。所以他们为了得到完全信息而愿意支付的最大数额为 $115\ 000-85\ 000=30\ 000$(美元)。

11. 微观经济学理论一般认为个人的偏好不变，但是人们面临的选择机会以及拥有的信息常常会变化。在本例中，人们在年轻的时候愿意持有风险相对较高的投资组合，大概是因为这时如果投资组合的回报很低，他们有更多的机会去调整。例如，一个把大量的钱投资到股票上的年轻人在遭受损失后，可以在几年内节约出钱来弥补损失。人的年纪越大，可以用来调整的年头也就越少了。

自测题答案

12. c. 她的期望损失为 $0.04\times8\ 000=320$(美元)。由于她只愿意支付 300 美元，小于期望损失，所以她肯定为风险喜好者。

13. a. 对南妮特来说，收入的边际效用递减，因此她属于风险厌恶者。

14. b. 他收入的边际效用先上升（为风险喜好者），然后下降（为风险厌恶者）。

15. b. 在风险-回报图中，投资者的无差异曲线向上倾斜。如果投资者持有多种资产，那么对于那些方差较大的资产，投资者会要求较高的期望回报。

16. b. 所有选择机会（两个录像店，两个体育用品商店，或者两者各一个）的期望回报都为 120 000 美元。以下表达方式均以千美元计：

E(两个录像店的利润)$=0.5\times(40+40)+0.5\times(80+80)=120$

E(两个体育用品商店的利润)$=0.5\times(90+90)+0.5\times(30+30)=120$

E(一个录像店和一个体育用品商店的利润)$=0.5\times(40+90)+0.5\times(80+30)=120$

然而，录像店和体育用品商店各开一个的多样化投资的方差较小：

方差(两个录像店的利润)$=0.5\times(80-120)^2+0.5\times(160-120)^2=1\ 600$

方差(两个体育用品商店的利润)$=0.5\times(180-120)^2+0.5\times(60-120)^2=3\ 600$

方差(一个录像店和一个体育用品商店的利润)$=0.5\times[(40+90)-120]^2+0.5\times[(80+30)-120]^2=100$

所以，该风险厌恶的投资者会选择开一个录像店和一个体育用品商店的策略。

17. a. 如果开两个体育用品商店的期望回报大于其他可供选择的投资机会的期望

回报，那么风险中性的投资者就会选择开两个体育用品商店。令 P＝好天气出现的概率，那么下述两个条件成立：

$$P\times180+(1-P)\times60>P\times80+(1-P)\times160$$

以及

$$P\times180+(1-P)\times60>P\times130+(1-P)\times110$$

解上述关于 P 的方程得到：

$$200P>100，即 P>1/2$$

或者

$$100P>50，即 P>1/2$$

第6章 生 产

重要概念

- 生产函数
- 短期与长期
- 总产出、平均产出、边际产出
- 等产量线
- 边际技术替代率
- 边际报酬递减规律
- 规模报酬递增、递减和不变

本章重点

生产函数描述了投入品数量和这些投入品所能生产的最大产出（技术上可行）之间的关系。我们重点关注的投入品包括资本（厂房、机器）和劳动（熟练劳动和非熟练劳动）。其他投入品还包括原料和土地。生产函数写为 $Q=F(K, L)$。随着技术的变化，生产函数会随着时间的推移而变化，同时，不同行业的生产函数也不同。

在短期，至少有一种生产要素是固定的（不可调整）。通常认为在短期内资本是固定的，因为调整资本数量很困难。比如，建一个新工厂甚至装备一台新设备都需要花费很长时间。长期则指所有投入要素均可变所需的时间段。

我们只关注两类可变投入：劳动和资本。我们可以使用等产量线来表示生产同一产量的不同投入要素的组合。每一条等产量线均表示生产某一特定产量的劳动和资本的所有可能组合，更高的等产量线表示更高的产出水平。等产量线的凸性意味着生产过程足够灵活，劳动和资本能够按照一定的比率互相代替，以达到相同的产出水平。

边际技术替代率（MRTS）描述了在产出保持不变的情况下资本和劳动相互替代的方式。边际技术替代率是等产量线上某一点（或者是等产量线上资本和劳动的微小变化）的斜率的负值。如果等产量线是凸的，那么，沿着等产量线移动，用一种投入品替代另一种投入品，边际技术替代率是递减的（沿着横轴移动，等产量线越来越平坦）。在极端情况下，投入品是完全替代品或者完全互补品，对应的等产量线就是直线或者L形的线。

分析一个厂商的生产过程，涉及找到投入变化时生产技术的性质。劳动的边际产出（$\Delta Q/\Delta L$）指的是增加一单位劳动所带来的产出增量。劳动的平均产出则定义为 Q/L。如果我们假定劳动不变而资本可变，资本的边际产出和平均产出可以被简单地定义。

边际报酬递减规律描述了我们在大部分生产过程中能够观察到的模式：其他投入保持不变，只有一种投入可变，那么，不断增加该投入，产出增长率最终会到达一个最高点，超过这个点，产出的增长率开始下降。注意，边际报酬递减并不是说再增加投入产出就会减少，而是说过了某个点再增加投入，产出的增长率会变得越来越小。

边际报酬递减与规模报酬不同。当我们说规模报酬时，首先想到的问题是："如果所有投入要素都同比例增加，产出会如何变化？"如果投入增加一倍而产出增加不止一倍，就存在规模报酬递增；如果投入增加一倍而产出增加不到一倍，则存在规模报酬递减。对于大部分厂商而言，在它们的初期阶段，它们都会经历规模报酬递增，而在规模变大之后，则会经历规模报酬递减。

概念复习和练习

厂商及其生产决策（第 6.1 节）

在经济学中，厂商所采用的技术指的是投入（生产要素）转变成产出（在市场上销售的产品）的过程。投入包括人力资源、机器和原料，常常被归类为劳动、资本和原料。产出可能是销售给消费者的最终产品或者中间产品，比如用于其他厂商生产的资本和原料。我们使用生产函数来表示生产技术，它告诉我们任意一个投入品的组合所能生产的产出数量。

为了便于表述，通常我们只考虑资本和劳动两种投入。事实上，这意味着原料以不变的数量进入最终产品。经过简化处理之后，我们可以把某一特定生产技术下的生产函数写作 $Q=F(K, L)$。

技术效率低下（使用相同的投入得到更少的产出）在现实中的确可能存在，但是在本章我们假设厂商高效地运营。这意味着在给定的投入水平下，厂商能够获得技术上可行的最高产出。

短期与长期

短期与长期的区别并不完全依赖于时间；说这种区别依赖于生产投入的特征更为合理。在短期，至少一种生产要素的数量固定不变。因此，短期中厂商存在着某些固定的投入。通常，资本在短期是固定的投入。在长期，所有投入的数量皆可调整。短期和长期的时间长度随不同厂商和行业而不同。对于一个干洗店，资本的水平可以在 2 个月内调整，而对于一个炼铝厂，增加核心资本则需要花费 2 到 3 年的时间。不过，无论指定的短期是多长，某种投入的数量固定而无法调整的条件必须被满足。

一种可变投入（劳动）下的生产（第 6.2 节）

为了介绍几个与厂商生产技术有关的概念，考虑表 6.1 中的数据。一个厂商使用两种投入品——资本和劳动进行生产，资本固定不变，劳动是可变的。表 6.1 说明了产出如何随着劳动投入的变化而变化。

表 6.1　铜线的日产出量

(1) 劳动数量 L	(2) 资本数量 K	(3) 产出 Q	(4) 平均产出 Q/L	(5) 边际产出 $\Delta Q/\Delta L$
10	40	200	20	—
11	40	231	21	31
12	40	264	22	33
13	40	286	22	22
14	40	294	21	8
15	40	300	20	6

前两列表示投入水平。资本固定为 40 单位不变，这样做是为了重点考察劳动投入水平变化的效应。后三列是生产率指标。第（3）列表示这些投入下的产出。第（4）列表示劳动的平均产出（AP_L），即表示单位劳动的产出。对于一个行业或者整个经济而言，劳动的平均产出指的是"劳动生产率"。劳动生产率的变化趋势对于生活标准提高速度的确定具有重要意义。

第（5）列表示劳动的边际产出（MP_L），

即表示劳动投入增加一单位所导致的产出增加，或者 $\Delta Q/\Delta L$。比如，当劳动为 12 单位和 13 单位时，其边际产出等于 22(=286−264)单位。所以，如果已经雇用了 12 单位劳动，再雇用一单位劳动将会使得产出增加 22 单位。

表中的数据描述了 MP_L 和 AP_L 之间的一般关系。如果 $MP_L > AP_L$，AP_L 随着劳动投入的增加而上升；如果 $MP_L = AP_L$，AP_L 固定不变；如果 $MP_L < AP_L$，AP_L 随着劳动投入的增加而下降。比如，在 $L=11$ 和 $AP_L=21$ 时，下一单位劳动的边际产出为 33 单位。因为 33 单位大于 21 单位，所以我们知道平均产出必定增加，这可以从第（4）列中得到验证。

因为在表 6.1 中，资本投入的水平一直没有变化，我们可以把不同劳动投入下的产出在一幅两维图中画出来。图 6.1(a) 利用表 6.1 的数据画出了产出和劳动投入的关系，图 6.1(b) 则画出了劳动的平均产出和边际产出。

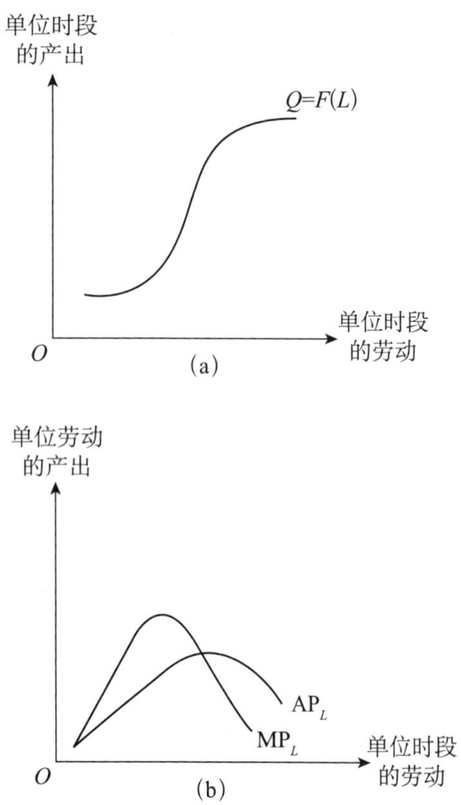

图 6.1

✍ **练习**

1. a. 填写表 6.2 生产数据表中的空格。

表 6.2　铜线的日产出量

劳动数量 L	资本数量 K	产出 Q	平均产出 Q/L	边际产出 $\Delta Q/\Delta L$
3	8	33		—
4	8		9	
5	8			4
6	8		7.5	5

   b. 画出劳动的总产出曲线，其中产出（Q）是劳动投入（L）的函数，如图 6.1(a) 所示。

   c. 画出 AP_L 和 MP_L，并且它们都是劳动投入的函数，如图 6.1(b) 所示。

2. 如果 MP_L 是递减的，AP_L 在那个产出范围内一直是递减的吗？为什么？

边际报酬递减规律

当资本水平固定时，随着劳动投入的持续增加，MP_L 最终下降，这就是所谓的边际报酬递减规律。在短期，在资本固定不变时，随着劳动投入的持续增加，总产出的增加越来越少，从而产生了所谓的报酬递减。递减的边际报酬是针对短期而言的，因为它指的是单一投入的变化所导致的产出变化；在长期，厂商可能会改变其所有的投入。不要把边际报酬递减与规模报酬（随后讨论）混淆，规模报酬讨论的是所有投入同比例变化所导致的产出变化。

✍ **练习**

3. 图 6.2 是 Quik Image 复印店的总产出曲线。复印店目前有两台机器。

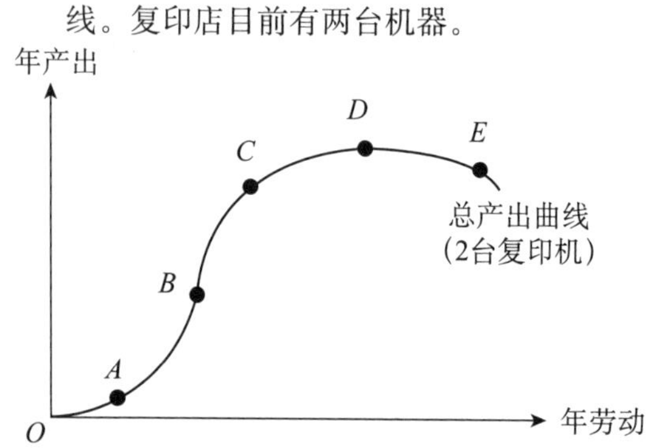

图 6.2

a. 当 Quik Image 增加工人，而复印机台数保持不变时，边际报酬递减的点应该是 A 点、B 点、C 点、D 点还是 E 点？

b. 如果 Quik Image 投入另外一台复印机，画出新的生产曲线。边际报酬递减的点还会是原来的点吗？试解释。

两种可变投入下的生产（第 6.3 节）

当有不止一种投入可以调整时，厂商面临着哪种投入组合最优的问题。这一节讨论厂商在决定生产某一特定产出水平时面临的不同选择。

有两种投入品，我们在二维图中画出生产函数的等产量线。就像无差异曲线描述了给消费者带来某一特定满足程度的商品组合一样，等产量线描述了所有能生产同一产出水平的投入组合。等产量线与无差异曲线在一个方面明显不同：我们能够观察和度量产出，却无法度量序数效用。等产量线向右下方倾斜——厂商能够在减少一种投入的同时，通过增加另外一种投入来保持产出不变。

图 6.3 画出了小麦收割的两条典型的等产量线。有两种投入：收割机和劳动。等产量线 Q_1 描述了每年生产 100 吨小麦时的机器和劳动组合，比如，A 点和 B 点；C 点对应于更多的机器和劳动，位于一条更高的等产量线上。

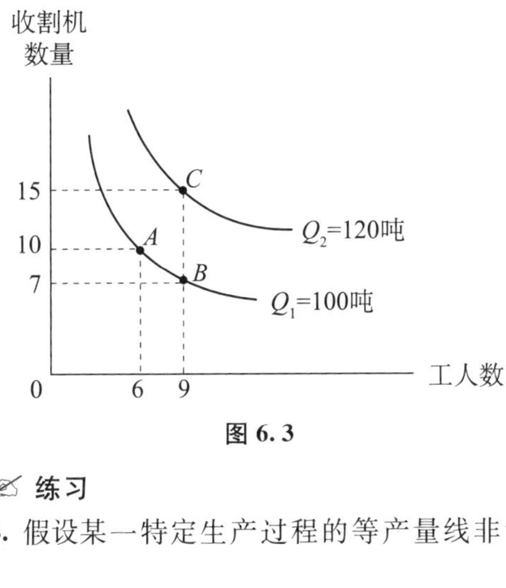

图 6.3

✍ **练习**

4. 假设某一特定生产过程的等产量线非常弯曲以至接近 L 形，这表示什么样的生产技术？

投入间的替代

正如边际替代率描述了消费者在获得同等效用的情况下交换商品的意愿，边际技术替代率（MRTS）表示厂商在同样的产出下用一种投入代替另一种投入的比例。边际技术替代率等于保持 Q 固定不变时等产量线的斜率的负值，即 $-\Delta K/\Delta L$。边际技术替代率也等于劳动的边际产出与资本的边际产出之比，即 MP_L/MP_K。在同一条等产量线上，随着劳动的增加和资本的减少，等产量线的凸性意味着边际技术替代率下降。（回忆一下，如果沿着曲线往下移动，曲线变得越来越平缓，则其为凸的。）

两种特殊的边际技术替代率非常重要。一种极端情形是，如果投入品是完全替代品，则等产量线是平行的直线，边际技术替代率不变。比如，在一条装配线上，一个阶段既可以用工人完成，也可以用机器完成。在另一种极端情形即固定比例的生产函数中，等产量线是 L 形的。比如，一个人只能在一台键盘上打字，多一台键盘而不增加工人毫无用处。

✍ **练习**

5. 画出与下列情形对应的等产量线：

a. 热水瓶生产。x 轴表示瓶身（一种投入），y 轴表示瓶盖（另一种投入）。（假定资本不变。）

b. 房屋建筑。x 轴表示劳动，y 轴表示资本。

c. 汉堡包制作。使用气动烘烤机（x 轴）或者电动烘烤机（y 轴），两种烘烤机是完全替代品。

规模报酬（第 6.4 节）

当所有生产要素都同比例增加时，我们使用规模报酬这个概念来描述产出变化的大小。如果投入增加一倍，产出增加超过一倍，那么该生产函数是规模报酬递增的。专业化是规模报酬递增的重要源泉之

21. 如果劳动是唯一可变的投入，边际产出达到最大值时位于：

a. 平均产出曲线水平时的点上。

b. 平均产出等于边际产出的点上。

c. 总产出曲线的折弯处。

d. 总产出曲线开始下降的点上。

e. 以上选项都不正确。

22. 生产是规模报酬递增的，如果满足：

a. 轮班工人增加一倍，产出增加小于100%。

b. 产出增加一倍，所要求的能源增加小于一倍。

c. 增加一条装配线，产出增加100%。

d. 所有投入均增加一倍，产出增加小于100%。

e. 以上选项都不正确。

23. 如果在一个投入为资本和劳动的厂商中，劳动投入增加一倍，产出增加小于100%，那么

a. 生产函数是规模报酬递减的。

b. 生产函数是规模报酬递增的。

c. 生产函数是边际报酬递减的。

d. a和c。

e. b和c。

第6章答案

练习答案

1. a. 见表6A.1。如果 $L=3$，那么 $AP_L=Q/L=33/3=11$。如果 $L=4$，$AP_L=9$，那么 $Q=AP_L\times L=9\times 4=36$。$MP_L$ 在 L 处于3和4之间时等于 $36-33=3$。由于 MP_L 在 L 处于4和5之间时等于4，因此当 $L=5$ 时，$Q=40$。相应地，$AP_L=40/5=8$。增加一单位劳动投入，产出增加5单位，所以，当 $L=6$ 时，$Q=45$。同样，我们也能这样计算：$Q=AP_L\times L=7.5\times 6=45$。

b. 如图6A.1(a) 所示。

c. 如图6A.1(b) 所示。

表 6A.1

劳动 L	资本 K	产出 Q	平均产出 Q/L	边际产出 $\Delta Q/\Delta L$
3	8	33	11	—
4	8	36	9	3
5	8	40	8	4
6	8	45	7.5	5

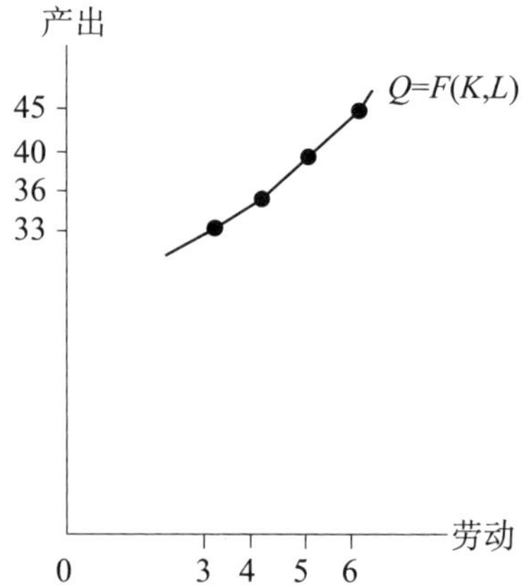

(a)

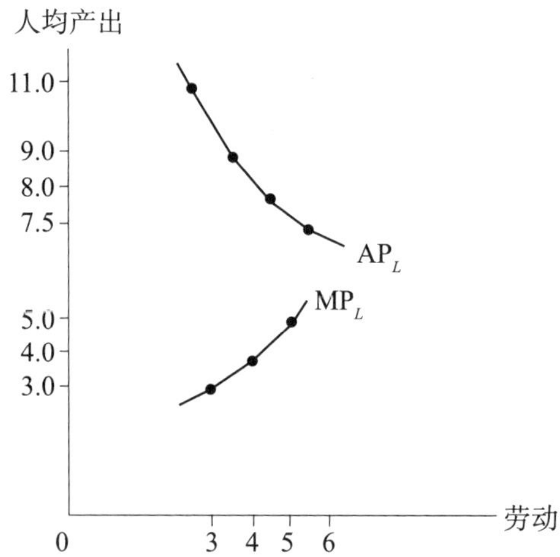

(b)

图 6A.1

2. 当劳动的边际产出下降时，劳动的平均产出可能上升也可能下降。AP_L 曲线的斜率不是取决于 MP_L 曲线的斜率，而是取决于 MP_L 位于 AP_L 的上方还是下方。

3. a. 在 B 点边际报酬递减，此时，劳动的边际产出（资本固定时总产出曲线的

斜率）开始以一个递减的速度增加。关于这个问题的一个常见错误答案是选择 D 点，在这一点 MP_L 由正变为负。边际报酬递减不需要满足 MP_L 为负的条件，只需要满足增加一单位的投入，产出增量越来越小，尽管总产出仍然在增加。

b. 如图 6A.2 所示，资本增加使整条总产出曲线移动。边际报酬递减的点将位于更高的劳动投入水平上，因为增加的劳动能够使用增加的机器。

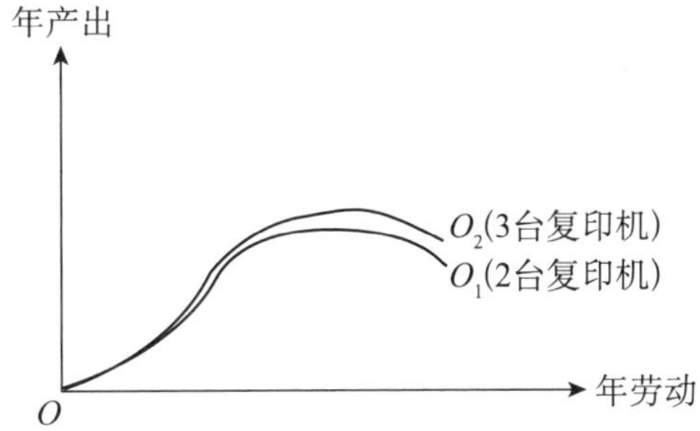

图 6A.2

4. 图 6A.3 展示了一条非常弯曲的等产量线。在此情况下，相对而言，当产出保持 Q_1 不变时，厂商在使用资本代替劳动时是不灵活的。如果厂商位于 A 点，并试图解雇部分员工，那么为了保持产量不变，它将需要购买大量的机器（移至 B 点），以弥补因劳动减少而造成的损失。虚线表示的等产量线弯曲得没有这么厉害，表示更加灵活的生产技术：在保持产量不变的情况下，资本替代劳动（从 A 点移至 C 点）变得更加容易。

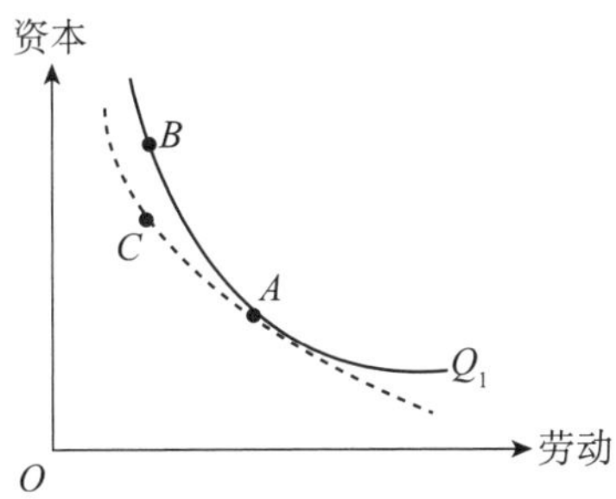

图 6A.3

5. a. 瓶盖和瓶身是完全互补品。生产一个产品同时需要两种投入（按照 1∶1 的比例）。见图 6A.4(a)。

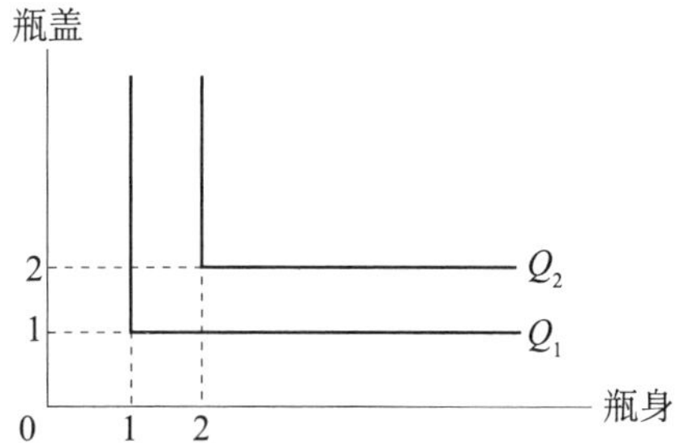

图 6A.4（a）

b. 等产量线的弯曲度取决于劳动和资本的可替代程度。见图 6A.4(b)。

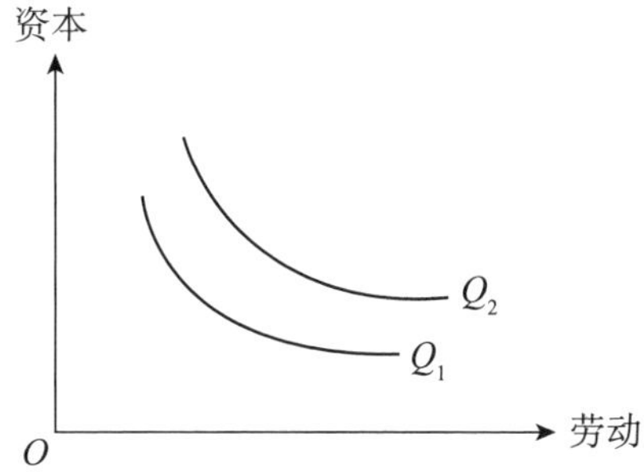

图 6A.4（b）

c. 如果气动烘烤机和电动烘烤机是完全替代品，则等产量线是直线。见图 6A.4(c)。

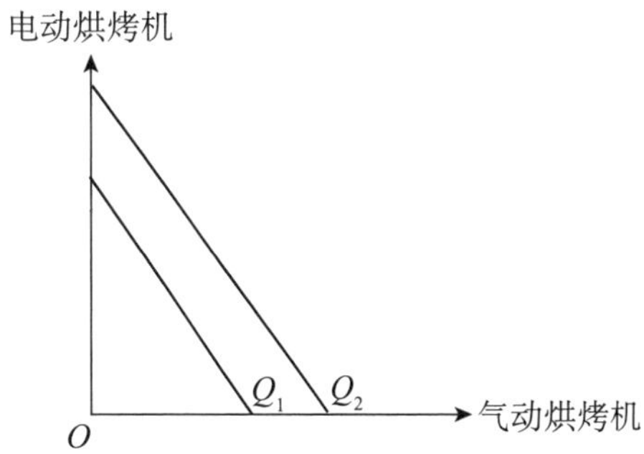

图 6A.4（c）

6. a. 从 A 到 B，劳动和资本均增加了一倍；从 B 到 C，两者都增加了 125%；从 C 到 D，两者都增加了 40%。

b. 从 A 到 B、从 B 到 C、从 C 到 D 产出分别增加了 150%、140% 和 35%。这意味着从 A 到 B 存在规模报酬递增，因为投入增加 100%，产出增加了

150%。同理，从 B 到 C 也存在规模报酬递增（140%大于 125%），从 C 到 D 存在规模报酬递减（35%小于 40%）。

习题集答案

7. 劳动的总产出曲线为只有一种可变投入的生产函数。因为生产函数告诉了我们每一投入水平对应的最大产出，厂商可以选择始终只使用一部分劳动，这样，只要投入增加，最大产出就不会减少。换言之，在增加劳动会导致总产出减少时，一个理性的厂商不会再雇用劳动。

8. a. 决定规模报酬的最简单方式就是比较两个不同投入水平下的产出，其中，在第二个投入水平下，两种投入同比例增加。为了便于分析，比较 $Q^* = F(K^*, L^*)$ 和 $Q^{**} = F(cK^*, cL^*)$，其中，c 是一个常数。就这个例子而言，$Q^* = 0.5L^* + \sqrt{K^*}$，$Q^{**} = 0.5cL^* + \sqrt{cK^*}$。对于 $c>1$（投入增加），$Q^{**} < cQ^*$。（为什么？因为第一项增加到原来的 c 倍，第二项只增加到原来的 $\sqrt{c}$ 倍。）因为 $Q^{**} < cQ^*$，所以生产函数是规模报酬递减的。（你也可以通过计算 K 和 L 在不同投入水平下的产出之和来回答该问题。）

b. K 固定为 4，短期生产函数为 $F=(4, L)=0.5L+\sqrt{4}=0.5L+2$；$AP_L = F(4,L)/L = 0.5+2/L$。

c. 劳动的边际产出是总生产函数对劳动的一阶导数，即 $\partial F(4,L)/\partial L = 0.5$。[也可通过计算 $F=(4, L)$ 和 $F=(4, L-1)$ 得出。]

9. a. 表 6A.2 列出了 AP_L 的值，图 6A.5 则标出了这些点。

b. 表 6A.2 说明，当 $L=50$ 时，AP_L 达到最大值。但我们应该用代数方法检查一遍。考察 L 位于 50 和 60 之间的情形即可。当 $AP_L = MP_L$ 时，AP_L 达到最大值：$-50/L + 10 - 0.02L = 10 - 0.04L$，所以，$L^2 = 2\ 500$，$L=50$。所以，当 $L=50$ 时 AP_L 达到最大值。当 $L=50$ 时，$MP_L = 10-0.04\times 50 = 8$。

表 6A.2

L	$AP_L = Q/L$（磅）
10	4.80
20	7.10
30	7.73
40	7.95
50	8.00
60	7.97
70	7.89

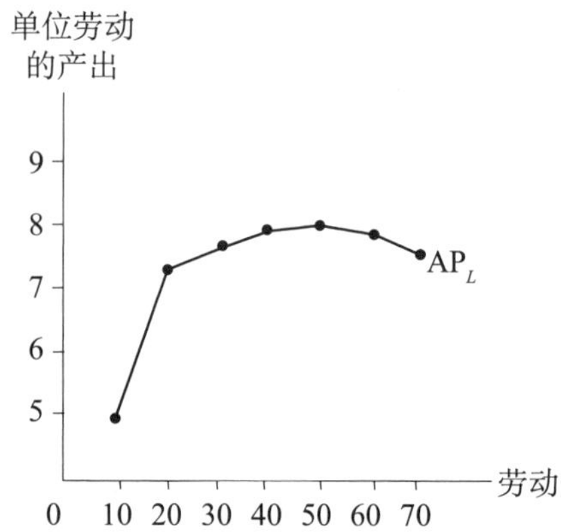

图 6A.5

10. 你所管理的部门被分配了更多的员工，但资本并没有增加，边际报酬递减规律说明，这些新增加的员工所增加的产出更少。如果边际产出低于平均产出，平均产出将下降。所以，产出下降可能仅仅是技术原因所致，而不是管理问题。以后在提高资本/产出比时，必须更加谨慎。

11. a. 9 000 个小机械：9 000 单位原料，3 把剪刀，5 个压机。12 000 个小机械：12 000 单位原料，4 把剪刀，6 个压机。

b. 当原料增加 33%、剪刀增加 33%、压机增加 20%时，产出将增加 33%。所以，产出增加 33%并不需要所有投入均增加 33%。所以，在该产出范围内，生产是规模报酬递增的。

12. 如图 6A. 6 所示，从原点出发的任何一条射线（斜率等于 AP_L）同样也是总产出曲线的切线。在切点上，$AP_L = MP_L$。最陡峭的射线也就是 AP_L 的最大值。在这个例子中，当 $L = L_3$ 时，AP_L 达到最大值。

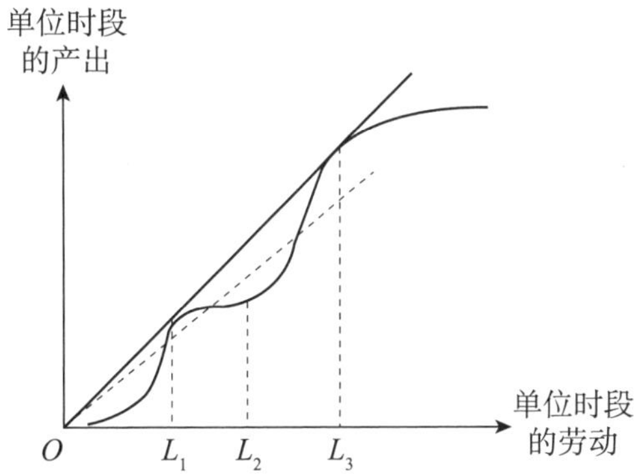

图 6A. 6

自测题答案

13. b. 生产函数描述了企业最有效使用的技术。

14. c. 这是等产量线的定义。

15. c. 根据定义，在短期内，必须有一些投入是固定的。在长期内，所有要素均可变。

16. b. 这是 MP_L 的定义。

17. a. 边际报酬递减指的是，在其他投入不变的情况下，增加一种投入所得到的收益减少。选项 b 指的是沿着等产量线的移动，这意味着所有要素均可变。选项 c 描述的是规模报酬递减。

18. a. $MP_L = Q(40, 36) - Q(40, 35) = 252 - 210 = 42$。

19. b. $AP_L = 266/37 = 7.2$（四舍五入）。

20. c. 选项 a 是规模报酬递增的源泉。选项 b 描述的是规模报酬不变。

21. c. 这是总产出曲线斜率最大的一点（最陡峭的），此时，斜率等于边际产出。

22. b. 其他选项均为规模报酬不变或者规模报酬递减。

23. c. 规模报酬指的是，所有投入同比例增加。

第 7 章 生产成本

重要概念

- 经济成本与会计成本
- 机会成本
- 固定成本与可变成本的区别
- 固定成本与沉没成本的区别
- 边际成本、平均可变成本和平均总成本
- 等成本线
- 扩张路径
- 规模经济与规模不经济
- 范围经济
- 学习曲线

本章重点

各种不同成本的概念可以用来回答关于厂商行为的一系列重要问题。例如：厂商是否应该进入一个市场？厂商的短期最优产出水平为多少？厂商的长期最优产出水平为多少？厂商应何时退出一个市场？我们首先学习经济成本与会计成本的区别。经济成本是前瞻性的，而会计成本则是回顾性的。经济学家认为，任何一种选择都包含一种机会成本，机会成本是与厂商未将资源用于其他可供选择的最佳用途而放弃的机会相联系的成本。沉没成本是指已经发生而无法收回的支出。在对未来的经营活动进行决策时，沉没成本不应该被考虑在内（因为无论现在做什么决定，沉没成本都无法收回）。

在短期内，既有固定投入，也有可变投入。短期和长期的区别产生了一系列描述厂商生产成本的概念，如固定成本、可变成本、总成本、平均固定成本、平均可变成本、平均总成本、边际成本等。每一种成本的定义都会在下面的概念复习中给出。规模经济的概念是与厂商的长期平均成本曲线相联系的。如果产量变为原来的两倍时，总成本的变化小于原来的两倍，我们就说存在规模经济。规模经济实质上描述的是产量增加引起平均总成本降低的情况。而规模不经济是指当产量变为原来的两倍时，总成本的变化大于原来的两倍，即产量增加时，平均总成本上升。

如果厂商的长期平均成本曲线为 U 形的，则当厂商处于较低的产出水平时，存在规模经济；而在产量达到一定规模以后，则会产生规模不经济。

等成本线表示在成本给定的情况下所有可能的资本和劳动投入的组合。如果产量给定，为了以尽可能小的成本生产，就要使得等成本线尽可能靠近原点，直到与给定产量的等产量线相切为止。在切点，等成本线和等产量线的斜率相等，即 MRTS$=w/r$。这里 w 为劳动的价格（工资）；而 r 为资本的价格（设备租金）。将不同产量下的等产量线和等成本线的切点连起来，就能得到扩张路径。

范围经济描述的是厂商生产不止一种产品时可能发生的情况。当单个厂商的联合产出超过各生产一种产品的两个厂商所能达到的总产量时，就存在范围经济。

在很多生产过程中，特别是在一些比较复杂的产品生产中，随着生产活动的进行，管理层会不断学习用更好的方式来组织生产，员工也在生产过程中逐渐积累经验，从而使得生产效率更高，生产成本降低。学习曲线就反映了随着生产活动的进行，厂商成本发生的变化。它描述了累积产出（厂商自进入该行业以来的总产出）和生产单位产出所需投入数量之间的关系。

概念复习和练习

成本的测度：哪些成本重要？（第 7.1 节）

会计成本（包括实际发生的费用和资产设备的折旧费用）度量的是历史成本。厂商在做决策时，可能更关心未来可能发生的成本。理解经济成本的关键是要知道厂商在决定未来用某些资源从事某种活动时，也就意味着不能用这些资源进行其他活动。机会成本的概念就包含了这一原理：机会成本是指使用某种资源来做某一件事而放弃的用该资源做其他事可能获得的最大收益。例如，上学的经济成本包括学杂费、书本费、伙食费、住宿费，加上你如果不上学而去工作可能得到的工资。这笔放弃了的工资是时间的机会成本，应该包含在经济成本中。对于厂商来说，其所有者的时间价值和在经营活动中所使用的所有资本的价值是两种重要的机会成本。

✍ **练习**

1. 1970 年，一名艺术收藏家花 10 000 美元买了一幅安迪・沃赫尔（Andy Warhol）的绘画作品。沃赫尔的绘画作品从那时起价格一直在上升。判断以下说法是否正确：今年收藏家持有该画的机会成本就是投资于那幅画的 10 000 美元所能得到的利息。

2. 约翰是工商管理硕士（MBA）二年级的学生，他在某个晚上花了 3 个小时与朋友开车出去看电影。电影票价格为 8 美元，到电影院的汽车耗油为 3 美元，并且为了看电影，约翰错过了一份家教的工作，这份工作的报酬为 20 美元/小时。他也可以用这 3 个小时去给一名教授做助教，这份助教工作的报酬是 15 美元/小时。约翰去看电影的经济成本是多少？

沉没成本是指过去已经发生而无法收回的支出。在做经济决策时，只需要考虑未来将要发生的成本和收益，无须再考虑沉没成本。过去发生的在广告或者研发上的投入就是沉没成本的例子。这些成本已经无法改变或者避免了（因为已经支付出去!），因此不应该影响厂商的决策。

✍ **练习**

3. 快客公司有一项很大的商业计划：生产一种非处方药品并以低于现在市场上主流产品的价格出售。在这一价格水平下，它可以获得大于启动成本（前期广告投入）与经济成本之和的收入。产品推出后获得了巨大的成功，以至其他厂商也降低价格与快客公司竞争，快客公司的销售量迅速下滑至接近于零。经过市场调查，快客公司发现如果进一步降价，它可以获得补偿生产成本的利润，但是无法补偿启动成本（这些启动成本现在可以被看成沉没成本）。它应该继续经营还是放弃这一产品的生产？

短期成本（第 7.2 节）

回忆一下，短期对于一个厂商来说意味着至少有一种投入的数量保持不变。为了研究短期成本，我们保持资本投入不变，研究劳动投入可以变化的情况。区分固定成本和可变成本是非常重要的，固定成本不随着产出的变化而变化，而可变成本随着产出水平的不同而变化。总成本是固定成本和可变成本之和。从总成本中我们可以得到平均总成本（单位产出的成本）和边际成本（增加一单位产出所增加的成本）。平均可变成本是单位产出的可变成本，平均固定成本是固定成本除以产出。注意，固定成本与沉没成本是不同的。固定成本指无论产出为多少都必须支付的那部分成本。例如，无论产出是多少，一笔已经发生的贷款利息是每期都必须支付的，但是这笔利息并不是沉没成本，因为它们目前还没有支付。

固定成本在短期内不随产出而变化（因为根据定义，厂商必须支付这笔费用），但是在长期内，这笔成本可以避免。

考虑表 7.1 中一个钢铁制造商的成本数据：

表 7.1

(1) 产出 (吨) Q	(2) 总成本 (美元) TC= FC+VC	(3) 可变 成本 (美元) VC	(4) 固定 成本 (美元) FC	(5) 平均 总成本 (美元/吨) ATC= TC/Q	(6) 平均可 变成本 (美元/吨) AVC= VC/Q	(7) 边际 成本 (美元/吨) MC= dTC/dQ
8	2 800	800	2 000	350	100	—
9	2 880	880	2 000	320	97.8	80
10	2 980	980	2 000	298	98	100
11	3 100	1 100	2 000	281.8	100	120

表中第（3）列的可变成本和第（4）列的固定成本是两列基本数据，根据这两列数据，我们可以计算出其他各列数据。总成本是固定成本和可变成本的加总：TC(Q)=FC+VC(Q)。平均总成本等于 TC(Q)/Q，平均可变成本 AVC(Q) 等于 VC(Q)/Q。我们也可以计算出平均固定成本 AFC(Q) 等于 FC/Q。边际成本是多生产一单位产出所增加的成本：MC＝ΔVC/ΔQ。几何上，在给定的产出水平上，边际成本 MC 是与总成本曲线相切的直线的斜率。（注意：除了固定成本，我们将其他成本都写成了产量 Q 的函数，以后我们将省略函数的形式，但是必须知道，除了固定成本以外的其他成本都是产量 Q 的函数。）

✍ **练习**

4. 根据表 7.1 中的数据，分别计算产出 Q 为 8、9、10 时的 AFC。验证在每一产出水平下，它都等于 ATC－AVC。

5. 平均固定成本是否一直随着产出的增加而下降？为什么？

一般来说，平均可变成本与产出的关系可以用一条 U 形曲线来描述，也就是说，当产出增加时，平均可变成本先降后升。当 MC＜AVC 时，平均可变成本随着产出的增加而下降，而当 MC＞AVC 时，它随着产出的增加而上升。当 MC＜AVC 时，因为增加一单位产出所增加的成本小于平均可变成本，平均可变成本曲线会被增加的成本“拉下来”；而当 MC＞AVC 时，增加一单位产出所增加的成本大于平均可变成本，平均可变成本曲线会被增加的成本“拉上去”。（我们在第 6 章中也看到了边际产出和平均产出之间的类似关系。）注意，平均总成本曲线也是 U 形的，当 MC＜ATC 时，平均总成本随着产出的增加而下降；而当 MC＞ATC 时，平均总成本随着产出的增加而上升。

✍ **练习**

6. 表 7.2 给出了与表 7.1 相似的成本数据，但是这组数据来自另一个钢铁制造商。用已经给出的数据填充剩下的空格。

表 7.2

产出 Q	固定 成本 FC	可变 成本 VC	总成本 TC	平均可 变成本 AVC	平均 总成本 ATC	边际 成本 MC
13	1 125	975	—	—	—	n. a.
14	—	1 120	—	—	—	—
15	—	1 275	—	—	—	—
16	—	—	—	90	—	—
17	—	—	—	95	—	—

投入要素的生产率与成本之间有直接关系。假设劳动是唯一的可变投入。为了增加产出，厂商必须雇用更多的劳动。单位新增劳动带来的边际产出为 MP_L，因此，为了多生产一单位产出，厂商需要多雇用 $1/MP_L$ 单位的劳动。如果工资水平为 w，则边际成本由下式给出：

$$MC=w/MP_L$$

因为 MP_L 最终将会递减（边际报酬递减规律），所以 MC 最终将递增。如果劳动是唯一的可变投入，$AVC=VC/Q=wL/Q$，即 $AVC=w/AP_L$。因为 AP_L 最终会递减，所以 AVC 最终将递增。因为 AVC 最终会递增，所以虽然 AFC 一直递减，但 ATC 最终也将递增。

一般的平均成本曲线和可变成本曲线如教材图 7.1(b) 所示，这里再次进行展示。

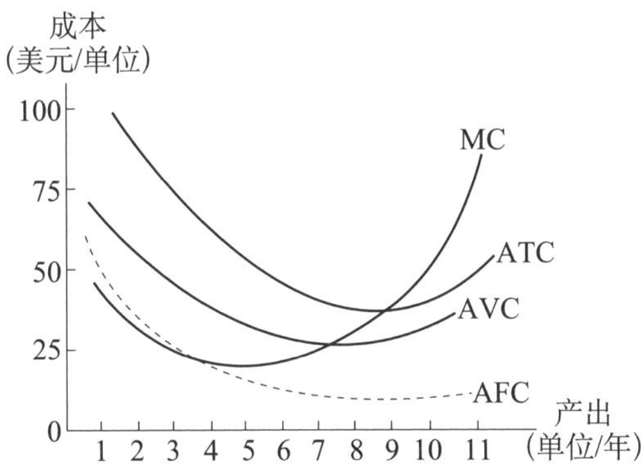

教材图 7.1（b）

注意，在图中，边际成本曲线与平均可变成本曲线及平均总成本曲线都交于它们的最低点。从直觉上看，如果增量成本等于当前的平均成本，则多生产一单位产出不会改变平均成本。因此，当边际成本曲线与平均可变成本曲线相交时，平均可变成本曲线停止下降。只要边际成本曲线高于平均可变成本曲线或平均总成本曲线，平均可变成本曲线就会开始上升。

长期成本（第 7.3 节）

长期来看，厂商可以灵活改变所有要素的投入水平。厂商在长期所面临的问题就与这种灵活性有关，即用哪种投入要素组合来最小化其成本。等成本线可以帮助我们解决这个问题。等成本线给出的是在给定成本下所有可能的要素投入组合。

我们假定厂商在完全竞争市场上购入各种投入要素。工资率 w 为单位劳动的成本，而租金率 r 为单位资本的成本。租金率为单位资本的机会成本。对于任何投入水平，总成本为 $C=wL+rK$，即 $K=C/r-(w/r)L$。对于每一给定的总成本 C，我们能够在劳动-资本图中画出一条等成本线，如图 7.1 所示。无论总成本为多少，等成本线的斜率总为 $-w/r$。因为投入要素的价格不变，所以所有的等成本线均是平行的（斜率相同）。总成本越大，等成本线离原点就越远。

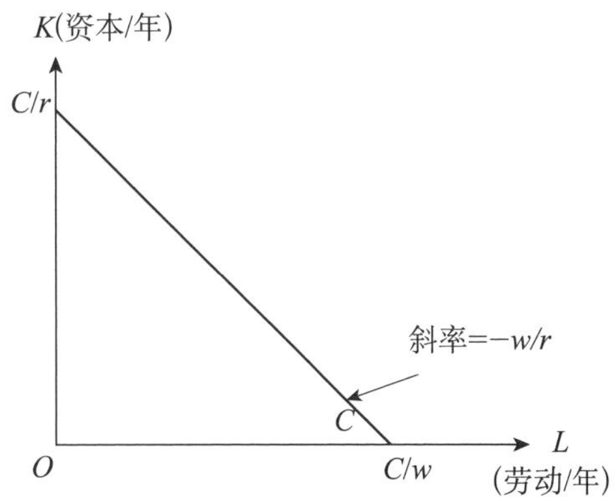

图 7.1

✍ **练习**

7. a. 如果 $C=200$，$w=20$，$r=40$，画出等成本线。

b. 如果 $C=300$，$w=20$，$r=40$，画出等成本线。

c. 如果 $C=300$，$w=30$，$r=40$，画出等成本线。

厂商面对的问题是如何选择合适的投入要素组合来最小化其生产目标产出水平的成本，生产技术（生产函数）限制了厂商对于投入要素组合的选择。厂商需要在给定目标产出为 $\bar{Q}$ 的情况下最小化其成本 $C=wL+rK$。

从图中来看，问题可以转化为找到与 $\bar{Q}$ 的等产量线相交的、离原点最近的等成本线（成本最小的等成本线）。最小化总成本的点

是等成本线与 $\bar{Q}$ 所在的等产量线的切点，即图 7.2 中的 A 点。在 B 点和 D 点，虽然产出水平也为 $\bar{Q}$，但是它们并没有使成本达到最小（$C_1>C_0$）。只有在 A 点，等产量线的斜率（边际技术替代率）和等成本线的斜率才相等。

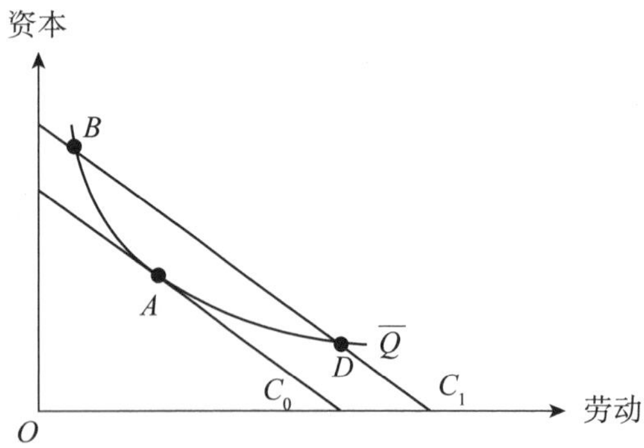

图 7.2

换言之，对于任何产出水平，厂商都选择 MRTS$=w/r$ 来最小化其生产成本。在图 7.2 中 B 点不是最优点，因为 MRTS$>w/r$；D 点也不是最优点，因为 MRTS$<w/r$。

将该关系与生产函数联系起来，可以得到：

$$\text{MRTS}=-\Delta K/\Delta L=\text{MP}_L/\text{MP}_K=w/r$$

上式也可以写为 $\text{MP}_L/w=\text{MP}_K/r$，因此，当将最后一美元用于购买任何一种投入要素（劳动或者资本）所带来的产出增量都相等时，成本就达到了最小化。

保持要素价格不变，对于不同的产出，我们都可以找到生产该产出的成本最小的投入要素组合，每一产出水平下的最优投入要素组合都是等成本线与该等产量线的切点。将所有这些切点连接起来的曲线就是厂商的扩张路径。扩张路径描述了厂商在长期不同产出水平下的成本最小化的投入要素组合。如果扩张路径不是直线，则成本最小的劳动与资本的比率随着产出水平的变化而变化。

✍ **练习**

8. 一个厂商使用两种投入要素——非熟练劳动（L）和资本（K）——进行生产。单位劳动的工资率为 5 美元，单位资本成本为 20 美元。

a. 在图中画出总成本为 1 000 美元的等成本线，并标出其截距。画出一条产出为 Q_0 的等产量线，并找出生产该产量的最优投入要素组合。

b. 假定联邦政府制定的非熟练劳动的最低工资水平为 6 美元，在短期内，资本数量固定为 K，在图中标出厂商为了生产 Q_0 需要支付的成本。

c. 画出在给定最低工资水平的条件下，为了生产 Q_0 厂商在长期将会使用的最优投入要素组合。

长期成本曲线与短期成本曲线（第 7.4 节）

生产给定产出的长期总成本是所有可能生产该产出的短期总成本中最低的那一个。图 7.3(a) 给出的是一个厂商可能建造的三种不同规模的车间的短期成本曲线。如果厂商知道未来的产出总是小于 q_L，它将会选择建造车间 1；如果产出在 q_L 和 q_H 之间，它将会选择建造车间 2；而如果它知道未来的产出总是大于 q_H，它将会选择建造车间 3。在图 7.3 中，长期平均成本（LAC）曲线是短期平均成本（SAC）曲线上用粗线标出来的部分。在长期，因为厂商可以灵活选择最优规模，它总可以在给定产出时选择所有短期成本中最优的那一点。长期的灵活性不会对厂商起到副作用（灵活性肯定不会增加成本）。

如果厂商可以选择的车间规模是一个连续变量，我们就可以画出一条光滑的长期平均成本曲线，如图 7.3(b) 所示。注意，和短期一样，长期边际成本（LMC）曲线经过长期平均成本曲线的最低点。唯一的不同在于，LMC 曲线比短期边际成本（SMC）曲线更平坦，这再次反映了规模在长期的灵活性。

长期平均成本（LAC）曲线的斜率的符号实际上表示在该产出水平下厂商是规模经济的还是规模不经济的。在 LAC 曲线的下降部分（斜率为正），存在规模经济；而在 LAC 曲线的上升部分（斜率为负），则存在规模不经济。如果出现规模报酬不变，则长期平均成本曲线是水平的。

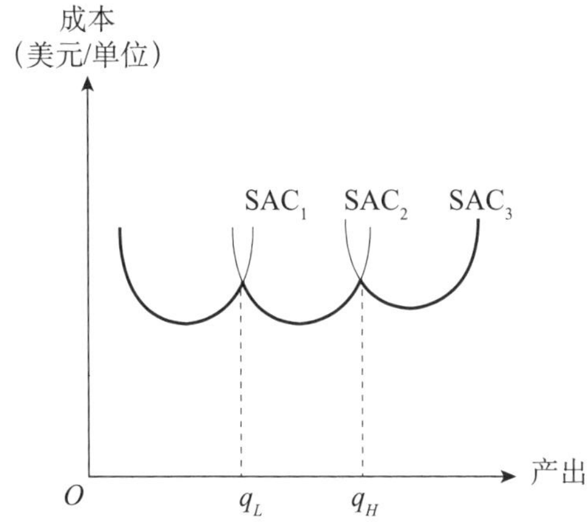

(a)

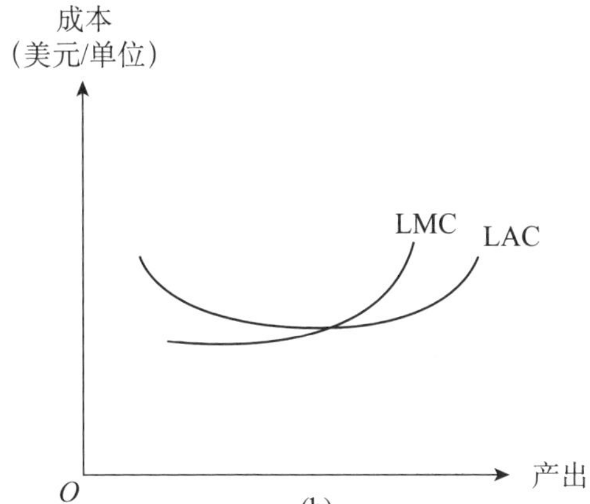

(b)

图 7.3

✍ **练习**

9. 一个厂商的长期平均总成本曲线呈 U 形，它计划在长期平均总成本最小的产出水平上生产。现在，厂商是在长期边际成本大于长期平均成本（LMC>LAC）的产出水平上生产，厂商是应该增加产出还是应该减少产出？

10. 假如长期平均成本曲线已经给定：$LAC=100+(150-Q)^2$。当产出 Q 小于 150 时，厂商是处于规模经济阶段还是处于规模不经济阶段？产出大于 150 时呢？

两种产品的生产：范围经济（第 7.5 节）

当单个厂商的联合产出超过各生产一种产品的两个厂商所能达到的总产量时，存在范围经济。如果厂商的联合产出低于两个独立厂商所能达到的总产量，那么其生产过程就是范围不经济的。

范围经济的程度（SC）度量的是当两种（或更多）产品被联合生产而不是各自独立生产时所导致的成本节约的百分比：

$$SC=\frac{C(Q_1)+C(Q_2)-C(Q_1, Q_2)}{C(Q_1, Q_2)}$$

如果存在范围经济，则 $C(Q_1, Q_2)<C(Q_1)+C(Q_2)$，即 $SC>0$；如果存在范围不经济，则 $SC<0$。

✍ **练习**

11. 教材例 7.7 讨论了货运业中的范围经济与规模经济。大型运输企业的混合生产享有直接快速运输和间接慢速运输（但比较便宜）方面的成本优势。1985 年的一项研究表明，一个合理规模的运输企业的 SC=1.576，而一个大型运输企业的 SC=0.104。

a. 解释对合理规模运输企业和大型运输企业 SC 的估计值。

b. 教材讨论中曾提到大型运输企业管理中存在的缺点，这能否解释大型运输企业的 SC 下降现象？

*成本的动态变化：学习曲线（第 7.6 节）

学习效应是制造业中常见的现象。工人的技术会随着对工作的熟悉而不断提高。经营者也会尝试新的、更好的组织模式，如果这些模式能够降低成本，那么就会被持续运用于管理之中。学习曲线描述了厂商随着时间的推移而掌握了经验，发展出了更有效率的生产方式，从而使得生产成本降低的现象。学习曲线图的横轴表示随着时间的推移而不断增长的累积产出，而纵轴则表示单位产出需要的劳动时间（或者平均可变成本）。为方便比较，平均成本和边际成本的图的横轴上标有每个时期的产出。

学习曲线现象是一个动态的概念，它与

d. 生产函数是规模报酬递减的。

e. a 和 c。

27. 一个苏打水生产商发现在同一车间生产 2 000 单位听装水和 3 000 单位罐装水的成本低于在两个单独的车间生产相同数量的水的成本，则这一生产过程是：

a. 规模报酬递增的。

b. 范围经济的。

c. 规模报酬递减的。

d. a 和 b 均对。

e. b 和 c 均对。

28. 自纯平电视机在 20 世纪 90 年代后期问世以来，其价格不断下降，其单位生产成本随着累积产出的增加而不断下降。这是一个什么例子？

a. 范围经济。

b. 规模报酬递增。

c. 学习曲线。

d. a 和 b 均对。

e. a 和 c 均对。

29. 如果一个行业是规模报酬不变的，则其长期平均成本：

a. 是常数。

b. 等于长期边际成本。

c. 等于短期边际成本。

d. a 和 b 均对。

e. a 和 c 均对。

30. 如果边际技术替代率（MRTS）高于工资-租金比（w/r），则为了使成本最小化，厂商应当：

a. 增加 K，减少 L。

b. 减少 K，增加 L。

c. K 和 L 均增加。

d. K 和 L 均减少。

e. b 或者 d。

31. 如果一个新行业内的每个厂商都随着其累积产出的增加而出现学习曲线，则

a. 过去销售量最大的厂商现在平均成本最高。

b. 现在销售量最大的厂商现在平均成本最高。

c. 过去销售量最大的厂商现在平均成本最低。

d. 现在销售量最大的厂商现在平均成本最低。

e. c 和 d 均对。

32. 下列说法哪一种正确？

a. 如果固定成本为正，则平均可变成本曲线和平均总成本曲线随着产出的增加而越来越接近。

b. 如果没有固定成本，平均总成本曲线为一条水平线。

c. 如果固定成本为正，则平均总成本最低的点的产出低于平均可变成本最低的点的产出。

d. a 和 b 均对。

e. a、b 和 c 均对。

第 7 章答案

练习答案

1. 错误。机会成本应该是收藏家收藏的这幅画在目前市场价格的基础上所能得到的利息。

2. 他的经济成本是 8＋3＋3×20＝71（美元）。去做助教的收入没有被计算在内，因为这不是他的时间所能获得的最高收益。

3. 快客公司应该继续经营。启动成本现在已经成为沉没成本，在未来的生产中，快客公司可以取得正常回报。回头来看，当初选择进入是不明智的，但是在目前的情况下，继续经营是更好的选择。

4. 因为所有产出水平下的固定成本均为 2 000 美元，所以 AFC＝FC/Q＝2 000/Q。当 Q＝8 时，AFC＝2 000/8＝250（美元）；当 Q＝9 时，AFC＝2 000/9＝222.2（美元）；当 Q＝10 时，AFC＝200 美元；当 Q＝11 时，AFC＝181.8 美元。

当 Q＝8 时，ATC－AVC＝350－100＝250（美元）；当 Q＝9 时，ATC－AVC＝

320－97.8＝222.2(美元)；当 Q＝10 时，ATC－AVC＝298－98＝200(美元)；当 Q＝11 时，ATC－AVC＝281.8－100＝181.8(美元)。因此，两种计算 AFC 的方法都给出了相同的结果。

5. 平均固定成本，AFC＝FC/Q，随着产出的增加而下降。根据定义，FC 是一个固定的数值，因此 AFC 等于一个常数除以 Q，所以 AFC 将随着 Q 的增加而不断下降。

6. 如表 7A.1 所示。根据定义，每一产出水平对应的固定成本均为 1 125，所以：

Q＝13 时的总成本（TC）为 1 125＋975＝2 100。

Q＝14 时的总成本（TC）为 1 125＋1 120＝2 245。

Q＝15 时的总成本（TC）为 1 125＋1 275＝2 400。

Q＝16 时的可变成本（VC）为 AVC×Q＝90×16＝1 440，从而 TC＝1 125＋1 440＝2 565。

Q＝17 时的可变成本（VC）为 AVC×Q＝95×17＝1 615，从而 TC＝2 740。

运用这些信息，你现在可以计算出 AVC＝VC/Q，ATC＝TC/Q，MC＝ΔVC/ΔQ。例如，从 Q＝13 到 Q＝14 的 MC 是 1 120－975＝145。

表 7A.1

Q	FC	VC	TC	AVC	ATC	MC
13	1 125	975	2 100	75	161.5	—
14	1 125	1 120	2 245	80	160.4	145
15	1 125	1 275	2 400	85	160.0	155
16	1 125	1 440	2 565	90	160.3	165
17	1 125	1 615	2 740	95	161.2	175

7. 图 7A.1 中的等成本线描述了题干 a、b 和 c 给出的信息。a 的斜率是 $-w/r$＝-0.5，b 的斜率也为 -0.5，c 的斜率为 $-30/40=-0.75$。注意，a 和 b 是平行的，即它们的斜率相同；但是 b 离原点更远，因为 b 的总生产成本更高。

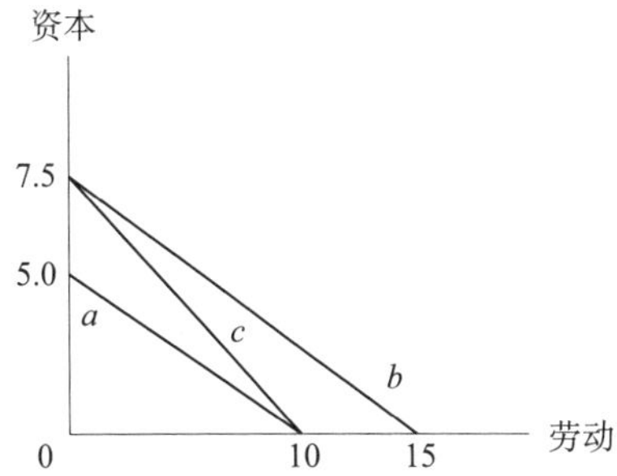

图 7A.1

8. a. 如图 7A.2 所示，直线 a 为 $1\ 000=5L+20K$ 或者 $K=50-0.25L$。生产 Q_0 产出的最优投入要素组合为 E_0 点。

b. 当资本数量固定为 K 时，厂商为了生产 Q_0 产出，必须使用 L^* 单位劳动。但是现在劳动价格变为 6 美元/单位。在图 7A.2 中，新等成本线 b 的斜率变得更陡峭：6/20＝0.30＞0.25＝5/20。

c. 如果厂商能够调整它的资本投入，它将投入更多相对价格更便宜的资本。则长期成本最小的投入要素组合将为图 7A.2 中的 E_1 点，在该点原等产量线与新的可行的等成本线 c 相切，c 反映了更高的工资率。因为 E_1 点位于原等成本线的上方，生产 Q_0 产出的成本将比原来更高，但是与 b 相比将下降。即 $C_2<C_1$。

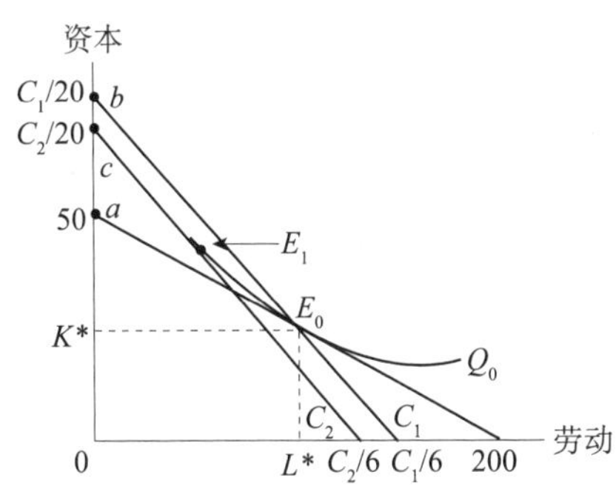

图 7A.2

9. 如果 LMC＞LAC 且 LAC 是 U 形的，则厂商现在一定是在长期平均成本最低点的右侧生产，必须减少其产出。

10. 这条长期平均成本曲线是 U 形的，最低点的 Q＝150。因此，当 Q＜150 时，存在规模经济；而当 Q＞150 时，存在规模不经济。

11. a. 所有估算出来的 SC 都大于 0，意味着存在范围经济。因为合理规模的运输企业的 SC 大于大型运输企业的 SC（1.576＞0.104），所以合理规模的运输企业的范围经济要大于大型运输企业的范围经济。

b. 管理问题是规模不经济的一个重要来源，当公司规模很大时，这种原因引发的规模不经济就会出现。

12. a. 存在明显的规模报酬递增，因为 AC 曲线的斜率为负。

b. 可能存在学习效应。AC 曲线今年比去年低（截距从 1 000 降为 900），但我们无法确认这是由学习效应还是由技术变化导致的。

13. a. 以这条估计的 LAC 曲线为基础，合并将会降低成本。两个银行都处于规模报酬递增区域（U 形的长期成本曲线的下降部分）。

b. 当 Q＝5.74 时，LAC＝0.61。因此，如果企业在 Q＝5.74 时的 LAC＝0.75，则它并没有在平均成本最低的状态下经营。

习题集答案

14. a. 一张门票的经济成本为 10 美元：6 美元是门票的价格，4 美元是排队等待的半小时可能挣到的钱。

b. 因为你可以以 20 美元的价格把门票卖掉，而且可以用看比赛的那 4 个小时来工作，所以观看比赛的经济成本为 20＋8×4＝52(美元)。

c. 是的。因为买到一张价值 20 美元的门票的经济成本仅为 10 美元。

15. 总成本曲线在图 7A.3 中给出。如果用小一点的复印机，每月复印 15 000 页文件的成本为 200＋0.035×15 000＝725(美元)，而如果租用更大的复印机，其成本为 400＋0.02×15 000＝700(美元)。所以该地产公司应该租用更大的复印机。

为了找到转折点（或盈亏平衡点），我们令 200＋0.035Q＝400＋0.02Q，求解 Q。转折点出现在 Q＝13 333.33 处。这是使租用更大的复印机更合算的最低复印数量。

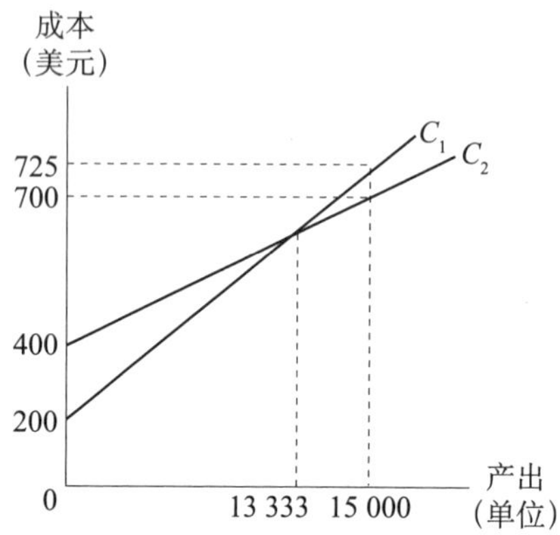

图 7A.3

16. 固定成本等于 TC－VC，即 4 000。AFC(100)＝4 000/100＝40；AFC(101)＝4 000/101＝39.6；AFC(102)＝39.22。AVC(100)＝3 000/100＝30；AVC(101)＝33.66；AVC(102)＝38.24。ATC(100)＝AFC(100)＋AVC(100)＝70；ATC(101)＝73.27；ATC(102)＝77.45。在 100 和 101 之间，MC＝C(101)－C(100)＝400；在 101 和 102 之间，MC＝500。

17. ATC＝TC/Q＝300/Q＋3＋0.02Q；AVC＝VC/Q＝(3Q＋0.02Q^2)/Q＝3＋0.02Q；MC＝dTC/dQ＝3＋0.04Q。

18. a. ATC＝180 000/Q＋30＋2Q。（注意：当 Q＝0 时，ATC＝0/0，所以它没有被很好地定义。）

b. ATC 的最小值点为 ATC＝MC：180 000/Q＋30＋2Q＝30＋4Q，或者 Q^2＝90 000，所以 Q^*＝300。当 Q＝300 时，MC＝30＋4×300＝1 230，所以最小的 ATC 为 1 230。

19. a. 存在规模经济，因为长期平均总成本随着产出的增加而下降。看出这一点的最简单的方法是注意当 CUMQ 给定时，Q 项前面的符号是负的（－0.2Q）。同样，我们也可以从图中看到，当 CUMQ 给定时，长期平均总成本曲线并不是一个典型的 U 形，而是一条直线，其斜率为－0.2。

b. 平均成本随着累积产出的增加而减小（注意累积产出 CUMQ 项前面的负号），所以存在学习效应。

20. 如图 7A.4 所示，等成本线的斜率从－2 变到－2.5。因为新的等成本线仍然要经过点（$L=10$，$K=20$），所以与原等成本线的每月 20 个工人的横轴截距相比，新等成本线的横轴截距是每月 18 个工人。因为 w 变了，所以总成本降低了 10%。

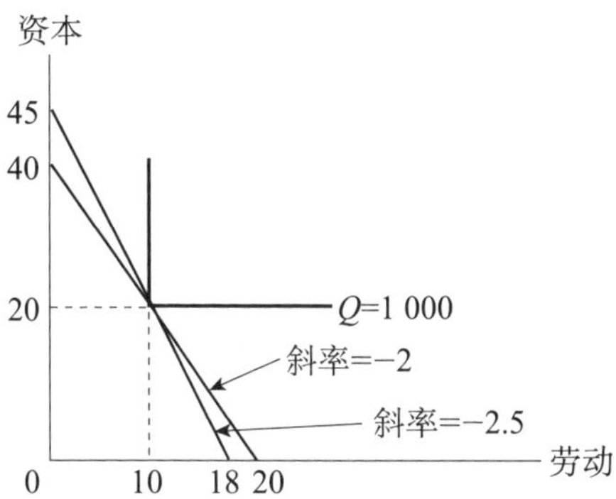

图 7A.4

自测题答案

21. c. 为了买两张门票，菲莉丝必须花 30 美元的门票钱加上排队等待的半个小时的时间成本。时间成本为 16 美元/小时，所以这半个小时的机会成本为 8 美元，总的经济成本为 38 美元。

22. d. 边际成本是多生产一单位产品所增加的成本。单位劳动成本为 w，增加一单位劳动所增加的产出为 MP_L 单位，因此边际成本为 w/MP_L。

23. c. 这是唯一可以由 MC＞AVC 推导出来的。不选 a 是因为 AFC 一直随着产出的增加而下降。因为 ATC 和 MC 在 AVC 最低点的右侧相交，所以 ATC 曲线可能下降，排除 b。

24. a. 等成本线的斜率为$-w/r=-32/8=-4$。

25. a. 厂商应当在 MRTS 等于工资-租金比的水平上生产。

26. c. K/L 在题目中为常数。扩张路径与规模报酬无关。

27. b. 范围经济是我们用来比较独立生产和联合生产的一个概念。

28. c. 学习曲线描述的是成本随着累积产出的增加而变化的情况。

29. d. 规模报酬由长期成本曲线的形状反映出来。如果规模报酬不变，则 LAC 曲线和 LMC 曲线都是水平线。SMC 通过固定的资本投入来衡量，所以由规模报酬无法判断 SMC 曲线的形状。

30. b. 当 MRTS$=w/r$ 时，成本最低。因此，在图 7A.5 中，厂商应该从 A 点移动到 B 点。

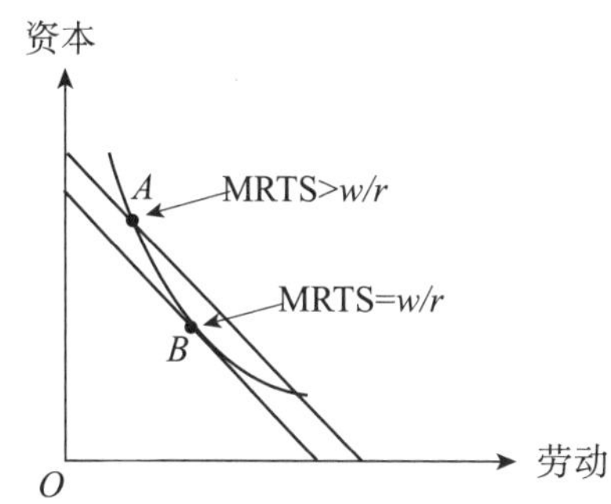

图 7A.5

31. c. 根据学习曲线的定义，平均成本随着累积产出的增加而下降。选项 d 与规模经济有关，在这个题目中我们无法判断厂商是否存在规模经济。

32. a. 即使没有固定成本，在 AVC 曲线为 U 形的情况下，ATC 曲线也是 U 形的（因为在这一情况下，两条曲线是相同的），因此排除选项 b。选项 c 也是错误的，因为 AFC 曲线随着产出的增加而下降，这意味着使得 ATC 曲线最低的点的产出要高于使得 AVC 曲线最低的点的产出。

第 8 章 利润最大化与竞争性供给

重要概念

- 完全竞争假设
- 边际收益与边际成本（MR 和 MC）
- 短期利润最大化的条件（P=MC）
- 短期停止生产的条件
- 短期供给曲线的推导
- 长期供给曲线的推导
- 长期竞争均衡（P=LMC 且 P=LAC）
- 生产者剩余
- 经济租
- 成本不变、成本递增和成本递减行业

本章重点

本章分析完全竞争市场条件下厂商的利润最大化行为。完全竞争市场的首要条件是价格接受者——没有一个厂商可以将其价格设得比其他厂商高而不失去大部分或所有的顾客。其次，所有厂商出售完全同质的产品（不存在异质性）。最后，我们要求在长期，厂商可以自由进入或者退出市场。

我们假定利润是进入或者退出市场的原因。如果进入某一行业能够获得大于零的经济利润，则厂商会选择进入；而如果亏损，则厂商会退出市场。虽然可能有的厂商的经理不将利润最大化作为其经营目标，但我们仍然认为利润最大化是描述竞争性行业中大多数厂商的经营行为的一个合理假设。为了找到利润最大化的产出水平，可以计算每一产出水平下的收益，然后减去每一产出水平下的成本，找到使得总收益与总成本之差最大的产出水平。在运用这一规则时，一种简单的分析方法就是关注厂商的边际收益（增加一单位产出所增加的收益）和边际成本（增加一单位产出所增加的成本）。

如果厂商在边际收益大于边际成本的产出水平下经营，它应该增加其产量；而如果在边际收益小于边际成本的产出水平下生产，则它至少多生产了一单位产出（如果减少产量，将会获得更多的利润）。因此，只要 MR>MC，厂商增加产量就会使得利润增加。在数学上，我们说厂商应在 MR=MC 的产出水平下生产，这是一个一般性的结论。对于完全竞争市场的特殊情况，利润最大化的条件变为 P=MC。这是因为在完全竞争市场中，单个厂商面临的需求曲线为经过当前价格 P 的一条水平线（弹性无穷大)。厂商生产的每一单位产出都可以在市场上获得 P 美元的收益。

如果在 $P=\mathrm{MC}$ 的点上收益无法补偿其固定成本，但是可以补偿其可变成本，则厂商在短期内应该继续经营。然而，如果收益既不能补偿其固定成本，也无法补偿其可变成本，则即使在短期，厂商也应该停止经营。短期停止经营条件表明，只有当价格高于最小平均可变成本时，才应该继续生产。这种初步分析必须考虑其他因素，例如保持经营的灵活性以改变厂商使用的资本数量，或者考虑消费者的信誉。

如果竞争性厂商在 $P=\mathrm{MC}$ 的产出水平上生产，则其边际成本曲线就是短期供给曲线。但是有一个条件：只有当价格高于最小平均可变成本时，厂商才会继续经营，因此厂商的短期供给曲线仅仅是边际成本曲线在最小平均可变成本以上的部分。短期市场供给曲线是所有单个厂商短期供给曲线的水平加总。任何影响边际成本的因素都会改变市场供给曲线。

长期来看，厂商在价格等于其长期边际成本（LMC）的产出水平上生产。这可以保证每个厂商的利润最大化，但是并不能保证市场处于长期均衡。完全竞争市场的一个特征就是在长期内厂商可以自由进入和退出市场。如果某一行业的经济利润大于零（即行业中厂商投资获得的收益大于正常的投资回报率），则会有其他厂商被吸引到这个行业中来。行业供给的增加会使价格下降。而如果行业中的经济利润小于零，则会有厂商退出该行业。行业产出下降将导致价格上升。在长期，只有当经济利润等于零时，行业才处于均衡状态。当市场价格等于长期平均成本（LAC）时，这一均衡就会达到。为了使 $P=\mathrm{LMC}$ 和 $P=\mathrm{LAC}$ 同时得到满足，每个厂商都必须在长期平均成本最低的产出水平上生产。

经济租是指对某生产要素的意愿支付与为购买该生产要素必须支付的最低金额之差。生产者剩余度量的是生产者获得的产品市场价格与生产的边际成本之间的差额。在长期，厂商的生产者剩余就由其拥有的所有稀缺要素所获得的经济租之和组成。

虽然厂商的长期供给曲线是其长期边际成本曲线位于最小长期平均成本以上的部分，但是整个行业的长期供给曲线并不是每个厂商供给曲线的简单加总。

行业长期供给曲线的形状取决于行业产量的增加或者减少能在多大程度上影响厂商的投入品的价格。如果投入品的价格不随着行业产量的变化而变化，则行业长期供给曲线是一条等于最小长期平均成本（LAC）的水平线，则这一行业就被叫作成本不变行业。如果投入品的价格随着产出水平的增加而上升，则是成本递增行业，其长期行业供给曲线是向上倾斜的。对于成本递减行业，其投入品的价格随着产出的增加而下降，长期行业供给曲线是向下倾斜的。

概念复习和练习

完全竞争市场（第 8.1 节）

完全竞争理论要求几个严格的假设。三个基本假设是：价格接受者、产品同质和自由进入与自由退出。

（1）价格接受者。每个厂商都被动地接受现行的市场价格，并在该价格下尽力使自己的利润最大化。如果有一个厂商试图制定一个更高的价格，则它会失去所有顾客。顾客将很快知道他们可以在另一个厂商处以更低的价格购买到同样的商品。

（2）产品同质。我们假设行业中的所有厂商都生产完全同质的产品。对于顾客来说，市场上每个厂商所提供的产品是完全替代品。

（3）自由进入与自由退出。在完全竞争行业，如果行业中有盈利机会，厂商可以不花成本地进入；而如果亏损，它们也可以自由退出。在对完全竞争的短期分析中，我们假定行业中的厂商数目是固定的。长期来说，厂商的进入和退出使得行业的经济利润等于零。在长期，在完全竞争市场中，厂商的进入和退出是导致经济利润为零的原因。

我们使用以上假设作为对市场结构和厂商行为分析的起点。虽然现实世界中很少存在完全满足以上条件的行业，但是很多行业具有这些特征中的绝大部分。我们称这种市场是高度竞争的：产品几乎是可以完全替代的，进入成本相对很低，等等。例如，电子商务的扩张使得某些产品几乎成为完全竞争的，顾客可以更容易地获得关于产品价格的信息。也就是说，在市场中有很多可以很容易比较的厂商，如果一个厂商提高价格，则顾客可以拒绝购买其产品。与互联网被用于商业目的之前相比，当下厂商制定明显高于竞争性价格的价格的能力受到了很大限制。

✍ **练习**

1. 当市场中有很多卖方和买方时，完全竞争市场中的价格接受者假设可以被认为是合理的。在大城市中，有很多饭店和电台，你是否认为餐饮市场和电台广告市场是完全竞争的？说明其他假设是否也被满足。

利润最大化（第 8.2 节）

经济利润等于总收益减去总经济成本（机会成本）。我们关于厂商行为的基本假设是，它们会努力最大化经济利润。作为通行规则，不最大化其利润的厂商很难在竞争中存活。

简单地说，我们关于厂商最大化其利润的假设是指厂商会将资源用于其可能的最佳用途。如果经理不有效地利用资源，则厂商的生产成本会高于市场均衡时的价格，厂商将破产。如果其他厂商认识到该厂商的现有经理没有有效地利用其资源，则该厂商可能被收购，经理也会被替换。

✍ **练习**

2. 康明斯发动机公司是一个成功的卡车柴油发动机和固体燃料生产企业。自 20 世纪 50 年代以来，康明斯发动机公司为印第安纳州哥伦布市的公共建筑支付设计费用，这个地方是其主要工厂和总部的所在地。说明为什么这一行为与其长期利润最大化的目标是一致的。

边际收益、边际成本与利润最大化（第 8.3 节）

表 8.1 给出了一个厂商的各种成本数据。厂商现在可以在市场上以 170 美元/单位的价格出售它希望出售的任何数量的产品。

表 8.1

产量 q	总收益 $R(170\times q)$（美元）	总成本 TC（美元）	利润 π（美元）	平均总成本 ATC（美元）	平均可变成本 AVC（美元）	边际成本 MC（美元）
13	2 210	2 100	110	161.54	75	—
14	2 380	2 245	135	160.36	80	145
15	2 550	2 400	150	160.00	85	155
16	2 720	2 565	155	160.31	90	165
17	2 890	2 740	150	161.18	95	175

我们已经十分熟悉表 8.1 所列的各种成本的概念了。本章新增的两个概念是总收益和利润。总收益等于单位价格乘以销售量，利润等于总收益减去总成本。根据我们前面的假设，在完全竞争市场上，单个厂商的行为不会对市场价格产生影响，所以每多销售一单位产品所增加的收入是相同的，厂商的边际收益为 $MR=\Delta TR/\Delta Q$。处于完全竞争市场的厂商的边际收益都等于市场价格：对于出售的每一单位产品，厂商得到的收入都是 P。（注意：在完全竞争市场上厂商所面临的需求曲线是一条水平线，但是整个市场的需求曲线仍然是向右下方倾斜的。）

厂商的利润最大化产量为多少？在表 8.1 中，厂商会选择出售 16 单位产品，获得最大利润 155 美元。如果它再多生产和销售一单位产品，则其收益会增加 170 美元（市场价格），但是成本却会增加 175 美元（边际成本）。所以，将产量从 16 单位提高到 17 单位反而使得利润降低了 5 美元。

我们也可以比较生产 15 单位产品与生产 16 单位产品的利润。假设目前生产 15 单位产品，如果它再多销售一单位产品，其收益可以增加 170 美元，但是成本仅仅增加 165 美元。所以当厂商将产量从 15 单位提高到 16 单位时，其利润增加 5 美元。因此，厂商肯定愿意将产量从 15 单位增加到 16 单位，停止在 $q=15$ 的状态并不是利润最大化的选择。

上面讨论的例子说明，对于产量离散的厂商，选择短期产量的一般规则为：选择一个产出水平，使得如果再多生产一单位产品，边际成本将会超过边际收益。在这种情况下，边际成本随产出水平的不同而发生不连续的变化。然而，如果产出水平可以为小数，正如教材中所假设的那样，则规则就更简单了：厂商在边际成本等于边际收益的产出水平上达到利润最大化。或者可以说，厂商应该不断扩大生产，直到达到 MR＝MC 的那一点。因为在竞争性市场中边际收益等于价格，我们可以将完全竞争市场上的利润最大化条件重新表述为：在完全竞争市场上的厂商应该选择使得价格等于边际成本的产出水平来最大化利润。

换句话说，如果给定了市场需求（价格）和成本条件，则不断增加产量直到达到 $P=\text{MC}$ 这一点是厂商的最优选择。但是如果厂商在这一点遭受亏损，则停止经营是其更好的选择（我们将在下一节更加详细地研究这一点）。然而，在表 8.1 中，厂商在出售 16 单位产品时获得的是正的利润，所以它肯定应该选择继续经营。

✍ **练习**

3. 表 8.2 包含了和表 8.1 相同的成本信息。填充表中空格，然后找出当 $P=150$ 美元/单位时使得利润最大（或者亏损最小）的产出水平。

虽然在表 8.2 给出的环境下厂商是亏损的（当厂商选择最优产出时，其产量为 14 单位，利润 $\pi=-145$ 美元），但是当它生产 14 单位产品时，其亏损是最小的。如果厂商在短期内选择不生产，则仍然需要支付 1 125 美元的固定成本，这笔损失要远远大于 145 美元的损失，因此厂商在短期内会继续生产。但是，在 150 美元/单位的价格下，在长期内厂商将退出该行业（除非能够降低其固定成本），因为它无法补偿其机会成本——如果厂商将资源用于其他地方，它可以获得更多利润。

表 8.2

产量 q	总收益 $R(150\times q)$（美元）	总成本 TC（美元）	利润 π（美元）	平均总成本 ATC（美元）	平均可变成本 AVC（美元）	边际成本 MC（美元）
13	—	2 100	—	161.54	75	n. a.
14	—	2 245	—	160.36	80	145
15	—	2 400	—	160.00	85	155
16	—	2 565	—	160.31	90	165
17	—	2 740	—	161.18	95	175

✍ **练习**

4. 一个早餐饼销售商 Boasties 知道多销售一卡车产品将会使收入增加 43 020 美元，生产经理也知道多生产一卡车产品将会使企业成本增加 29 754 美元。多销售一卡车早餐饼能否增加企业的利润（现在的利润为 895 000 美元）？利润增加或者减少了多少？经理是否应当决定多生产一卡车早餐饼？

5. 如果在 $\text{MC}(q^*)=P$ 这一点边际成本曲线是下降的，如图 8.1 中的 A 点所示，为什么厂商增加产量时利润会增加呢？（假设增加到图中 B 点所示的产量水平。）

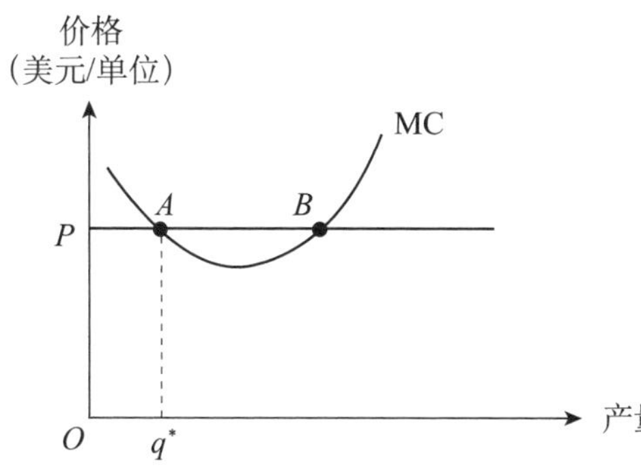

图 8.1

回忆一下，当多生产一单位产品时，厂商的利润变化为：$\Delta\pi/\Delta q$=MR－MC。如果MR>MC，则增加产量将会增加利润，而如果MR<MC，则厂商可以通过削减产量来增加利润。只有当MR=MC时，利润才达到最大。因此，一个以利润最大化为目标的厂商应当选择使得MR=MC的产量水平q。在完全竞争市场上，因为MR=P，所以利润最大化厂商选择的产量q应当使得P=MC。

选择短期产量（第8.4节）

为了正式考察一个完全竞争厂商是否希望生产一个正的产量，考虑如图8.2所示的平均总成本（ATC）曲线、平均可变成本（AVC）曲线和边际成本（MC）曲线。如果价格等于P_1，则当厂商生产q_1时，其边际成本等于价格（MC=P_1）。利润函数可以写为$\pi(q_1)=[P_1-\text{ATC}(q_1)]q_1$。因为$P_1>\text{ATC}(q_1)$，所以$\pi(q_1)>0$。因此厂商生产$q_1$产量要优于不生产。对于所有给定的价格，我们一般化该结论：注意到由于厂商是在其MC曲线向上倾斜的部分进行生产的，因而当P大于ATC的最小值时，在利润最大化的产出水平上，$\pi(q)>0$。因此，我们只需要检验P是否大于ATC的最小值就可以确定在长期是否应该继续生产。

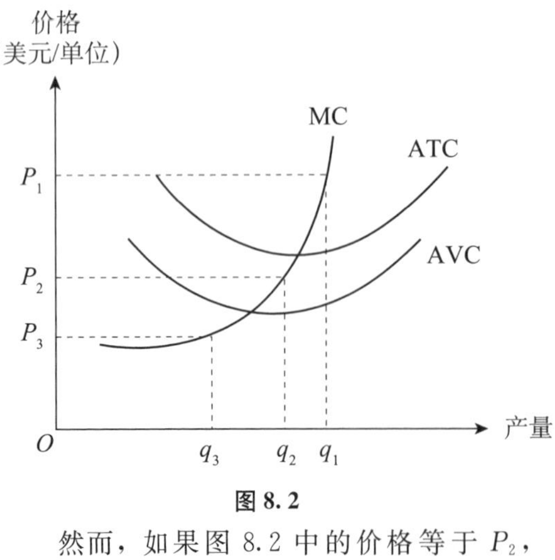

图8.2

然而，如果图8.2中的价格等于P_2，则当MC=P_2时，厂商生产q_2。因为$P_2<\text{ATC}(q_2)$，所以$\pi(q_2)=[P_2-\text{ATC}(q_2)]q_2<0$。厂商应该选择生产$q_2$还是选择不生产呢？为了回答这一问题，我们需要做另外一个比较。对利润函数做一些变动，我们可以将其写为$\pi(q_2)=[P_2-\text{AVC}(q_2)]q_2-\text{FC}$。因为$P_2>\text{AVC}(q_2)$，厂商生产$q_2$时的损失会小于其固定成本，而如果厂商完全不生产，则它将会损失所有的固定成本。所以在P_2处，厂商继续生产仍然是最优的。因为在短期内固定成本是不可避免的，所以厂商在决定是否继续生产时应该忽略这部分成本。因此，我们只需要通过考察P是否大于最小平均可变成本来决定在短期是否应该生产。这也是厂商的短期停止经营条件。不过，经理也必须考虑到其他因素，比如保持经营的灵活性、失信于消费者以及对市场条件可能迅速变化的预期。

最后，假设价格等于P_3，如图8.2所示。此时，MC=P_3，厂商生产q_3。这里$\text{AVC}(q_3)>P_3$。因为$\pi(q_3)=[P_3-\text{AVC}(q_3)]q_3-\text{FC}$，所以亏损大于固定成本。（也就是说，厂商不仅无法支付其固定成本，甚至无法挣到足够的钱来支付其原料和工人工资!）厂商应当选择不生产，其亏损为所有固定成本。因此，不生产相对于继续生产来说更好。当不生产时，厂商的亏损仅限于其固定成本。

✍ **练习**

6. 假设你的咖啡杯工厂目前每月产量为200单位，固定成本为500美元/月。在目前的产出水平下，工厂的边际成本为10美元，等于平均总成本。如果产出水平为150单位，工厂的边际成本为6美元，等于平均可变成本。你的工厂生产的咖啡杯的市场价格为8美元。如果你的目标是使利润最大化，则你的最优选择是继续在q=200的水平上生产，还是增加产量或者减少产量？停止生产会是更好的选择吗？

竞争性厂商的短期供给曲线（第8.5节）

厂商的短期供给曲线告诉我们在每一价格水平下应该选择的产量。我们已经知道，

在短期只要 P 大于最小平均可变成本，厂商就会在 $P=\text{MC}$ 的产量水平上生产。因此，短期供给曲线是边际成本曲线位于最小平均可变成本以上的部分。假设最小 $\text{AVC}=10$，$\text{MC}=2q$，如图 8.3 所示，则供给曲线是 MC 曲线位于 $P=10$ 以上的部分。厂商的供给曲线方程可以写为 $q=P/2(P\geqslant 10)$。

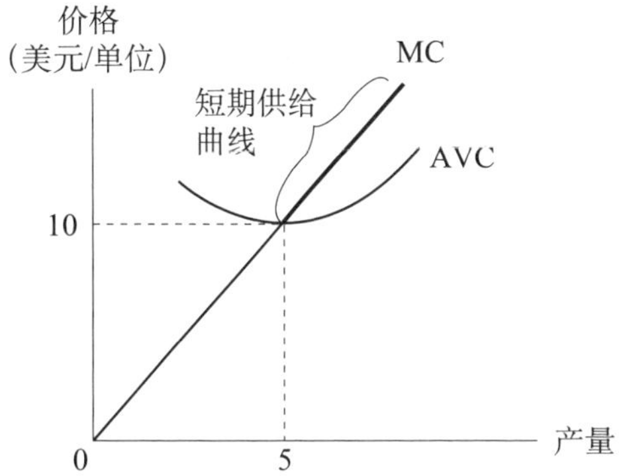

图 8.3

投入品价格的变化会引起 MC 曲线和 AVC 曲线的移动，因此会导致短期供给曲线的移动。ATC 曲线也会随着投入品价格的变化而变化。

短期市场供给曲线（第 8.6 节）

行业短期供给曲线是厂商短期供给曲线的简单水平加总。下面的练习将告诉我们如何求出短期市场供给曲线。

✍ **练习**

7. 假设一个行业中共有 8 个厂商。其中 5 个厂商的边际成本为 $\text{MC}=5q$，最小平均可变成本为 15；另外 3 个厂商的边际成本为 $\text{MC}=4q$，最小平均可变成本为 20。该行业的短期市场供给方程是什么？（提示：将供给方程改写成关于价格的函数。）画出市场供给曲线。

一条向右下方倾斜的需求曲线意味着对于顾客来说，前一单位产品的价值要高于后一单位产品的价值。而产品是以某一固定的价格购买的，这就产生了消费者剩余，消费者剩余来源于交易。而向右上方倾斜的供给曲线也反映了一个相对应的概念——厂商的生产者剩余。厂商的短期生产者剩余是收益大于可变成本的那一部分，这既可以用边际成本曲线来度量，也可以用平均可变成本曲线来度量。例如，在图 8.4 中，如果价格为 P_1，则厂商将在 q_1 产量达到利润最大化。生产者剩余为产量从 0 到 q_1 之间每一单位产品厂商得到的实际价格（P_1）与对于该单位产品厂商愿意接受的价格（由每一产出水平 q 下的边际成本 MC 给出）之差的加总。图 8.4 中的阴影部分就表示生产者剩余。或者，你也可以认为生产者剩余是在可变成本基础上计算得到的利润：PS＝总收益－总可变成本。（注意，与计算生产者剩余不同的是，在计算利润时，还要减去固定成本。）对于整个行业来说，短期生产者剩余就是市场价格以下、市场供给曲线（由所有厂商的边际成本曲线加总得出）以上的区域。

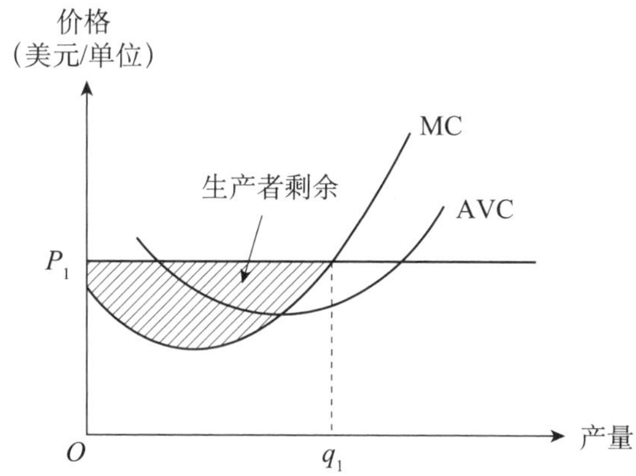

图 8.4

✍ **练习**

8. 某厂商的短期供给曲线如图 8.5 所示，如果 $P=40$，则该厂商获得的短期生产者剩余为多少？

长期生产者剩余等于总收益减去长期机会成本。在图中，如果我们用 MC 以下的部分表示长期机会成本，则我们必须从中减去任何 $\text{MC}>P$ 区域的面积（如图 8.6 中的 B 区域）。在图 8.6 中，长期生产者剩余等于 $A-B$。

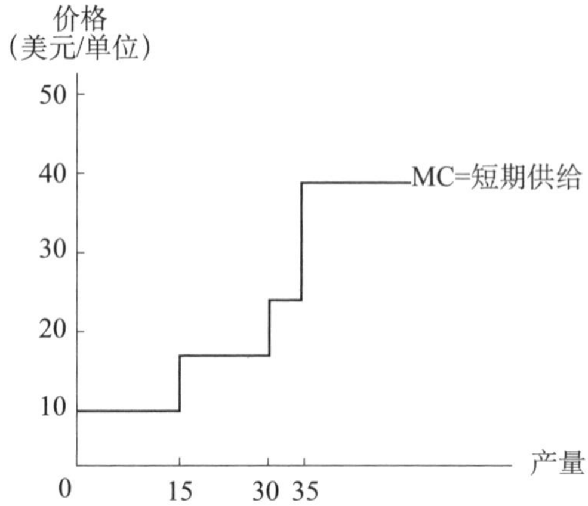

图 8.5

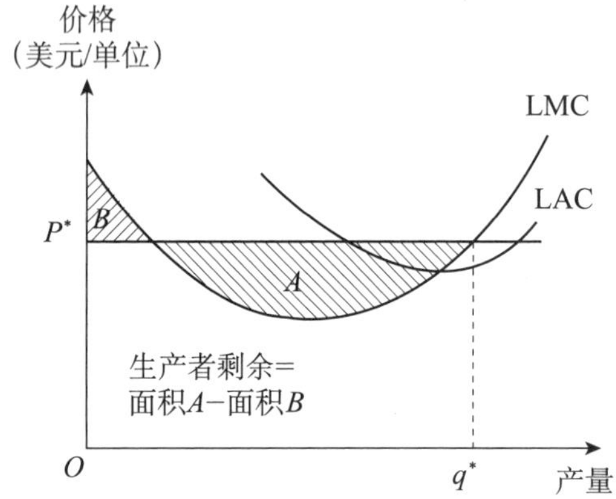

图 8.6

长期的产量选择（第 8.7 节）

长期来说，只要利润大于或者等于零，厂商总是选择长期边际成本等于价格的产量来进行生产。因此，在长期如果厂商要生产，则价格不能低于长期平均成本的最小值。

在长期，亏损的厂商将会退出该行业。如果有厂商退出，则市场供给减少，价格上升，可能使行业内厂商的利润恢复到等于零的水平。如果某一行业中的厂商获得正的利润，则在长期会有厂商进入该行业。当利润下降、最终变为零时，厂商将停止进入。因此，在长期均衡状态下，厂商的经济利润为零。

长期均衡需要满足两个条件：（1）$P=$LMC，这一条件保证行业内厂商的利润达到最大化。（2）$P=$LAC，这一条件保证没有厂商进入或者退出市场（经济利润为零）。注意，厂商并不是以零利润（正常回报）为目标，它们总是努力赚取尽可能多的利润。但是在长期，厂商可以自由进入和退出某一行业，这最终会使得在均衡时经济利润为零（$P=$LAC）。将这两个条件放到一起，$P=$LMC 且 $P=$LAC，我们可以得出以下结论：厂商在长期将选择使得价格 P 等于长期平均成本的最小值的那个产量。

长期来看，如果厂商退出市场，则不会有额外的成本发生，因为所有的投入在长期都是可变的。因此，厂商为了继续经营就必须保持收支平衡或者有一个正的利润，即要求 $\pi(q)\geqslant 0$，这也就是说要满足 $(P-\text{LAC})q\geqslant 0$。与短期供给曲线一样，长期产量的选择也必须在长期供给曲线向上倾斜的部分做出。综合起来，这两个条件意味着在供给曲线上，P 必须大于等于 LAC 的最小值。厂商的长期供给曲线是其边际成本曲线位于最小长期平均成本以上的部分。

我们为什么要求 $\pi(q)\geqslant 0$ 而不是 $\pi(q)>0$ 呢？为什么厂商会满足于零利润呢？回忆一下，我们说经济利润包含了所有的机会成本，也就是说，零经济利润中已经包含了投资的正常回报。（实际上，在不引起混淆的前提下，你可以在任何地方都用零经济利润来代替“取得正常的投资回报”这一说法。）零经济利润是一个处于竞争性行业中的厂商能达到的最好状况。如果厂商退出这一行业而进入另一竞争性行业，它不可能做得更好。

✍ **练习**

9. 许可费是建筑承包商为了取得从业资格必须交给州政府的费用。如果现在密歇根州的许可费变为原来的两倍，市场是完全竞争的，提高许可费会如何影响市场上的厂商数量？如何影响价格和产量以及经济利润？

经济租

从厂商的角度来看，经济租是厂商对某

生产要素的意愿支付与为购买该生产要素必须支付的最小金额之差。一个行业的经济租是长期生产者剩余的另一种说法。举个例子，假设你拥有一片灌木丛，在长期均衡状态下，该片灌木丛每年带来的生产者剩余为 100 美元。如果你用出售这片灌木丛的资金来继续投资并每年获得 100 美元的利息收入，则你可能会愿意出售该灌木丛。因此，你提供灌木丛得到的 100 美元剩余就仅仅是对没有出售该灌木丛（你投资到灌木丛上的资源的另外一种最好的使用方式）的机会成本的补偿。生产者剩余已经被资本化为灌木丛的价值了。

行业的长期供给曲线（第 8.8 节）

行业长期供给曲线的形状取决于行业中新厂商的进入对所有现有厂商成本的影响。如果新厂商进入行业不改变投入要素的价格，则行业长期供给曲线是水平的。这种情况被定义为成本不变行业。如果行业生产没有使用专业化的投入品，则这一假设是比较合理的。然而，如果投入品的价格随着行业总产出的增加而上升，则长期供给曲线是向上倾斜的（成本递增行业）。相反的情况是，如果投入品的价格随着产量的增加而下降，则长期供给曲线是向下倾斜的，我们把该行业称作成本递减行业。

先讨论成本不变行业。如图 8.7(a) 的 P_2 点所示，如果现在行业中的厂商都能取得正的经济利润，则意味着行业还没有达到长期均衡状态。其他看到这一状况的厂商将会选择进入该行业，追逐正的利润。进入将会使得短期成本曲线移动到 S_2，如图 8.7(b) 所示。随着时间的推移，其他厂商将会不断进入，直到达到长期均衡状态，此时价格为 P_1。在 P_1 处，经济利润为零，没有厂商再进入该行业，长期行业供给曲线为一条水平线，如图 8.7(b) 所示。任何高于 P_1（P_1 为长期平均成本的最小值）的价格都将会吸引厂商进入该行业；相反，任何低于 P_1 的价格都会使得有些厂商退出该行业。但是这种进入或者退出不会影响平均成本曲线，所以长期供给曲线将一直是价格为 P_1 的一条直线。

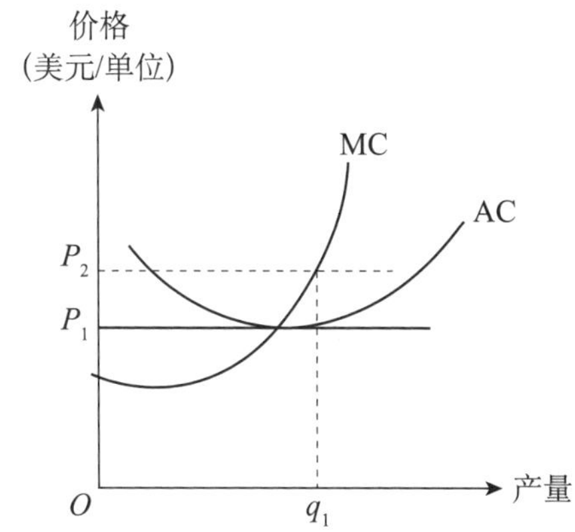

(a)

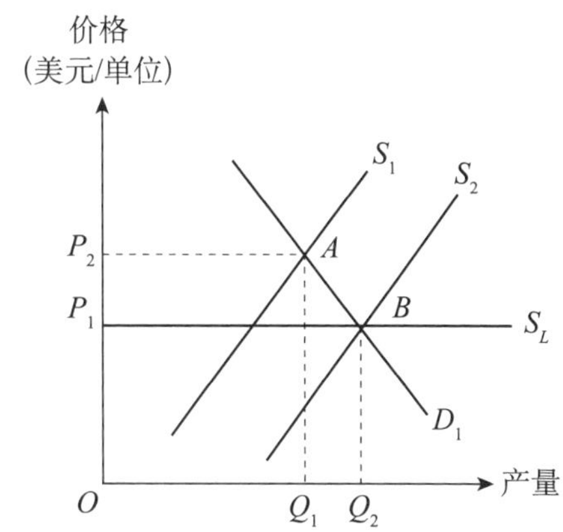

(b)

图 8.7

✍ 练习

10. 在一个成本不变行业中，如果总需求上升（需求曲线右移），则其长期效应如何？相对于以前，价格在长期将上升、下降还是不变？长期均衡产量会发生变化吗？

如果行业使用专业化投入品，其供给处于短期，则新厂商的进入（或者现有厂商产量的扩张）会推高投入品价格。即使每个厂商的生产函数都是规模报酬不变的，由于投入品的供给曲线是向右上方倾斜的，所以行业成本将会上升。在成本递增行业中，市场需求曲线向右移动会导致新厂商进入，新厂商进入后，对投入要素的需求就会上升，这将导致投入品价格上升。每个厂商的成本曲线都会随着投入品价格的上升而上移。在新的均衡下，所有厂商的经济利润仍然为零，但是均衡价格会比以前高。因此，长期行业供给曲线向右上方倾斜。

✍ **练习**

11. 在一个成本递增行业中，当需求曲线向右移动时，长期均衡价格如何变化？如果需求曲线向左移动呢？

习题集

12. 一个厂商的短期总成本函数为：$C(q)=100+2q+q^2$，其边际成本函数为 $MC=2+2q$。

a. 分别写出平均总成本和平均可变成本与产量之间的函数关系。

b. 如果 $P=25$，厂商的短期产量为多少？

c. 如果 $P=20$，厂商的短期产量为多少？

d. 假设在长期，当 $q>0$ 时，厂商的长期成本曲线和上面的短期成本曲线是相同的，且 $C(0)=0$。厂商的长期产量为多少？

13. 厂商的边际成本为 $MC=10+q$，平均可变成本为 $AVC=10+q/2$。如果固定成本为 5 000，市场价格为 100，计算厂商的最大利润。在短期厂商会继续生产吗？在长期呢？试解释。

14. 如果一个竞争性厂商的长期总成本为 $C(q)=300+5q+3q^2\ (q>0)$，$C(0)=0$，边际成本为 $MC=5+6q$。当 $q=10$ 时，厂商的平均总成本达到最小值，为 65 美元。现在假设对厂商征税，每单位产品必须缴纳 15 美元的税收，推导新的边际成本曲线。新的最小平均总成本为多少？此时产量为多少？厂商原来的供给曲线如何表示？新的供给曲线呢？

15. 一个肉酱厂的总可变成本曲线如图 8.8 所示，解释为什么存在某一范围的价格水平，使得当价格在该范围内时，工厂生产 Q^* 单位的产出。

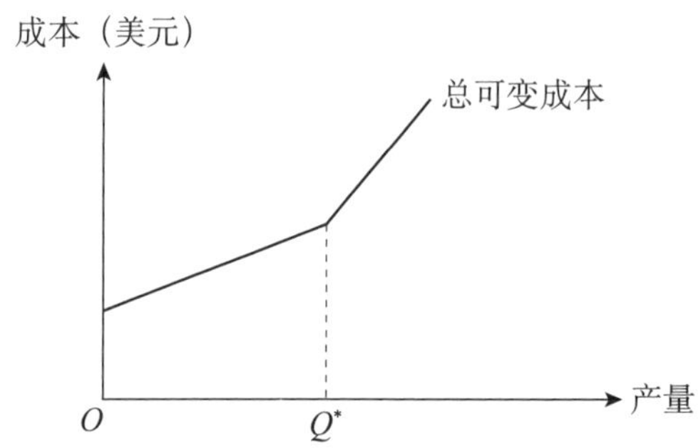

图 8.8

16. *［运用微积分］某一行业内所有厂商的总成本函数都是相同的：当 $q_i>0$ 时，$C(q_i)=2q_i^2+6q_i+18$，且 $C(0)=0$，其中，q_i 为厂商 i 的产量。每个厂商的边际成本为 $MC(q_i)=4q_i+6$。

a. 画出任何一个厂商的平均固定成本曲线、平均可变成本曲线和边际成本曲线。

b. 如果行业内现在有 100 个厂商，行业短期供给曲线是什么（表示为产量关于价格的函数）？

c. 如果允许自由进入，行业长期供给曲线是什么？（假定为成本不变行业。）

d. 如果行业需求曲线为 $Q_D=660-20P$，其中 P 为市场价格，长期均衡价格和产量分别为多少？

e. 如果需求曲线变为 $Q_D=840-20P$，短期价格、产量和利润将如何变化？

f. 长期价格、产量和利润将如何变化？

17. *［运用微积分］如果一个装饰品生产商的总成本函数为：当 $q>0$ 时，$C(q)=500+7q+0.04q^2$，$C(0)=0$，其中，C 为总成本，单位为美元，q 为生产的装饰品数量。相应的平均总成本函数、平均可变成本函数和边际成本函数分别是什么？如果该行业可以自由进入，长期均衡价格为多少？

自测题

18. 在完全竞争市场中，厂商面对的需求的价格弹性为：

a. 0。

b. −1。

c. −∞。

d. 市场需求曲线的价格弹性。

e. 以上选项都不正确。

19. 史密斯公司生产装饰品，在目前的产出水平下，其平均可变成本为 30 美元/单位，平均总成本为 60 美元/单位。如果市场价格为 45 美元/单位，则

a. 它应该生产从而达到边际成本最小的产量。

b. 它应该马上停止生产。

c. 在短期内它应该继续生产。

d. 它应该生产从而达到平均可变成本最小的产量。

e. a 和 c 均正确。

20. 在完全竞争市场上，一个厂商目前的经济利润为正，在短期，为了使利润最大化，它应该选择生产某一产量，使得：

a. 总收益最大。

b. 边际成本最小。

c. 边际收益最大。

d. 平均收益等于平均成本。

e. 边际收益等于边际成本。

21. 一个竞争性厂商的经济利润为零，它应该：

a. 退出该行业，并寻找一种可以更有利可图地利用其资源的方式。

b. 增加产量，以获得正的利润。

c. 继续生产。

d. 提高价格。

e. b 或者 d。

22. 在一个成本不变行业中，行业长期供给曲线的弹性等于：

a. +∞。

b. 1。

c. 0。

d. 厂商长期供给曲线的弹性。

e. 信息不充分。

23. 如果 $MC=50+6q$，$AVC=50+3q$，价格 $P=110$，在完全竞争市场上，厂商的短期产量为：

a. 0。

b. 10。

c. 20。

d. 30。

e. 以上选项都不正确。

24. 如果 $MC=50+6q$，$ATC=50+3q+675/q$，目前的市场价格为 $P=140$，则厂商应当在短期生产（　　），在长期生产（　　）。

a. 0；0。

b. 15；15。

c. 25；0。

d. 15；0。

e. 以上选项都不正确。

25. 衬衫行业中厂商的平均成本曲线呈 U 形，且整个行业处于长期均衡状态。假设该行业为成本不变行业。如果国会现在开始对每单位衬衫征收一定数额的从量税，则以下说法哪个正确？（提示：从量税会改变边际成本吗？从量税会改变使得平均总成本最小的产出水平吗？）

a. 行业中厂商数量将下降，但是总产量保持不变。

b. 行业中厂商数量将下降，但是每一厂商的产量保持不变。

c. 行业中厂商数量不变，但是总产量将下降。

d. 总产量将下降，但是每一厂商的产量可能上升，也可能下降。

e. 以上选项都不正确。

26. 如果一个处于竞争性市场中的厂商的经理没有使得利润最大化，则：

a. 股东将会撤换他。

b. 厂商将被其他厂商收购。

c. 厂商将无法吸收到资本来扩大规模。

d. 以上各种情况都有可能。

e. 以上选项都不正确。

27. 如果一个厂商的边际收益等于价格，则

a. 此时其利润达到最大。

b. 它面临着水平的需求曲线。

c. 它应该停止生产。

d. 它应该生产尽可能多的产品。

e. a 和 b 均正确。

以下两个问题均涉及一个处于成本不变行业中的厂商，其平均成本为 $ATC(q)=2\,000/q+100+5q$，边际成本为 $MC(q)=100+10q$。

28. 长期均衡价格等于：

a. 100 美元。

b. 200 美元。

c. 300 美元。

d. 500 美元。

e. 以上选项都不正确。

29. 假设现在行业需求增加，使得在短期内市场价格上升到 600 美元/单位，则在长期内每个厂商的产量为：

a. 20 单位。

b. 50 单位。

c. 88.7 单位。

d. 100 单位。

e. 信息不充分。

第 8 章答案

练习答案

1. 这两个市场都不完全满足完全竞争市场的条件。餐饮市场不满足产品同质的条件——不同饭店提供的食品种类不同、坐落的位置不同、舒适程度和品味也不同。广告客户将会发现不同的电台吸引的听众类型是不同的，所以产品也不是同质的。而且电台进入市场还需要到联邦通信委员会申请许可证，所以自由进入的条件也无法满足。

2. 一个原因就是要改善城市环境。公司将会发现以后招募管理人员将更加容易。一般来说，出于长期利润最大化考虑而进行的捐赠行为或者其他活动从短期来看可能并不会带来收益，但是这些行为可以提高公司的声誉，从而带来长期收益。

3. 表 8.2 的总收益、总成本和利润如下表所示：

产量	总收益	总成本	利润
13	1 950	2 100	−150
14	2 100	2 245	−145
15	2 250	2 400	−150
16	2 400	2 565	−165
17	2 550	2 740	−190

利润最大化的产量为 $q=14$。如果厂商再多生产一单位产品，它增加的收益为 150 美元，但是增加的成本为 155 美元，所以增加一单位产量反而使得厂商的总利润减少了 5 美元。同理，如果厂商少生产一单位产品，即生产 13 单位产品，它节省了 145 美元的成本，但是同时也放弃了 150 美元的收益，因此利润也就比生产 14 单位减少了 5 美元。虽然生产 14 单位产品时的利润也是负的（−145 美元），但是很明显，在这一产量下厂商的亏损将最小化。

4. 是的。如果它多销售一卡车早餐饼，其利润增加额为 43 020 − 29 754 = 13 266（美元），所以经理应该决定增加产量。

5. 假设厂商在 q^* 的基础上产量增加了一个很小的幅度。MC 曲线以下部分的区域表示厂商总成本的增加，而需求曲线（经过 P 的水平线）以下部分的区域表示总收益的增加。因为在 q 产量水平下增加产量时，每单位产品的 $MC<P$，所以厂商在产量达到 B 点（在 B 点，$P=MC$ 且 MC 曲线向上倾斜）之前，利润一直增加。

6. 如图 8A.1 所示。目前你在 $MC=10$ 和 $P=8$ 的点进行生产。应该减少产量，使得 $P=MC$。如果没有更多的信息，我们无法计算出使得利润最大化的产出水平。但是我们可以知道：(1) 最优产量在 $q=$

150 和 $q=200$ 之间；（2）在短期，你不应该停止生产，因为你的收益仍然大于可变成本。

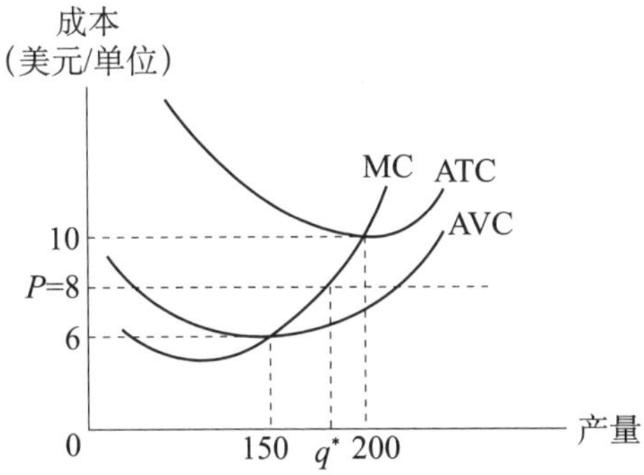

图 8A. 1

7. 对于前面 5 个厂商，$MC=5q_i=P$，也就是 $q_i=P/5$。这 5 个厂商的供给曲线是：

当 $P\geqslant 15$ 时，$q_i=P/5$；而当 $P<15$ 时，$q_i=0$（因为最小平均可变成本为 15）。

对于另外 3 个厂商，$MC=4q_j=P$，所以 $q_j=P/4$。这 3 个厂商的供给曲线为：

当 $P\geqslant 20$ 时，$q_j=P/4$；而当 $P<20$ 时，$q_j=0$（因为最小平均可变成本为 20）。

短期市场供给曲线是这 8 个厂商供给曲线的水平加总。因此，短期市场供给曲线为（如图 8A. 2 所示）：

$$Q=\begin{cases}0，\text{如果 } P<15 \\ P，\text{如果 } 15\leqslant P<20， \\ \text{因为 } P=5\times(P/5) \\ 7P/4，\text{如果 } P\geqslant 20， \\ \text{因为 } 7P/4=5\times(P/5)+3\times(P/4)\end{cases}$$

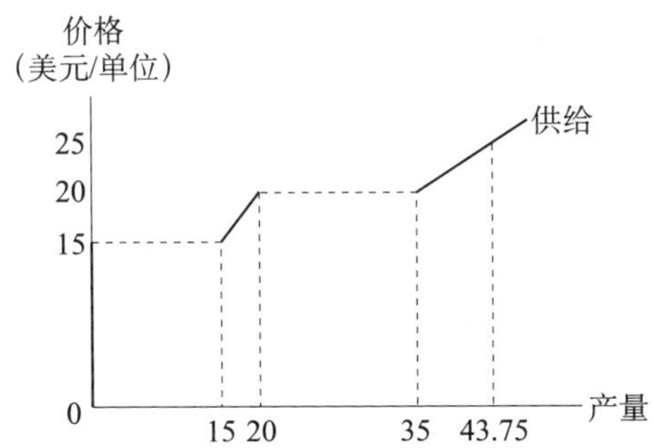

图 8A. 2

8. 如果 $P=40$，则厂商应该生产 35 单位产品，图 8A. 3 中的阴影部分为总的生产者剩余。刚开始的 15 单位产品的成本为 10 美元/单位，所以这些产品的生产者剩余为 30×15=450(美元)。紧接着的 15 单位产品的成本为 20 美元/单位，这些产品的生产者剩余为 20×15=300(美元)。最后 5 单位产品的成本为 30 美元/单位，生产者剩余为 10×5=50(美元)。所以生产者剩余一共为 800 美元。

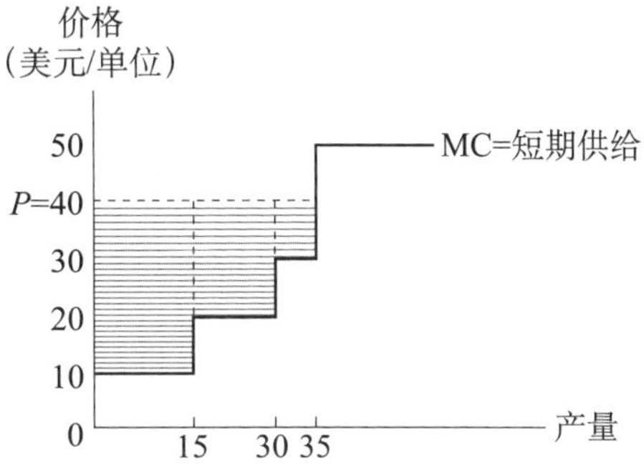

图 8A. 3

9. 许可费的上升增加了固定成本，从而使得长期平均成本曲线上移，如图 8A. 4(a) 所示。某些厂商将会退出市场，短期市场供给曲线左移，如图 8A. 4(b) 所示。市场中的厂商数目减少，而每一厂商的产量将上升，行业总产量将下降。这一调整过程将会持续到 P_1 等于 LAC_1 的最小值为止，经济利润将重新下降到零。

10. 在一个成本不变行业中，行业长期供给曲线是水平的。当需求曲线向右移动时，需求曲线与行业长期供给曲线的交点所确定的价格将不会发生变化（即所有厂商的最小平均总成本不变）。在短期内，厂商的产量将会增加，价格将会上升；但是在长期内，将会有新厂商进入该行业，最终价格水平将会回落到需求增加前的水平。

11. 在成本递增行业中，长期供给曲线是向上倾斜的。需求曲线右移将会增加产量，使市场价格上升［如图 8A. 5(a) 所示］。反过来，如果需求曲线左移，产量和价格都会下降［如图 8A. 5(b) 所示］。

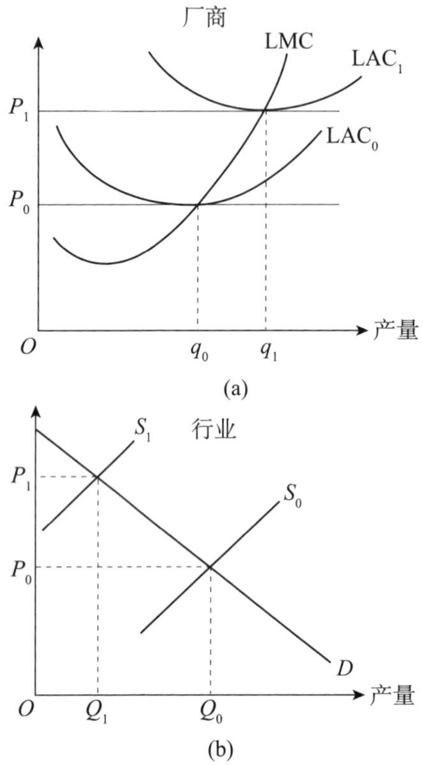

图 8A. 4

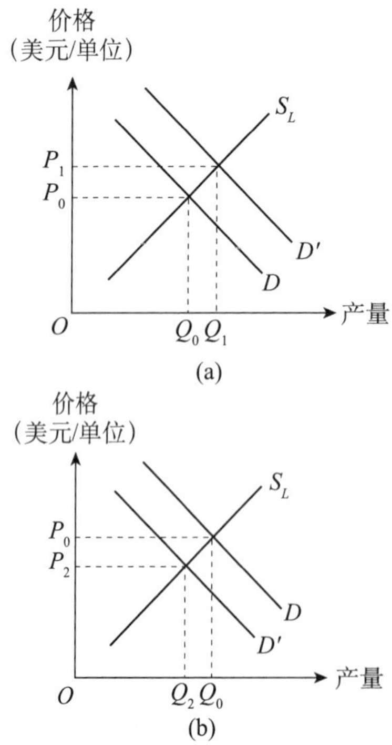

图 8A. 5

习题集答案

12. a. ATC$=C(q)/q=100/q+2+q$；AVC$=VC/q=(2q+q^2)/q=2+q$。

b. 由 MC$=P$ 可得，$2+2q=25$，即其产量 $q=23/2=11.5$。当 $q=0$ 时，平均可变成本最小（可以通过画出 MC 和 AVC 的图看出这一点），所以毫无疑问，厂商应该继续经营，产量为 11.5 单位。

c. 当 $P=20$ 时，由 MC$=P$ 可得，$2+2q=20$，即 $q=18/2=9$。

d. 长期来看，价格大于等于最小平均总成本也是一个必要条件。当 ATC$=$MC 时，平均总成本最小，此时 $100/q^*+2+q^*=2+2q^*$，即 $q^*=10$。因此，最小平均总成本 ATC$=$ATC$(10)=100/10+2+10=22$。在长期，如果 $P=22$，厂商将会生产 10 单位产品；而如果 $P<22$，厂商将退出该行业。

13. 在短期，当 $q>0$ 时，MC$>$AVC。如果 $P=100$，则 MC$=100$，即 $10+q=100$，$q=90$。最大利润为 $\pi(q)=\text{TR}-\text{TC}=100\times 90-(10+90/2)\times 90-5\ 000=-950$(美元)。

在短期，厂商亏损额为 950 美元，小于固定成本（5 000 美元）。即使厂商停止生产，它在短期也必须支付这笔固定成本，所以厂商将不会停止生产。但是在长期，厂商将会退出该行业。

14. 征税以后，新的总成本等于原成本加上缴纳的税收。用 C'、MC$'$、ATC$'$分别表示征税后新的厂商总成本、边际成本和平均总成本，则 $C'(q)=C(q)+15q=300+20q+3q^2$，MC$'=20+6q$，ATC$'=300/q+20+3q$。当 MC$'=ATC'$时，ATC$'$最小，所以我们可以得到$20+6q=300/q+20+3q$，即 $q=10$。（注意，税收引起的厂商成本的变化不会改变厂商的有效规模。）考虑税收效应后，厂商的最小平均总成本为 $ATC'=30+20+3\times10=80$。

征税前的长期供给曲线是边际成本曲线位于最小平均总成本以上的部分。因为 $MC=5+6q$，最小平均总成本为 65，通过设定 $5+6q=P$ 并稍加变换，可以得到 $q=(P-5)/6$。截去 MC 曲线位于最小平均总成本以下的部分，则供给曲线为：当 $P\geqslant65$ 时，$q_S=(P-5)/6$；当 $P<65$ 时，$q_S=0$。

令 $MC'=P$，可得 $20+6q=P$，从而可得征税后的长期供给曲线为：当 $P\geqslant80$时，$q_S=(P-20)/6$；当 $P<80$ 时，$q_S=0$。

15. 图 8A.6 为该肉酱厂的边际成本曲线。可变成本曲线上的弯折点意味着边际成本在该产量水平上有一个跳跃。对于 P_0 和 P_1 之间的任何价格，厂商都选择生产 Q^* 单位产品，使得 $MC(Q)=P$ 的条件得到满足。

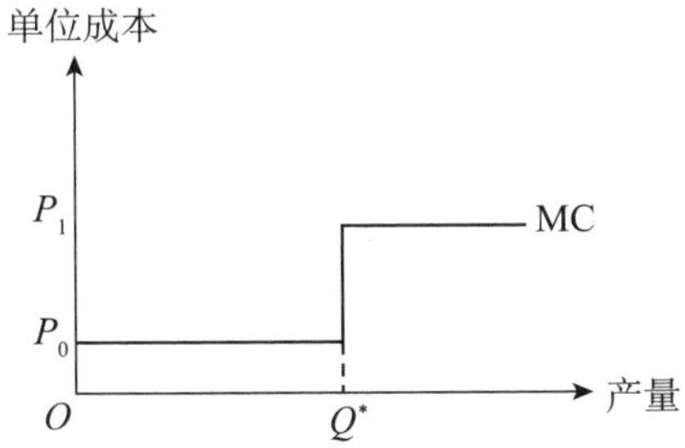

图 8A.6

16. a. $AVC=2q_i+6$，$MC=\partial C(q_i)/\partial q_i=4q_i+6$。对任意 $q_i>0$，有 $MC>AVC$。$AFC=18/q_i$。如图 8A.7 所示，U 形平均总成本曲线意味着起初规模报酬是递增的，然后在 ATC 的最低点规模报酬不变，过了这个点后规模报酬递减。

b. 对每一个厂商，由 $MC=P$ 可得 $4q_i+6=P$，即 $q_i=(P-6)/4$。因为当 $q_i=0$ 时平均可变成本最小，所以对于所有大于 6 的价格，该公式总是满足的。短期市场供给曲线（100 个厂商）

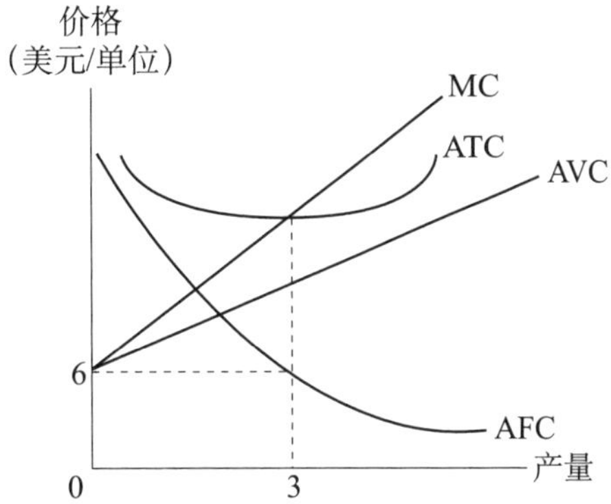

图 8A.7

为：$Q_S=100[(P-6)/4]=25(P-6)=25P-150$。

c. 当 $ATC=MC$ 时，ATC 最小：$2q_i+6+18/q_i=4q_i+6$，由该式可以得到 $q_i^*=3$，$ATC(3)=MC(3)=18$，即长期均衡价格为 18 美元。如果该行业是成本不变的，则其长期供给曲线在 $P=18$ 美元处是水平线。

d. 由长期均衡价格为 18 美元可以得到需求为：

$$\begin{aligned}Q_D&=660-20P=660-20\times18\\&=300\end{aligned}$$

因为当 $P=18$ 时，每个厂商的产量为 3 单位，所以行业中总共有 100 个厂商。

e. 需求曲线移动以后，我们可以通过计算 $Q_D=Q_S$ 得到短期均衡价格和产量：$840-20P=25P-150$，即 $P^*=22$ 美元，此时 $Q^*=400$。每个厂商的产量为$q_i^*=4$，利润为：

$$\begin{aligned}\pi(4)&=22\times4-(2\times4^2+6\times4+18)\\&=88-74=14(\text{美元})\end{aligned}$$

行业总利润为 $100\times14=1\ 400$（美元）。

f. 长期均衡价格将会回落到 $P^*=18$ 美元（价格在短期内会上升，但是长期均衡价格将会下降到最小长期平均成本处），每个厂商的产量也将仍然为 3

单位。市场需求为 $Q_D=840-20\times18=480$。所有厂商的利润将会为零 $[0=18\times3-(2\times3^2+6\times3+18)]$，最终行业内厂商数目为 480/3＝160。

17. $ATC(q)=500/q+7+0.04q$，$AVC(q)=7+0.04q$，$MC(q)=7+0.08q$（将总成本函数对产量 q 求导）。当 MC 和 ATC 相等时，长期平均总成本最小：$7+0.08q=500/q+7+0.04q$，可得 $q^*=\sqrt{12\,500}$，即 $q^*=111.80$。我们也可以通过对 ATC 求导后令其导数等于零来求得其最小值：$-500q^{-2}+0.04=0$，可得 $q^*=111.80$。当市场可以自由进入时，均衡价格将等于平均总成本的最小值，即 15.94 美元。

自测题答案

18. c. 每一个完全竞争市场上的厂商都面临给定的市场价格，也就是说，即使市场需求曲线是向下倾斜的，每一个厂商面临的需求曲线也都为一条水平线。水平线的需求弹性为$-\infty$。

19. c. 在目前的状况下，该公司的收入可以补偿其所有的可变成本，但只能补偿部分固定成本。如果马上停止生产，它的收益为零，固定成本完全得不到补偿。所以该公司应该在短期内继续生产，但是应该努力减少其固定成本。

20. e. 厂商应该在 MR＝MC 的产出水平上生产。（对于完全竞争市场，$P=MR$。所以也可以将利润最大化的条件表述为“在 $P=MC$ 的产出水平上生产”，但是更一般的条件 MR＝MC 也是正确的。）

21. c. 选项 d 对于完全竞争厂商是不可能的。如果已经达到利润最大化（正如我们所假设的），选项 b 也不对。因为它已经可以补偿其机会成本，所以应该继续经营。

22. a. 供给曲线是水平的，所以 $E_S=\infty$。

23. b. 在短期，令 $MC=P$，就可以得到均衡的 q^*。在本题中，$50+6q=110$，从而 $q^*=10$。如果在 q^* 产量下，$P>AVC$，则厂商在短期将会继续生产。本题中当 $q^*=10$ 时，$AVC=80$，低于价格 110，所以厂商应该继续生产（换言之，q^* 实际上是 10 而不是 0）。

24. b. 令 $P=MC$，得到短期利润最大化的产量为 $q^*=15$。在长期，价格将等于长期平均成本的最小值，令 ATC＝MC，我们可以得到使得长期平均成本最小化的产量，即 $q^*=15$。（$P=140$ 是长期均衡价格。）

25. b. 征收从量税使得 MC 曲线和 ATC 曲线都向上平移，但是不会改变 ATC 最小时的产量水平。（用一组数字作为例子可以更清楚地看到这一点，考虑上一题中的 MC 方程和 ATC 方程，其中 $MC=50+6q$，$ATC=50+3q+675/q$。假设征税使得 MC 和 ATC 都增加 10。为了求解新的最小平均总成本，令 MC＝ATC，即 $60+6q=60+3q+675/q$，消去两边的 60，最后仍然可得，当 $q=15$ 时平均总成本最小。）所以 MC 和 ATC 的变化不会改变每一厂商的长期利润最大化产量，但是长期价格将会提高，行业总产量降低，厂商数目减少。

26. d. 虽然经理可能偏离利润最大化的目标，但是在长期，他的这种偏离能力是有限的。厂商的股东会时刻关注厂商的绩效，如果在很长一段时间内绩效都不佳，他们可能会撤换经理，厂商也可能成为其他厂商的收购目标，绩效不佳也使得厂商难以吸引投资者。所有这些情况都是有可能的。

27. b. 只有当需求曲线为水平的时，P 才可能等于 MR。选项 a 不对，因为我们无法知道厂商是否处于 P＝MC 的产出水平上；同理，我们也无法知道选项 c 是否正确。一般来说，厂商并不是生产得越多越好（选项 d），而是应该生产使利润最大的产量。

28. c. 当 ATC＝MC 时，ATC 最小，由这一公式得出 $q＝20$。将 $q＝20$ 代入平均总成本公式，可以得到长期均衡价格为 300 美元。

29. a. 在长期均衡时，每个厂商将会再次在长期平均总成本最小的产量水平下生产，每个厂商生产 20 单位产品，同第 28 题一样。

第 9 章 竞争性市场分析

重要概念

- 福利效应
- 经济效率
- 价格控制
- 无谓损失
- 最低限价
- 价格支持
- 生产配额
- 限耕
- 关税
- 配额
- 税收
- 补贴
- 税收转嫁因子

本章重点

在对竞争性市场有了基本了解之后，我们就可以运用供给-需求工具对各种政府政策对市场的影响加以分析了。供给-需求分析不仅可以用来预测市场的均衡价格和产量的变化，还可以用来估计哪些人会从某项政策中获益，而哪些人会由于政策而受损，整个社会的福利是改进了还是遭受了损失。社会福利的改进或者损失被称作政策的福利效应。消费者和生产者的总福利变化反映了市场的经济效率。经济学家可以将经济效率作为一项政策好坏的度量标准，但是必须认识到经济效率可能并不是政策制定者的最终目标。其他目标如农场主的收入平稳性（正如在农业价格支持的情形下）或者从地主到佃农的收入再分配（正如在租金控制法案中）可能更重要。

例如，如果政府对某一商品规定一个价格上限（低于市场均衡价格），一方面，消费者剩余可能会由于一部分消费者无法购买到商品而减少；另一方面，消费者剩余可能会由于另一部分消费者以新的更低的价格购买到商品而增加。生产者剩余会由于价格上限而明显减少，因为：(1) 一些生产者将退出该市场；(2) 继续生产的厂商被迫接受了一个更低的价格。净效应是总剩余（生产者剩余加上消费者剩余）的无谓损失。同样，如果政府实行最低限价（高于市场均衡价格），也将会导致无谓损失。一般来说，如果受控制的价格不同于竞争性市场的均衡价格，或者价格控制政策下的产量不同于竞争性市场的均衡产量，就会产生无谓损失。

在农业市场上，政府制订的最低限价计划被称作价格支持制度。在价格支持制度下，政府承诺以高于市场均衡价格的价格购买多余的供给。很明显，该制度将会给生产者带来好处，而消费者福利则受到损害。政府通常要支付很大一笔钱来购买剩余供给，净福利损失（无谓损失）非常大。为了降低这种损失，政府有时会在实行价格支持的同时采取措施减少供给。两种常用的方法是生产配额或者限耕，同时给予农场主一定的资金激励，促使他们将一些耕地闲置。

供给-需求工具也可以用来分析关税和配额政策的影响，实施这两项政策的目的都是（至少部分）限制外国企业的竞争。在进口配额的例子中，由于直接限制了进口的数量，供给减少。在关税的例子中，对进口产品征税使得价格上升，供给也会减少。这两项政策都会导致社会的无谓损失。不同之处在于，在关税的例子中，政府征税取得了收入，而在进口配额的情况下，这一部分收入以更多利润的形式被外国生产者占有。

政府干预市场运行的其他形式还有税收和补贴政策。在征收从量税的情况下（即对于单位产品征税），消费者支付的价格高于没有税收情况下的价格。虽然税收也会产生无谓损失，但本章的重点在于分析税收负担最终是由生产者承担还是转嫁到了消费者身上。建立在供给弹性与需求弹性基础上的“转嫁因子”概念，度量了消费者和生产者所承担税收的相对大小。如果需求弹性相对小于供给弹性，则绝大部分税收负担由消费者承担；而如果需求弹性相对大于供给弹性，则生产者承担大部分税收负担。补贴可以被看作一种负的税收，可以用同样的方法来分析。

概念复习和练习

政府政策的损益评价：消费者剩余与生产者剩余（第 9.1 节）

当竞争性市场达到均衡时，需求曲线与经过市场均衡价格的水平线之间的区域为消费者剩余，供给曲线与经过市场均衡价格的水平线之间的区域为生产者剩余。总剩余是消费者剩余与生产者剩余之和。

图 9.1 描述了竞争性市场上的总剩余，但是解释略有不同。假定目前的销售量为 Q_1，如果在该产量水平下多生产了一单位产品，则对该单位产品，生产者愿意接受的价格不能低于 P_1（供给曲线上该产量所对应的价格），而消费者愿意支付的价格为 P_2（需求曲线上该产量所对应的价格）。如果这一单位产品最后实际的成交价格为 P^*，则消费者的收益为 P_2-P^*，生产者的收益为 P^*-P_1。无论实际价格 P^* 为多少，从该单位产品上消费者和生产者得到的总收益为 P_2-P_1。将所有低于 Q^* 产量水平下每一单位产品的消费者收益和生产者收益加总就是通过贸易所能得到的总收益（等于消费者剩余加上生产者剩余），即图 9.1 中的阴影部分。效率意味着要使生产者剩余和消费者剩余之和达到最大化。只有在竞争性均衡条件下，商品的配置才是有效率的。如果没有市场失灵（当消费者没有关于商品的足够的信息，从而不能做出效用最大化选择时，就会出现市场失灵），也没有政府管制，市场均衡就会达到有效率的价格和产量。

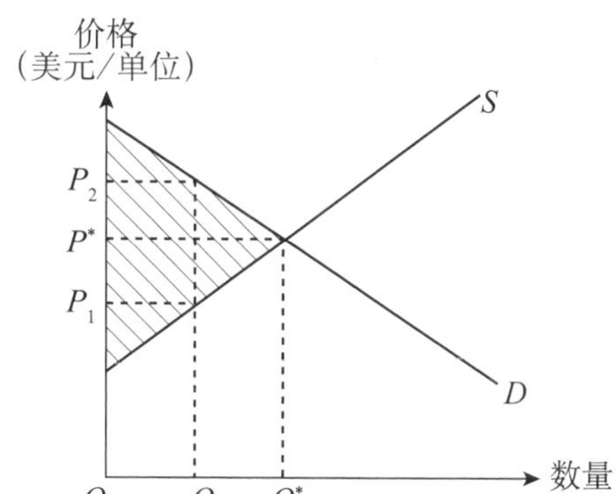

图 9.1

换言之，均衡产量 Q^* 使得消费者剩余和生产者剩余之和达到最大化。在其他任何非均衡价格下，交易的商品量都小于 Q^*，这可能是由于生产者不愿意生产更多的产品，也可能是由于消费者不愿意消费更多的产品。如果价格不等于 P^*，从贸易中得到的总福利就小于可能达到的最大福利，配置就是无效率的。

✍ 练习

1. 美国的牛奶需求方程是 $Q_D=152-20P$，且供给方程为 $Q_S=-4+188P$，其中，Q 的单位为 10 亿加仑/年，P 的单位为美元/加仑。
   a. 计算竞争性市场的均衡价格和均衡数量，以及该价格下的总剩余。
   b. 说明当价格为 1.00 美元/加仑时的总剩余小于竞争性价格下的总剩余。

价格上限是生产者能够索取的法定的最高价格。如果价格上限低于均衡价格，我们就说它是"有效的"（如图 9.2 中的 P_{max}）。该价格下的成交量等于生产者愿意提供的商品数量 Q_1。为了计算价格上限所带来的无谓损失，我们将价格 P_{max} 下的总剩余和均衡市场价格 P_0（不存在规制时的市场均衡价格）下的总剩余做比较。当价格为 P_0、产量为 Q_0 时，消费者剩余为 $B+D$，生产者剩余为 $A+C+E$。而在规定了价格上限以后，消费者剩余变为 $A+D$。实施了价格上限政策以后，一部分消费者由于买不到商品而损失 B，而以前以 P_0 价格购买 Q_1 商品但现在以 P_{max} 价格购买 Q_1 商品的消费者的剩余增加了 A。在价格上限下，生产者剩余仅为 E。生产者将 A 部分的剩余转移给了消费者，同时由于产量减少，还损失了 C 部分的剩余。与竞争性均衡的情况相比，无谓损失为 $B+C$。A 部分从生产者那里转移到了消费者那里，不是无谓损失。所以，价格上限的无谓损失为 $B+C$。

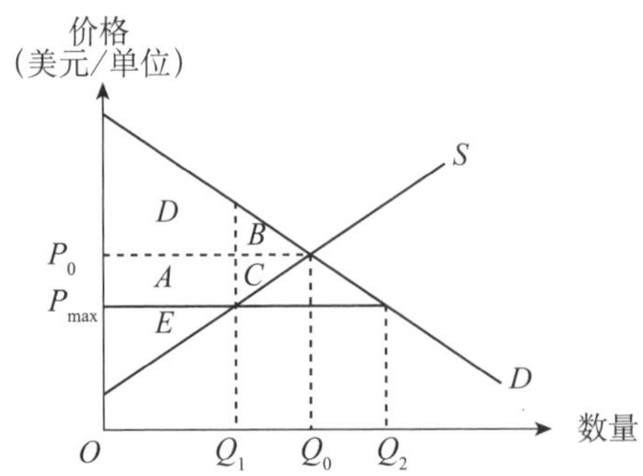

图 9.2

✍ 练习

2. 如果图 9.2 中的供给曲线几乎没有弹性，你能从图中判断出当存在价格上限时，消费者剩余是增加了还是减少了吗？你的答案与经济学直觉一致吗？

其他因素可能使价格上限带来更多的无谓损失。在图 9.2 中的 P_{max} 处，消费者希望购买 Q_2 单位的商品，但是只有 Q_1 单位商品被生产出来，那么哪些消费者得到了商品？每个消费者能得到多少商品呢？

在自由市场均衡价格 P_0 处，所有保留价格高于或者等于 P_0 的消费者都以 P_0 购买到了他们希望得到的那一数量的商品。但是在最高限价下，还需要一些其他的配给规则来分配商品。在前面计算无谓损失时，我们假定对商品评价最高的那部分消费者购买了商品，但是如果实际中不是这样，那么上述计算过程就不能充分反映最高限价所带来的无谓损失。举个例子，如果一些消费者能够购买到他们希望得到的商品数量，但是他们对买到的最后一单位商品的评价低于另外一些没有买到这些商品的消费者的评价，则除了由于商品数量减少而导致的无效率外，还存在由于分配而带来的无效率。

最低限价（第 9.3 节）

政府有时觉得均衡价格过低，就会制定一个高于市场均衡价格的价格下限。（这也经常被称为最低限价。）例如，联邦政府规定了最低工资，各个城市对出租车费率也有限制。如果最低限价高于均衡价格水平，则可能会导致市场的超额供给。消费者常常要承受损失，因为他们以更高的价格购买到了更少的产品。生产者可能会获益，也可能遭受损失，这依赖于他们在最低限价下无法销售的产出的成本。

✍ 练习

3. a. 画一幅与图 9.2 类似的图，在图上画出由于价格下限而导致的无谓损失。
   b. 考虑练习 1 中的牛奶的供给方程和需

求方程：$Q_D=152-20P$，$Q_S=-4+188P$。如果最低限价为 $P=1.00$ 美元，计算由此导致的无谓损失。

价格支持与生产配额（第 9.4 节）

价格支持是美国农业政策中的一个重要部分。联邦政府用价格支持的手段来提高农产品价格，增加农场主的收入。价格支持以不同的方式实施。对于一些农作物，政府设定一个支持价格，为了使市场价格维持在这一水平，政府购买多余的产量。在这个例子中，农场主的供给大于私人需求，政府购买了多出来的产品。这种政策的代价是十分高昂的，因为政府支付了农场主生产的但没有人会消费的那部分产品。图 9.3 描述了当政府设定的支持价格为 P_S 时的成本。在该支持价格下，消费者的需求为 Q_1，但是生产者的供给为 Q_2。为了使价格水平保持在 P_S，政府必须购买 $Q_g=Q_2-Q_1$ 数量的产品。如果不购买，则价格会回落到均衡价格 P_0 处。可以将政府需求 Q_g 添加到消费者需求曲线上。政府为多余的产量支付了 $P_S(Q_2-Q_1)$。图 9.3 中阴影部分的面积为政府成本。

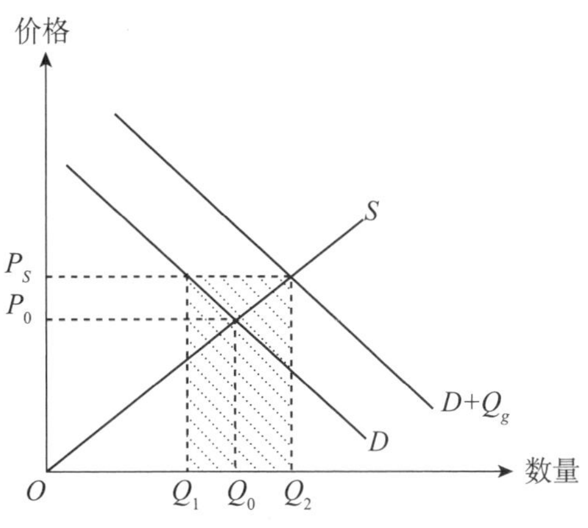

图 9.3

在图 9.4 中，当政府给予生产者一定的资金激励，使其产量从 Q_0 降低到 Q_1 时，供给曲线会从 S_0 移动到 S_1。注意，如果价格低于 P'，则生产者自己将会选择低于 Q_1 的产量。只有当市场价格上升到高于 P' 时，生产者才会想生产大于 Q_1 的产量。将产量限定在 Q_1 导致供给曲线在 Q_1 变得完全没有弹性。如果价格为 P_0，则生产者剩余为 $E+C+F$。而当价格为 P_S 时，如果没有产量限制，生产者剩余将会为 $E+C+F+A+B+D$（回忆一下，生产者剩余是价格线、供给曲线和等产量线所围成的面积）。在价格为 P_S 时，如果生产者生产的产量为 Q_1（例如，政府限耕），则其剩余为 $A+E+F$。因此，政府诱使生产者只生产 Q_1 产量的最低成本是 $C+B+D$。无论是价格支持还是生产配额，其成本均高于直接支付现金给农场主。

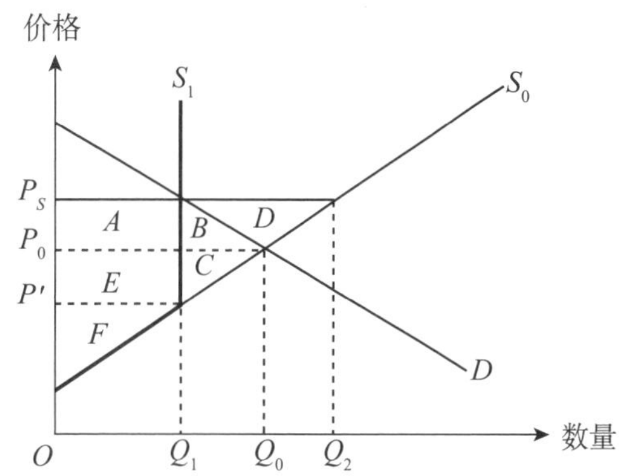

图 9.4

✍ 练习

4. 继续考察牛奶生产的例子，$Q_D=152-20P$，$Q_S=-4+188P$。

a. 如果设定的支持价格为 $P_S=1.25$ 美元，政府购买多余产品的成本为多大？

b. 政府为了诱使牛奶生产商生产 $Q=127$ 的产量，需要支付多少成本？

c. 食品与药品管理部门已经批准了一种新的奶牛生长激素，这种激素可以使得每头奶牛的产奶量增加 30%，但是成本很小。给定牛奶的支持价格不变，讨论这种生长激素的应用对于 a 和 b 中政府政策成本的影响。

进口配额与关税（第 9.5 节）

如果考虑进口，则国内消费量的变化并不等于国内生产量的变化。为了简单起见，假设进口供给曲线为一条水平线（当世界价格不受国内供给与需求变化的影响时，这种情况将会发生）。在这一情况下，本国可以以世界市场价格进口它所需的任意数量产品。在图 9.5(a) 中，没有关税时的世界供给曲线为 S_W；如果政府征收 t 美元/单位的关税，则世界供给曲线将上移到 S'_W。国内市场价格也将从 P_W 上升到 P'_W，$P'_W-P_W=t$。由于均衡消费量从 Q_0 降为 Q_1，因此三角形 A 的面积就表示关税带来的无谓损失。换句话说，A 是由于消费降低而导致的国内社会的无谓损失。

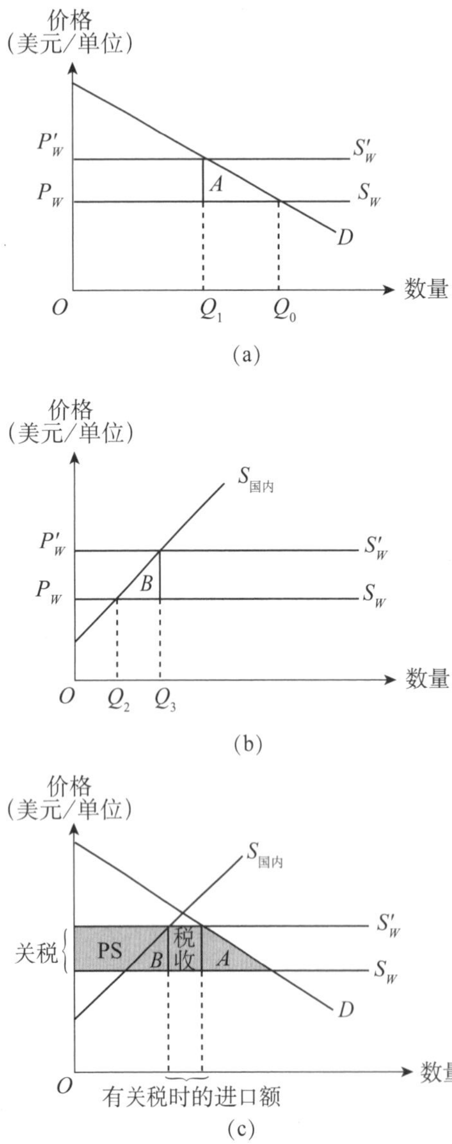

图 9.5

关税还有另一个效应——均衡价格的提高也使得国内厂商的均衡供给增加。在图 9.5(b) 中，三角形 B 是由于国内供给增加而导致的无谓损失。因为国内厂商增加供给的效率较低，所以会产生这部分损失。（回忆一下，供给曲线是从边际成本曲线推导出来的，B 是当国内厂商将产量从 Q_2 增加到 Q_3 时，比国外厂商使用了更多的资源所导致的损失。）因此，关税所导致的无谓损失为三角形 A 和三角形 B 的面积之和。

图 9.5(c) 以另一种方式描述了同样的无谓损失。关税导致的消费者剩余的损失为图中阴影部分的面积。从这部分消费者剩余的损失中减去生产者剩余的增加［在图 9.5(c) 中标为 PS］和政府关税收入的增加［在图 9.5(c) 中标为“税收”］，总剩余中的净损失为 A 和 B 两部分的面积之和。

关税是政府用来保护国内产业或者惩罚国外厂商和政府的工具。配额也是经常使用的一种政策工具，它指的是对进口数量设置一定的限制。现在我们考察一项和上图中关税所达到的效果相同的配额制度。即在该配额制度下，国内生产和消费的商品数量与征收关税时的数量相同。在这两种政策下，国内生产者剩余的增加和消费者剩余的损失数量相同。但是，那部分由于国内价格升高而增加的利润被外国生产者获取了，而不是作为关税由本国所有，所以整个国家的福利下降了。在图 9.5(c) 中，配额制度带来的无谓损失为 $A+B+$税收。

✍ **练习**

5. 世界棒球生产价格为 24 美元/打，几乎所有的棒球都由美国以外的国家生产。假设美国的棒球需求曲线为 $Q_D=100\ 000-2\ 000P$，其中，P 为每打棒球的价格，Q 的单位为打。美国国内的供给曲线是 $Q_S=-10\ 000+1\ 000P$。

a. 如果没有关税，美国市场的均衡价格为多少？美国国内消费多少？生产多少？进口多少？

b. 如果国会决定帮助国内棒球厂商，对棒球进口征收 6 美元/打的关税，新的均衡价格为多少？国内消费、生产和进口分别为多少？

c. 美国消费者的损失为多少？美国生产者的收益增加了多少？无谓损失为多少？［提示：梯形面积为高×(上底＋下底)/2，其中上底和下底指梯形平行的两条边。］

d. 配额为多少时，可以使棒球价格达到与征收 6 美元关税时相同的水平？

e. 配额带来的无谓损失为多少？

征税或补贴的影响（第 9.6 节）

税收和补贴同样会影响竞争性市场的效率。我们考虑一种从量税，即对出售的每单位产品征收一定货币金额的税收。图 9.6(a) 给出了征税之前的市场均衡。

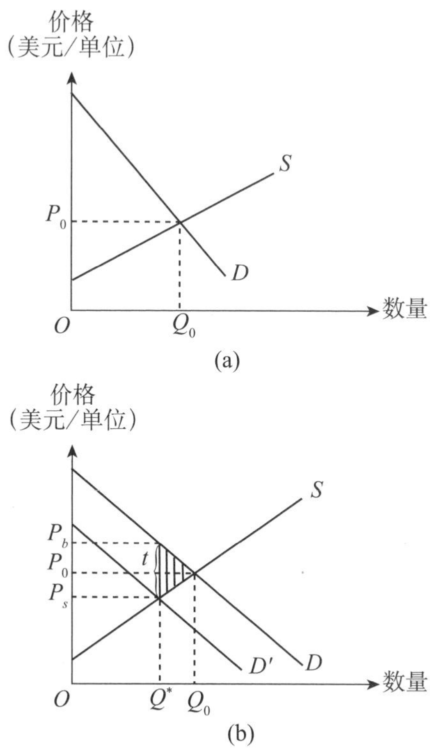

图 9.6

令市场需求曲线为 $Q_D = a - bP$，其中，价格的单位为美元；市场供给曲线为 $Q_S = c + dP$。如果对每单位产品征收 t 美元的税收，均衡价格和数量将会如何变化？现在有两个“市场价格”，一个是消费者支付的价格，一个是生产者获得的价格。消费者支付的价格为 P_b，生产者获得的价格为 P_s。$P_b - P_s = t$，t 为税收。消费者支付的价格 $P_b = P_s + t$（如果没有税收，则这两个价格是相等的）。政府获得的税收收入等于 t 乘以征税后销售的产品数量。此时可以将需求函数改写为 P_s 和 t 的函数：

$$Q_D(P_b) = a - b(P_s + t) = a - bt - bP_s$$

图 9.6(b) 给出了征税以后的市场均衡。曲线 D' 给出了生产者所收到的每一价格水平所对应的需求量。Q^* 是需求曲线 D' 与供给曲线相交时的数量。注意 P_b 高于 P_0，P_s 低于 P_0。征税既损害了消费者的利益，也损害了生产者的利益。这是容易理解的，因为政府获得了 $(P_b - P_s)Q^*$ 的收入（销售数量乘以单位产品的税收）。然而，政府收入低于消费者和生产者的损失之和，所以税收往往会导致低效率。图 9.6(b) 中阴影部分的面积就是税收造成的无谓损失。这是因为当征税时，销售的产品数量降低了（与没有税收时的市场均衡相比）。

✍ 练习

6. 如果对生产者征收从量税，供给曲线将会上移与税收相等的单位。在图中表示由于税收而导致的无谓损失。

7. 如果供给曲线完全无弹性，对消费者征收从量税将会导致社会产生无谓损失吗？试解释。

8. 如果 $Q_D = 100 - 2P$，$Q_S = -50 + 3P$。

   a. 市场均衡价格和均衡数量为多少？

   b. 如果政府对每单位产品征收 1 美元的税收，计算征税后新的均衡数量和均衡价格。政府收入为多少？

   c. 社会无谓损失为多大？

   d. 如果不是使需求曲线变为 $Q_D(P_b) = a - b(P_s + t)$，而是移动供给曲线使得 $Q_S(P_s) = c + d(P_b - t)$，计算并说明无论移动需求曲线还是供给曲线，最后的均衡都是相同的。

e. 这告诉我们由消费者支付税收和由生产者支付税收有什么联系和区别？

只要需求曲线是向下倾斜的，且供给曲线是向上倾斜的，税收就会使得消费者支付的价格升高，而生产者获得的价格降低。他们承担的税收的相对比例取决于供给曲线和需求曲线的弹性。税收中由消费者承担的比例叫作转嫁因子，等于 $E_S/(E_S-E_D)$，其中 E_S 和 E_D 分别是供给和需求的价格弹性。一般来说，弹性较大的一方将承担较少的税收负担。如果供给曲线是水平的，$E_S=\infty$，则转嫁因子等于 1。在这种情况下，所有的税收都将由消费者来承担，生产者获得的价格不受税收影响。因此，对于成本不变行业，税收的长期效应会减少销售量，但不改变生产者获得的价格。如果某种商品具有垂直的供给曲线，即 $E_S=0$，则转嫁因子等于 0，在这种情况下销售量保持不变，没有无谓损失，生产者获得的价格的下降等于税收。

习题集

9. 大学曲棍球运动员市场的特征如下：如果 Q 为运动员数量，P 为每星期工资，则

$$Q_D=1\,600-20P$$
$$Q_S=-900+30P$$

a. 如果市场是完全自由的，均衡时的每星期工资为多少？雇用的运动员为多少？

b. 现在假设全美大学体育运动联合会（NCAA）介入，决定降低运动员的工资。NCAA 并不反对支付给运动员工资，但是对工资水平太高感到不满，所以 NCAA 规定付给运动员的工资不能高于 35 美元/星期。在这种情况下，达到均衡时雇用了多少名运动员？

c. 在价格控制下，生产者剩余（也就是运动员的剩余）如何变化？

d. 在价格控制下，与自由市场均衡时相比，学校支付给运动员多少工资？

e. 价格上限带来的无谓损失有多大？

10. 如果对一种商品规定价格上限，配给规则要求消费者排队购买商品，先到先得。这会如何影响与价格上限相关的无谓损失？

11. 一场霜冻过后，估计佛罗里达州橘子的供给方程为：

$$Q_S=-500+5\,000P$$

式中，P 的单位为美元，Q 的单位为品脱。橘子的需求方程为：

$$Q_D=19\,000-1\,500P$$

a. 霜冻以前的均衡价格为 0.50 美元/品脱。计算霜冻以后市场的均衡价格和销售量。

b. 假定法定的价格上限为 1 美元/品脱，如果不存在非法交易，销售的橘子数量为多少？

c. 如果该数量的橘子被销售，市场出清价格为多少？

d. 假设销售商采摘一品脱橘子的成本为 0.50 美元。为了绕开价格上限的限制，销售商决定改变销售方式，只出售自助式采摘（U-pick，即购买者必须自己到橘园中采摘）的橘子。在此情况下，因为自己采摘需要耗费时间（产生了机会成本），每品脱橘子对于采摘者的价值将会下降 0.50 美元。如果所有橘子都是以这种方式出售的，则销售的橘子数量为多少？

e. 自助式采摘销售方式下的均衡价格为多少？

f. d 中的结果是不是比 b 中的更有效率？

12. 一所大学把橄榄球冠军赛的门票分配给握有赛季套票的学生，要求学生在得到购票排序数字之后排队购票。大学收取的票价不能超过 75 美元/张，而转售是被禁止的。

a. 这种分配方式的效率损失是什么？

b. 如果实行另外一种分配方式，用抽奖的方式对冠军赛门票进行分配，该方法会比排队的方式更有效率吗？

c. 学生将会更喜欢哪一种分配方式？

13. 板球的供给曲线和需求曲线分别为：

$$Q_S = -800 + 15P$$
$$Q_D = 3\,200 - 25P$$

a. 市场均衡价格和均衡数量各为多少？

b. 如果现在对消费者征收 20 美元/单位的税收，新的均衡消费者价格、销售者价格和数量分别为多少？税收收入为多少？在图上表示出你的结果。

c. 计算消费者剩余和生产者剩余的损失。征税造成的无谓损失有多大？（回忆一下，三角形的面积等于 1/2×底×高。）

d. 说明消费者价格和销售者价格如何随着供给弹性和需求弹性的变化而变化。

14. 某市政府正在考虑实施一项租金控制政策。它担心的是在租金控制政策下将会出现超额需求。如果其他条件均为常数，在需求弹性较低还是较高时超额需求将会较少？在供给弹性较低还是较高时超额需求将会较少？说明原因。

自测题

15. 价格上限是无效率的，因为

a. 生产者和消费者都会受损。

b. 生产者受损，消费者可能受损也可能获益，但是净福利会受损。

c. 生产者受损，消费者获益，但是净福利会受损。

d. 生产者和消费者都可能获益也可能受损，但是净福利会受损。

e. 以上选项均不正确。

16. 价格下限是无效率的，因为

a. 生产者和消费者都受损。

b. 消费者受损，生产者获益，但是净福利会受损。

c. 消费者受损，生产者可能获益也可能受损，但是净福利会受损。

d. 生产者和消费者都可能受损也可能获益，但是净福利会受损。

e. 以上选项均不正确。

17. 棒球的需求弹性大于供给弹性，如果对每个棒球征收 3 美元的税收，将使得消费者价格上升：

a. 3 美元。

b. 大于 1.50 美元但小于 3 美元。

c. 1.50 美元。

d. 小于 1.50 美元。

e. 0 美元（消费者价格将不变）。

18. 如果棒球的供给弹性无穷大，对每个棒球征收 3 美元的税收将会使得消费者价格上升：

a. 3 美元。

b. 大于 1.50 美元但小于 3 美元。

c. 1.50 美元。

d. 小于 1.50 美元。

e. 0 美元（消费者价格将不变）。

19. 与关税制度相比，外国生产者更喜欢配额制度，因为

a. 关税不会增加收入。

b. 在配额制度下，一些外国生产者得到更低的价格。

c. 在配额制度下，一些外国生产者得到更高的价格。

d. 国内生产者更加偏好配额制度。

e. 以上选项均不正确：与配额制度相比，外国生产者更喜欢关税制度。

以下三个问题均与图 9.7 所描述的紫花苜蓿市场有关，政府正计划实施一项价格支持政策。

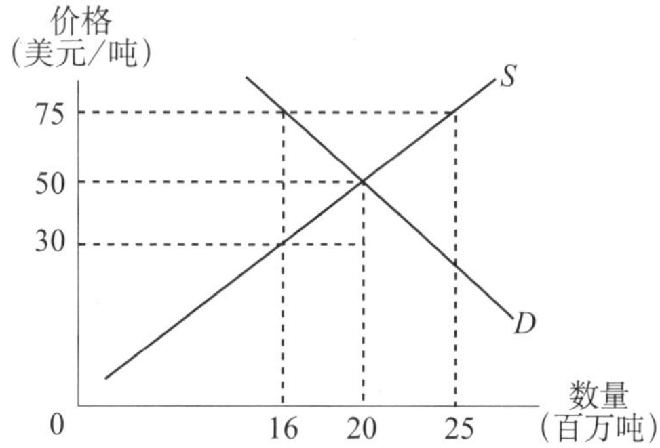

图 9.7

20. 如果政府计划购买足够的紫花苜蓿，使得价格从 50 美元/吨上升到 75 美元/吨，这项计划的成本为：

a. 1 亿美元。

b. 2.25 亿美元。

c. 3.15 亿美元。

d. 6.75 亿美元。

e. 以上选项均不正确。

21. 如果政府已经使价格上升到了 75 美元/吨，则生产者剩余将增加：

a. 4 亿美元。

b. 5 亿美元。

c. 5.625 亿美元。

d. 18.75 亿美元。

e. 以上选项均不正确。

22. 如果政府不是通过购买超额供给的紫花苜蓿［超额产量为 25－16＝9（百万吨）］，而是通过给予生产者一定的补偿来减少其产量，使得市场价格保持在 75 美元/吨，则这一计划的最低成本为：

a. 1.575 亿美元。

b. 2.025 亿美元。

c. 3.15 亿美元。

d. 18.75 亿美元。

e. 以上选项均不正确。

23. 美国大豆市场的供给曲线和需求曲线分别为：

$$D\text{：}Q=1\,400-4P \quad S\text{：}Q=4P$$

式中，Q 为每年的大豆数量，单位为吨；P 为每吨大豆的价格，单位为美元。世界竞争性价格为 75 美元/吨，美国是世界市场上的价格接受者。目前还没有贸易壁垒。但美国政府正计划中止大豆的进口。为了完全限制大豆进口，美国必须征收的关税为：

a. 350 美元/吨

b. 175 美元/吨。

c. 100 美元/吨。

d. 75 美元/吨。

e. 0 美元/吨，即美国国内市场已经达到均衡。

24. 若提高最低工资标准：

a. 如果对于非熟练劳动的需求是缺乏弹性的，则支付给非熟练劳动的总工资将增加。

b. 如果对于非熟练劳动的需求是富有弹性的，则支付给非熟练劳动的总工资将增加。

c. 可以激励工资较低的工人去学习更多的技能，以找到工作。

d. a 和 c 均正确。

e. b 和 c 均正确。

25. 在竞争性市场上，当政府征税时：

a. 如果需求弹性大于供给弹性，则商品价格上升的幅度为税收的大部分。

b. 如果需求弹性小于供给弹性，则商品价格上升的幅度为税收的大部分。

c. 互补性商品的价格上升。

d. 替代性商品的价格下降。

e. a 和 d 均正确。

第 9 章答案

练习答案

1. a. 如图 9A.1(a) 所示，令需求等于供给，可以得到市场均衡价格和均衡数量：$152-20P=-4+188P$，即 $P^*=0.75$。将 $P^*=0.75$ 代入需求方程或者供给方程，可以得到 $Q^*=137$。所以，

$$CS^*=0.5\times137\times(7.6-0.75)=469.225$$

$$PS^*=0.5\times137\times(0.75-0.02)=50.005$$

总剩余为 $CS^*+PS^*=519.23$（所有剩余的单位均为 10 亿美元/年）。

b. 当价格为 $P=1.00$ 美元时，生产者的意愿产量为 $Q=184$ 单位，但是需求仅为 132 单位。我们可以比较图 9A.1(b) 中阴影部分的面积和图 9A.1(a) 中阴影部分的面积。很明显，当价格为 $P=$

1.00 美元时总剩余更少。我们也可以通过计算面积来证实这一点：

$$CS = 0.5 \times 132 \times (7.6 - 1.00) = 435.6$$

$$PS = 0.5 \times 132 \times (0.723 - 0.02) + 132 \times (1.00 - 0.723) = 82.96$$

因此，总剩余为 518.56，小于 a 中的 519.23，尽管本例中的差异没有那么大。

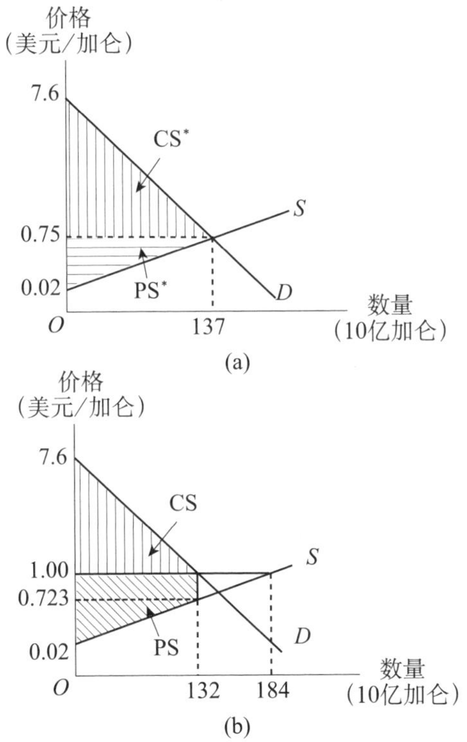

图 9A.1

2. 在图 9A.2 中，消费者的收益为面积 A，损失为面积 B（小三角形），因此，当供给相对缺乏弹性时，消费者的净福利增加。从直觉上来看，这是因为供给弹性相对较小意味着相对来说供给对于价格的变化更加不敏感。如果限定最高价格 P_{max}，则因为产量下降很少，只有很小一部分消费者购买不到商品，并且购买到商品的消费者支付的价格更低，所以消费者剩余增加。

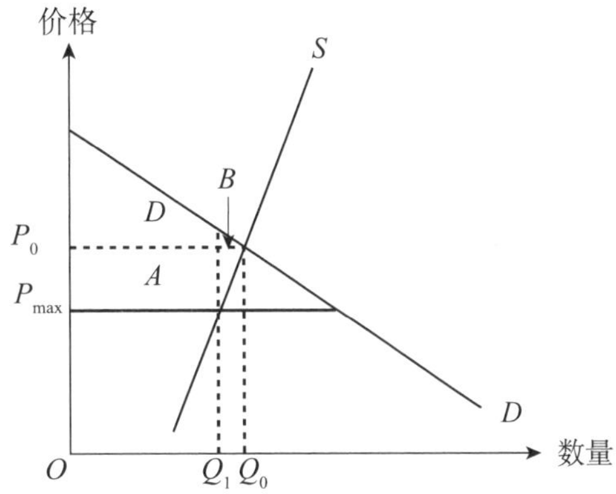

图 9A.2

3. a. 如图 9A.3 所示，注意因为在 P_{min} 这一如此高的价格下消费者只愿意消费 Q_1 单位产品，所以厂商实际上只销售了 Q_1 单位的产品。

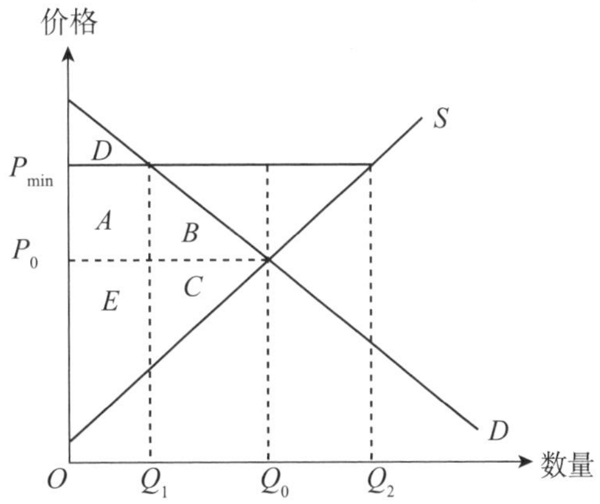

图 9A.3

在价格为 P_0 时，消费者剩余为 $A+B+D$，生产者剩余为 $E+C$；而在价格为 P_{min} 时，消费者剩余为 D，生产者剩余为 $A+E$。

因此，消费者损失了 $A+B$；生产者损失了 C 而得到了 A。A 是剩余的转移，不计入无谓损失，因而无谓损失为 $B+C$。

b. 回到图 9A.3，我们必须计算两个三角形 B 和 C 的面积之和，从而得到无谓损失。在本题中，$P_0=0.75$ 美元，$Q_0=137$（由练习 1a 可知），$P_{min}=1.00$ 美元，$Q_1=132$（将 $P=1.00$ 美元代入需求方程即可得到），所以

面积 $B=0.5\times(137-132)$
$\times(1-0.75)$
$=0.625$(美元)

我们需要另外一个点来确定面积 C：将 $Q_1=132$ 代入供给方程，得到最低的生产者意愿价格，其答案为 $P=0.723$ 美元（近似）。因此，

面积 $C=0.5\times(137-132)$
$\times(0.75-0.723)$
$=0.0675$(美元)

总的无谓损失$=B+C$
$=0.6925$(美元)

4. a. 当 $P_S=1.25$ 时，$Q_D=152-20\times1.25=127$，$Q_S=-4+188\times1.25=231$。超额供给为 $Q_S-Q_D=231-127=104$。因此，政府每年将支付 $1.25\times104=130$（10 亿美元）（基于练习 1 中的单位）。

b. 如图 9A.4 所示，当市场达到均衡时，$P^*=0.75$，$Q^*=137$（令 $Q_S=Q_D$ 即可得到）。将 $Q_S=127$ 代入供给方程，得到 $P=0.70$。政府需要支付的成本为 $B+C+D$：

$B=0.5\times(137-127)\times(1.25-0.75)=2.5$

$C=0.5\times(137-127)\times(0.75-0.70)=0.25$

$D=0.5\times(231-137)\times(1.25-0.75)+0.5\times(137-127)\times(1.25-0.75)=26$

因此，$B+C+D=28.75$。

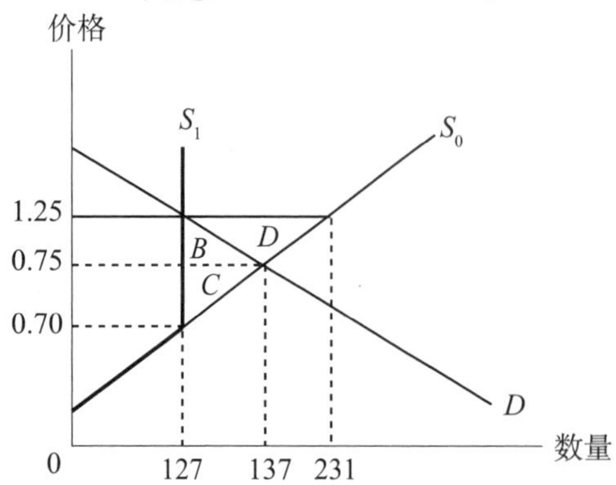

图 9A.4

c. 奶牛生长激素将会使生产率提高，在相同价格下，牛奶供给将增加，所以供给曲线 S_0 向右移动。无论是实施价格支持计划还是生产配额计划（在该计划下被限制产量的厂商将会获得一定的支付），成本都将增加。

5. a. 如果没有关税，国内均衡价格将等于世界价格 24 美元。国内消费为 $Q_D=100\,000-2\,000\times24=52\,000$。国内供给则为 $Q_S=-10\,000+1\,000\times24=14\,000$。进口$=52\,000-14\,000=38\,000$。

b. 征收关税以后新的均衡价格为 $24+6=30$(美元)。国内需求为 $Q_D=100\,000-2\,000\times30=40\,000$。国内供给为 $Q_S=-10\,000+1\,000\times30=20\,000$。因此进口下降到 20 000。

c. 在图 9A.5 中，消费者剩余的损失为梯形 *acdh* 的面积：$6\times(40\,000+52\,000)/2=276\,000$(美元)。生产者剩余的增加为梯形 *abgh* 的面积：$6\times(20\,000+14\,000)/2=102\,000$(美元)。政府的关税收入等于税率乘以征税后的进口额，即 $6\times(40\,000-20\,000)=120\,000$(美元)（在图中记为矩形 *bcef*）。因此，无谓损失（在图中记为两个三角形 *bgf* 和 *cde*）等于 $276\,000-102\,000-120\,000=54\,000$(美元)。（说明：也可以将一个梯形分割成一个矩形和两个三角形来分别计算它们的面积，如果你认为这样做比较简单的话。）

d. 如果配额为 20 000（图 9A.5 中 40 000 与 20 000 之间的差额），则价格将会从 24 美元上升到 30 美元。

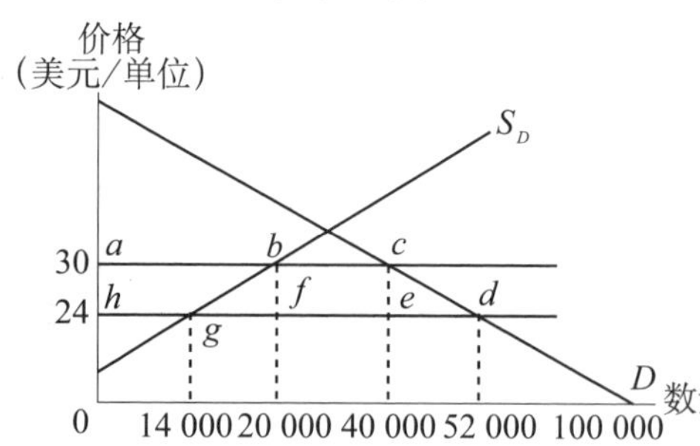

图 9A.5

e. 之前的无谓损失只包括面积 $bgf+cde$，但是现在还要加上矩形 $bfec$ 的面积，即 c 中计算出来的关税收入 120 000 美元。因此，无谓损失 = 18 000 + 36 000 + 120 000 = 174 000(美元)。(你也可以使用 c 中的答案得到相同的结论，也就是 54 000 美元加 120 000 美元。)

6. 在图 9A.6 中，消费者剩余的变化为面积 $abce$，生产者剩余的变化为面积 $ecgf$。因为政府的税收收入等于面积 $abgf$，所以无谓损失等于三角形 bcg 的面积。如果没有税收，销售 Q_0 单位；收税后，仅销售 Q^* 单位。因此，收入损失等于 Q_0 和 Q^* 之间的供给曲线和需求曲线围成的面积，即 bcg。

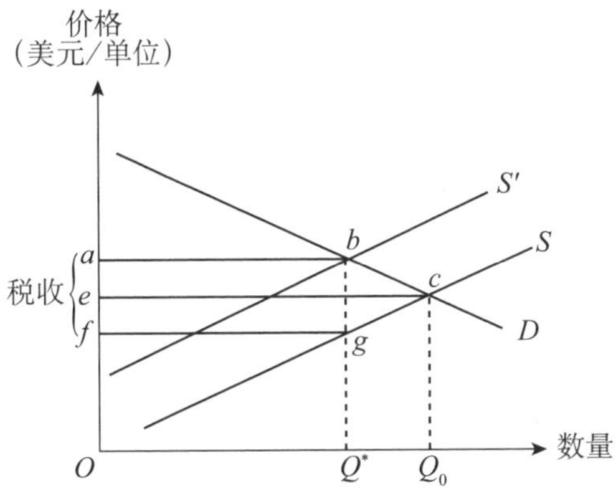

图 9A.6

7. 不会。如果供给是完全无弹性的，则当征税时，交易量不会下降，因此没有无谓损失。

8. a. 令 $Q_D=Q_S$，得到的均衡价格为 $100-2P=-50+3P$ 的解，即 $P_0=30$ 美元，$Q_0=40$。

b. 如果征收 1 美元的税收，我们可以通过等式 $Q_D(P_b)=a-b(P_s+t)$ 解出生产者获得的价格。

令 $100-2(P_s+1)=-50+3P_s$，得到 $P_s=148/5=29.6$(美元)。消费者支付的价格为 $29.6+1=30.6$(美元)。新的均衡数量为 $Q^*=38.8$。政府的税收收入为 $1\times38.8=38.8$(美元)。

c. 无谓损失为图 9A.7 中阴影三角形的面积。该三角形底为 1 美元(税收)，高为 1.2($Q_0-Q^*=40-38.8=1.2$)，因此，无谓损失 $=0.5\times1\times1.2=0.6$(美元)。

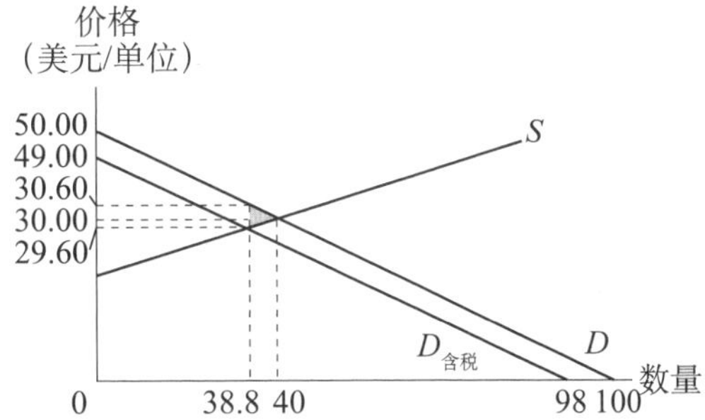

图 9A.7

d. $Q_S=c+dP_b-dt=-50+3P_b-3\times1=-53+3P_b$。令需求等于供给可得 $100-2P_b=-53+3P_b$，即 $P_b=30.6$。因此，与 b 中的均衡完全一样，$P_b^*=30.6$，$Q^*=38.8$。

e. 无论是对消费者征税还是对生产者征税，都不会影响均衡时的市场状况。

习题集答案

9. a. 令 $Q_D=Q_S$，得到 $1\,600-20P=-900+30P$，即 $P^*=50$ 美元，$Q^*=600$。

b. 当 $P_{max}=35$ 美元时，$Q_S=-900+30\times35=150$。(因为 $P_{max}<P^*$，在此价格下将会有超额需求，所以交易量应该等于供给量，有 150 名运动员被雇用。)

c. 在图 9A.8 中，生产者剩余的变化为梯形 $bcef$ 的面积，这部分的面积等于 $(50-35)\times(150+600)/2=5\,625$(美元)。

d. 现在学校每星期给运动员支付的工资为 $35\times150=5\,250$(美元)，而以前为 $50\times600=30\,000$(美元)。

e. 无谓损失为三角形 hef 的面积。当 $Q=150$ 时，由需求曲线计算出的价格为 72.5 美元(因为 $1\,600-20\times72.5=150$)。hef 的面积 $=1/2\times(72.5-35)\times(600-150)=8\,437.5$(美元)。

10. 在图 9A.9 中，价格上限为 P_0，市场供

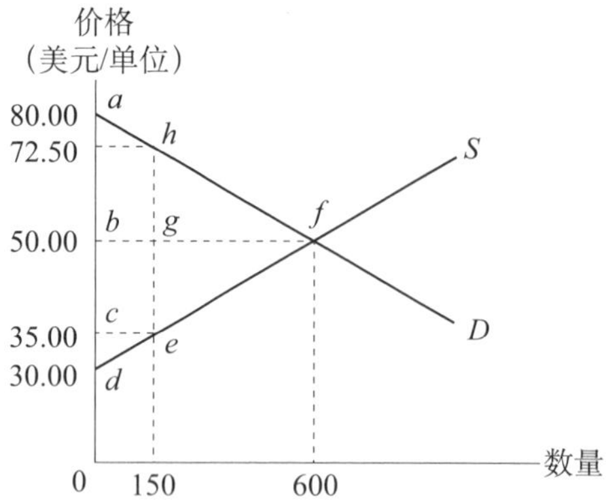

图 9A.8

给为 Q_0 单位。Q_0 单位产量的市场出清价格为 P_1，所以愿意为单位产品支付的价格大于或者等于 P_1 的消费者至少愿意花价值为 P_1-P_0 的时间去排队等待（将时间的机会成本转化为货币量）。因为这种成本没有转移给其他任何人，它应该被加到通常表示无谓损失的三角形面积中，以反映真正的社会无谓损失。当存在这种排队等待的成本时，图中的阴影矩形低估了无谓损失。

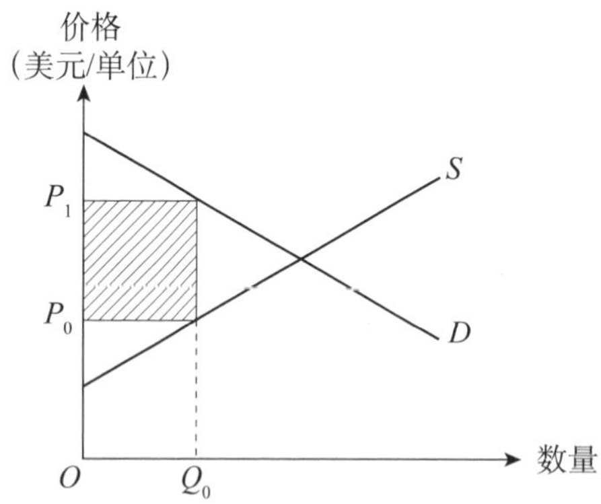

图 9A.9

如果消费者没有关于需求曲线的准确信息，他们就可能无法准确计算出 P_1。在这种情况下，他们甚至可能支付高于他们的意愿支付额和 P_0 之差的时间成本去等待。在这种情况下，阴影矩形上面的三角形的面积可能只是无谓损失的一部分。

因为排队等待的意愿取决于消费者的时间机会成本，所以也可能发生的情况是，一些成功购买到商品的消费者对商品的估价低于 P_1，然而另外一些对商品估价高于 P_1 的消费者可能并没有购买到该商品（当 Q_0 单位被随机分配给消费者时，这种情况也有可能发生）。如果这种情况发生，无谓损失会更大。

11. a. 令需求等于供给，即 $-500+5\ 000P=19\ 000-1\ 500P$，解得 $P^*=3$ 美元，$Q^*=14\ 500$ 品脱。

b. 当 $P=1$ 美元时，$Q=-500+5\ 000\times 1=4\ 500$（品脱），即出售了 4 500 品脱的橘子。

c. 如果 $Q_D=4\ 500$ 品脱，则 $P=14\ 500/1\ 500=9.67$。所以，当销售量为 4 500 品脱时，市场出清价格为 9.67 美元。

d. 将供给方程改写为 $P=0.10+0.000\ 2Q_S$。因为在自助式采摘销售方式下，销售商每出售 1 品脱橘子，就节省了 0.50 美元的成本，所以自助式采摘销售方式的供给方程变为：

$$P+0.50=0.10+0.000\ 2Q_S$$

即

$$P=-0.40+0.000\ 2Q_S$$

在价格上限下，$P=1$ 美元，$Q_S=7\ 000$ 品脱。

e. 自助式采摘销售方式的需求方程为 $Q_D=19\ 000-1\ 500(P+0.50)=18\ 250-1\ 500P$，自助式采摘销售方式的供给方程为：

$$P=-0.40+0.000\ 2Q_S$$

即

$$Q_S=2\ 000+5\ 000P$$

令自助式采摘销售方式的 $Q_S=Q_D$，即 $2\ 000+5\ 000P=18\ 250-1\ 500P$，得到 $P=2.50$ 美元。

f. 在自助式采摘销售方式下将会出售更多的产品，所以数量更加接近均衡数量。因为购买者和销售商均认为采摘的成本为 0.50 美元/品脱，所以当为了绕开价格上限的限制而采用自助式采摘销售方式时，不会产生效率损失。因此，在价格上限情况下，自助式采摘是更有效率的。

12. a. 这种分配方式的效率损失来自等待，它对买票的学生产生了时间成本，但是没有任何人从中得到好处。

b. 抽奖的方式消除了等待成本，但是又会产生管理成本。当然，通过排队的方式销售门票可能也会产生一些管理成本。总体来看，抽奖的方式还是更有效率。

c. 只有时间成本很低的学生或者对于门票的保留价格最高的学生才可能更喜欢排队而不喜欢抽奖的方式。

13. a. 令需求等于供给，我们可以得到 $-800+15P=3\ 200-25P$，即 $P^*=100$ 美元，$Q^*=700$。

b. 如图 9A.10(a) 所示，需求曲线将下移 20 美元。消费者价格和销售者价格可以通过令 $P_B=P_S+20$ 得到。在新的均衡下，$-800+15P_S=3\ 200-25(P_S+20)$，即 $P_S=87.50$ 美元，$P_B=107.50$ 美元，$Q^T=512.50$。税收收入等于 $512.50\times20=10\ 250$(美元)。

c. 消费者剩余的损失用图 9A.10(b) 中浅灰色阴影部分的面积表示。在数学上，我们可以通过计算梯形面积来得到这部分损失：

$(107.50-100)\times(512.50+700)/2=4\ 546.88$(美元)

深灰色阴影部分的面积表示生产者剩余的损失，可用类似的方法得出：

$(100-87.50)\times(512.50+700)/2=7\ 578.13$(美元)

无谓损失等于生产者剩余的损失加消费者剩余的损失再减去税收收入：

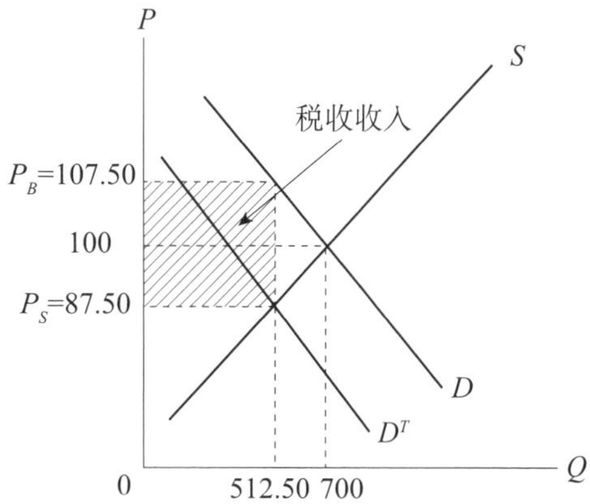

(a)

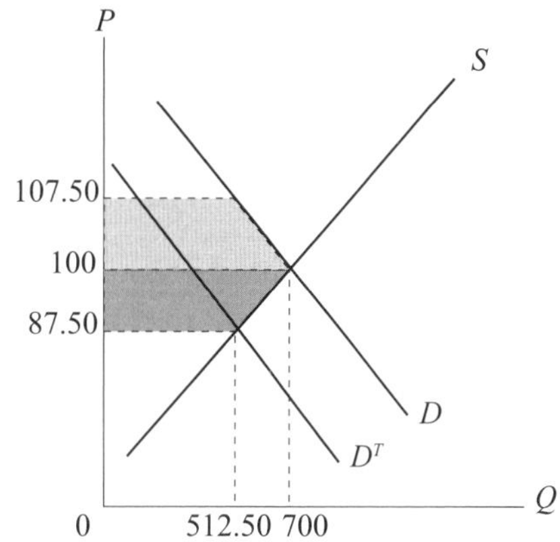

(b)

图 9A.10

$(4\ 546.88+7\ 578.13)-10\ 250=1\ 875.01$(美元)

d. 在初始均衡价格下，需求比供给更有弹性，所以消费者支付的价格的变化大于销售者获得的价格的变化。

14. 在图 9A.11 中，价格上限为 P_1。当需求曲线和供给曲线相对缺乏弹性时，价格上限政策所导致的超额需求更少。图 9A.11(a) 表示了这种情况，给定其他条件，当需求缺乏弹性时（以原来的均衡价格 P^* 为支点，转动需求曲线），超额需求将会减少。图 9A.11(b) 给出了供给弹性变化时产生的相似的情况。

自测题答案

15. b. 消费者因为价格降低而受益，但同时

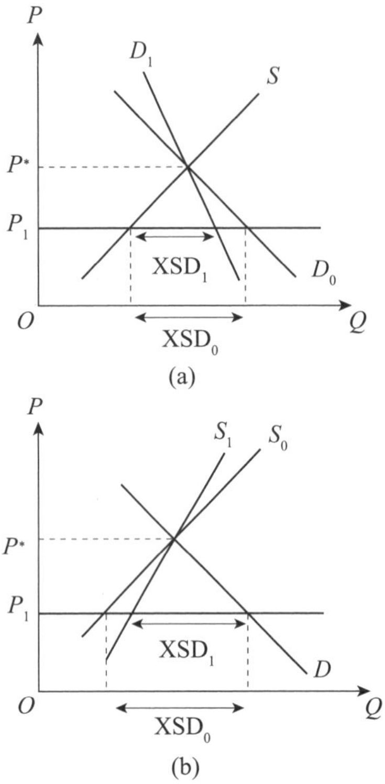

图 9A.11

由于可购买的数量减少而受损。生产者肯定由于价格管制而受损。价格上限通常会导致无谓损失（只要价格上限的约束是有效的）。

16. c. 生产者由于价格更高而受益，但是由于出售的产品数量减少而受损。只要规制价格在竞争性均衡价格之上，消费者肯定会受损。价格下限通常会带来无谓损失（只要价格下限的约束是有效的）。

17. d. 如果供给弹性小于需求弹性，则供给者分担的税收更大，这意味着消费者支付的上升的价格将小于税收的一半。

18. a. 当供给完全富有弹性时，所有的税收都由消费者来承担。

19. c. 因为一些外国生产者（那些拥有配额权利的生产者）在配额制度下能够以更高的价格出售商品。

20. d. 政府给超额产量每单位支付 75 美元，超额产量＝25－16＝9(百万吨)，因此政府总成本＝75×9＝675(百万美元)。

21. c. 生产者剩余的增加额为 P＝50 美元、P＝75 美元与纵轴和供给曲线所围成的梯形的面积：25×(20＋25)/2＝562.5(百万美元)。

22. b. 为了使得一些农田闲置，必须向生产者支付不少于图 9A.12 中阴影部分面积的费用：0.5×(25－16)×(75－30)＝202.5(百万美元)。

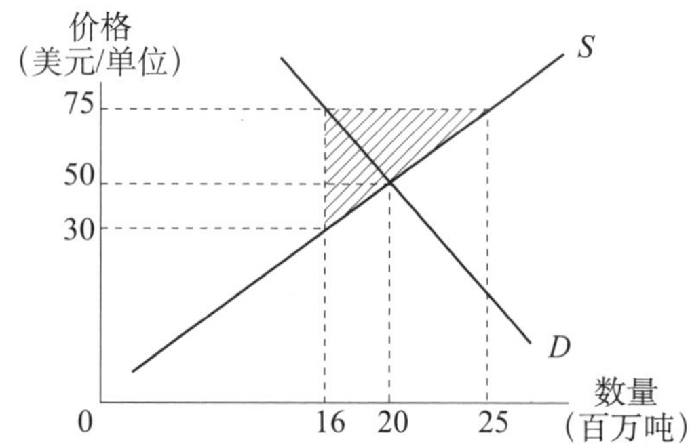

图 9A.12

23. c. 美国完全限制国际贸易时的国内均衡价格可以通过令美国的需求等于美国的供给得到，即 Q＝700 吨，P＝175 美元。100 美元的关税将会使国内价格从 75 美元提高到 175 美元，从而不用进口大豆。

24. d. 如果需求缺乏弹性，则价格上升（本例中为工资上升）将会提高总收入，所以 a 是正确的。最低工资的增加肯定将在一定程度上提高失业率。如果非熟练劳动的失业率增加到一定程度，则一些工人就会想办法提高他们的技能，所以 c 也是正确的。

25. b. 转嫁给消费者的税收部分为 $E_S/(E_S-E_D)$。

第3篇

市场结构与竞争策略

第 10 章

市场势力：垄断与买方垄断

重要概念

- 垄断的含义
- 进入壁垒
- 垄断者的边际收益
- 定价的经验法则
- 多工厂垄断厂商
- 垄断势力
- 勒纳指数
- 垄断的无谓损失
- 价格管制
- 自然垄断
- 买方垄断
  - 边际支出
  - 边际价值
- 反托拉斯法

本章重点

虽然从消费者一方来看大多数市场是一样的，但从生产者一方来看它们却难以置信地不同。垄断是仅有一个卖方而有许多买方的市场。作为唯一卖方的垄断者，为了实现利润最大化，在决定所出售商品的价格和数量时，面对的是整个市场的需求曲线。与面对完全水平的需求曲线的个体竞争厂商不同的是，垄断者面对的是向右下方倾斜的需求曲线。

产出的单位变化带来的收入变化被称为边际收益。在完全竞争市场下，边际收益等于市场价格。当需求曲线向下倾斜时，这一等式不再成立。对于垄断者来说，边际收益低于价格。为了实现利润最大化，垄断者会把产出定在边际收益等于边际成本的那一点。这将导致产出水平低于竞争性产出，而价格高于竞争性价格。利用边际收益在利润最大化时应当等于边际成本的条件，我们可以推导出定价的经验法则：$(P-MC)/P=-1/E_d$，其中 E_d 为需求弹性。或者，对该表达式稍加变换，就能直接证明边际成本上的加成定价法则：$P=MC/[1+1/E_d]$。

对于一个多工厂垄断厂商来说，产出在工厂间分配，以使每个工厂的边际成本都相同。于是，总产出被选定在边际收益等于相同的边际成本那一点。

纯粹垄断模型易于操作，但它未能反映许多真实的市场。更常见的是，我们发现市场存在垄断势力而非纯粹垄断。这些存在垄断的市场中有好几个厂商，而且每个厂商都有能力索取高于边际成本的价格。每个厂商都面临向下倾斜的需求曲线。厂商的需求弹性越小，就具有越大的垄断势力。厂商需求曲线的弹性取决于市场需求曲线的弹性、市场中厂商的数量和厂商间互动的特征（例如，厂商之间是激烈竞争还是合作）。为了度量垄断势力的程度，我们使用勒纳指数：$L=(P-\mathrm{MC})/P$。对于完全竞争厂商，$L=0$（因为在利润最大化产出水平下，价格等于边际成本）。当我们把目光转向存在垄断势力的行业时，勒纳指数的值就会增加。勒纳指数的值总是处于 0 和 1 之间。

当市场被垄断时，市场中的总剩余减少。比较完全竞争与垄断情形下的消费者剩余和生产者剩余，可以发现垄断情形下剩余存在净损失。换句话说，存在垄断势力造成的无谓损失。这一无效率的结果是因为产出水平在垄断时低于完全竞争时的水平。价格管制能减少或消除这种无谓损失。在自然垄断的例子中，平均成本在每处都下降，管制者会把价格定在平均成本与平均收益（即需求曲线）的交点。

买方垄断是有许多卖方而仅有一个买方的市场。买方垄断势力的来源是市场供给弹性、市场中买方的数量和买方间的互动。在竞争性市场上，边际支出（为最后一单位产品支付的价格）等于市场价格。对于买方垄断，我们把需求曲线称作边际价值曲线，并把它与边际支出曲线区别开来。在有唯一买方的市场中，供给曲线反映平均支出，边际支出曲线位于供给曲线之上。为了购买额外一单位产品，买方垄断者必须为购买所有单位产品支付更高的价格，买方垄断者通过买入边际支出等于边际价值时的数量来最大化利润。买方垄断势力造成了无谓损失是因为买方垄断者对产品支付了更低的价格，且相对于买方市场是竞争的情况，更少的产品被售出。

反托拉斯法用于促进经济中的竞争，并限制垄断势力和买方垄断势力造成的无谓损失。《谢尔曼法案》（1890 年通过）第 1 条禁止限制交易的共谋。《谢尔曼法案》第 2 条禁止试图独占一个市场。

其他法案，如《克莱顿法案》（1914）和《罗宾逊-帕特曼法案》（1936），禁止掠夺性定价、意图形成垄断的合并以及价格歧视。

概念复习和练习

垄断（第 10.1 节）

虽然完全竞争在一些市场中是一个适当的假设，但它显然不适用于另外一些市场。在本章我们考察非完全竞争，研究买方或卖方不是价格接受者的市场。例如，本地的电力事业单位如果较小程度地提高电力价格，并不会失去所有的销量。该电力事业单位不是被动的价格接受者，因为它面对的产出需求不是水平的曲线。

纯粹的垄断厂商是市场中唯一的卖方。尽管垄断者能够制定任何价格，但无法保证消费者会在它的定价下购买商品。当垄断者提高价格时，能售出的数量将会下降（除非需求完全无弹性）。垄断厂商可以选择价格，或者选择销量，但无法分别选择两者。作为一个简单的（无价格歧视的）垄断者，如果它选择更大的销量，就必须索取更低的价格。

垄断厂商将选择使边际收益等于边际成本的产出水平，以便实现利润最大化。隐含在垄断厂商利润最大化决策下的逻辑与完全竞争厂商一样。不过，在完全竞争市场条件下，边际收益等于价格。而由于垄断厂商面对的是一条向右下方倾斜的需求曲线，我们将看到这一等式不再成立。

考虑一个垄断厂商，需求曲线由表 10.1 给出。

产出一列描述了多个产量，价格一列给出了相应产量所对应的价格水平。收益一列给出了对于每一产量水平垄断厂商的总收益，而边际收益一列给出了卖出额外一单位产品所增加的收益。

表 10.1

产出 Q	价格 P	收益 $R=P\cdot Q$	边际收益 $MR=\Delta R/\Delta Q$
1	10	10	—
2	8	16	6
3	6	18	2
4	4	16	-2
5	2	10	-6

考虑当垄断者降低价格时，边际收益将会发生什么变化。图 10.1 根据表 10.1 的给定信息绘出了需求曲线。

在图 10.1 中，我们区分了垄断者边际收益的两个组成部分：第一部分是因新增的售出产品而得到的价格；第二部分是对所有其他单位产品索取更低价格带来的收益损失。例如，假设垄断者的价格开始时为 8 美元/单位，它卖出 2 单位产品，所以其收益等于 16 美元。当它把价格降到 6 美元/单位时，它的销量增加 1 单位，卖出额外一单位产品的收益是 6 美元。然而，来源于前两单位的收益降低到了 12 美元（因为它必须以新的 6 美元/单位的价格卖出所有三单位产品）。从而，卖出第三单位产品的边际收益 $MR=6-(16-12)=2$。总收益因此由 16 美元增加到 18 美元，而价格由 8 美元/单位降低到 6 美元/单位。只要需求曲线向右下方倾斜，边际收益就低于价格（在该情形下 2 美元<6 美元），因为 MR 具有第二个组成部分。降低价格给售出的所有单位带来了收益损失，而不仅是最后一单位，这导致了价格和边际收益间的差异。

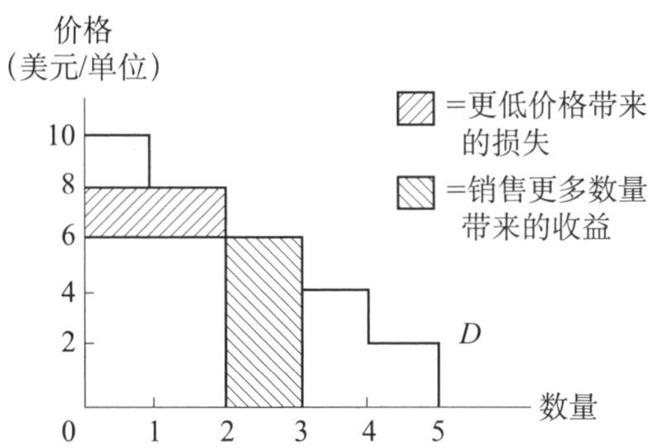

图 10.1

✍ **练习**

1. 对于具有如图 10.1 所示的需求曲线的厂商，销量由 3 单位增加到 4 单位带来的边际收益是多少？

现在假设厂商出售部分产出。显然，我们可以把边际收益写成 $MR=P+(\Delta P/\Delta Q)Q$。其中，$\Delta P/\Delta Q$ 为需求曲线的斜率（横轴为数量）；P 为出售最后一单位产品时所得到的价格；$(\Delta P/\Delta Q)Q$ 为对所有其他单位产品索取更低价格带来的收益损失。使用一般的线性需求曲线 $P(Q)=a-bQ$，我们得到 $MR=P(Q)+(\Delta P/\Delta Q)Q=P(Q)-bQ$，因为 $\Delta P/\Delta Q=-b$，从而 $MR=(a-bQ)-bQ=a-2bQ$。这是从线性需求曲线求得边际收益曲线的一般规则：边际收益曲线与需求曲线的纵轴截距相同，其斜率是需求曲线斜率的两倍。（记住，需求与边际收益之间的这种关系仅当我们把价格写成关于产出的函数时才满足。）

举个例子，若 $P=100-2Q$，则 $MR=100-4Q$。图 10.2 描述了本例的需求曲线和边际收益曲线。

如图所示，边际收益曲线和需求曲线有相同的纵轴截距，且前者的横轴截距是后者的一半。（由于 MR 曲线的斜率是需求曲线的两倍，所以它以两倍的速度到达横轴。）

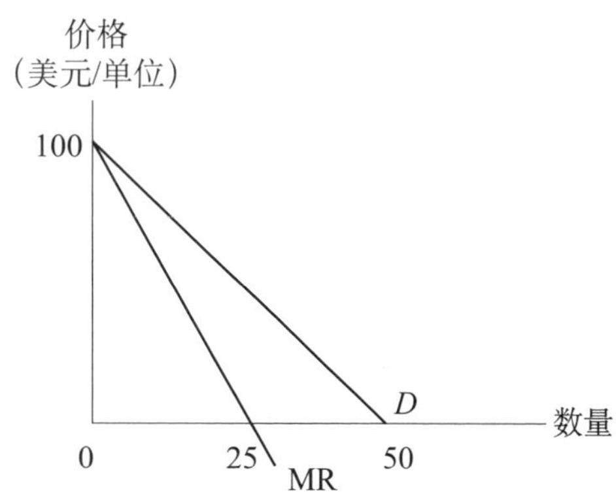

图 10.2

✍ **练习**

2. 垄断者面对 $Q=75-P/4$ 的需求曲线。求边际收益曲线的方程。

现在，我们考察垄断厂商利润最大化的

产出选择。考虑一个垄断厂商，其面对的需求和成本信息列于表 10.2 中。

表 10.2

产出 Q	价格 P	总收益 R	边际收益 MR	总成本 TC	边际成本 MC	利润 π
18	146	2 628	—	1 080	—	1 548
19	143	2 717	89	1 125	45	1 592
20	140	2 800	83	1 200	75	1 600
21	137	2 877	77	1 285	85	1 592
22	134	2 948	71	1 383	98	1 565

该垄断厂商通过卖出 20 单位的产品赚取最高的可能利润。减少产量至 19 单位，收益下降 83 美元（第 20 单位的边际收益），但仅会使总成本降低 75 美元（第 20 单位的边际成本）。由于最后这一单位的边际收益大于边际成本，厂商通过生产 20 单位而不是 19 单位的产品可以多赚取 8 美元的利润。现在，考虑产量由 20 单位增加到 21 单位。产出增加将使收益提高 77 美元（第 21 单位的边际收益），但将使成本增加 85 美元（第 21 单位的边际成本）。因此，厂商通过出售 20 单位而不是 21 单位也可以增加 8 美元的利润。因此，利润最大化时的产出 $Q=20$。

通常，由于利润被简单地表示为总收益减去总成本，我们可以把产出变化带来的利润变化写成 $\Delta\pi=\Delta R-\Delta C$。用 $\Delta\pi$ 除以 ΔQ（ΔQ 即数量的变化），我们发现 $\Delta\pi/\Delta Q=\Delta R/\Delta Q-\Delta C/\Delta Q=\text{MR}-\text{MC}$。从而，产出增加一单位带来的利润变化等于边际收益减去边际成本。从 $Q=0$ 开始，只要 MR＞MC，垄断厂商就会使利润增加（$\Delta\pi/\Delta Q>0$）。当 MR＝MC 时，垄断厂商将停止生产。垄断厂商通过选择边际收益等于边际成本（或 MR＝MC）时的产出来实现利润最大化。（注意：虽然垄断厂商制定价格似乎看起来更自然，但我们依然可以将其看作垄断厂商通过选择一个销售数量，并依据消费者为这个数量愿意支付的价格来决定市场价格。使用这种选择数量的方式使得其更容易与竞争性市场做比较。）

完全竞争者使用的 MC＝P 法则仅仅是 MR＝MC 的一个特例。竞争性厂商无法通过改变商品销量来影响市场价格，即 $\Delta P/\Delta q=0$，MR＝P。竞争性厂商把价格看作给定的，而垄断厂商在选择产量时把整个需求曲线看作给定的。

回忆一下，MC 不包括固定成本。如果固定成本非常高，停产可能更合算。因此，在用 MR＝MC 求得利润最大化的产量时，别忘了检查一下在该产量水平下利润是否为正。

注意，我们并没有谈及垄断厂商的供给曲线。实际上，垄断厂商没有供给曲线。垄断厂商选择基于 MC 和 MR 的供给量，而 MR 是由需求曲线推导出的。作为对需求曲线移动所做出的反应，垄断厂商将按照新的边际收益曲线和边际成本曲线的交点在新的需求曲线上找到相应的点。很明显，垄断厂商有办法在给定需求和边际成本时选择供给量，但此时没有供给曲线。

✍ **练习**

3. a. 需求曲线为 $P=300-4Q$ 的垄断厂商，具有等于 100 的不变的平均可变成本和等于 50 的固定成本。利润最大化的价格和产量是多少？

b. 如果固定成本变为 2 600，利润最大化的价格和产量是多少？

c. 如果 AVC＝200，FC＝50，利润最大化的产量是多少？

通过边际收益的另一种表达方式，我们能把它与市场需求弹性直接联系起来：$\text{MR}=P+(\Delta P/\Delta Q)Q=P[1+(Q/P)(\Delta P/\Delta Q)]$。方括号中的第二项是需求弹性的倒数，因为 $E_d=(P/Q)\Delta Q/\Delta P$。从而，我们有 $\text{MR}=P(1+1/E_d)$。通过观察可知，若 $E_d>-1$，则 MR＜0。这就意味着，如果需求缺乏弹性，那么边际收益为负值。一个直接的含义是垄断厂商从来不选择生产处于需求曲线缺乏弹性部分的产出水平。

✍ **练习**

4. 一个塑料垄断厂商面对着 $P=180-Q$ 的需求曲线，其中 Q 用千单位/年来度量，P 用美元/单位来度量。边际成本不变，MC＝60 美元/单位。

a. 求垄断厂商的利润最大化价格和产量。在利润最大化价格下，需求弹性是多少？

b. 假设 MC＝0 美元/单位。求垄断厂商的利润最大化价格和产量以及需求弹性。

由于在利润最大化产出水平下 MR＝MC，我们使用公式 $MR=P(1+1/E_d)$ 可以得到：

$$(P-MC)/P=-1/E_d$$

这一定价的经验法则意味着，价格与边际成本之差占价格的比例——价格的一个（加成）部分——等于需求弹性倒数的负数。或者，我们也可写成：

$$P=MC/(1+1/E_d)$$

例如，如果 $E_d=-2$，MC＝－5 美元/单位，价格应该是 5/(1－1/2)＝10 美元/单位。这个"加成等式"描述了垄断厂商索取边际成本上的价格加成，而这一加成与需求弹性负相关。

税收的影响

在第 9 章我们使用供给曲线与需求曲线分析了完全竞争市场中谁来承担商品税负的问题。由于垄断市场没有供给曲线，我们对垄断市场税收影响的分析就有所不同。为了更容易地在完全竞争和垄断之间进行税收结果的比较，我们考虑一个具有水平的长期供给曲线的成本不变行业。从而，我们所假设的竞争市场的长期供给曲线与垄断厂商的（水平的）边际成本曲线重合。

虽然我们既可以分析向消费者征税也可以分析向厂商征税，但移动边际成本曲线比移动需求曲线更简单。因此，我们将分析限定为对供给征税。在完全竞争下，税收造成供给曲线向上移动。给定水平的长期供给曲线，消费者将负担所有的税收。在垄断情形下，当我们把边际成本曲线向上移动与征税数额相同的幅度时，价格的效应不能马上体现出来。我们必须观察新的 MC 曲线（包含税收）与 MR 曲线的交点，求出新的利润最大化产量，然后求出消费者在该产量水平上愿意支付的价格。在图 10.3 中，征税前出售的产量为 Q_0，征税后出售的产量为 Q^*。价格变化了多少？图 10.3 显示，价格的提高小于税收。垄断厂商承担了成本上升的一部分。

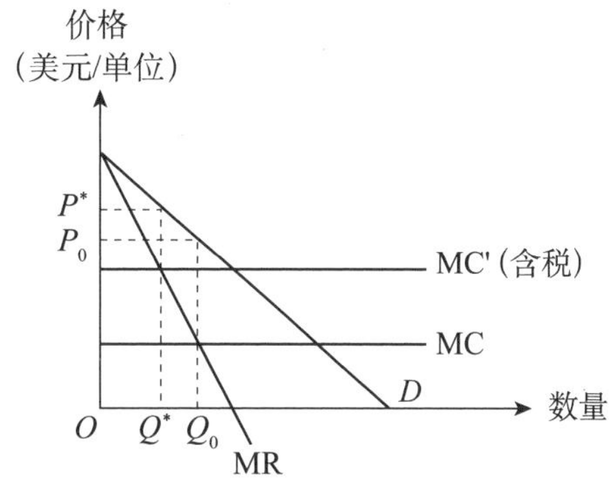

图 10.3

为了理解为什么价格的提高小于税收，回顾垄断厂商为了实现利润最大化，令 MR＝MC。如果 MC 由于征税而上升，则 MR 必须与新的 MC 相等。但 MR 的斜率是需求曲线的两倍，所以对于 MR 给定的上升数额，价格将上升一半。这意味着在线性需求的垄断情形下，消费者面对的价格提高幅度是税收的一半。从原价格与新价格的差别中可以发现以下法则：MR 的斜率乘以出售产量的变化（Q^*-Q_0）等于税收。

当你考虑垄断厂商问题时，这个表面上看来令人吃惊的结果其实符合常识。垄断厂商在征税前设定足够高的价格，以实现利润最大化。结果，在征税后，消费者支付的数额受到约束。垄断厂商仅将一半税收转嫁给消费者的特定数值结果关键取决于需求曲线的线性性质。在非线性需求曲线情形下，价格上升的幅度可能大于税收。

✍ **练习**

5. a. 对某小机械的需求为 $Q_D(P)=1\ 000-50P$。长期边际成本和平均总成本为10美元/单位。在竞争与垄断情形下的均衡价格和均衡产量分别为多少？

b. 现在假设征收2美元/单位的税收（移动边际成本曲线）。在竞争情形下新的均衡价格和均衡产量分别为多少？在垄断情形下呢？

c. 在竞争情形下有多少税收会转嫁给消费者？在垄断情形下呢？

6. *［数学要求高］通过移动需求曲线而不是边际成本曲线来分析练习5中每单位产量的税收对垄断者的影响。记住在移动需求曲线后得到新的边际收益曲线。画出你的答案。

*多工厂厂商

有许多工厂的垄断厂商和只有单个工厂的垄断厂商使用同一准则来实现利润最大化。对于厂商来说，要解决的两个问题是决定作为整体的厂商的最优产出水平和每个工厂的生产数量。如果一个工厂的边际成本高于另一个工厂，厂商将把一些生产转移到低成本的工厂，以降低总生产成本。一个有许多工厂的垄断厂商在一个给定的总产出水平下最小化其生产成本，此时它在各工厂间分配产量，以使每个工厂的边际成本都相等。因此，为了实现利润最大化，它应当选择一个总产出水平，以使其边际收益等于共同的边际成本。

✍ **练习**

***7.** 琼斯实业是波当克曲棍球市场的垄断厂商。那里曲棍球非常流行，几乎没有什么其他体育项目。琼斯实业有2个工厂，$MC_1=0.005Q_1$ 美元/单位，$MC_2=6$ 美元/单位。每个工厂运营的固定成本都为0。当前琼斯实业的工厂1生产1 400单位，工厂2生产800单位。琼斯实业想在保持相同产量的同时节省生产成本，它应当怎么做？

在练习7中，我们假设产量固定在2 200单位。如果垄断厂商不能确定利润最大化时的产出水平是2 200单位，那么应当是多少呢？垄断厂商可分两步来解决这个问题：首先，选择每个工厂的产量，使得每个工厂的边际成本相等；其次，选择总产量使得边际收益等于边际成本。

✍ **练习**

***8.** 琼斯实业面临 $Q_D=6\ 000-20P$ 的需求曲线。每个工厂的边际成本与练习7相同。琼斯实业应当生产多少曲棍球？产量在工厂间应当如何分配？

垄断势力（第10.2节）

厂商面临向下倾斜的需求曲线，甚至在有其他厂商参与市场竞争时也如此。只要需求曲线不具有完全弹性，厂商就应当在边际收益等于边际成本处进行生产。因此，一个厂商即使不是纯粹的垄断者，也依然可以拥有垄断势力。垄断势力（或市场势力）指厂商在边际成本上加成价格的能力。垄断势力的一种测量方法是勒纳指数，计算公式为 $L=(P-MC)/P$，其中 P 是厂商索取的价格。边际成本上的价格加成越高，L 就越大，厂商也就具有越大的垄断势力。回顾 $MR=P[1+1/E_d]$，这意味着我们可以把 $MR=MC$ 写成 $P=MC/(1+1/E_d)$。

整理该式，可得 $P+P/E_d=MC$，我们得到 $L=-1/E_d$，其中 E_d 是厂商面对的需求弹性。这一指标描述了垄断对竞争性产出的偏离程度。由于 L 随着 E_d 的下降而增大，当其他条件相同、垄断厂商面对更缺乏弹性的需求曲线时，它会索取更高的加成。（假设在线性需求情形下，垄断厂商将一直选择需求曲线富有弹性部分的产出水平。）

有垄断势力的厂商不一定有很高的利润，无论是绝对利润还是相对利润，认识到这一点很重要。通常，固定成本越高，厂商的利润就越低。举个例子，假设有相同边际成本和面对同样需求曲线的两个厂商索取边际成本上同样的加成。有更高固定成本的厂商与有更低固定成本的厂商相比，前者获取的利润将更低。

✍ **练习**

9. 如果一个厂商为了实现利润最大化而定价，且有 45%的价格-成本加成，那么在此价格上需求弹性为多少？

垄断势力的社会成本（第 10.4 节）

利用图 10.4，我们可以比较垄断产出（MR＝MC）和竞争性产出（P^*＝MC）的总剩余。水平的 MC 曲线使得分析简化，但仍能阐述基本的思想。完全竞争下的均衡产出是需求曲线与供给曲线（与垄断厂商的边际成本曲线一致）相交处的产量 Q^*。垄断市场结构下的产量是 Q_1。虽然垄断厂商能提供额外的 Q^*-Q_1 的产量，但对于先前卖出的 Q_1 单位，只能要求更低的价格。从完全竞争移向垄断，消费者损失了区域 A（矩形）和区域 B（三角形）所示的剩余。当 MC 为水平的直线时，竞争下的生产者剩余为 0。垄断下的生产者剩余为区域 A。因此，区域 A 是消费者剩余转移到垄断厂商那里的部分。区域 B 是无谓损失（总剩余的净损失）。从而，相对于完全竞争市场，垄断势力的社会成本上升了，因为高价格和产出下降造成的消费者剩余的损失大于索取更高价格得到的生产者剩余。

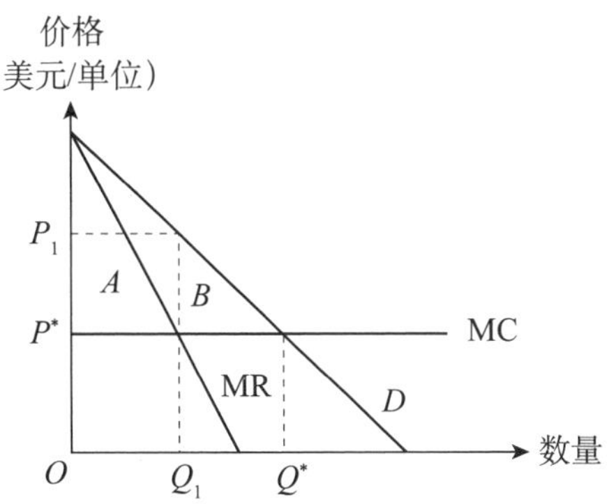

图 10.4

无谓损失的计算可能低估了垄断带来的真实社会损失，因为垄断者可能把垄断利润的一部分用于获取或维持它的垄断地位。这样的支出（例如，为了获得进口保护而游说国会）被认为是浪费的或无生产力的，因为它们仅用于维持垄断者的市场势力。因此，一些经济学家指出，除了无谓损失三角形 B，我们还应当加上垄断者的利润 A，以求出垄断的总无谓损失。

✍ **练习**

10. 练习 4 中的塑料垄断厂商面临 $P=180-Q$ 的需求曲线和不变的 60 美元/单位的边际成本。

a. 计算并描述垄断带来的无谓损失。

b. 假设生产的边际成本 $MC=60+2Q$。在向上倾斜的边际成本的例子中，描述并解释垄断造成的无谓损失。计算无谓损失。

价格管制

如何避免垄断的社会损失呢？一种解决方法是把垄断厂商分拆为许多不同的厂商——这是可能的，例如，当垄断者有许多独立的工厂时。另外一种解决方法是通过设置最高限价来限制垄断厂商。如果图 10.5 中的厂商能索取无管制的垄断价格，它就能以 P_m 的价格卖出 Q_m 单位的产品。假设厂商不能索取高于 P_1 的价格，则需求曲线为折弯的（粗线），边际收益曲线为不连续的（点状线）。在 0～Q_1 时，边际收益等于 P_1；在 $Q>Q_1$ 时，边际收益等于原来的边际收益。在我们继续这个讨论之前，下一个练习考察为什么 MR 在需求曲线的折弯处下降。

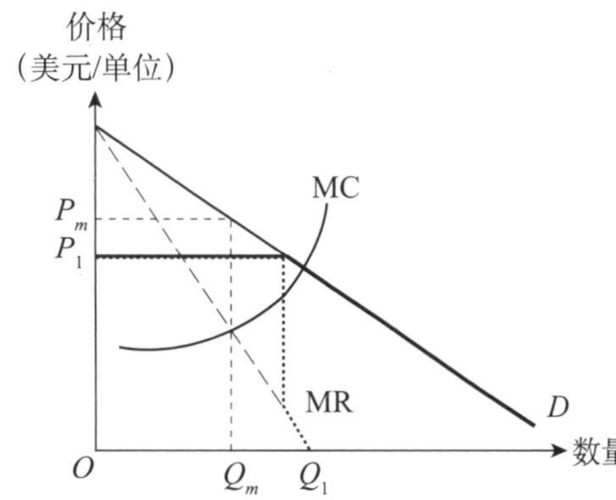

图 10.5

✍ **练习**

11. 见图 10.6，需求曲线在产量为 Q^* 时折弯，且右边比左边更陡峭。在 Q^* 处 MR 将如何变化？（提示：思考 MR 的定义。）

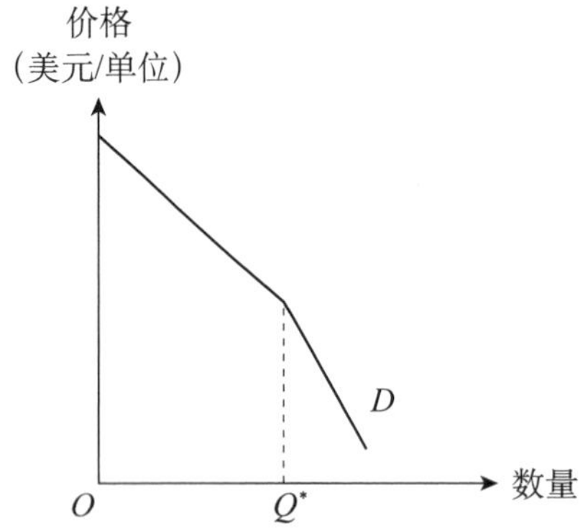

图 10.6

再来回看图 10.5。由于对于所有小于 Q_1 的 Q，价格和边际收益均超过边际成本，且对于所有大于 Q_1 的 Q，边际成本均大于边际收益，因此厂商将生产 Q_1，以最大化利润。从而，价格管制使产出由 Q_m 增加到 Q_1，价格由 P_m 降低到 P_1。因此，对垄断厂商设置最高限价进行管制是减少垄断带来的无谓损失的一种方法。

✍ **练习**

12. 假设有一条线性的需求曲线和向上倾斜的边际成本曲线。证明存在一个能够导致产出增加、但价格低于垄断价格的价格上限。

13. 图 10.5 中的价格上限为多少时，会使得无谓损失最大限度地减少？为什么低于这样的价格上限的价格将是无效率的？

图 10.7 描绘了一个自然垄断的情形（例如，一个本地的公用事业单位），平均总成本在所有产出水平上均下降，因此高于边际成本。本例设定了一个价格上限 P_c，为 MC 与需求曲线的交点所对应的价格，这将导致厂商受损。零无谓损失的解是不存在的。从而，在图 10.7 中，P_c 的价格上限将导致垄断者在长期退出经营（因为在 Q_c 产量下，$P<$AC）。一个可能的解决方法是给垄断厂商补贴。这个想法不幸导致了其他问题，因为为了筹钱来提供补贴也会造成效率损失。一个次优的解决方法是设定 P_r 的价格上限，使得垄断厂商的利润大于等于零。或者说，价格上限应当对应于需求曲线与平均总成本曲线的交点。当 $P=$AC 时，经济利润为 0。

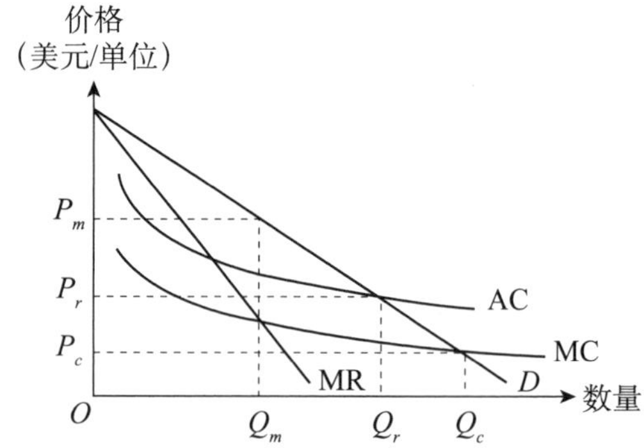

图 10.7

在实践中，回报率管制通过设定价格上限，从而使垄断者的资本回报率接近于“公平的”或“竞争的”回报率。

✍ **练习**

14. 一个受管制的本地公用事业单位面对的需求方程为 $P=100-0.5Q$。平均成本方程为 $AC=70-0.25Q$，边际成本方程为 $MC=60-0.25Q$。如果你的目标是最大化消费者剩余且允许企业收支平衡（零经济利润），你将设定怎样的价格？为什么管制者不能将价格设定为竞争性价格？

买方垄断（第 10.5 节）

买方垄断是只有单一买方的市场。你所学的用于分析垄断市场的大部分方法都可用来分析买方垄断。正如垄断厂商面对整个市场需求，买方垄断面对整个市场供给。供给曲线对于买方垄断者进行价格-数量选择是一个限制，正如需求曲线对于垄断厂商是一个限制一样。

供给曲线上的价格意味着平均支出。边际支出即购买额外一单位的额外成本，如果供给曲线向上倾斜，它将超过价格。购买更大的数量要求对所有单位支付更高的价格。

只有当供给曲线为水平的时，边际支出才等于价格。令 $V(Q)$ 为厂商购买 Q 单位投入得到的好处。[你可把 $V(Q)$ 看成使用 Q 单位投入赚取的利润。] 最后一单位投入的边际收益是边际价值或 $\mathrm{MV}(Q)$。

买方垄断者通过购买边际支出等于边际价值的商品数量来实现它的利润最大化。注意图 10.8 中垄断厂商在利润最大化时选择数量 Q_m 和在竞争均衡时选择数量 Q_c 的区别（市场供给曲线就是买方垄断者的平均支出曲线 AE）。买方垄断带来的无谓损失等于三角形区域 B 和 C，A（矩形）和 B 是生产者剩余的损失，A 是买方垄断相对于竞争情形得到的剩余。买方垄断势力的社会成本上升了，因为相对于买方垄断者支付更低价格得到的消费者剩余，产品的卖方失去了更多的生产者剩余。

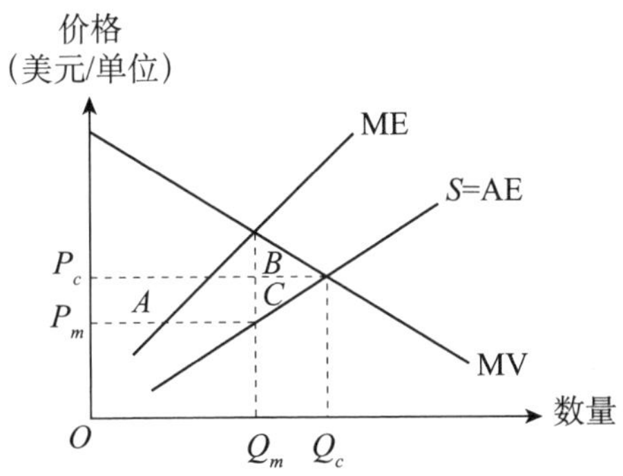

图 10.8

即使厂商不是一个纯粹的买方垄断者，如果只有一些买方在市场中出现，它也可能有买方垄断势力。买方垄断势力取决于市场供给弹性、市场中买方的数目及买方间的互动。

✍ **练习**

15. 假设买方垄断者面对水平的供给曲线，且有向下倾斜的边际价值曲线。作为买方垄断者而不是竞争性购买者，它将得到多少收益？（提示：本题的边际支出曲线是怎样的？）

限制市场势力：反托拉斯法（第 10.7 节）

反托拉斯法是用来限制垄断势力和反竞争行为的。这些法律定位于结构（行业中公司的数量）和行为（主要是市场行为）。美国主要的反托拉斯法是《谢尔曼法案》(1890)，它由司法部反托拉斯局实施。第 1 条禁止价格操纵。第 2 条指出独占一个市场为非法。注意是“独占”而不是“垄断”。多年来，这造成了法律裁决的压力：只要不疯狂地追求，垄断就可以被接受吗？

《克莱顿法案》(1914) 创立了联邦贸易委员会，它是《克莱顿法案》及其修正案的执行机构。例如，《克莱顿法案》禁止排斥性合约并认为造成“很大程度上减少竞争和形成垄断”效应的合并为非法。联邦贸易委员会也施行一些法律，以禁止欺骗性广告、张贴和其他反竞争性行为。

✍ **练习**

16. 明显的价格操纵在《谢尔曼法案》下本身是非法的，这意味着厂商不能以社会收益高于成本为由支持价格操纵。然而，在垄断的例子中，法院愿意听取双方的意见。讨论为什么价格操纵带来的无谓损失比垄断带来的无谓损失更明显。

习题集

17. 垄断厂商当前以 20 美元/单位售出 400 单位产品。需求弹性为 −2。该厂商愿意以 19.5 美元的价格多售出一单位吗（如果它能这么做且不降低前面售出的 400 单位产品的价格）？一个完全竞争厂商愿意以更低的价格售出额外一单位吗？为什么？

18. 用线性需求曲线和边际曲线以及水平的边际成本曲线画图。求垄断厂商利润最大化时的价格（P^*）和产量（Q^*）。现在围绕点（Q^*，P^*）逆时针旋转需求曲线（使它更陡峭）。新的利润最大化价格和产量是多少？价格是更高还是更低？把你的答案与垄断厂商没有供给曲线的事实联系起来。

19. 垄断厂商的总成本函数为 $C=3Q^2$，边际成本为 $\mathrm{MC}=6Q$。它面对的需求曲线为

$P=1\ 200-Q$。

a. 利润最大化时的价格和产量是多少？总利润是多少？

b. 如果征收定额税 50 000 美元，垄断者将会怎么做？征收定额税 100 000 美元呢？

c. 当价格为多少时，将实现总剩余（消费者剩余加生产者剩余）最大化？

d. 如果对售出的产品按 40 美元/单位征税，垄断厂商将怎么做？它的利润将为多少？

20. 小镇是一个小社区，其中的居民相当类似且同样富裕。由于与维护发电设备和传输线圈相关的固定成本很高，小镇电厂是自然垄断的。小镇公用事业委员会（TUC）管制小镇电厂的运营，其主要目标是实现消费者剩余最大化。TUC 想避免所有无谓损失，只要这样做不影响其主要目标。传统地，TUC 要求小镇的电力价格等于平均成本。

a. 在每个营业期，向每个消费者索取单位价格以外的固定费用对于小镇电厂来说很容易。假定所有消费者都支付得起这种固定费用，$P=\text{ATC}$ 是 TUC 最好的定价方法吗？为什么？它与最有效产出（没有无谓损失）有多接近？用图说明你的答案。

b. 当 TUC 首先考虑一种方案，并以此征收固定费用和最低单位费用时，成员认为费用将是平均电费的 10%。随着单位费用的降低，居民支付的费用的增加都不会超过 10%。你认为该委员会可能采取新的定价体系吗？

c. 在更深入地探讨了新的定价方案后，TUC 了解到费用将为平均电费的 80%。在新的计划下，60%的居民将支出更多，一些居民支付的费用的增加将超过 100%。你认为该委员会可能采取新的定价体系吗？

21. 铁砧的市场需求曲线为 $Q_D=1\ 400-50P$。行业中的厂商以 8 美元/单位的长期平均总成本（等于边际成本）生产。

a. 如果铁砧市场中的供给者是完全竞争者，铁砧的均衡价格是多少？将生产多少？

b. 如果铁砧的税收为 12 美元/单位，买方支付的新的均衡价格为多少？卖方接受的新价格是多少？将生产多少？

c. 安德森铁砧公司成功地并购了所有其他铁砧生产者，独占了该行业。成本条件与无税收时的完全竞争情形相同。安德森铁砧公司将索取的均衡价格为多少？它将卖出多少铁砧？

d. 如果铁砧的税收为 12 美元/单位，垄断价格和产出将有什么变化？

22. 两个厂商是不同城市的定制橱柜的垄断销售者。它们有相同水平的边际成本曲线（MC＝LAC）。需求曲线在每个市场都是线性的。厂商 1 的需求曲线与价格轴相交时的价格比厂商 2 的需求曲线与价格轴相交时的价格高，厂商 1 的需求曲线与数量轴相交时的产量低于厂商 2。哪个垄断者将索取更高的价格？

自测题

23. 你所在的咨询公司估计你的客户的产品的需求弹性为－0.6。你的客户是大峡谷风险投资公司，它是唯一一个为旅客穿越大峡谷做导游的注册公司。在没有导游的陪同下穿越大峡谷是不被允许的。你建议你的客户通过以下途径增加利润：

a. 增加产出（每星期提供的旅行数量）。

b. 降低价格。

c. 减少产出。

d. 选择边际成本等于价格的产出水平。

e. 选择平均成本等于价格的产出水平。

24. 为什么垄断厂商从来不选择需求曲线缺乏弹性部分的产量？

a. 因为 $P>\text{MC}$ 。

b. 因为 $\text{MR}>\text{MC}$。

c. 因为 MR<0。

d. 因为 P<ATC。

e. 垄断厂商将经常生产需求缺乏弹性的产量。

25. 垄断的勒纳指数是 $L=(P-\mathrm{MC})/P$。这意味着：

a. 完全竞争厂商的 $L=0$。

b. L 越大，垄断势力就越小。

c. L 值总是处于 0 和 1 之间。

d. L 越大，利润就越高。

e. a 和 c。

26. 如果边际成本为 40，需求弹性为 −5，实现利润最大化的垄断厂商将索取的价格是：

a. 200 美元/单位。

b. 80 美元/单位。

c. 73.33 美元/单位。

d. 50 美元/单位。

e. 以上选项都不正确。

27. 在美国的反托拉斯法中，下面哪一种做法是非法的？

a. 竞争者间操纵价格的共谋。

b. 为了形成垄断而合并公司。

c. 拥有一项生产某种商品的独有专利权。

d. 只有 a 和 b 正确。

e. a、b 和 c 都正确。

28. 对于自然垄断，垄断厂商的最优政策是________时的价格。

a. $P=\mathrm{MC}$

b. $P=\mathrm{AVC}$

c. $P=\mathrm{ATC}$ 但 $P>\mathrm{MC}$

d. $P<\mathrm{MC}$ 但 $P>\mathrm{ATC}$

e. 以上选项都不正确

接下来的四个问题是关于兹维夫特公司的，它垄断了 Zuburbia 的纪念品市场。兹维夫特公司有 5 美元/单位的不变的平均可变成本，没有固定成本。它面对 $P=85-2Q$ 的需求曲线，P 以美元计。

29. 兹维夫特公司应当生产的产量为：

a. 42.5 单位。

b. 40 单位。

c. 20 单位。

d. 10 单位。

e. 以上选项都不正确。

30. 它应当索取的单位价格为：

a. 45 美元。

b. 5 美元。

c. 85 美元。

d. 10 美元。

e. 以上选项都不正确。

31. 在利润最大化产出水平下，它将盈利：

a. 1 700 美元。

b. 1 600 美元。

c. 800 美元。

d. 400 美元。

e. 以上选项都不正确。

32. 兹维夫特公司因垄断带来的无谓损失为：

a. 400 美元。

b. 800 美元。

c. 900 美元。

d. 1 600 美元。

e. 1 806.25 美元。

33. 试图实现利润最大化的垄断厂商的不变边际成本为 20 美元/单位，且面对 $P=60-2Q$ 的需求曲线。4 美元/单位的销售税将使垄断厂商的价格上升：

a. 1 美元。

b. 2 美元。

c. 4 美元。

d. 8 美元。

e. 20 美元。

34. 垄断势力带来的无谓损失：

a. 等于垄断利润值。

b. 等于当垄断者把价格提高到边际成本之上时，由消费者那里转移到垄断者那里的剩余。

c. 是由垄断者低于竞争水平的产出限制造成的。

d. 在短期内受定额税变化的影响。

e. c 和 d。

第 10 章答案

练习答案

1. 出售 3 单位得到的总收益为 6×3＝18(美元)。出售 4 单位得到的总收益为 4×4＝16(美元)。从而，边际收益为－2 美元。出售最后一单位为厂商带来了 4 美元的收益，但厂商也必须以 4 美元/单位的价格卖出其他 3 单位产品，而这 3 单位产品每单位损失了 2 美元（价格由 6 美元/单位下降到 4 美元/单位，总销售量由 3 单位增加到 4 单位）。所以边际收益可以写成 4－2×3＝－2(美元)。

2. 市场需求曲线通常把产量写在左边。为了得到边际收益曲线，我们必须先重写需求曲线，将价格放在左边（反需求曲线）。将市场需求曲线 $Q=75-P/4$ 重写为 $P=300-4Q$，从而得到边际收益曲线 $MR=300-8Q$(边际收益曲线与反需求曲线有相同的截距，且前者的斜率是后者的两倍)。

3. a. 由于平均可变成本是常量，边际成本等于平均可变成本，所以 MC＝100 美元。为了实现利润最大化，垄断厂商必须使 MR＝MC。从而，利润最大化时的产量为 $300-8Q=100$ 的解，即 $Q^*=25$。把 Q^* 代入反需求曲线中，我们得到：

$$P^*=300-4Q^*=300-4\times 25=200(\text{美元})$$

我们必须检查利润是否为正，否则垄断者最好关门。我们可以把利润写成 $\pi=(P-AVC)Q-FC$。由于固定成本为 50，所以利润为：

$$\pi=(200-100)\times 25-50=2\,500-50=2\,450(\text{美元})$$

垄断者得到正的利润，卖出 25 单位产品。

b. 如果固定成本等于 2 600 美元，MR＝MC 将与上述 $Q^*=25$ 时没有区别，但利润为：

$$\pi=(200-100)\times 25-2\,600=2\,500-2\,600=-100(\text{美元})$$

垄断者损失金钱因而宁愿关门。当存在与市场大小有关的高固定成本时，垄断势力甚至可能不足以保证厂商有利润。

c. MR＝MC 意味着 $300-8Q=200$，即 $Q^*=12.5$ 和 $P^*=300-4\times 12.5=250$(美元)。利润是$(250-200)\times 12.5-50=575$(美元)。垄断者仍将继续经营并生产 12.5 单位。

4. a. 令 MR＝MC 或 $180-2Q=60$，得到 $Q^*=60$ 和 $P^*=180-60=120$(美元)。在 $P^*=120$ 美元处需求曲线的弹性为 $E_d=-bP/Q=-1\times(120/60)=-2$。线性需求总是成立，垄断厂商在需求曲线有弹性的部分生产。

b. 令 MR＝MC 或 $180-2Q=0$，得到 $Q^*=90$ 和 $P^*=180-90=90$(美元)。在 $P^*=90$ 美元处需求曲线的弹性为 $E_d=-bP/Q=-1\times(90/90)=-1$。当且仅当 MC＝0 美元时，垄断厂商在需求曲线的中点进行生产，这一点总是具有单位弹性。

5. a. MC＝ATC＝10 美元，所以竞争均衡价格必须为 10 美元，均衡产量 $Q_D=1\,000-50\times 10=500$。如图 10A.1(a)所示。

在垄断情形下，利润最大化时的产量为 MR＝MC 的解。首先，得到的反需求曲线为 $P=20-Q/50$。边际收益曲线为 $MR=20-Q/25$(其斜率为反需求曲线的两倍)。令 MR＝MC，我们得到$20-Q/25=10$，所以 $Q^*=250$。在这一产量水平下，$P^*=20-250/50=15$ (美元)。见图 10A.1(b)。

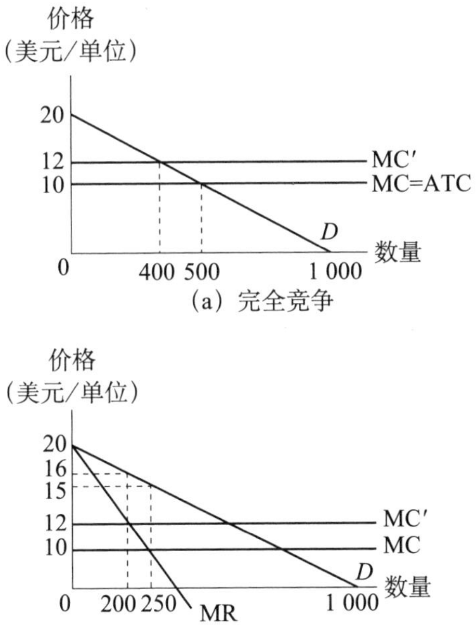

(a) 完全竞争

(b) 垄断

图 10A.1

b. 在税收为 2 美元/单位的竞争市场上，买方的价格提高到 12 美元，卖方的价格仍然不变，为 10 美元。均衡产量降低到 $Q_D = 1\,000 - 50 \times 12 = 400$，如图 10A.1(a) 所示。

对于垄断厂商来说，最简单的方法是移动边际成本曲线，使其包括 2 美元/单位的税收。现在令 MR＝MC′，得到 $20 - Q/25 = 12$，即 $Q' = 200$。买方的价格现在为 $P' = 20 - 200/50 = 16$(美元)。

c. 因此，在垄断情形下卖方的价格为 16－2＝14(美元)。买方的价格上升了 1 美元（税收的一半），卖方的价格降低了 1 美元（税收的一半）。相反，在竞争情形下，买方支付所有的税收。见图 10A.1(b)。

6. 原先的需求曲线为 $P(Q) = 20 - Q/50$。移动需求曲线，我们把它写成 $P_b - t = P'(Q)$，其中，P_b为买方的价格，$P'(Q)$为征税后垄断厂商面对的需求曲线。在本题中，$P'(Q) = 20 - Q/50 - 2 = 18 - Q/50$。边际收益现在移动到 $MR' = 18 - Q/25$。令 MR′＝MC，我们得到 $18 - Q/25 = 10$，即 $Q' = 200$。然后利用 $P'(Q)$ 的公式，我们得到 $P = 18 - 200/50 = 14$（美元），这和我们移动边际成本曲线得到的卖方价格相同。见图 10A.2。

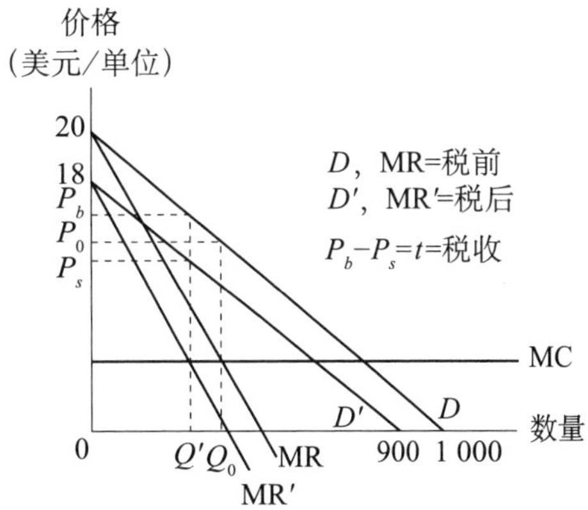

图 10A.2

7. 总产出为 $Q_1 + Q_2 = 1\,400 + 800 = 2\,200$。两条边际成本曲线如图 10A.3 所示。我们看到 $MC_1(1\,400) = 7$ 美元/单位。厂商利用工厂 1 生产 $MC_1(Q_1^*) = 6$ 美元/单位的产量，并在工厂 2 生产额外的产量。这就实现了生产总成本最小化。如果 $Q_1 = 1\,200$，则 $MC_1 = 6$ 美元/单位，所以厂商应当生产 $Q_1 = 1\,200$ 和 $Q_2 = 1\,000$。（注意：由于这样做降低了生产成本，厂商现在愿意增加产量。）

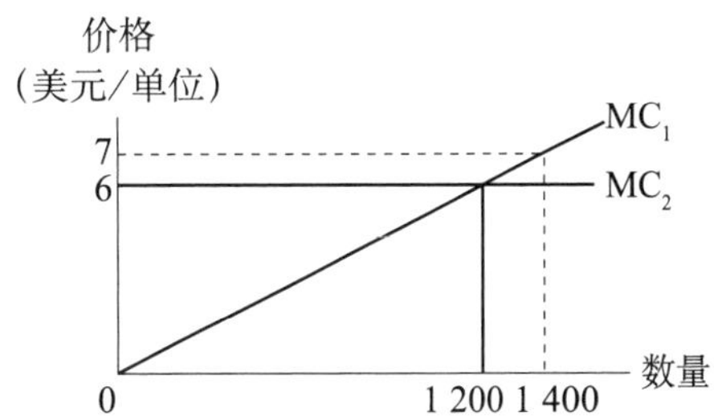

图 10A.3

8. 因为 $P = 300 - Q/20$，所以 $MR = 300 - Q/10$。边际成本可用以下方法得到：利用工厂 1 生产，直到 $MC_1 = 6$ 美元/单位，然后对于额外的产量，利用工厂 2 生产。这意味着：

$$MC = \begin{cases} 0.005, & \text{如果 } Q < 1\,200 \\ 6, & \text{如果 } Q \geq 1\,200 \end{cases}$$

求解这个问题的一种方法是先令 MR＝6 美元/单位，然后观察求得的解是否大于 1 200（如果是，那就是问题的解，因为对于更低的产出来说，边际成本小于 6 美元/单位）。通过这样做，我们可以得到 $300-Q/10=6$，即 $Q^*=2\ 940$。$Q_1^*=6/0.005=1\ 200$，$Q_2^*=2\ 940-1\ 200=1\ 740$。然后，$P^*=300-2\ 940/20=153$(美元/单位)。

9. 经验法则意味着价格-成本加成等于需求弹性倒数的负数，所以 45％的价格-加成意味着 $0.45=-1/E_d$，$E_d=-2.22$。

10. a. 首先得到竞争价格和产出：$P^*=MC=60$(美元/单位) 和 $60=180-Q$，即 $Q^*=120$。然后得到垄断解：令 MR＝MC，即 $180-2Q=60$，$Q^M=60$。因此 $P^*=180-60=120$(美元/单位)，即 $P^M=120$ 美元/单位。无谓损失为图 10A.4(a) 中的阴影三角形区域，即 $0.5\times(120-60)\times(120-60)=1\ 800$(美元)。

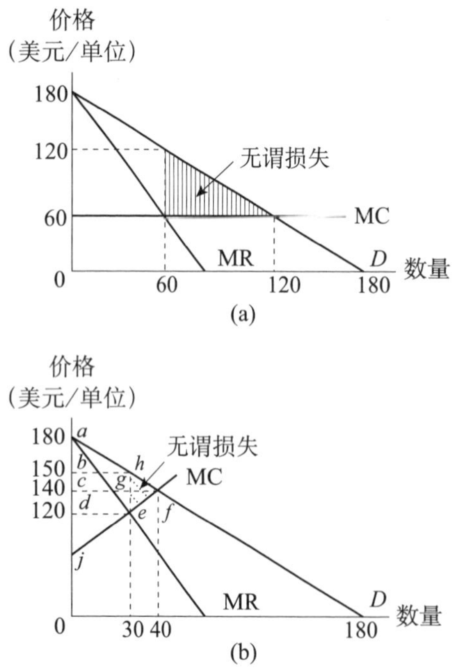

图 10A.4

b. 在竞争情形下：$P=MC$ 或 $180-Q=60+2Q$，即 $Q^*=40$ 和 $P^*=180-40=140$(美元/单位)。在垄断情形下：MR＝MC 或 $180-2Q=60+2Q$，即 $Q^M=30$ 和 $P^M=180-30=150$(美元/单位)。图 10A.4(b) 中的阴影三角形区域为：无谓损失＝$0.5\times(40-30)\times(150-120)=150$(美元)。这个区域是无谓损失的原因是：竞争情形下的消费者剩余是 acf。垄断情形下的消费者剩余为 abh。因此，由于垄断造成的消费者剩余的损失为 $bcfh$。竞争情形下的生产者剩余为 cjf。垄断情形下的生产者剩余为 $bjeh$。从消费者那里转移到生产者那里的剩余为 $bcgh$。曾经是消费者剩余或生产者剩余［见图 10A.4(b)］的剩余部分为无谓损失。

11. 见图 10A.5。回顾边际收益的定义，即 $MR(Q)=P(Q)+[\Delta P/\Delta Q]Q$。在 Q^* 处，反需求曲线的斜率的负值更大，所以 MR 下落。为了弄明白这一点，我们也可以把两段需求曲线映射到价格轴，并建立两段边际收益曲线。MR 曲线由 MR_1(D_1 为相应的需求曲线线段) 和 MR_2 给出(D_2 为相应的需求曲线线段)。

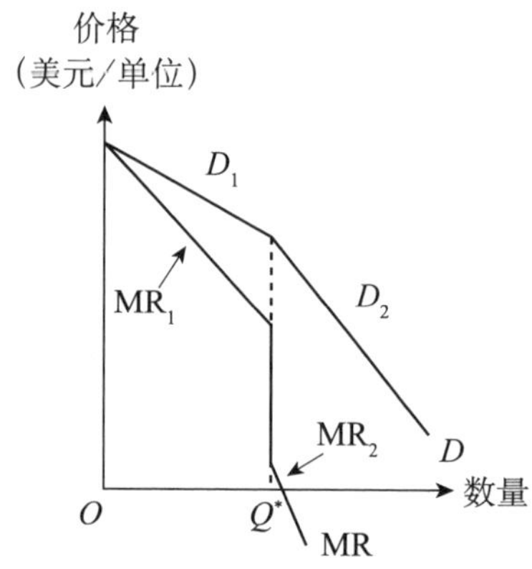

图 10A.5

12. 见图 10A.6。低于 P_m 的价格上限（P_C）意味着垄断者不能索取价格 P_m，所以价格必须下降。将生产多少数量呢？回顾对于所有的 Q，当其低于价格为 P_C 时的需求量时，$MR=P_C$。厂商将发现要

么最好生产价格为 $\bar{P}$ 时（如 P_{C1}）的产量，要么最好生产 MC＝P_C时（如 P_{C2}）的产量。太低的价格上限，如图 10A.6 中的 P_{C2}，甚至可能导致产量小于 Q_m。注意 P_C 略小于 P_m将总是促使垄断者生产超过Q_m的数量。

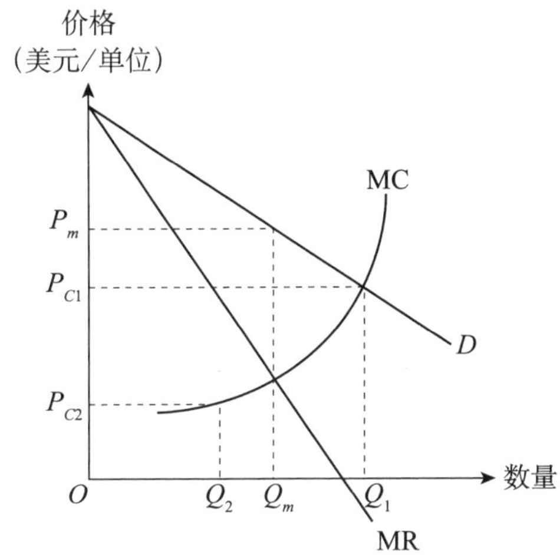

图 10A.6

13. 价格上限能促使垄断者生产的最大产出由 P＝MC 时确定的价格给定。对于任何更低的产量，P>MC，此时一些无谓损失产生。本题中的无谓损失为 0，只要价格上限不会迫使厂商关门。

14. 对于消费者的最优（最低）价格是由 P＝AC 得出的，它将使厂商获取零经济利润。解 $100-0.5Q=70-0.25Q$，得到 $Q^*=120$。把 Q^* 代入需求方程，得到 $P^*=100-0.5\times120=40$。因此，你应当使 $P^*=40$。MC 曲线在每一产出水平上都位于 AC 曲线之下，所以令 P＝MC（竞争性价格），可得 $Q=160$，$P=20$。然而，当 $Q=160$ 时，AC＝30，它将超过价格；厂商在这个产出水平上将亏损。

15. 见图 10A.7。注意 ME 曲线与题中的供给曲线一致。存在水平的需求曲线，此时价格和竞争市场的相同。垄断厂商没有得到好处。

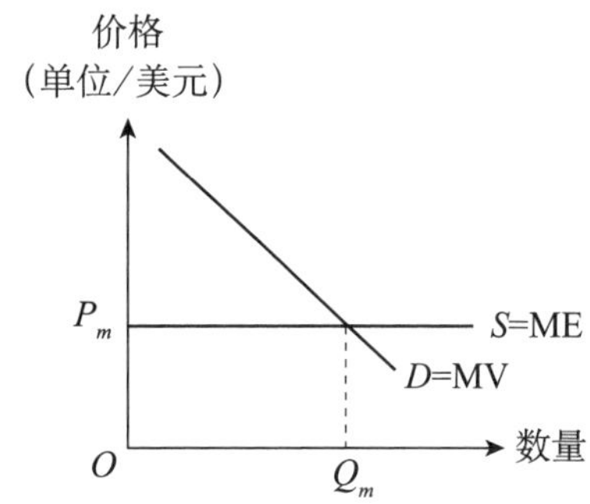

图 10A.7

16. 价格操纵会带来明显的无谓损失而没有任何效率收益。事实是，几个共谋厂商合并的目的并不在于实现成本节约。它们只把价格提高到竞争水平之上。垄断可能是有效率的，举例来说，如果生产存在大的规模经济效应或存在一些市场势力，将有助于为创新提供融资。

习题集答案

17. 如同经验法则所述，$(P-\text{MC})/P=-1/E_d$。这意味着如果需求弹性为－2，那么价格-成本加成为 50%。因此，边际成本必须为 10 美元（给定 $P=20$ 美元）。如果厂商以 19.5 美元/单位的价格卖出更多的产品而不降低已出售产品的价格，垄断厂商将变得更好。这种攫取额外消费者剩余的可能性激励了价格歧视（第 11 章的主题）。

一个完全竞争者选择 P＝MC 时的产量，并认为在此价格上卖出得越多越好。结果，竞争性厂商不愿意在更低的价格下卖出额外的产品。

18. 垄断厂商宁愿减少产量。见图 10A.8，垄断厂商原先索要 P^* 的价格，卖出 Q^*。当需求曲线旋转到 D'时，MR 曲线移至 MR′。MR′和 MC 的交点给出了新的产量选择 Q'。即使我们围绕原先利润最大化的点来旋转需求曲线，价格也会上升，产量也会下降。这表明了为什么垄断者没有供给曲线，它能在独立于需求曲线时被画出来。

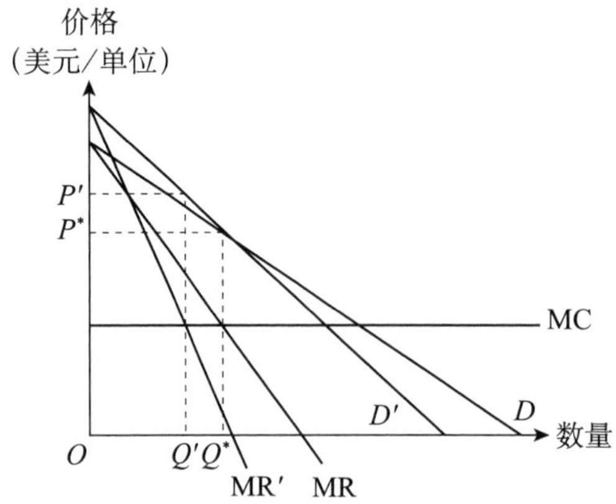

图 10A. 8

19. a. 由于需求曲线是 $P=1\ 200-Q$，边际收益曲线是 $MR=1\ 200-2Q$。解出令 MR=MC 时的产量，我们得到 $1\ 200-2Q=6Q$，即 $Q^*=150$ 和 $P^*=1\ 200-150=1\ 050$（美元/单位）。利润为 $\pi(150)=1\ 050\times150-3\times150^2=157\ 500-67\ 500=90\ 000$(美元)。

b. 在征收 50 000 美元定额税的情形下，垄断厂商的税后利润是 40 000 美元，所以它将继续经营。由于定额税是固定成本，厂商仍将卖出 150 单位（MR 和 MC 不变）。在征收 100 000 美元定额税的情形下，税后利润将为 −10 000 美元，所以从长期来看，厂商关门更好。

c. 最优价格上限对应的是卖出的数量最大化的点，这与竞争性价格时的情况相同。在价格上限（低于垄断厂商的最优价格）情形下卖出的数量是在该价格下需求最少的数量，也是边际成本等于价格时的数量。令价格等于边际成本，得到 MC 与需求曲线的交点，可得 $1\ 200-Q=6Q$，即 $Q_c=171.43$ 和 $P_c=1\ 028.57$(美元/单位)。

d. 通过移动需求曲线来求出新的利润最大化产量是很容易的事。在征收 40 美元/单位税收的情形下，$MC'(Q)=6Q+40$。令 $MC'=MR$，可得 $1\ 200-2Q=40+6Q$，即 $Q'=145$，$P'=1\ 055$（美元/单位）。把税收从买方的价格中减去，可得 $P'_s=1\ 015$（美元/单位）。厂商的利润现在为 $\pi'(145)=1\ 015\times145-3\times145^2=84\ 100$（美元）。因此，与 a 相比，消费者承担 40 美元税收中的 5 美元，垄断厂商承担 35 美元。

20. a. $P=ATC$ 不是该委员会的最优行为。它应当令 $P=MC$ 并设定可以收取的固定费用，这些固定费用将高到足以得到零利润。这把无谓损失转换成了消费者剩余。图 10A. 9 用简单的成本函数 $C(q)=F+cq$ 阐述了这个观点，其中 F 是固定成本，c 是不变的边际成本。区域 A 等于固定成本。如果有 n 个居民，固定费用为 A/n。价格应当为 c 美元/单位。这把当 $P=ATC$ 时的无谓损失（区域 B）转换成了消费者剩余。

b. 新的定价体系的变化导致了赢家和输家。图 10A. 9 反映了总消费者剩余的增加。由于没有人受到这种变化的严重伤害，该委员会很可能会采取新的定价体系。

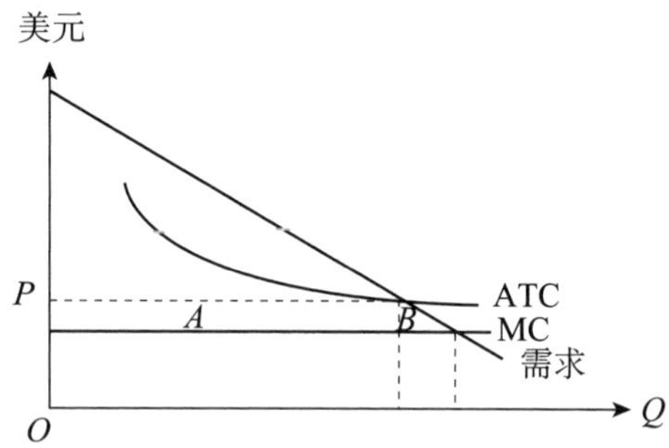

图 10A. 9

c. 现在，不仅一些输家损失很多，而且变化造成了大多数人受损。由于电力消费最少的居民会变得更穷，该委员会可能不想给他们增添负担。另外，由于大多数居民受损，TUC 将很容易找到坚持旧定价体系的政治支持，即使新的定价体系能获得更多的总剩余。

21. a. 均衡时，价格等于边际成本即 8 美元/单位。从而，生产的产量为 1 400−

$50 \times 8 = 1\ 000$(单位) 铁砧。

b. 现在买方支付 MC 加上税收。所以买方支付 20 美元/单位，卖方收到 8 美元/单位。产量将为 $1\ 400 - 50 \times 20 = 400$(单位) 铁砧。

c. 对于垄断产出，令 MR＝MC。由 $Q = 1\ 400 - 50P$，我们可得 $P = 28 - Q/50$。由于 MR 曲线的斜率是反需求曲线斜率的两倍，所以 $MR = 28 - Q/25$。令 MR＝MC，我们可得：$28 - Q/25 = 8$，即 $Q^* = 500$。把它代入反需求曲线，我们得到 $P^* = 18$(美元/单位)。

d. 这里，MR＝MC＋税收。因此，$MR = 28 - Q/25 = 8 + 12$。所以 $Q' = 200$ 和 $P' = 24$(美元/单位)。注意价格变化在垄断和完全竞争情形下是不同的。

22. 见图 10A. 10。相对于线性需求曲线，边际收益曲线的斜率是线性需求曲线斜率的两倍，且两者有相同的纵轴截距。从而，MR＝MC 时的产量为 D＝MC 时产量的一半，垄断价格位于纵轴截距和 MC 的中间。由于 D_1 的截距比 D_2 的截距更高，厂商 1 将索取更高的价格。

你可以用代数来表明这一点：如果 $P = a - bQ$，则 $MR = a - 2bQ$。令 $MC = c$ (一个常量)。令 MR＝MC 意味着 $b = (a + c)/2$。由于 $a_1 > a_2$，从而 $P_1 > P_2$。

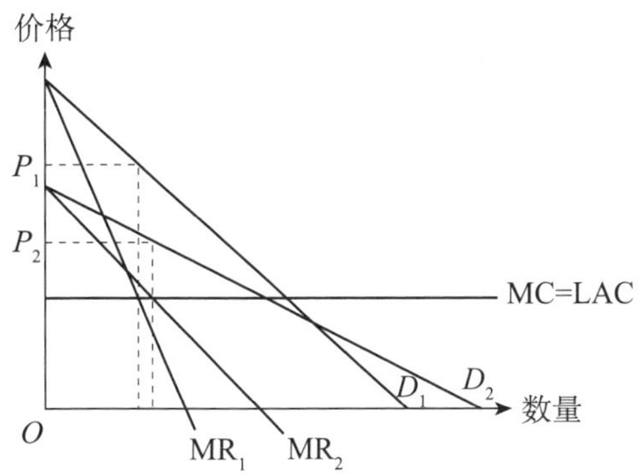

图 10A. 10

自测题答案

23. c. 垄断者将在需求曲线有弹性的部分生产。它的价格太低且产量太高。

24. c. 如果需求是缺乏弹性的，则边际收益为负。回顾 $MR = P(1 + 1/E_d)$。如果 $-1 < E_d < 0$，则 $MR < 0$。

25. e. 回顾一下，对于竞争厂商，$P = MC$，所以本题中 $L = 0$。通常，$0 < L < 1$。

26. d. 垄断加成法则为：$P = MC/(1 + 1/E_d)$。从而，$P = 40/[1 + 1/(-5)] = 40/(4/5) = 50$(美元/单位)。

27. d. 专利是美国政府赋予投资者的合法垄断权。相应地，根据《谢尔曼法案》第 1 条和第 2 条，操纵价格的共谋行为和为实现垄断而进行合并都是非法的。

28. c. 对于在所有产量处都下降的 ATC，$P = MC$ 将导致厂商损失。$P = ATC$ 是管制的价格上限，它有最小的无谓损失且仍然允许厂商赚取正常的回报率(零经济利润)。

29. c. $MR = 85 - 4Q$。在 MR＝MC 时，$85 - 4Q = 5$，即 $Q^* = 20$。

30. a. 在 $Q^* = 20$ 时，$P^* = 85 - 2 \times 20 = 45$(美元/单位)。

31. c. 当固定成本为零时，ATC＝AVC，且利润等于 $TR - TC = 45 \times 20 - 5 \times 20 = 800$(美元)。

32. a. 竞争性价格为 $P^* = MC = 5$(美元/单位)，因此 $5 = 85 - 2Q$，即竞争性产出为 $Q^* = 40$。无谓损失是竞争和垄断的结果所围成的三角形区域：$0.5 \times (40 - 20) \times (45 - 5) = 400$(美元)。

33. b. 首先得到初始垄断价格：MR＝MC 意味着 $60 - 4Q = 20$，即 $Q^* = 10$，这又意味着 $P^* = 60 - 2 \times 10 = 40$(美元/单位)。在税后，MR＝MC′意味着 $60 - 4Q = 24$，即 $Q' = 9$，这使得税后价格 $P' = 60 - 2 \times 9 = 42$(美元/单位)。价格上升了 2 美元/单位。

34. c. 这是无谓损失的定义。(注意到选项 d 中的定额税将不改变利润最大化产量，因为它不改变边际成本；因此，无谓损失将不受影响。)

第11章 有市场势力的定价

重要概念

- 价格歧视的定义
- 一级价格歧视
- 二级价格歧视
- 三级价格歧视
- 跨期价格歧视
- 高峰负荷定价
- 两部收费制
  - 入门费
  - 使用费
- 捆绑销售
- 搭售
- 广告
  - 广告的全部边际成本

本章重点

有垄断势力的厂商不会总是对所有消费者索取同一价格。厂商就同一产品向不同消费者索取不同的价格被称作价格歧视。这是用于攫取消费者剩余并将其转移给生产者的定价策略。本章包括三种基本的价格歧视。一级价格歧视（也被称作完全价格歧视）涉及向每个消费者索取他们愿意支付的最高价格。只要索取的价格能高于边际成本，厂商就将继续出售产品。厂商可能做出的最优策略是：通过向每个消费者索取他的保留价格（他们愿意或能支付的最高价格），厂商可以攫取所有的消费者剩余。实行这种类型的价格歧视在实践中会面临困难，它依赖于对消费者支付意愿的浩大信息量的掌握。

在二级价格歧视（也被称作分段定价）中，厂商基于消费者购买的数量而对其索取不同的价格。这种类型的定价实际上也有可能并非价格歧视。如果成批出售产品的成本更小，对成批购买索取更低的价格就不是价格歧视。

如果市场中包含多种类型的消费者（例如，商务舱和豪华舱的旅行者），厂商应当制定利润最大化的产出，以使边际收益在消费者群体间相等并等于边际成本。通过定价满足这两种需求后，厂商将在市场需求弹性更小的部分制定更高的价格。市场细分仅在可阻止消费者群体间套利时有利可图。

本章还讨论了许多其他类型的“非统一定价”：

（1）跨期价格歧视。通过在不同时点索

取不同价格，消费者对各细分市场进行自我选择。

（2）高峰负荷定价。厂商在高峰时段索取更高的价格（可能在一星期的某天、一天的特定时段，甚至一年的某个季度）。高峰定价与三级价格歧视不同，因为为消费者提供服务的边际成本在高峰时段和非高峰时段是不同的。

（3）两部收费制。消费者为了消费商品支付一个预先的固定费用（入门费），然后对购买的每单位产品支付一个额外的单位价格（使用费）。

（4）捆绑销售。有时厂商把打包在一起的两种产品作为捆绑商品出售。如果消费者有异质的需求（对捆绑在一起的商品有不同的保留价格），且厂商不能实行价格歧视（例如，不能对不同消费者索取不同的价格），那么这样做将是有利可图的。混合捆绑销售给消费者提供了购买分开的商品或捆绑的商品的选择。

（5）搭售。搭售这个通用的术语用于描述这样的情形——消费者仅在他们从厂商处购买一种产品时，才能从该厂商处购买另一种产品。搭售的一般形式要求购买耐用品（例如计算机或打印机）的消费者，也购买同一厂商提供的某种东西（专门的软件或打印墨盒）。

本章以讨论一个有垄断势力的厂商应当怎样设定最优广告量作为结尾。增加广告意味着需求曲线向外移动并导致产出增加，但增加产出导致生产成本上升。需要对增加广告的收益和成本进行权衡，以找到利润最大化的广告支出。

概念复习和练习

攫取消费者剩余（第 11.1 节）

有市场势力的厂商发现，向不同消费者索取不同的价格能获取更多的利润，即使对于每个消费者来说它生产产品的成本相同。通过实行价格歧视，厂商能攫取消费者剩余。

我们更进一步地观察实施价格歧视的动力。一个单一价格垄断者通过向一个消费者索取更低的价格来扩大产量，它将不得不同时向所有消费者索取同样低的价格。图 11.1 显示了把价格由 P_0降到 P_1 的单一价格垄断者的权衡行为。总收益下降了区域 $abed$（曾经支付 P_0的“老”消费者现在支付 P_1），提高了区域 $efgc$（新消费者购买的额外单位）。实行价格歧视的垄断者可以使境况变得更好：为了吸引新消费者而索取 P_1，但继续向老消费者索取 P_0。本例中，收入将上升 $efgc$。

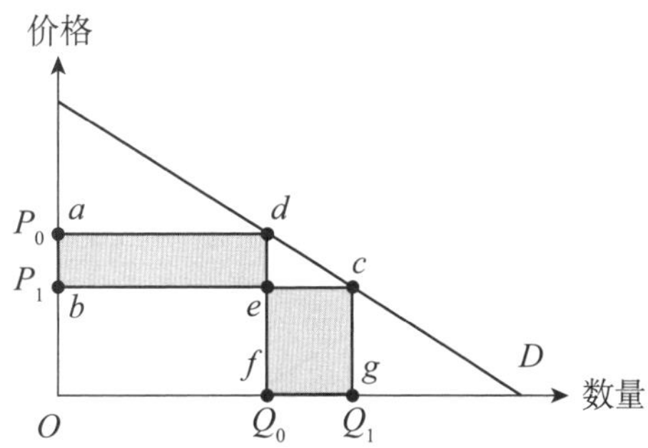

图 11.1

如果价格歧视增加了这样一种利润，为什么不是所有厂商都这么做呢？答案取决于使得厂商能够实施价格歧视的特殊条件。有三个基本条件：（1）厂商必须拥有一些垄断势力；（2）商品支付意愿必须在消费者间存在不同；（3）厂商必须能阻止或限制再售（套利）。如果条件（1）不满足，就只能有一个市场价格且价格歧视将不可能实现。竞争市场不能有效地进行价格歧视，因为它的消费者将发现其他厂商愿意以市场价格向所有消费者出售商品。如果条件（2）不满足，厂商将可能进行价格歧视，但它会发现这无利可图。最后，条件（3）确保了消费者不能与其他人交换且不会破坏厂商的定价政策。

价格歧视（第 11.2 节）

一级价格歧视

完全或一级价格歧视是价格歧视的终极形式。在这里，厂商向每个消费者索取他愿意支付的最高价格。图 11.2 把消费者沿横轴连起来，每个消费者想要一单位产品。第一个消费者有最高的保留价格，第二个消费者有第二高的保留价格，依此类推。图 11.2 中需求曲线上的点代表厂商对每一单位产品向每个消费者索取的不同价格。厂商会继续扩大产量，只要它对每单位产品索取的价格高于生产该单位产品的边际成本。因此，厂商实行一级价格歧视将最大化利润，这是通过设定图 11.2 中的产出水平 Q^* 和索取由需求曲线上的点（近似地）代表的一系列价格来实现的。

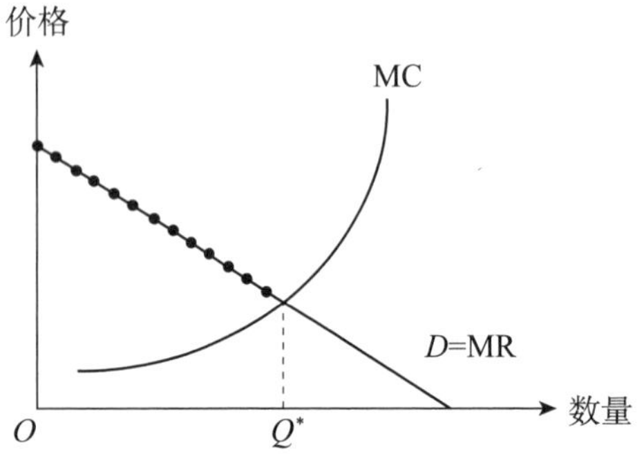

图 11.2

向每个消费者索取他们的保留价格的行为有一些有意思的含义。首先，出售额外一单位产品赚取的额外（边际）收益等于就该单位产品索取的价格。这意味着对于完全价格歧视的垄断者，其边际收益曲线等于需求曲线（如前所述，通过令 MR＝MC，我们可以得到利润最大化的产出）。其次，这种形式的价格歧视从消费者那里攫取了所有的消费者剩余：每个消费者被索取他们愿意支付的最高价格。最后，一级价格歧视取得了竞争性（有效率）的产出水平。没有无谓损失。如果你把图 11.2 中的 MC 曲线看成竞争性行业的供给曲线，Q^* 将准确地等于竞争性产出。因此，虽然一级价格歧视导致了高度不公平的交易剩余分配（厂商获得所有的剩余而消费者没有），但它是社会有效率的。

✍ **练习**

1. 与标准的单一垄断价格相比，在一级价格歧视下，有任何消费者的境况变得更差吗？图 11.3 表明了消费者剩余和损失。

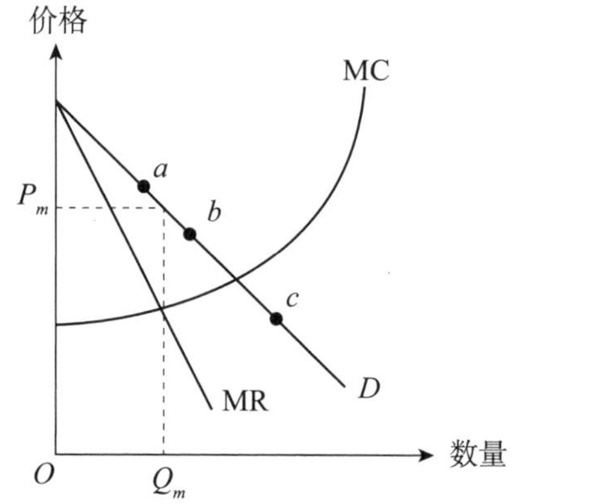

图 11.3

二级价格歧视

如果厂商对每个消费者购买的数量实施价格歧视，它就在实施二级价格歧视。二级价格歧视如图 11.4 所示。这里不再只有一个价格，而是有一个价格表。与向所有 Q_0 单位索取一个价格 P_0 相比，这种条件下消费者剩余减少，但没有减少到 0。图 11.4 的阴影区域显示消费者剩余由那些购买商品的消费者保留。在电力市场上，二级价格歧视被称作下降分段定价。

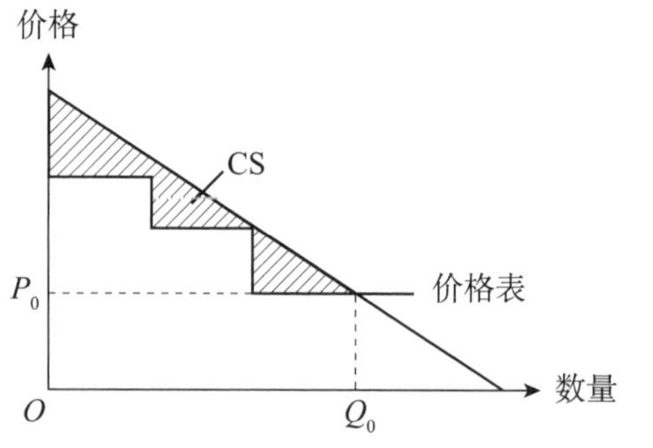

图 11.4

在继续讨论前请注意一点：如果价格折扣不是基于成本的不同，那么提供数量折扣可以被称作价格歧视。如果服务不同消费者所花费的成本不同，那么索取不同的价格就不是歧视。

✍ **练习**

2. 图 11.5 绘出了四条个人需求曲线。每个消费者将购买多少数量？请解释。

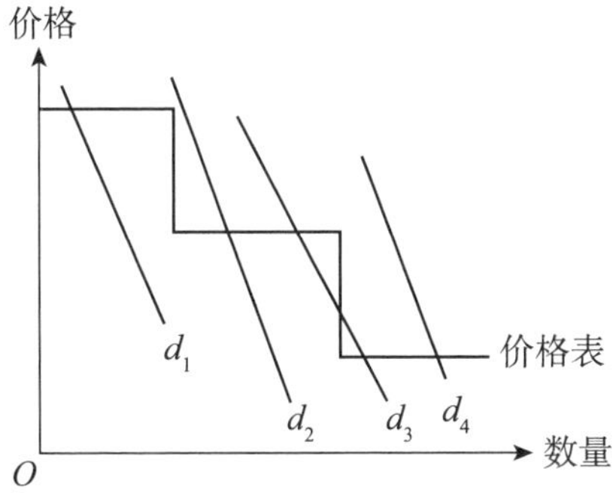

图 11.5

三级价格歧视

对于一些商品，厂商也许能进行市场细分，消费者在这些市场对该商品的支付意愿不同。例如，考虑如果对消费者星期六晚上的机票打折，该折扣可能吸引没有折扣就不乘坐星期六晚上飞机的消费者。这就是三级价格歧视的例子。其他例子有电影票价（对儿童或老年人打折）和大学生橄榄球票价（对大学生、教员和校友打折）。实行这种类型的价格歧视的垄断者对市场进行细分，且对每个市场索取不同的价格。如果厂商能成功地把市场细分为两个（或更多的市场），通过索取反映每个市场的需求弹性的价格，它将创造更高的利润。

✍ **练习**

3. a. 许多餐厅对下午 4 点至 6 点就餐的消费者提供折扣（通常称作"先到者特餐"），你能解释为什么这是一种形式的三级价格歧视和如何进行市场细分吗？谁最可能利用这一特殊群体？

b. 在 a 的答案中，你应当讨论对作为目标市场一部分的老年人的折扣。为什么其他类型的商店不向老年人提供（或不经常提供）更低的价格呢？

为了正式地分析垄断者实行三级价格歧视的最优定价策略，考虑厂商必须做出的两个决策：首先，给定总产量，这些产量怎样在细分市场上分配呢？其次，利润最大化时的总产出水平是多少？假设我们由一个固定的总产出水平开始。对于每个细分市场，厂商面对两条不同的需求曲线，每条需求曲线都有其对应的边际收益曲线。在本例中，厂商应当对销售的产品在两个细分市场中进行分配，以使 $MR_1=MR_2$。如果 $MR_1>MR_2$，厂商可通过在第一个市场多卖出产品而在第二个市场少卖出产品来赚取更多的收益，使总产量不变。类似地，如果 $MR_1<MR_2$，则应当对第二个市场再分配产量。因此，在利润最大化的点，我们必须有 $MR_1=MR_2$。

我们怎样选择总产出水平呢？依靠我们熟悉的 MR=MC 条件。把这两个要求放在一起，我们得到价格和产量必须满足：

$$MR_1=MR_2=MC$$

由于 $MR_1=P_1(1+1/E_1)$ 和 $MR_2=P_2(1+1/E_2)$，其中 E_i 是市场 i 的需求弹性，于是有：

$$P_1/P_2=(1+1/E_2)/(1+1/E_1)$$

从而，价格在需求弹性更小的市场中被制定得更高。

注意到如果 MC 为常数（例如，MC=5），你可以把该问题看作两个细分的垄断市场来处理。令 $MR_1=MC$ 和 $MR_2=MC$，分别解出每一个等式并得到每个细分市场的价格和产量。

✍ **练习**

4. 假设欧德斯达公司以 3 美元/瓶的价格出售"莱西"牌香水，并以 27 美元/瓶的价格出售"玛利琳"牌香水。两种香水都是基于有相同成本的同一配方，虽然消费者不知道这一点。如果欧德斯达公司最大化了利润，相应的需求弹性为多少？如果两种香水的边际成本都为 1 美元，需求弹性为多少？

5. 考虑一条航线的头等舱和普通舱机票的定价，航空公司在该航线存在垄断。举个简单的例子：令 MC=100 美元/单位，同时令头等舱机票的需求为 $P=1\,000-5Q$，而普通舱机票的需求为 $P=500-Q$。

a. 求头等舱机票和普通舱机票的垄断价格。

b. 你在 a 中得出了利润最大化的价格，此时每个细分市场的需求弹性是多少？这些值有意义吗？

跨期价格歧视与高峰负荷定价（第 11.3 节）

细分特定市场的一种获利方法是在不同时段以不同的价格提供商品。消费者对自己进行细分取决于他们何时想使用该商品和他们愿意支付的价格为多少。假设拥有新产品的一个厂商相信一些消费者现在将支付更高的价格，即使这些消费者知道他们等待一段时间后可以得到更低的价格。这些消费者也许会从“最先”拥有商品中得到一些收益。如果愿意最先拥有商品的消费者有一条比愿意等待的消费者相对缺乏弹性的需求曲线，厂商就可以实行跨期价格歧视（三级价格歧视的一种形式）。为了实现利润最大化，厂商应当在高价格时推出商品，之后降低价格以卖给不愿意支付高价格的消费者。例如汽车（价格在车型推出的一年后趋于下降）和时尚服装（价格在季度末下跌）。

一些商品的需求遵循一个“高峰”（强）和“非高峰”（弱）的形态。例如，电力需求在夜间最高。商务飞行需求在工作日的中午和周末最低。高峰时段的边际成本比非高峰时段的高，因为在高峰需求期间运营的容量有限。然而，高峰负荷定价不是一种纯价格歧视，因为不同服务时段的边际成本不同。如果边际成本在高峰时段更高，那么价格也应当在高峰时段更高。

因此，高峰负荷定价与跨期价格歧视类似，但它有成本原因。实行高峰负荷定价的垄断厂商在每一时段令其边际收益等于边际成本，如同出售许多产品的垄断者所做的。如果你把不同时段提供的服务看成不同的商品，对高峰负荷定价的分析将更容易。

✍ **练习**

6. 一个受管制的电力事业公司面对非高峰需求和高峰需求。管制者想制定一个让该公司实现盈亏平衡的价格。市场需求曲线和成本曲线如图 11.6 所示。

a. 假设管制者对非高峰时段和高峰时段制定同一价格。价格被设定为使该公司在非高峰时段收支平衡。在图 11.6 中画出这个价格。在高峰时段公司将获益还是受损？

b. 如果管制者想在高峰时段设定一个不同的价格，以便它能实现收支平衡，那么价格应为多少？

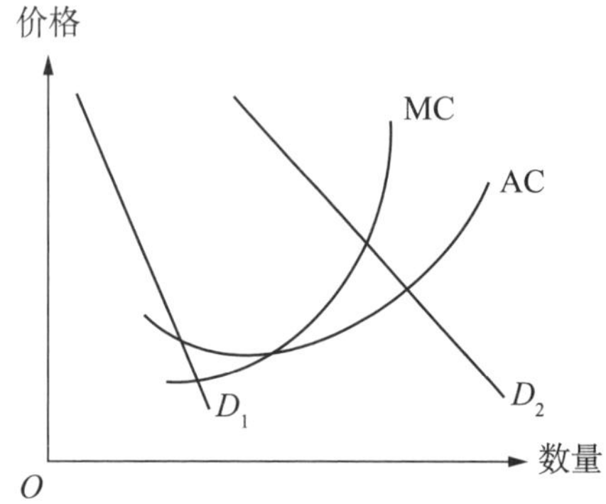

图 11.6

两部收费制（第 11.4 节）

一种特殊形式的数量折扣是两部收费制，它是对消费单一产品索取两种不同的费用。消费者被索取有关商品权的一个费用（入门费）和购买单位商品的另一个费用（使用费）。电话公司通常对线路开通收取固定的月租费，不管你是否打电话，还收取本地通话的计次话费。（这种行为也有基于成本的理由，但这里我们关注歧视的动机。）

在简单例子的背景下，考虑完全相同消费者的例子。给定每个消费者造访乡村俱乐部的需求为 $P=100-Q$，其中 Q 是每年的造访量，而 P 是每次造访的价格。令边际成本为常数，即每次造访 10 美元。如果乡村俱乐部有垄断势力并选择作为单一价格垄断者，它能设定的每次造访价格（使用费）如图 11.7 所示：MR＝MC 意味着 $100-2Q=10$，即 $Q_m=45$ 和 $P_m=100-45=55$(美元/单位)。利润将为 $55\times45-10\times45=2\ 025$(美元)，即图 11.7 中的矩形 *bced*。

两部收费制将使乡村俱乐部的境况变得更好。假设它索取会员年费 T，它等于 $Q=$

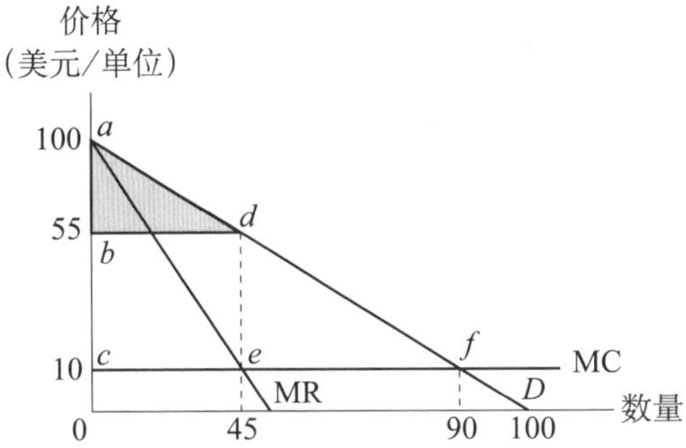

图 11.7

45 和 $P=55$(美元/单位) 时的消费者剩余(阴影三角形 abd)，且对每次造访索取 55 美元。利润将增加 $T=1/2\times45\times45=1\ 012.5$(美元)，带来的总利润为 3 037.5 美元。这种定价策略的变化增加了利润，乡村俱乐部的境况会变得更好。最优策略是对每次造访索取等于 MC(10 美元/单位) 的价格，设定会员年费等于 $P=10$(美元/单位) 时的消费者剩余（三角形 acf)。然后利润会上升到 $[10\times90-10\times90+0.5\times90\times(100-10)]=4\ 050$(美元)。

即使乡村俱乐部通过令 $P=\text{MC}$ 在使用费上达到了收支平衡，它通过收取会员年费也产生了大量的收益。

✍ **练习**

7. 在上面的例子中，在 $Q=100-P$ 和 $\text{MC}=10$(美元/单位) 处，乡村俱乐部通过设定 $P=0$(美元/单位)，并索取等于该价格时的消费者剩余的会员年费，将赚更多钱吗?

总的来说，当消费者完全相同时，厂商将使消费的每单位商品的 $P^*=\text{MC}$ 并索取等于每个消费者的总消费者剩余的入门费。对于相同的消费者，厂商能使用这种定价策略攫取所有的消费者剩余。

如果消费者不完全相同，问题将变得复杂得多。太高的固定费用将使一些购买商品的消费者离开。太低的固定费用将留给消费者太多的消费者剩余。结果，最优的单价在边际成本之上。下一个练习提供了一个数量化的例子，给你提供了一些当消费者不同时如何进行权衡的想法。

✍ **练习**

8. 假设有两种类型的消费者（人数相同)，但厂商必须对他们索取同一价格。每个“高需求”消费者有 $Q_H=130-P$ 的需求曲线，每个“低需求”消费者有 $Q_L=100-P$ 的需求曲线。边际成本为常数，即 10 美元/单位。如果设定一个两部收费方案，设定 $P=10$(美元/单位) 和 $T=$“低需求”消费者的消费者剩余，请计算厂商的剩余；如果设定 $P=15$(美元/单位)，$T=$“低需求”消费者的消费者剩余，计算厂商的利润。哪种定价策略的利润更大呢?

*捆绑销售（第 11.5 节)

当厂商把两种商品打包出售时，厂商在实行捆绑销售。餐厅经常推出套餐，提供主菜加开胃品和点心，但仅索取单一价格。一些餐厅仅出售套餐（纯捆绑销售)；其他餐厅则提供套餐和单点的菜单（混合捆绑销售)。

捆绑销售使垄断厂商了解到一个事实，即消费者对不同商品的保留价格是不一样的。如果需求负相关，即对一种商品有更高保留价格的消费者倾向于对另一种商品有更低的保留价格，捆绑销售将是有利可图的。

✍ **练习**

***9.** 一个化妆品厂商正在推出一种新型保湿霜。它决定以提供给消费者保湿霜加围巾的套装作为新产品。保湿霜的生产成本为每单位 3 美元，围巾为每单位 7 美元。五个消费者的保留价格由下表给定。

消费者	保湿霜(美元/单位)	围巾(美元/单位)
1	20	5
2	18	12
3	12	18
4	9	21
5	4	24

a. 如果厂商为每个产品分别定价，索取的利润最大化价格为多少？

b. 如果对产品进行捆绑销售，索取的利润最大化价格为多少？

c. 哪种定价策略将产生更高的利润？

混合捆绑销售可以运用类似的方法加以分析。假设垄断厂商向消费者提供两种选择——捆绑购买或分开购买。捆绑销售仅在捆绑或打包价格低于两种商品各自的价格之和时才是有价值的。消费者之所以购买捆绑商品，是因为相对于分别购买商品，其更喜欢该选项。如果单一商品的价格分别为 P_1 和 P_2，P_B 是捆绑销售价格，若他只购买商品 1 带来的剩余高于购买捆绑商品带来的剩余，例如，若 $r_1-P_1>r_1+r_2-P_B$，或 $P_B-P_1>r_2$，则有保留价格 r_1 和 r_2 的消费者将只购买商品 1。图 11.8 显示了当厂商使用混合捆绑销售时，不同消费者将做出的选择。注意到保留价格之和超过捆绑价格的一些消费者选择只购买一种商品。对于这些消费者，相对于只购买一种商品，购买捆绑商品所增加的成本比其对另一种商品的保留价格高。

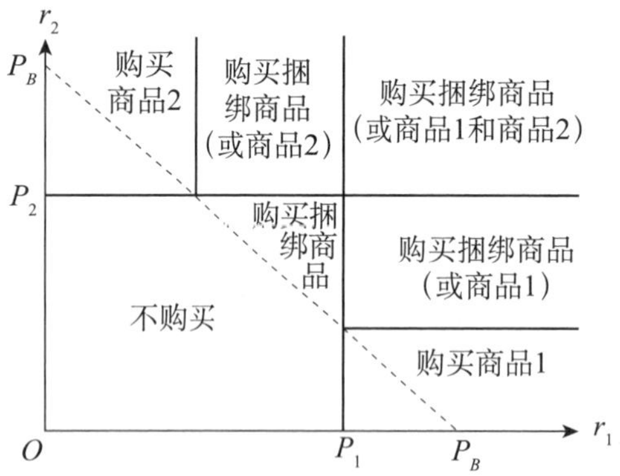

图 11.8

练习

***10.** 在保湿霜作为新产品被成功引入市场后，厂商决定考虑其他策略——提供单独出售的产品或和围巾一起出售的产品。厂商也决定单独出售围巾。保湿霜的边际成本为每单位 3 美元，围巾为每单位 7 美元。给定下表中的消费者保留价格，哪种策略（分别定价、纯捆绑销售，或混合捆绑销售）最好？

消费者	保湿霜(美元/单位)	围巾(美元/单位)
1	22	4
2	17	12
3	13	18
4	12	21
5	5	24
6	8	30
7	12	12

当厂商要求购买一种商品（搭售商品）的消费者去购买另一种商品（被搭售商品）时，搭售就产生了。例如，施乐公司曾经要求租用它机器的公司也仅使用施乐复印纸。搭售与捆绑销售不同，因为被搭售商品的购买数量在不同消费者间是不同的。在施乐公司的例子中，每个消费者需要不同数量的复印纸。因此搭售可被用来作为度量需求的一种方式，这就意味着，更频繁使用设备的消费者将需要更多的副商品。搭售也被用来保护消费者对一种品牌的依赖。例如，生产特殊产品的厂商将要求消费者购买同一厂商的服务合约，以便厂商能保证提供合理的维修，且消费者也会对其产品感到满意。

搭售在其他方面也与捆绑销售不同：若没有副商品（复印纸），主商品（施乐机器）也将没有用处。一个厂商仅在机器市场有垄断势力；为了以高于边际成本的价格卖出副商品，它必须把两种商品搭配起来。如果被搭售商品以高于边际成本的价格卖出，不同的消费者实际上将为垄断商品（更频繁的使用者可能愿意为机器支付更多）支付不同的价格。

*广告（第 11.6 节）

一个成功的广告战将使需求曲线向右移动。广告提高了固定成本但边际成本没有受到影响。由于边际成本小于有垄断势力厂商的价格，如果厂商在同一价格售出额外一单位商品，利润将会增加。

✍ 练习

*11. **a.** 为什么堪萨斯的小麦农场主不推出广告来鼓励消费者购买更多的小麦或提醒消费者自制面包有多好呢？如果广告移动了小麦的市场需求曲线，谁从中获益？

b. 尽管存在 a 中提出的议题，但还是有一些在竞争性市场中出售的商品做了广告。例子有"Got Milk?"和"Real Beef"广告战。你认为这些广告是谁出钱做的？解释即使个体生产者做广告没有利润，但作为整体的生产者也可能获益。

为了正式地分析广告，令厂商的需求曲线为价格和广告的函数。为了简化分析，用美元度量广告（A），所以它的单位成本为 1。然后我们把利润写成：

$$\pi(P, A)=PQ(P, A)-C(Q)-A$$

使用微积分，令$\partial\pi/\partial A=0$，广告的利润最大化选择满足：

$$P(\partial Q/\partial A)-(\mathrm{d}C/\mathrm{d}Q)(\partial Q/\partial A)-1=0$$

或者

$$\mathrm{MR}_{广告}=\mathrm{MC}(\partial Q/\partial A)+1$$

上式左边是广告的边际收益，右边为广告的全部边际成本（生产的 MC 乘以满足边际需求的额外产量，再加上广告的直接成本）。因此，厂商将增加广告，直到额外 1 美元广告的边际收益等于广告的全部边际成本（包括与增加广告带来的额外销售相对应的边际生产成本）。

使用描述广告的最优选择的等式，我们可得：

$$A/PQ=-E_A/E_P$$

因此，设定利润最大化时的广告水平的经验法则为：厂商的广告销售比应当等于需求的广告弹性与需求的价格弹性的比率的负数。

✍ 练习

*12. 如果垄断者出售有同一广告需求弹性（$E_A^1=E_A^2$）的两种产品，但其中一种有更高的价格-成本加成[$(P_1-\mathrm{MC}_1)/P_1>(P_2-\mathrm{MC}_2)/P_2$]，对于哪一种产品，厂商应当在广告上花费更高比例的销售收入呢？

习题集

13. 一个垄断者在两个不同的飞盘市场——用于"终极飞盘"大赛（市场 1）和在海滩上玩（市场 2）——出售飞盘。两个市场的需求曲线分别为：

$$P_1=200-Q_1$$
$$P_2=190-3Q_2$$

生产每种飞盘的成本函数为：

$$C(Q)=500+40Q$$
$$Q=Q_1+Q_2$$

a. 当它在两个市场以不同的价格出售时，对垄断者来说利润最大化的价格和产量分别为多少？

b. 假设所有消费者从《消费者报告》中了解到在每个市场出售的飞盘是完全相同的。总需求曲线是什么？垄断者的价格和数量分别为多少？（提示：在加总得到总需求曲线之前，把价格写在需求曲线等式的右边。）

14. *[捆绑销售] 厂商向三种不同类型的消费者出售两种不同的产品，每种类型的消费者有不同的保留价格。对于 X 组的消费者，商品 1 的保留价格为 15 美元/单位，商品 2 的保留价格为 85 美元/单位。对于 Y 组的消费者，商品 1 的保留价格为 60 美元/单位，商品 2 的保留价格为 55 美元/单位。对于 Z 组的消费者，商品 1 的保留价格为 75 美元/单位，商品 2 的保留价格为 25 美元/单位。商品 1 和 2 的单位成本为 20 美元。

a. 如果厂商分别出售商品，它应当对商品 1 和 2 分别索取多少价格？

b. 假设厂商雇用了一名经济学专业的学

生，他建议捆绑这两种商品后打包出售。在纯捆绑销售（仅打包出售）情形下，应当索取多少价格？厂商赚取多少利润？

c. 如果厂商采取混合捆绑销售策略，它的境况会变得更好吗？

15. 马特·坎贝尔建立了一个营利性教育服务机构，该机构提供经济学考试前的复习培训。每个学生的材料费为 5 美元，教室费和教员工资为 200 美元。马特为两所不同的大学提供这项服务。由于校园间的距离和课程的内容不同，学生仅在他们校园附近报名参加复习班。

a. 在伊诺马斯大学，学生的需求曲线为 $p_1=41-0.15q_1$。利润最大化的价格和数量为多少？

b. 在中央大学，学生的需求曲线为 $p_2=47-0.3q_2$。利润最大化的价格和数量为多少？

c. 比较这些解。解释为什么价格在一个市场中更高。

16. 假设消费者完全相同。最优的两部收费制会比完全竞争更缺乏效率吗（造成更多的无谓损失）？解释你的答案。

* **17.** 图 11.9 显示了低需求（类型 1）和高需求（类型 2）消费者的需求曲线。N_1 消费者有 D_1 需求曲线，N_2 消费者有 D_2 需求曲线。这些需求曲线可写成下式：

$$D_1: p_1=a_1-bq_1$$

$$D_2: p_2=a_2-bq_2$$

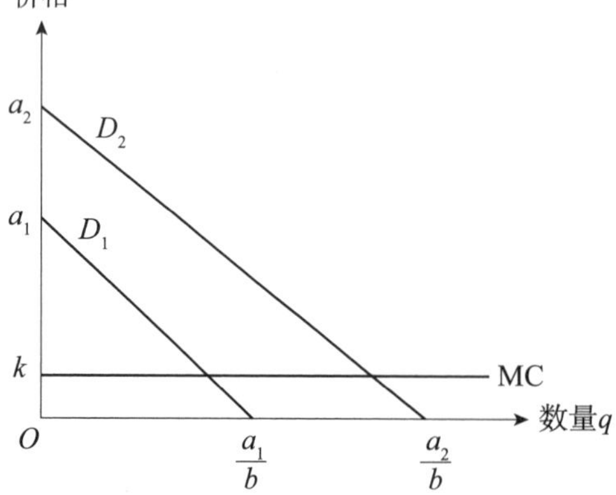

图 11.9

我们将把类型 1 看作低需求者，把类型 2 看作高需求者。这些需求曲线有相同的斜率，但 $a_2>a_1$。边际成本和平均总成本都等于 k。垄断者提供关于单位价格和费用的两种不同组合。消费者将在 p_1 单位价格下选择支付 F_1 费用或在 p_2 单位价格下支付 F_2 费用来购买任意数量的产品。换句话说，愿意购买 x 单位的消费者要么支付 F_1+p_1x，要么支付 F_2+p_2x。假设 $F_1<F_2$，且 $p_2<p_1$。

a. 对于给定的 p_1，类型 1 消费者愿意支付的最大费用为多少？在图中表示出来。

b. 如果 $p_2<p_1$ 且 F_1 等于类型 1 消费者将支付的最大费用，那么类型 2 消费者为了支付等于 p_2 的单位价格，愿意支付的最大费用是多少？

c. 利润最大化时 p_2 的值为多少？试解释。

18. 在艾奥瓦州埃默斯的小机械垄断者有不变的边际成本曲线。埃默斯是一个大学城，垄断者有两种顾客：大学生和本地居民。本地居民的需求曲线和边际成本曲线由图 11.10 给定。

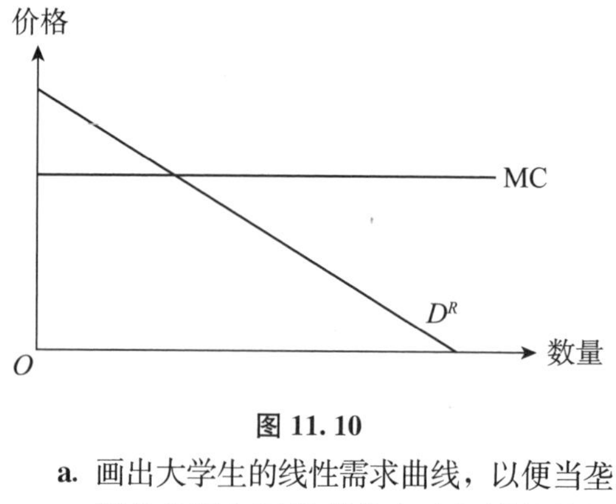

图 11.10

a. 画出大学生的线性需求曲线，以便当垄断者必须向两类群体索取相同的价格时，垄断者不出售任何产品给大学生。

b. 现在假设垄断者能鉴别出购买者是不是学生。画出大学生的线性需求曲线，以便当垄断者能向两类群体索取不同的价格时，垄断者不出售任何产品给大学生。

自测题

19. 珠宝商店不对它的商品设定固定价格。取而代之，由经理决定对每一商品向每个顾客索取多少钱。本题中，商店实行的是：

a. 一级价格歧视。

b. 二级价格歧视。

c. 三级价格歧视。

d. 搭售。

e. 以上选项都不正确。

20. 在一个售酒商店每年的销售中，如果你买五箱，它将给予你每瓶酒 10% 的折扣，如果超过五箱，则给予 20% 的折扣。这家售酒商店实行的是：

a. 一级价格歧视。

b. 二级价格歧视。

c. 三级价格歧视。

d. 捆绑销售。

e. 以上选项都不正确。

21. 一个农药生产商根据农药的浓度出售它的产品——对园艺店以低浓度处方零售，对专业园艺家则以高浓度处方出售。对专业园艺家，每一单位农药的价格更低。该厂商实行的是：

a. 一级价格歧视。

b. 二级价格歧视。

c. 三级价格歧视。

d. 高峰负荷定价。

e. 以上选项都不正确。

22. 如果上述农药生产商想最大化其利润，则

a. 专业园艺家必须比家居者有更大的需求弹性。

b. 专业园艺家必须比家居者有更小的需求弹性。

c. 专业园艺家必须相对于家居者购买更少数量的农药。

d. 专业园艺家对广告的反应更强烈。

e. 以上选项都不正确。

23. 周末滑雪比平时贵。对其的一个解释是：

a. 高峰负荷定价。

b. 周末的需求相对于平时更缺乏弹性。

c. 周末的需求相对于平时更富有弹性。

d. a 和 b。

e. b 和 c。

24. 两部收费制是：

a. 捆绑销售的一种形式。

b. 如果消费者有不同的需求曲线，利润会上升。

c. 如果所有消费者完全相同，那么它是无效的。

d. 一个不常见的定价策略。

e. 以上选项都不正确。

25. 实行三级价格歧视的垄断者将通过以下方式最大化利润：

a. 向更富有需求弹性的细分市场索取更高的价格。

b. 使细分市场间的价格-成本加成相等。

c. 索取使不同市场的边际收益相等的价格。

d. 设定攫取所有消费者剩余的入门费。

e. 索取等于边际成本的价格。

接下来的两个问题使用以下数据：一个有线电视特许运营商的 4 万潜在消费者中的每个人愿意为 HBO 支付 11 美元/月，为 Cinemax 支付 11 美元/月。2 万潜在消费者中的每个人愿意为 HBO 支付 20 美元/月，为 Cinemax 支付 5 美元/月。假设成本为 0 美元。

26. 如果分别出售两项服务，运营商应当对 HBO 和 Cinemax 分别索取：

a. 20 美元和 11 美元。

b. 11 美元和 11 美元。

c. 11 美元和 20 美元。

d. 11 美元和 5 美元。

e. 20 美元和 5 美元。

27. *［捆绑销售］如果运营商以捆绑的方式出售两项服务，则它应当索取：

a. 31 美元。

b. 25 美元。

c. 22 美元。

d. 20 美元。

e. 18 美元。

28. *［广告］最好的烤面包店在波当克出售一种流行的三明治。它在广告上支出5%的销售收益。它以0.35美元/个的价格出售面包，每个的成本为0.25美元。如果厂商想最大化其利润，它的需求的广告弹性应等于：

a. 0.2。

b. 0.175。

c. 0.143。

d. 0.125。

e. 信息不充分。

29. 比较一级价格歧视和完全竞争，你能得出以下哪个结论？

a. 竞争情形下的总剩余更高。

b. 竞争情形下的总剩余更低。

c. 竞争情形下的生产者剩余更低而消费者剩余更高。

d. 竞争情形下的边际收益等于价格，但在一级价格歧视下两者不相等。

e. 竞争情形下的无谓损失更小。

30. 有市场势力的厂商试图通过各种价格歧视行为攫取消费者剩余。然而，对于价格差异也有基于成本的解释。下列哪个行为可能有成本理由？

a. 相对于普通香烟，生产者以更高的价格出售品牌香烟。

b. 公司对更大的订单以数量折扣的形式实现成本节约。

c. 公司为特殊买方定制产品和服务，并索取更高的价格。

d. 以上选项都正确。

e. a 和 c 都正确。

第 11 章答案

练习答案

1. 完全一级价格歧视损害了保留价格高于 P_m（纯粹垄断价格）的消费者（像 a），因为他们现在支出更多。保留价格低于 P_m 但高于 MC 的消费者（像 b）现在以保留价格被提供商品，所以他们的境况既没变好也没变坏（例如，他们原先不购买商品，现在他们购买商品但没有消费者剩余）。保留价格低于 MC 的消费者（像 c）不购买商品，不管是否存在价格歧视。

2. 消费者 1、2 和 4 每人购买需求曲线与价格表相交处的数量。消费者 3 是一个更复杂的例子，因为他的需求曲线与价格表有多个交点。在图 11A.1 中我们说明了消费者 3 的需求曲线。在哪里相交最好取决于购买最大数量（q_C）而不是最小数量（q_A）的额外的净剩余。（消费者不会停留在 q_B，因为 $CS_A + CS_B < CS_A$。）由于 CS_B 为负值，如果 $CS_B + CS_C < 0$，消费者将选择 q_A（如果由 q_A 移动到 q_C 带来的 CS 损失大于 CS 盈余）。如果 $CS_B + CS_C > 0$，他将选择 q_C（如果由 q_A 移动到 q_C 带来的 CS 盈余大于 CS 损失）。在本题中，给定图中描绘的方式，$CS_B + CS_C < 0$，他购买 q_A 数量更好。

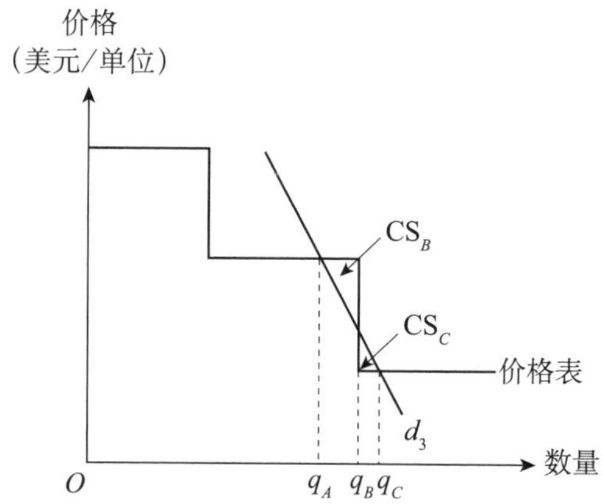

图 11A.1

3. a. 餐厅选择定价策略来把市场细分为工作群体和无工作群体。虽然学生和儿童以及那些不在家工作的人能充分利用这些“先到者特餐”，但主要的细分市场仍是退休的老人，他们有早吃或晚吃的灵活性，这使得需求更富有弹性。如果在下午 4 点或 4 点半向他们提供 50%的折扣，他们中的许多人将会利用这个优惠。

b. 如果许多其他类型的商店也提供折扣，它们无法阻止老年人购买后再转售给年轻人。即使是餐厅，如果它们对下午 4 点至 6 点购买的外带食品使用相同的定价策略，套利将变得很容易，几乎没有人将在 6 点以后购买外带食品。（显然，这有套利成本，也是应当考虑的。）

4. 回顾第 10 章定价的经验法则。消去等式两边的边际成本，我们可以得出价格比率作为需求弹性的函数。由于 $(P_i-MC_i)/P_i=-1/E_i$，其中 E_i 为市场 i 的需求弹性，我们可以得到 $(3-MC)/3=-1/E_R$ 和 $(27-MC)/27=-1/E_D$，所以“莱西”牌香水更富有需求弹性。如果 MC=1，则 $(3-1)/3=-1/E_R$，即 $E_R=-3/2$，以及 $(27-1)/27=-1/E_D$，即 $E_D=-27/26$。记住垄断者总是在线性市场需求曲线富有弹性的部分选择价格。

5. a. 在每个细分市场令 MR=MC。（回顾 MR 和线性需求曲线有相同的截距，且前者的斜率是后者的两倍。）

头等舱：$1\ 000-10Q=100\Rightarrow Q=90$ 和 $P=550$ 美元/单位，用需求函数来确定价格。

经济舱：$500-2Q=100\Rightarrow Q=200$ 和 $P=300$ 美元/单位。

b. $E_{头等舱}=-bP/Q=-1/5\times(550/90)=-1.2$（这里 $-b$ 是需求方程 $Q=a-bP$ 的斜率）。

$$E_{经济舱}=-bP/Q=-1\times(300/200)=-1.5$$

是的，每个细分市场的需求弹性的这些值都有意义，因为更缺乏弹性的细分市场被索取更高的价格。

6. a. 图 11A.2 显示了非高峰价格 P_1 位于 AC 曲线与 D_1 的相交处。该公司将在非高峰时段实现收支平衡。然而，在高峰时段，当需求增加到 D_2 且产量上升到 Q_2 时，厂商将亏损，因为在 Q_2 产量下，AC 位于 P_1 上方。

b. 为了令该公司在高峰时段实现收支平衡，高峰价格必须提高到 P_2，即 D_2 与 AC 曲线的相交处。

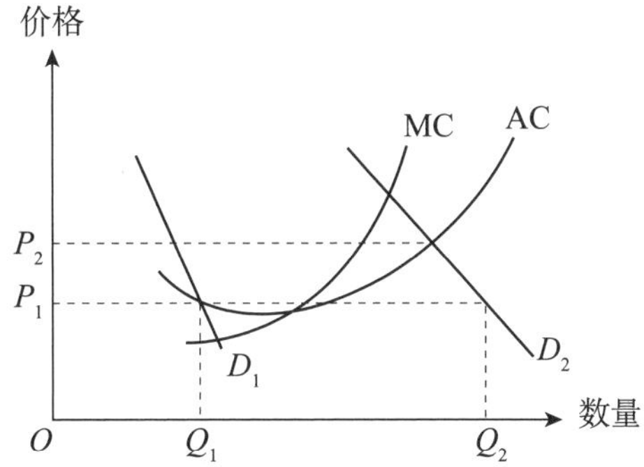

图 11A. 2

7. 如果乡村俱乐部令 $P^*=0$ 美元/单位，则消费者需求为 $Q^*=100$。消费者剩余将为 $0.5\times100\times100=5\ 000$（美元），它是会员年费或入门费。因此利润将为：$0\times100-10\times100+5\ 000=4\ 000$（美元）。这比 $P^*=10$ 美元/单位和 $T^*=4\ 050$ 美元时赚取的利润少。

8. 在 $P=10$ 美元/单位和 $T=CS$ 处，对于“低需求”消费者，如图 11A.3 所示，我们有 $Q_H=120$，$Q_L=90$，$CS_L=0.5\times90\times90=4\ 050$（美元）。由于厂商索取的单位价格等于边际成本，它的利润将来自入门费：$\pi=2T=2\times4\ 050=8\ 100$（美元）。

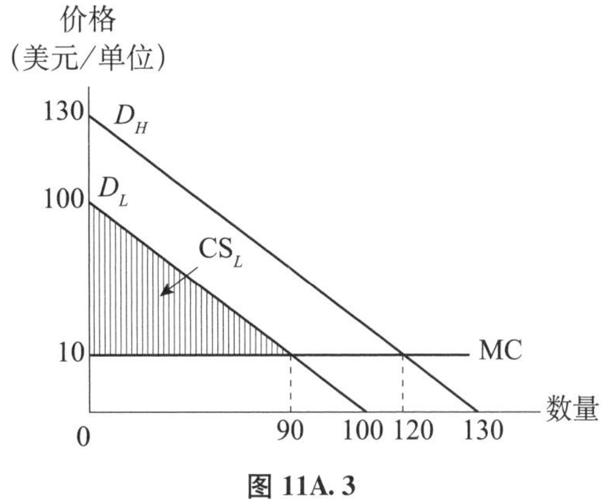

图 11A. 3

如果 $P=15$ 美元/单位，则 $Q_H=$

115，$Q_L=85$，那么 $CS_L=0.5\times85\times85=3\ 612.5$(美元)。利润 $\pi=(P-MC)Q+2T=(15-10)\times(115+85)+2\times3\ 612.5=8\ 225$(美元)。因此，当消费者不同时，厂商通过索取高于 MC 的价格和略低的入门费来最大化利润。

9. a. 为了解决捆绑销售问题，需要核对每一个可能的价格。这是经过简化了的，因为厂商仅通过降低价格吸引额外消费者来获益。假定只要价格低于或等于他的保留价格，消费者就会购买（如果价格必须严格低于保留价格，我们需要指出最小可允许的价格变化）。

对于保湿霜，逐项核对以下价格：20 美元/单位、18 美元/单位、12 美元/单位、9 美元/单位和 4 美元/单位。当 $P=20$ 美元/单位时，利润为 $20-3=17$(美元)，因为仅第一个消费者购买。当 $P=18$ 美元/单位时，利润等于 $2\times(18-3)=30$(美元)，因为有两个消费者购买。对于 $P=12$ 美元/单位、9 美元/单位和 4 美元/单位，运用类似的逻辑：$\pi(12)=3\times(12-3)=27$(美元)；$\pi(9)=4\times(9-3)=24$(美元) 和 $\pi(4)=5\times(4-3)=5$(美元)。所以单独向保湿霜索取的最优价格为 18 美元/单位。

对于围巾，我们有：$\pi(24)=24-7=17$(美元)，因为只有第五个消费者购买。类似地，$\pi(21)=2\times(21-7)=28$(美元)；$\pi(18)=3\times(18-7)=33$(美元)；$\pi(12)=4\times(12-7)=20$(美元)；$\pi(5)=5\times(5-7)=-10$(美元)。所以单独向围巾索取的最优价格为 18 美元/单位。

分别出售的总利润等于 $30+33=63$(美元)。

b. 对于纯捆绑销售，把每个消费者的两个保留价格相加，然后核对每个捆绑销售价格对应的利润。捆绑销售的边际成本为 10 美元/单位，即单独产品的边际成本总和。令 P_B 为捆绑销售的价格。当 $P_B=30$ 美元/单位时，$\pi_B(30)=3\times(30-10)=60$(美元)，因为第二、第三、第四个消费者都会以这个价格购买捆绑的产品。如果 $P_B=28$ 美元/单位，利润 $\pi_B(28)=4\times(28-10)=72$(美元)；$\pi_B(25)=5\times(25-10)=75$(美元)。因此，捆绑销售的最优价格为 25 美元/单位，利润为 75 美元。

c. 捆绑销售时利润更高（75 美元＞63 美元）。

10. 对于分别定价和纯捆绑销售，我们进行相同的分析。首先，得到分别定价和纯捆绑销售的利润。

对于仅出售保湿霜，$\pi(12)=5\times(12-3)=45$(美元) 为可得的最大化利润。对于仅出售围巾，$\pi(18)=4\times(18-7)=44$(美元) 为可得的最大化利润。所以，分别出售商品带来的总利润为 $45+44=89$(美元)。

对于纯捆绑销售，考虑的相应价格为：38 美元/单位、33 美元/单位、31 美元/单位、29 美元/单位、26 美元/单位和 24 美元/单位。纯捆绑销售带来的利润在 $P_B=24$ 美元/单位时最高，因为所有 7 个消费者都购买捆绑商品，利润为 $\pi_B(24)=7\times(24-10)=98$(美元)。

混合捆绑销售分析起来更复杂。对于捆绑销售的每一价格，愿意购买捆绑商品的消费者数量取决于单独向每种商品索取的价格。令 1＝保湿霜和 2＝围巾，为了简化分析：

如果 $P_B=38$ 美元/单位，只有第六个消费者愿意购买捆绑商品，且仅在 $P_1\geqslant8$ 美元/单位和 $P_2\geqslant30$ 美元/单位时购买。本题中分别索取的最优价格为 $P_1=12$ 美元/单位和 $P_2>30$ 美元/单位。第六个消费者将购买捆绑商品，消费者 1、2、3、4 和 7 将购买商品 1。我们把混合捆绑销售带来的利润写成 $\pi_M(P_B, P_1, P_2)$。因此 $\pi_M(38, 12, 31)=(38-$

10)＋5×(12－3)＝73(美元)。

π_M(33，12，31)＝2×(33－10)＋4×(12－3)＝82(美元)，因为消费者4和6将购买捆绑商品，消费者1、2、3、7将购买商品1。没有人仅购买商品2。

π_M(31，17，24)＝3×(31－10)＋2×(17－3)＋(24－7)＝108(美元)，因为消费者3、4和6购买捆绑商品，消费者1和2购买商品1，消费者5购买商品2。注意，把商品1的价格降至12美元/单位，将使得消费者3由购买捆绑商品变为只购买商品1。因此，这并非一个有利可图的选择。

π_M(29，22，31)＝5×(29－10)＋(22－3)＝114(美元)，因为消费者2、3、4、5和6购买捆绑商品，消费者1仅购买商品1。

π_M(24，19，31)＝6×(24－10)＋(19－3)＝100(美元)，因为除了消费者1仅购买商品1外，其他每个人都购买捆绑商品。消费者1不能被索取商品1的保留价格，否则他将购买捆绑商品。给定商品2的成本，厂商最好仅向他出售商品1。

混合捆绑销售是最好的选择（114美元＞98美元＞89美元）。

11. a. 竞争性小麦农场主的生产数量会达到P＝MC的点。农场主已经出售了利润最大化的产量，他不愿意在当前出售更多数量。如果广告提升了小麦的价格，所有小麦农场主都将获益。

b. 贸易协会资助了这些广告战。这意味着，一群生产者联合起来集资做广告。如果该群体包括所有的生产者，需求曲线向右移动将使他们获益，因为利润增加（只要供给曲线向上倾斜）。注意，如果供给曲线为水平的，向右移动需求曲线将使利润不变。

12. 在有更高价格-成本加成的市场中，厂商应当在广告上花费销售收入的更大比例。这是更缺乏需求弹性的市场（E_P的绝对值较小）。由于$A/PQ=-E_A/E_P$是经验法则，厂商应当在市场1中花费更多。

习题集答案

13. a. 首先，得到每个市场的边际收益：$MR_1=200-2Q_1$和$MR_2=190-6Q_2$。由于边际成本为常量，即40美元/单位，我们可以分别解出每个市场的产量和价格。

在市场1，$MR_1=MC$意味着$200-2Q_1=40$，即$Q_1^*=80$和$P_1^*=120$美元/单位。在市场2，$MR_2=MC$，所以$190-6Q_2=40$，即$Q_2^*=25$和$P_2^*=115$美元/单位。

b. 当厂商不能进行价格歧视时，$P_1=P_2$。我们需要重写需求曲线，把Q写在左边并加总两条曲线，以得到市场需求。$Q_1=200-P_1$和$Q_2=63.33-P_2/3$。令价格相等，则有$Q=Q_1+Q_2=263.33-4P/3$。因此，反需求曲线为$P=197.5-0.75Q$。无价格歧视的边际收益曲线为$MR=197.5-1.5Q$，令$MR=MC=40$美元/单位，得$Q^*=105$和$P^*=118.75$美元/单位。

14. a. 分别出售商品，最优价格为$P_1=60$美元/单位和$P_2=55$美元/单位。厂商向两个消费者出售每种商品。总利润为$\pi_1+\pi_2=2\times(60-20)+2\times(55-20)=150$(美元)。

b. 对于纯捆绑销售，只需考虑两个捆绑价格：115美元/单位和100美元/单位。当$P_B=115$美元/单位时，只有一种捆绑商品被售出。当$P_B=100$美元/单位时，三种捆绑商品都被售出：$\pi_B(100)=3\times(100-40)=180$(美元)。

c. 对于混合捆绑销售，一种可能的情形是：以115美元/单位卖出捆绑商品，以75美元/单位卖出商品1，以85美元/单位卖出商品2。π_M(115，75，85)＝(115－40)＋(75－20)＋(85－

20)＝195(美元)。如果捆绑价格跌到100美元/单位，所有消费者都将购买捆绑商品，所以利润将等于180美元。厂商的最优结果是混合捆绑销售。

15. a. $MR_1=41-0.3q_1$。令 $MR_1=MC$，我们得到 $41-0.3q_1=5$，即 $q_1=36/0.3=120$。把它代入需求曲线，我们可得 $p_1=41-0.15\times120=23$(美元)。

b. $MR_2=47-0.6q_2$。令 $MR_2=MC$，我们得到 $47-0.6q_2=5$，即 $q_2=42/0.6=70$。把它代入需求曲线，我们可得 $p_1=47-0.3\times70=26$(美元)。

c. 市场2有更高的价格和更少的销售量。重要的是通过比较两个市场的弹性来观察哪一个市场会有更高的价格。$E_d^1=-\frac{1}{0.15}\times\frac{23}{120}=-1.28$ 和 $E_d^2=-\frac{1}{0.3}\times\frac{26}{70}=-1.24$。从而，我们可以看到，更缺乏需求弹性的市场面临更高的价格。

16. 仅有一种消费者类型的最优两部收费制包括 $P^*=MC$ 和入门费 T，T 等于该价格下的所有消费者剩余，如图11A.4所示。没有无谓损失是因为 Q^* 与完全竞争情形下的 Q 相同。

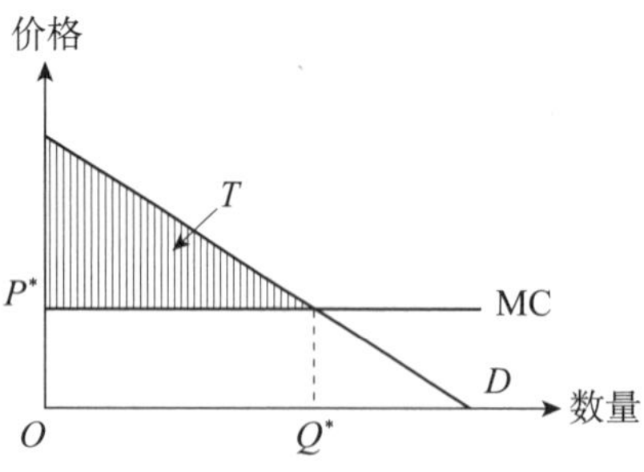

图 11A.4

17. a. 见图11A.5(a)，对于任意单位索取 p_1，低需求者将支付的费用为全部消费者剩余。

b. 垄断者不能从高需求者那里攫取所有剩余，因为这些个人能选择 (F_1, p_1) 组合，该组合能给他们带来正的消费者剩余。从而，图11A.5(b)的阴影区域等于高需求者在 p_2 的价格下愿意支付的最大费用。

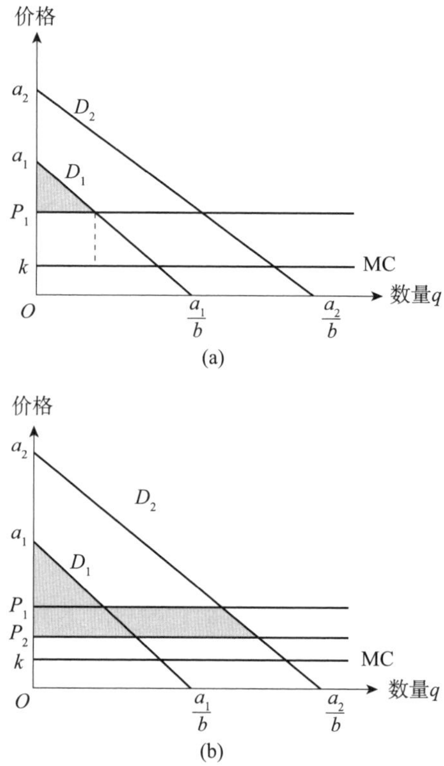

图 11A.5

c. p_2 的利润最大化值为 k。仅对于完全相同的消费者，降低 p_2 至 k 会增加剩余量，它能以费用的形式被攫取超过额外产出成本的数量。

18. a. 由图11A.6(a)开始，D^R 为居民需求，D^S 为学生需求，D^T 为总需求(沿着 D^R 直到 P_0，低于 P_0 时，为 D^R 和 D^S 的水平加总)。D^T 需求曲线带来的边际收益可分为两段：第一段沿着 MR^R 曲线至 Q_0，因为在0和 Q_0 之间，只有 D^R 曲线与数量有关。第二段(对大于 Q_0 的数量)沿着 MR^T 曲线，如果 D^T 是唯一的相关需求曲线。换句话说，设想延长 D^T 到纵轴，然后画出与 D^T 有相同截距的 MR^T 曲线，并令其斜率为 D^T 曲线的两倍。把这两段放在一起，图11A.6(a)显示了

最终的 MR^T 曲线（粗线）。

现在得出了 MR^T 曲线，你可以求得想要的 D^S，使得当垄断者必须向两个群体索取同一价格时，D^S 导致对大学生的销售量为零。直觉地，如果价格 P^* 落在 D^R 而不是 D^T 需求曲线上，对学生的销售量将为零。图 11A.6(b) 对此进行了阐述。P^* 是垄断价格（在 Q^* 处，MR^T 和 MC 相交），它满足这个条件。在无价格歧视的情形下，如果 MR^T（两个群体的边际收益曲线的加总）和 MC 的交点与 MR^R 和 MC 的交点相同，那么对学生的销售量将为零。

b. 见图 11A.6(c)。在三级价格歧视下，当 $Q^S=0$ 时，MR^S 是否小于 MC 的问题变得简单了。

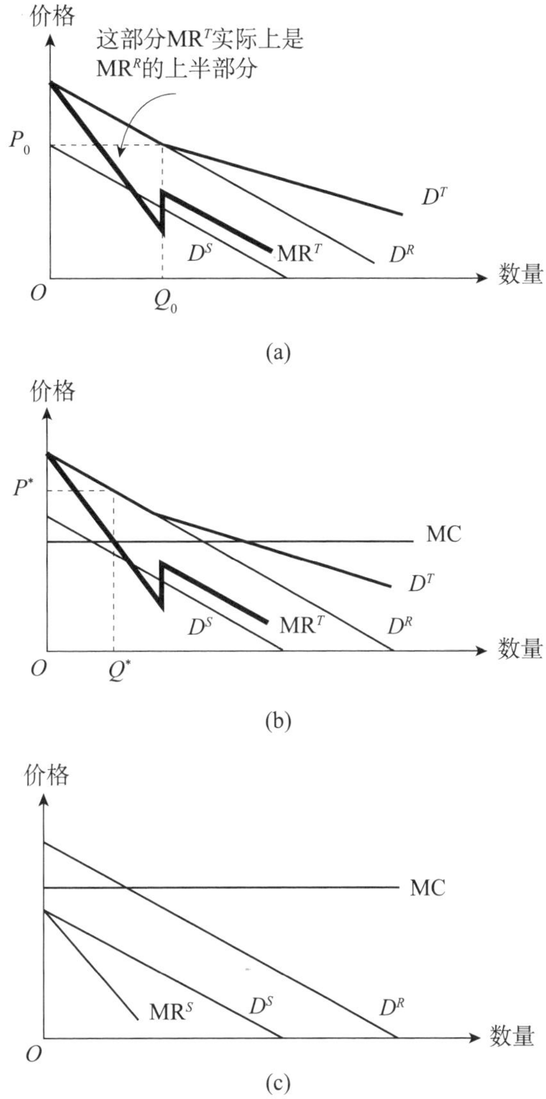

图 11A.6

自测题答案

19. a. 每个消费者支付给经理对他们保留价格的估计值。

20. b. 这是下降分段定价，是二级价格歧视的一种形式。

21. c. 厂商根据农药的药性浓度对两个市场进行细分。

22. a. 对更富有弹性的市场索取更低的价格。

23. d. 高峰负荷定价和三级价格歧视都可能实行。在不知道成本在高峰时段和非高峰时段是否不同的情形下，我们无法确定。

24. b. 虽然当消费者需求不同时，不能攫取所有的剩余，但两部收费制仍可能有利润。如果消费者完全相同且价格被设定为等于边际成本，两部收费制能与完全竞争一样有效（因此，c 不正确）。选项 d 肯定不正确。把价格分为两部分——入门费和使用费——相当普遍。例子有乡村俱乐部定价和健身俱乐部定价（一个最初的会员费和月费）与公共事业收费（入门费和与此分离的使用费）。

25. c. 在三级价格歧视下，垄断者应当把价格设在 $MR_1=MR_2=MC$ 处。这将使更缺乏需求弹性的细分市场有更高的价格。

26. b. 有线电视特许运营商如果令 $P_{HBO}=11$ 美元/单位，将赚取 $11\times 40\ 000+11\times 20\ 000=660\ 000$(美元）的收入。如果令 $P_{HBO}=20$ 美元/单位，它能赚取 $20\times 20\ 000=400\ 000$(美元）的收入。因此，有线电视特许运营商应当令 $P_{HBO}=11$ 美元/单位。运营商如果令 $P_{Cinemax}=11$ 美元/单位，将赚取 $11\times$

在短期和长期对任何策略变化的反应。

寡头垄断理论有两种基本的理论分支，称为合作和非合作。本章考虑的古诺模型、斯塔克伯格模型和伯特兰模型是非合作行为的模型。在非合作模型中，给定竞争者的行为，每个厂商都做出其最优选择。这就是纳什均衡。这三个模型分别做出了不同的假设，都从厂商猜测它的竞争者行为的假设开始，不过它们都利用了纳什均衡的概念。

在古诺模型中，厂商通过选择产量来竞争，所有厂商同时做出决策。每个厂商的反应曲线把它将生产的数量作为它认为竞争对手将生产的数量的函数。古诺均衡在两条反应曲线的相交处产生。在均衡时，这导致了低于完全竞争但高于纯粹垄断的总产出水平。

在斯塔克伯格模型中，厂商也通过选择产量来竞争，但有一个厂商能先选择。斯塔克伯格模型中的"领导者"先设定它的产量，追随者观察到领导者的产出，然后做出自己的产量决策。先行动给予了领导者先发优势：领导者将比追随者生产更多且赚取更高的利润。

伯特兰模型是一种价格竞争模型。每个厂商均必须决定价格应当设定为多少，且把竞争者的价格看作给定的。对于同质产品，纳什均衡是竞争性结果，例如，两个厂商将价格设定为等于边际成本。对于差异化产品，均衡时的伯特兰价格将高于完全竞争时的价格，但低于纯粹垄断时的价格。

博弈论能被用来阐述非合作博弈的基本特征。给定一个厂商的决策和竞争对手的决策，博弈的支付矩阵显示了每一厂商的利润。传统的非合作博弈被称作囚徒困境博弈，其中，每个厂商都考虑竞争者的行为，且各自独立地采取最优行动。试图实现利润最大化的每个厂商都将积极地竞争，但如果它们合作，两个厂商的境况都将变得更好。每个厂商都有动力"欺骗"和暗中破坏它的竞争对手。在一次博弈中，竞争性结果将总是博弈均衡，因为在未来没有惩罚。

在一个动态定价系统中，价格领导者采取一种与竞争者沟通（通过市场信号）的方式，更高的价格和竞争的更被动的形式会使所有参与人都变得更好。

作为价格领导者的有信誉的厂商不必成为市场中最大的厂商。在主导厂商模型中，我们看到有一个大厂商和一群小（次要）厂商的市场。主导厂商通过设定其需求曲线（从市场需求中减去次要厂商的供给即可得到）得到边际收益，并令其等于边际成本来获取利润最大化价格。一旦主导厂商设定了价格，次要厂商就会把那个价格当作给定的，并通过它们的供给曲线决定产量。

卡特尔是厂商间的正式协议，其目的在于协调行动，以把价格提高到竞争性水平之上。当产量定在卡特尔的边际收益等于边际成本时，将实现利润最大化。卡特尔产量必须分为每个厂商各自的产量配额。每个成员将会受到违反协议的诱惑，以在略低的价格上出售更多的配额。违反协议的冲动造成了卡特尔的长期不稳定。

概念复习和练习

垄断竞争（第 12.1 节）

在垄断竞争市场中，存在许多厂商且无进入壁垒，但每个厂商的产品与其他竞争者的产品在一定程度上不同。在完全竞争市场中，出售的是相同的产品，但在垄断竞争情形下，产品是差异化的。每个厂商都有一些市场势力且面对向下倾斜的需求曲线。例如，由于版权保护，与培生出版公司竞争的出版商不能出售本教材，所以它对这本特定的书存在垄断。然而，两个因素限制了市场势力：出版商出售类似书的竞争，以及教材出版业的自由进入。

产品差异化是垄断竞争的关键。它有多种形式，包括数量、成分、特征和耐用性的差异。产品差异化的另外一种形式是地理位置。你附近的便利店如果只提高一点价格，将不会失去它的顾客——有些消费者愿意为了方便而支付更高的价格。但如果价格提高很多，他们便会去低价的超市购物。只要存在一些产品差异和进入自由，把市场模型化为垄断竞争而不是完全竞争就更加合适。

✍ **练习**

1. 你能描述垄断竞争的本地餐厅市场吗？为什么？

在短期，垄断竞争市场的厂商像垄断者那样行动。它选择生产边际收益等于边际成本时的产量。厂商的短期需求曲线向下倾斜（由于产品差异化所造成的市场势力），所以边际收益低于价格。在长期，行业均衡要求没有厂商愿意进入或退出。在所有厂商都完全相同的对称例子中，所有厂商都赚取零利润。在长期，与完全竞争的例子类似，每个厂商都试图赚取尽可能多的利润，但高于正常利润将吸引生产竞争产品的新厂商，促使利润下降为零。由于每个厂商都最大化其利润，边际收益等于边际成本；且由于存在自由进入，在长期，价格等于平均总成本。同时，这两个条件意味着厂商的需求曲线在利润最大化产量处与它的平均总成本曲线相切，如图 12.1 所示。虽然 MR＝MC，但由于需求曲线向下倾斜，$P>MC$。

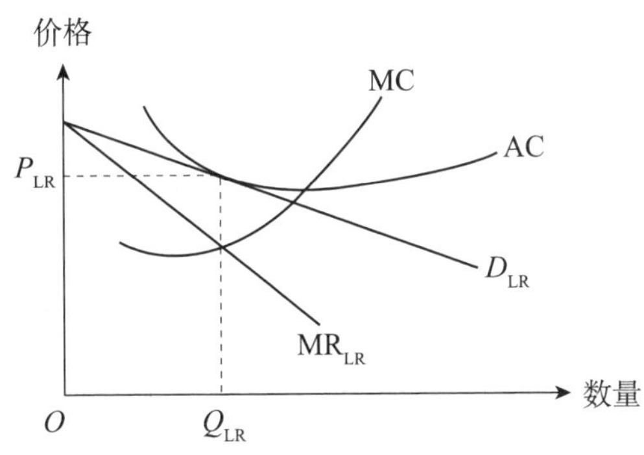

图 12.1

✍ **练习**

2. 当前的产出水平为 10，垄断竞争厂商的 MR＝4，MC＝4，ATC＝6，$P=8$。该市场是否处于长期均衡？如果不是，描述达到长期均衡所必需的调整过程。

在垄断竞争市场，由于价格超过边际成本，太少的产量被生产出来。边际成本上的价格加成和与完全竞争情形下相比更少的产量被生产出来，这些事实都造成了无谓损失。由于每个垄断竞争厂商都在过剩的生产能力下经营，另一种无效率就产生了。换句话说，图 12.1 的产出水平 Q_{LR} 位于最小平均成本的左边。如果存在更少的厂商，按照最小生产成本生产的社会将变得更好，每个厂商将在最低平均成本处生产。然而，对损失的测量忽略了社会从产品差异化中获得的好处。每个厂商的消费者对购买特定品种都赋予了一定的价值。结果，考虑到每个厂商提供额外品种带来的好处与低于生产能力带来的损失，我们无法得到一般性结论。

寡头垄断（第 12.2 节）

在一个寡头垄断市场，仅有几个厂商。产品可能是差异化的或同质的。如果进入壁垒（如规模经济、专利、获得专门技术）阻止新厂商进入，寡头垄断就产生了。在进行策略决策的过程中，每个厂商都必须考虑对手对它们决策的反应。分析策略行为的基本概念是纳什均衡，我们会在第 13 章详细讨论。在纳什均衡情形下，给定对手的行动，每个厂商所做的是它所能做的最好的。结果，在纳什均衡中，没有厂商有激励去改变行动。

古诺模型

在寡头垄断的古诺模型中，每个厂商都必须决定生产多少，且厂商在同一时间做决策。考虑两个厂商生产同质产品且在市场出清价格下出售产品的一个市场。市场价格取决于两家厂商的产出选择。每个厂商选择自己的产量，把竞争对手的产量看成给定的。令 $P(Q)$ 为产品的需求曲线，产量 $Q=Q_1+Q_2$。厂商 1 的总成本为 $C_1(Q_1)$，厂商 2 的总成本为 $C_2(Q_2)$。纳什均衡是一对满足以下条件的产量 Q_1^* 和 Q_2^*：

给定 Q_2^*，Q_1^* 最大化 π_1；给定 Q_1^*，Q_2^* 最大化 π_2。

在均衡时，给定对手的选择，没有一个

厂商能通过生产不同的数量受益。为了得到纳什均衡，我们必须同时求解，以得到满足这些条件的一对产量。

让我们以线性需求曲线和不变的边际成本的例子开始。需求曲线为 $P=400-2Q=400-2(Q_1+Q_2)=400-2Q_1-2Q_2$。假设两个厂商的边际成本是常数（等于平均总成本），为每单位 10 美元。则两个厂商的利润为：

$$\pi_1=PQ_1-C_1$$
$$=(400-2Q_1-2Q_2)\ Q_1-10Q_1$$
$$\pi_2=(400-2Q_1-2Q_2)\ Q_2-10Q_2$$

假设厂商 1 预计厂商 2 生产 65 单位。于是厂商 1 面对的需求曲线为 $P=400-2Q_1-2Q_2=400-2Q_1-2\times65=270-2Q_1$。给定厂商 2 出售 65 单位，这是厂商 1 面对的剩余需求曲线。剩余需求曲线的边际收益为 $MR=270-4Q_1$。厂商 1 像一个垄断者一样按照它的剩余需求曲线行动——在它预计厂商 2 生产 65 单位的条件下，这是它相信它所能获得的市场份额。因此，厂商 1 选择 $MR(Q_1)=MC(Q_1)$ 或 $270-4Q_1=10$ 的产量，得到 $Q_1=65$。

✍ **练习**

3. 如果厂商 2 生产 45 单位，厂商 1 将选择生产多少单位？如果厂商 2 生产 85 单位，厂商 1 将选择生产多少单位？

对于上面这个例子，$Q_1^*=65$ 和 $Q_2^*=65$ 是纳什均衡（我们下面将正式地求解该问题）。如果厂商 1 生产 65 单位，厂商 2 也将生产 65 单位，反之亦然。为了证明这一点，我们需要得到厂商 2 的剩余需求曲线，并得到它的边际收益。由于厂商是完全相同的，我们能立即写出厂商 2 的剩余需求曲线，$Q_1=65$ 和 $P=270-2Q_2$，于是有 $MR(Q_2)=270-4Q_2$。令 $MR(Q_2)=10$，得到 $Q_2^*=65$。当预计厂商 1 生产 65 单位时，厂商 2 的最优产量选择是 65 单位。这对厂商 1 也同样成立。这是纳什均衡：给定另一厂商出售 65 单位，没有厂商有偏离出售 65 单位的动力。最后，我们能解出市场价格：在 $Q_1+Q_2=130$ 处，$P^*=400-2\times130=140$(美元/单位)。

通常，厂商 1 的剩余需求曲线为 $\bar{P}(Q_1)=400-2\bar{Q}_2-2Q_1$，其中，$\bar{Q}_2$ 为厂商 2 的固定产量。从而 $\overline{MR}(Q_1)=400-2\bar{Q}_2-4Q_1$（仅把 $\bar{Q}_2$ 看作截距项的一部分）。令 $\overline{MR}$ 与 MC 相等，厂商 1 生产 $400-2\bar{Q}_2-4Q_1=10$，或 $Q_1=97.5-\bar{Q}_2/2$。类似地，$Q_2=97.5-\bar{Q}_1/2$。这两个等式被称作反应曲线：它们显示了一个厂商利润最大化产出选择的变化如何依赖于它认为对手将生产多少。这两个等式的同步解为 $Q_1^*=Q_2^*=65$；这是图 12.2 所示的古诺均衡。厂商 1 的利润为 $\pi_1=140\times65-10\times65=8\,450$(美元)。由于厂商 2 有相同的成本和产出，$\pi_2=8\,450$ 美元。给定对手的产量，没有一个厂商能做得更好。

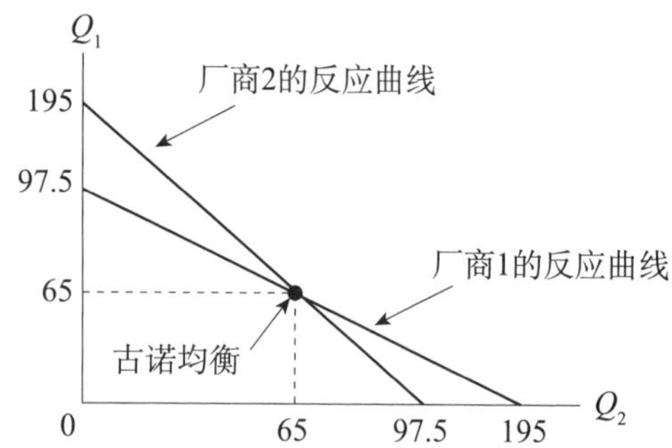

图 12.2

古诺均衡的总产量位于竞争产量和垄断产量之间。竞争均衡由 $P=MC$ 或 $400-2Q=10$ 得出，可得 $Q_C=195$。垄断产量在市场需求曲线对应的 MR 等于 MC 或 $400-4Q=10$ 时得出，可得 $Q_m=97.5$。因此，两个厂商的古诺产量为 $Q_1+Q_2=130$，大于垄断产量但小于竞争产量。

对于那些喜欢用微积分求解的人来说，他们能通过对 Q_1 和 Q_2 的利润进行微分来解这个古诺均衡。由于每个厂商都是在给定对手的产量下选择它的产量，厂商 1 和厂商 2 的利润最大化一阶导数为 $\partial\pi_1/\partial Q_1=0$ 和 $\partial\pi_2/\partial Q_2=0$，或

$$\partial\pi_1/\partial Q_1 = 400 - 4Q_1 - 2\bar{Q}_2 - 10 = 0$$
$$\partial\pi_2/\partial Q_2 = 400 - 2\bar{Q}_1 - 4Q_2 - 10 = 0$$

第一个等式能写成 $Q_1 = 97.5 - \bar{Q}_2/2$，它是厂商 1 的反应曲线。厂商 2 的反应曲线为 $Q_2 = 97.5 - \bar{Q}_1/2$。这两个等式的同步解为古诺均衡。如上所述，我们可得 $Q_1^* = 65$ 和 $Q_2^* = 65$。

✍ **练习**

4. 给定市场需求为 $P = 1\ 000 - 0.1Q$。厂商 1 的边际成本为 $MC_1 = 100$，而厂商 2 的边际成本为 $MC_2 = 190$。

a. 当 $Q_2 = \bar{Q}_2$ 时，求厂商 1 的剩余需求曲线，并用该曲线去求厂商 1 的边际收益曲线和它的反应曲线。

b. 当 $Q_1 = \bar{Q}_1$ 时，求厂商 2 的剩余需求曲线，并用该曲线去求厂商 2 的边际收益曲线和它的反应曲线。

c. 通过求反应曲线的交点来计算古诺均衡产量。

先发优势——斯塔克伯格模型

古诺模型假定同时进行产量选择。相反，斯塔克伯格模型假定厂商依次采取行动——某个厂商先于其他厂商选择产量。在行业领导者选择了它的产量后，追随者观察领导者的产出，然后选择生产多少。因为领导者有先见之明并能预测追随者的反应，领导者有战略优势。它先于对手承诺它的产出水平，以使对手相应地做出反应。

假设厂商 1 先行动。厂商 1 的利润为：

$$\pi_1 = P(Q_1 + Q_2)Q_1 - C_1(Q_1)$$

我们写 $P(Q_1 + Q_2)$ 是为了提醒你市场价格是 Q_1 和 Q_2 的函数。在厂商 1 选择了产出水平后，厂商 2 不能做得比在 Q_1 给定的情形下最大化 π_2 更好。

我们通过求厂商 1 的边际收益（考虑厂商 2 的产出水平将发生的变化）来解出斯塔克伯格均衡，然后在 $MR_1(Q_1) = MC_1(Q_1)$ 时解出厂商 1 的产出水平。利用上述古诺模型例子的需求曲线和成本曲线，厂商 1 的总收益是：

$$R_1 = PQ_1 = (400 - 2\bar{Q}_2 - 2Q_1)Q_1$$

将厂商 2 的反应曲线代入其中：

$$R_1 = 400Q_1 - 2\times(97.5 - Q_1/2)Q_1 - 2Q_1^2$$
$$= 205Q_1 - Q_1^2$$

回顾 $MR_1 = \partial R_1/\partial Q_1$。令 $MR_1 = MC_1$ 意味着：

$$205 - 2Q_1 = 10$$

即

$$Q_1^* = 97.5$$

当 $Q_1^* = 97.5$ 时，厂商 2 将尽量生产 $Q_2^* = 97.5 - 97.5/2 = 48.75$。

因此，$\pi_1 = (400 - 2Q_1 - 2Q_2)Q_1 - 10Q_1 = 107.5 \times 97.5 - 10 \times 97.5 = 9\ 506.25$（美元），$\pi_2 = (400 - 2Q_1 - 2Q_2)Q_2 - 10Q_2 = 107.5 \times 48.75 - 10 \times 48.75 = 4\ 753.13$（美元）。先行动给予厂商 1 一个明显的优势。

✍ **练习**

5. 两个厂商有相同的不变的平均成本和边际成本，$AC = MC = 20$，并面对市场需求曲线 $P = 500 - Q = 500 - (Q_1 + Q_2)$。假设厂商 1 是斯塔克伯格领导者。

a. 求厂商 2 的古诺反应函数。

b. 写出厂商 1 的总收益表达式，并把厂商 2 的反应函数代入该式。

c. 从 b 的答案中得到 MR_1，并令它等于 MC，以求得厂商 1 的利润最大化产出水平。从厂商 2（追随者）的反应曲线求它的利润最大化产出水平。

d. 每个厂商的利润是多少？

价格竞争（第 12.3 节）

在古诺模型中，厂商选择产出水平并让市场决定价格。在许多市场中，利用伯特兰模型更合理，它假设厂商通过选择价格而不是产量来竞争。考虑如果两个厂商索取同样的边际成本上的加成，这个市场将会怎样。如果它们的产品是完全相同的，一个厂商肯定将意识到通过索取比它对手略低的价格，它能攫取市场中所有的销售量。对手也将意识到这一点并暗中降价，只要价格仍然高于边际成本。直到无人愿意暗中降价，这时的价格才是竞争性价格。换另一种方式表述，当两个完全相同的厂商在价格上竞争时，均衡价格就是竞争性价格。（每个厂商有足够的生产能力服务所有消费者的假设对于该结果是关键的。）

我们也能考虑有差异化产品的寡头垄断者间的价格竞争。就像在垄断竞争市场中那样，每个厂商对自己的产品有向下倾斜的需求曲线，该曲线取决于竞争对手的价格和自己的价格。每个厂商的利润为：

$$\pi_1 = P_1Q_1(P_1, P_2) - C[Q_1(P_1, P_2)]$$
$$\pi_2 = P_2Q_2(P_1, P_2) - C[Q_2(P_1, P_2)]$$

伯特兰均衡（厂商选择价格时的纳什均衡）的必要条件是：

$$\partial\pi_1(P_1, P_2)/\partial P_1 = 0$$
$$\partial\pi_2(P_1, P_2)/\partial P_2 = 0$$

这些等式给出了反应曲线，为了决定纳什均衡，假设它们相等。

总之，有同质产品的伯特兰均衡是竞争性均衡，在该均衡下价格等于边际成本。在有差异化产品的伯特兰均衡下，价格超过边际成本，但低于垄断者索取的价格。

练习

6. "[运用微积分] 如果 $C(Q_1)=10Q_1$ 和 $C(Q_2)=5Q_2$，求差异化产品的伯特兰均衡，给定下面的需求曲线：

$$Q_1(P_1, P_2) = 1\,000 - 20P_1 + 15P_2$$
$$Q_2(P_1, P_2) = 800 + 5P_1 - 15P_2$$

[提示：首先得到反应曲线 $P_1(P_2)$ 和 $P_2(P_1)$，然后求反应曲线的交点。]

竞争 VS. 共谋：囚徒困境（第 12.4 节）

博弈论是有关策略互动的一般分析方法。任何博弈的基本要素都是参与人、策略和相关支付。博弈可以描述为支付矩阵的形式。一个简单的一次两厂商博弈在下面给出，其中支付为每个厂商的利润：每个单元格中的第一个数字是厂商 1 的利润，第二个数字（逗号后）是厂商 2 的利润（见下表）。

		厂商 2	
		低产出	高产出
厂商 1	低产出	100 美元，100 美元	20 美元，130 美元
	高产出	130 美元，20 美元	50 美元，50 美元

在上面的博弈中，该行业存在两个完全相同的厂商。每个厂商都有两个可行的策略：在低产出水平生产或在高产出水平生产。两个厂商都必须同时且独立地做决策。例如，如果厂商 1 选择"低产出"且厂商 2 选择"高产出"，那么厂商 1 得到 20 美元的利润，厂商 2 得到 130 美元的利润。

厂商 1 应当怎么做呢？厂商 1 控制不了厂商 2 将选择的策略，所以厂商 1 必须分析所有的可能。如果厂商 2 选择"低产出"，厂商 1 应当选择"高产出"（由于 130 美元＞100 美元）。如果厂商 2 选择"高产出"，厂商 1 应当选择"高产出"（由于 50 美元＞20 美元）。在本博弈中，无论厂商 2 怎么做，厂商 1 都应当选择"高产出"。厂商 2 以同样的方式进行推理。因此，两个厂商的均衡结果为生产"高产出"。

这个著名的博弈被称作囚徒困境。每个试图最大化自己利润的厂商都将生产"高产出"，但如果两个厂商都生产"低产出"，它们的境况都将变得更好。

练习

7. 考虑下面一个已经建立的垄断厂商黄页电话通讯录和一个新竞争者斯巴达信息电话通讯录之间的一次博弈（见下表）。每个通讯录通过向列示和做广告的公司收费来赚取收入。假设每个厂商只有两种可能的策略：对广告版面索取高价 P_H 或低价 P_L。这些策略带来的每个厂商下一年的报酬被成对（斯巴达，黄页）地给定。

		黄页	
		P_H	P_L
斯巴达	P_H	20 美元，60 美元	5 美元，70 美元
	P_L	40 美元，25 美元	10 美元，45 美元

这是囚徒困境的例子吗？为什么？

囚徒困境对寡头定价的意义（第 12.5 节）

价格刚性

动态模型允许竞争者对未来时期其他竞争者的行为做出反应、建立信誉、威胁惩罚等。这种策略回应的拓展使得维持共谋结果成为可能。折弯的需求曲线模型不能解释共谋，但它表明了为什么价格不是灵活的。在该模型中，厂商假定对手将会追随降价但不会对提价做出回应。在当前价格下，边际收益向下跳跃，厂商没有动力改变价格，甚至当成本曲线移动时也如此。价格领导是厂商非正式沟通共谋的另外一种方式：每个厂商仅把价格设定在领导者建立的水平上。

主导厂商模型

主导厂商模型探讨有单一大厂商和许多小（次要）厂商的行业的行为。给定市场需求曲线和次要厂商的供给曲线，假设次要厂商采取竞争性行为，大厂商将选择最大化其利润的产出。主导厂商在考虑到次要厂商的供给之后，在它控制的那部分市场像一个垄断者那样行动。主导厂商意识到它设定的价格越高，次要厂商的供给就将越多。主导厂商通过从市场需求曲线中减去次要供给得到剩余需求曲线。然后主导厂商选择产出，使剩余需求曲线的边际收益等于边际成本。一旦主导厂商选择了产出和价格，次要厂商就通过令 $P=\text{MC}$ 来决定供给。

✍ **练习**

8. 假设许多年以前 Brunswick 公司垄断了家用台球桌市场。市场需求曲线为 $P=1\,000-10Q_B$。那时没有生产的固定成本，且 Brunswick 公司的边际成本为 $\text{MC}=Q_B$。

a. Brunswick 公司的利润最大化价格和产出是多少？

b. 最终，许多家具生产商意识到家用台球桌很容易制作。然而，它们没有 Brunswick 公司的长期生产经验，将面对很高的成本。次要厂商的竞争性供给曲线为 $Q_F(P)=P/4$。如果 Brunswick 公司作为主导厂商，它将索取什么价格？Brunswick 公司和次要厂商将分别生产多少数量？

卡特尔（第 12.6 节）

在一个合作寡头垄断中，少数厂商能悄悄地或公开地协调它们的行为以最大化共同利润。卡特尔是生产者公开的协作，这些厂商一直统一协调它们的行为，以在竞争水平之上增加利润。为了达到这个目标，产出必须限制在竞争水平之下。图 12.3 用基本的微观经济学理论来阐明为什么卡特尔会形成。图 12.3(a) 显示了典型厂商的边际成本曲线和平均成本曲线。图 12.3(b) 显示了行业供给曲线，如果行业是完全竞争的，它是厂商各自边际成本曲线的加总。竞争性产出 Q_c 由供给曲线和行业需求曲线的交点决定。市场价格为 P_c 且每个厂商生产 q_c。完全竞争情形下的长期经济利润由于自由进入和退出而下降至零。长期均衡是图 12.3(a) 中的 e 点。

行业中的厂商通过共同行动能改善它们的境况。卡特尔（或一个垄断者）的边际收益由图 12.3(b) 中的 MR 给定。当产出设定在 Q_m 时，利润将被最大化，在这里边际收益等于边际成本。当产出被限定时，价格上升到 P_m。总产出目标必须细分为每个厂商各自的产出配额。设定没有产量水平限制的价格目标将导致卡特尔失败。如果卡特尔由 n 个完全相同的厂商组成，且减少相同数量的产出，则每个厂商必须把产出减少到 $q_m=Q_m/n$。结果，每个厂商得到的总经济利润如图 12.3(a) 的阴影区域所示。

如果卡特尔中的厂商没有足够的市场势力去控制价格，卡特尔将不会成功，即使在短期卡特尔有很大的市场份额且能提高价

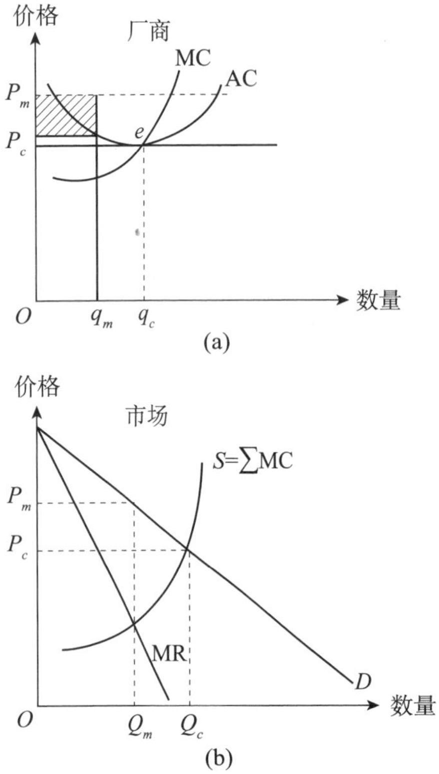

图 12.3

格。如果消费者能容易地转向便宜的替代品和（或）被利润机会吸引的其他厂商能容易地进入市场，那么利润增加也仅是暂时的。非卡特尔成员破坏卡特尔成员努力的速度取决于非卡特尔成员的供给弹性。如果非卡特尔成员的供给非常富有弹性，进入卡特尔化的市场和生产近似替代品将很容易，这时卡特尔将发现很难维持高价格。换句话说，如果卡特尔面对的需求或供给的长期弹性很高，形成卡特尔所带来的利润增加将是短暂的。

即使长期利润的潜力很大，如果组织行业中的一些或全部厂商的成本很高，卡特尔也将无法形成。当厂商完全相同时，达成协议相对容易。卡特尔成员间的不对称性越大，谈判就越复杂，创建卡特尔的成本也就越高。例如，如果厂商生产差异化产品（根据质量、地理位置、分销渠道等）且有不同的生产成本，那么在产出和价格水平上达成一致将更难。

单个卡特尔成员总有激励去违背不惩罚叛变者的卡特尔协议。图 12.3(a) 显示了单个厂商的欺骗动机。当在分配的配额 q_m 上生产时，每个卡特尔成员均处于边际收益（如果厂商需要通过略微打折来增加销售量，边际收益能被看成略低于 P_m 的水平线）大于边际成本的点。由于单个厂商的边际收益曲线和边际成本不一致，每个卡特尔成员都从生产超过分配的配额中看到了获利机会。在静态情形下，没有什么能阻止厂商欺骗；在动态情形下，未来惩罚的威胁可能阻止厂商欺骗。

✍ **练习**

9. 假设有 10 个纺织品生产商。每个厂商在边际成本等于 2 美元处生产。市场需求曲线由 $P=12-0.1Q$ 给定，价格以美元计，产量以磅计。10 个厂商现在作为竞争性厂商（价格接受者）行事。为了限制产量和提高价格到垄断水平，它们在考虑形成卡特尔。

a. 当前市场价格、市场产量和每个厂商的产量是多少？

b. 卡特尔价格、卡特尔产量和每个厂商的产量（各自的配额）是多少？

c. 如果卡特尔带来的利润被平分，每个厂商的卡特尔利润的份额是多少？

d. 假设一个厂商决定通过索取比卡特尔价格低 25 美分的价格进行“欺骗”。该厂商以该折扣价格将卖出它的全部产量（b 中的卡特尔配额加上额外的需求产量）。与你从 c 中得到的答案相比，欺骗是否有利可图？（假设其他 9 个厂商对卡特尔保持忠诚。）

习题集

10. 艾伯制造公司和百特博彩公司是生产计算器的竞争公司，该计算器被跑马迷用于赛马（决定赌博策略）。每个厂商生产计算器有 100 美元的固定成本和 10 美元的边际成本。行业产品需求为：$Q=$

$900-5P$，其中 P 为市场价格且 $Q=Q_1+Q_2$。如果每个厂商必须选择计算器的生产和销售数量且不知道竞争对手的生产决策，古诺均衡价格和产量将为多少？计算两个厂商的利润。

11. 小镇上冷冻酸奶市场有两个厂商。所有冷冻酸奶都相同，需求曲线为 $Q=200-2P$。厂商 1 有 1 美元/单位的不变的平均总成本，厂商 2 有 2 美元/单位的不变的平均总成本。如果两个厂商同时选择价格，伯特兰均衡价格是多少？每个厂商将出售多少数量？每个厂商的利润将为多少？

12. 考虑由四个厂商组成的市场，每个厂商都有 20 美元的不变的边际生产成本，且面对的总市场需求曲线由 $P=40-0.01Q$ 给定。当前每个厂商都索取竞争价格。四个厂商想组成卡特尔，但它们意识到每个厂商都需要捐资来建立基金，以维持卡特尔不受损失。为了巩固卡特尔协议，每个潜在的卡特尔成员愿意支付多少？

13. 某一年，世界钢铁寡头市场的三个厂商出售了 100 万单位商品。三个厂商总的销售额为 1 000 亿美元，估计的经济利润为 2 亿美元。在竞争性条件下，大约 1 050 万单位钢会被售出。估计的平均成本（包括机会成本）大约为每单位 8 000 美元。假设不变的平均成本等于边际成本，并假设三大钢铁厂商那一年作为一个卡特尔一起决策。计算对社会造成的无谓损失并加以说明。

14. 杰里在小镇一端拥有一个加油站。他仅有的竞争者比尔在小镇的另一端。二者在价格上竞争。居民由于交通问题而厌恶在镇上开车。市政厅最近正在考虑一个缓解交通问题的项目。其后，我们了解到杰里贿赂市政厅的许多成员以便不批准这个项目。为什么杰里想阻止这个项目被批准？画出杰里和比尔的反应曲线。标明交通的改善所引起的反应曲线的移动并联系它们来做出解释。

15. 用教材中的图 12.4 来回答这个问题。如果厂商 1 的边际成本上升，它的反应曲线将向左（或向内）移动。它必须移动多少以便古诺均衡为 $Q_1=0$ 和 $Q_2=75$（仅厂商 2 在均衡处生产）？如果本题中的厂商 2 为垄断者，与厂商 2 索取的价格相比，解释厂商 1 的边际成本。

自测题

16. 在大都市区域，家具零售业最好被描述为：

a. 完全竞争。

b. 寡头垄断。

c. 垄断竞争。

d. 卡特尔。

e. 以上选项都不正确。

17. 在一个小镇，家具零售业最好被描述为：

a. 完全竞争。

b. 寡头垄断。

c. 垄断竞争。

d. 卡特尔。

e. 以上选项都不正确。

18. 在一个垄断竞争行业，厂商在长期均衡下赚取零利润，因为：

a. 每个厂商都在最低平均总成本处生产。

b. 对于每个厂商，需求曲线与 ATC 曲线都相切。

c. 每个厂商都有低于期望产出的生产能力。

d. a 和 b。

e. b 和 c。

19. 在有同质产品的古诺均衡中，总产出：

a. 等于垄断产出。

b. 小于垄断产出。

c. 大于竞争产出。

d. 位于垄断产出与竞争产出之间。

e. 以上选项都不正确。

20. 在有同质产品的伯特兰均衡中，总产出：

a. 等于垄断产出。

b. 等于竞争产出。

c. 大于竞争产出。

d. 位于垄断产出与竞争产出之间。

e. 以上选项都不正确。

21. 寡头垄断的独一无二的特征包括：

a. 存在许多小厂商。

b. 进入和退出容易。

c. 在做决策前评估竞争者反应的必要性。

d. 以上选项都正确。

e. 以上选项都不正确。

22. 在折弯的需求曲线模型中，每个厂商相信：

a. 竞争者将配合所有价格变化。

b. 竞争者仅配合降低价格。

c. 竞争者将保持产出不变。

d. 竞争者将保持价格不变。

e. 以上选项都不正确。

23. 卡特尔可能更成功，如果

a. 需求更缺乏弹性。

b. 成员有相似的生产成本。

c. 每个成员都生产与其他成员大致同等的数量。

d. b 和 c。

e. 以上选项都正确。

24. 在有差异化产品的伯特兰模型中：

a. 每个厂商都选择等于边际成本的价格。

b. 每个厂商都选择等于平均成本的价格。

c. 每个厂商都赚取正的利润（无固定成本）。

d. 只有一个厂商服务全部市场。

e. 以上选项都不正确。

25. 一个市场为完全竞争的还是垄断竞争的，取决于

a. 进入壁垒。

b. 产品的差异化程度。

c. 厂商共谋的能力。

d. a 和 b。

e. a、b 和 c。

第 12 章答案

练习答案

1. 每个餐厅在菜单和/或地理位置上与其他餐厅有显著的区别，但进入该行业相对自由。除非小镇小到只有几个餐厅，否则市场最好被描述为垄断竞争市场。

2. 如图 12A.1 所示，由于价格高于平均成本，市场不处于长期均衡。这些高于正常利润的利润将吸引厂商进入。由于每个厂商失去了一部分市场份额，这将导致每个厂商的需求曲线向下移动。当 MR＝MC 且 P＝AC（需求曲线与 AC 曲线相切）时，市场将达到均衡。

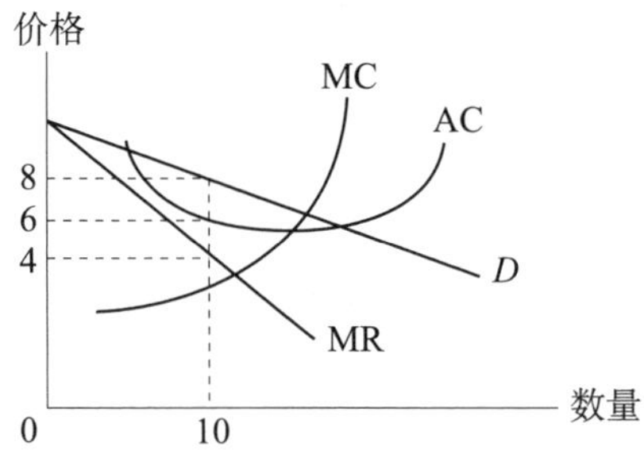

图 12A. 1

3. 如果 $Q_2=45$，$P=400-2Q_1-2\times45=310-2Q_1$，于是 $\overline{MR}_1=310-4Q_1$。令 $\overline{MR}_1$ 与 MC_1 相等意味着 $310-4Q_1=10$，即 $Q_1^*=75$。

如果 $Q_2=85$，$P=400-2Q_1-2\times85=230-2Q_1$，则 $\overline{MR}_1=230-4Q_1$。令 $\overline{MR}_1$ 与 MC_1 相等意味着 $230-4Q_1=10$，即 $Q_1^*=55$。

4. a. 厂商 1 的剩余需求曲线为 $P=1\,000-0.1(Q_1+Q_2)=1\,000-0.1\bar{Q}_2-0.1Q_1$。因此，$\overline{MR}_1=1\,000-0.1\bar{Q}_2-0.2Q_1$。令 $MR_1=MC_1$ 可得：

$$1\,000-0.1\bar{Q}_2-0.2Q_1=100$$

或者

$$Q_1 = 4\ 500 - 0.5\ \bar{Q}_2$$

b. 类似地，令$\overline{\mathrm{MR}}_2 = \mathrm{MC}_2$ 可得：

$$1\ 000 - 0.1\ \bar{Q}_1 - 0.2Q_2 = 190$$

或者

$$Q_2 = 4\ 050 - 0.5\ \bar{Q}_1$$

c. 把由 a 中得到的 Q_1 代入 b 的公式中，意味着：

$$Q_2 = 4\ 050 - 0.5 \times (4\ 500 - 0.5Q_2)$$

或者

$$Q_2^* = 2\ 400$$

因此，$Q_1^* = 4\ 500 - 0.5 \times 2\ 400 = 3\ 300$。

5. a. $\overline{\mathrm{MR}}_2 = 500 - \bar{Q}_1 - 2Q_2$。为了得到厂商 2 的反应函数，令 $\mathrm{MR}_2 = \mathrm{MC}_2$。

$$500 - \bar{Q}_1 - 2Q_2 = 20$$

或者

$$Q_2 = 240 - \bar{Q}_1/2$$

b. 厂商 1 的总收益为：

$$\begin{aligned} R_1 &= PQ_1 \\ &= (500 - Q_2 - Q_1)Q_1 \\ &= 500Q_1 - Q_2Q_1 - Q_1^2 \\ &= 500Q_1 - (240 - Q_1/2)Q_1 - Q_1^2 \\ &= 260\ Q_1 - Q_1^2/2 \end{aligned}$$

c. 给定 $R_1 = 260Q_1 - Q_1^2/2$，我们得到 $\mathrm{MR}_1 = \partial R/\partial Q_1 = 260 - Q_1$。令 $\mathrm{MR}_1 = \mathrm{MC}_1$，可得

$$260 - Q_1 = 20$$

或者

$$Q_1^* = 240$$

这意味着 $Q_2^* = 240 - 240/2 = 120$。

d. 市场价格 $P = 500 - Q = 500 - (240 + 120) = 140$(美元)。因此，

$$\begin{aligned} \pi_1 &= PQ_1 - 20Q_1 \\ &= 140 \times 240 - 20 \times 240 \\ &= 28\ 800\ (美元) \\ \pi_2 &= 140 \times 120 - 20 \times 120 \\ &= 14\ 400\ (美元) \end{aligned}$$

正如我们所预期的，领导者的利润高于追随者。

6. 厂商 1 的利润函数为：

$$\begin{aligned} \pi_1 &= P_1Q_1 - C_1 \\ &= P_1(1\ 000 - 20P_1 + 15P_2) - 10Q_1 \\ &= 1\ 000P_1 - 20P_1^2 + 15P_1P_2 \\ &\quad - 10(1\ 000 - 20P_1 + 15P_2) \\ &= 1\ 200P_1 - 20P_1^2 + 15P_1P_2 \\ &\quad - 10\ 000 - 150P_2 \end{aligned}$$

类似地，

$$\begin{aligned} \pi_2 &= P_2Q_2 - C_2 \\ &= 800P_2 + 5P_1P_2 - 15P_2^2 \\ &\quad - 5(800 + 5P_1 - 15P_2) \\ &= 875P_2 + 5P_1P_2 - 15P_2^2 - 4\ 000 \\ &= 25P_1 \end{aligned}$$

为了得到反应函数，用每个厂商各自的价格对它们的利润求微分，以求作为其他厂商价格函数的利润最大化价格。对于厂商 1，我们可得$\partial\pi_1/\partial P_1 = 1\ 200 - 40P_1 + 15P_2 = 0$。对于厂商 2，我们可得 $\partial\pi_2/\partial P_2 = 875 + 5P_1 - 30P_2 = 0$。

于是厂商 1 的反应函数为：$P_1 = 1\ 200/40 + 15P_2/40 = 30 + 0.375P_2$。厂商 2 的反应函数为：$P_2 = 875/30 + 5P_1/30 = 29.17 + 0.17P_1$(约数)。

伯特兰均衡在这两个反应函数的交点求得。求解 P_1，我们可得 $P_1 = 30 + 0.375 \times (29.17 + 0.17P_1)$ 或 $0.936P_1 = 40.94$，即 $P_1^* = 43.74$(美元)(约数)。因此，$P_2^* = 29.17 + 0.17 \times 43.74 = 36.61$(美元)。

7. 是的，这是囚徒困境。如果黄页选择 P_H，斯巴达应当选择 P_L(40 美元>20 美元)。如果黄页选择 P_L，斯巴达也应当选择 P_L(10 美元>5 美元)。类似地，无

论斯巴达怎么选择，黄页都应当选择 P_L。但如果它们通过设定价格 P_L 而疯狂地竞争，它们将赚取（10 美元，45 美元）。如果它们能在一定程度上协议索取 P_H 的价格，它们就能赚取（20 美元，60 美元）。

8. a. 作为垄断者，Brunswick 公司的边际成本曲线为 $MR=1\ 000-20Q_B$。令 MR=MC，可得 $1\ 000-20Q_B=Q_B$，即 $Q_B=1\ 000/21=47.62$，且 $P=523.8$(美元)。

b. 次要厂商的供给曲线为 $Q_F=P/4$，且市场需求为 $Q_D=100-P/10$，Brunswick 公司面临的剩余需求曲线为 $Q'_B=100-P/10-P/4=100-0.35P$。重写剩余需求曲线，可得 $P'=100/0.35-Q_B/0.35=285.71-2.86Q_B$。因此，边际收益曲线为 $MR'=285.71-5.72Q_B$。令 $MR'=MC$，$285.71-5.72Q_B=Q_B$，即 $Q_B=42.52$。价格为 $P'=285.71-2.86\times42.52=164.10$(美元)，在该价格处次要厂商的供给为 $P/4=164.10/4=41.03$。

9. a. $P=MC$ 意味着 $12-0.1Q=2$，即 $Q=100$。因此，市场价格为 $P=2$ 美元，且每个厂商生产 $q=100/10=10$。

b. $MR=MC$ 意味着 $12-0.2Q=2$，即 $Q=50$。市场价格为 $P=12-0.1\times50=7$(美元)，且每个厂商的卡特尔份额为 $q-50/10=5$。

c. 每个厂商的利润为 $\pi=7\times5-2\times5=25$(美元)。

d. 当 $P=6.75$ 美元（比卡特尔价格低 25 美分）时的市场需求为 $Q=52.5$。因此，欺骗者能在 $P=6.75$ 美元处卖出额外的 2.5 单位。欺骗者的利润 $\pi=6.75\times7.5-2\times7.5=35.63$(美元)。这比厂商对卡特尔保持忠诚赚取的利润（25 美元）多。如果欺骗不会被识破，它一定有利可图。

习题集答案

10. 我们把需求曲线重新写成 $P=180-(Q_1+Q_2)/5$。厂商 1 的剩余需求曲线为 $P(Q_1)=180-Q_2/5-Q_1/5$，所以它的需求曲线带来的边际收益为 $MR(Q_1)=180-Q_2/5-2Q_1/5$。既然边际成本为 10，厂商 1 将选择 Q_1，以使 $180-Q_2/5-2Q_1/5=10$。这给出厂商 1 的反应曲线 $Q_1=425-0.5Q_2$。

类似地，我们能求出厂商 2 的反应曲线。由于厂商是完全相同的，$Q_2=425-0.5Q_1$。

古诺均衡为两个函数的交点：

由 $Q_1^*=Q_2^*$ 可得 $Q_1^*=283.33$。类似地，$Q_2^*=283.33$。均衡价格为 $P=180-(283.33+283.33)/5=66.67$(美元)。两个厂商的利润相等，且有 $\pi_1=\pi_2=66.67\times283.33-10\times283.33-100=15\ 956.31$(美元)。

11. 厂商 2 从不索取低于 2 美元的价格，它获得的利润大于等于零。厂商 1 总是想索取低于厂商 2 的价格。本题中的伯特兰均衡为 $P_1=1.99$ 美元和 $P_2=2$ 美元。厂商 1 攫取了所有的销售量。厂商 1 将赚取 $(1.99-1)\times(200-2\times1.99)=194.06$(美元)。厂商 2 赚取零利润。如果厂商 1 的利润最大化垄断价格低于 1.99 美元，厂商 1 将仅愿意索取低于 1.99 美元的价格。

12. 当前每个厂商赚取零经济利润。如果它们形成卡特尔，每个厂商将得到四分之一的卡特尔利润（假设四个厂商平分市场）。由于四个厂商是行业中仅有的厂商，卡特尔价格和产出为垄断价格和产出。令 MR=MC 或 $40-0.02Q=20$，这意味着 $Q=1\ 000$ 且 $P=40-0.01\times1\ 000=30$(美元)。行业（卡特尔）利润将为 $\pi=30\times1\ 000-20\times1\ 000=10\ 000$(美元)。因此，每个厂商的卡特尔利润为 $10\ 000/4=2\ 500$(美元)，即每个厂商愿意支付的最大化数量（即，如果它们从竞争转向卡特尔，它们所期望的利润增加额）。

13. 由题中的信息，我们有：

P_mQ_m＝1 000 亿美元

π＝2 亿美元

P_m＝1 000 亿美元/1 000 万美元

＝10 000 美元

MC＝8 000 美元

如图 12A. 2 所示。

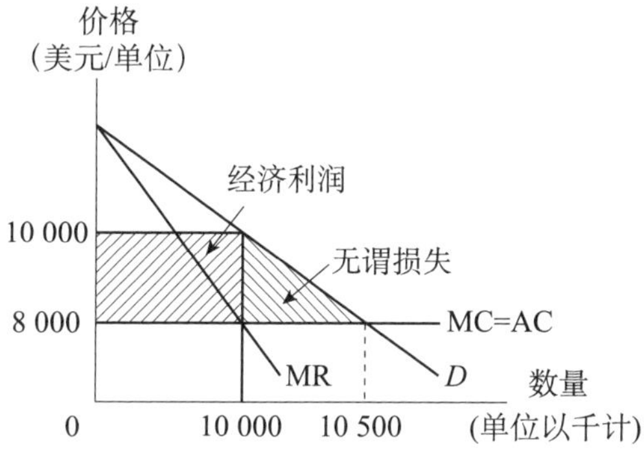

图 12A. 2

因此，无谓损失＝0.5×(10 500 000－10 000 000)×(10 000－8 000)＝50 000 000（美元）。

14. 如果杰里加油站的价格很高，交通的改善将使得消费者去比尔的加油站更容易。实际上，这使得产品间能更好地相互替代并导致了更激烈的价格竞争。这将移动两个厂商的反应函数，导致更低的价格和更低的利润。见图 12A. 3。

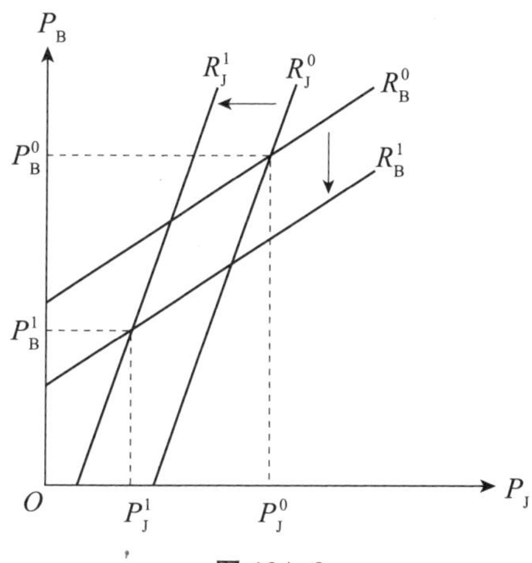

图 12A. 3

15. 厂商 1 的反应曲线必须沿着 $Q_1=0$ 轴（横轴）移动到与厂商 2 的反应曲线相交的地方。图 12A. 4 显示了厂商 1 的新反应曲线（虚线）。本题中，厂商 2 生产 75 单位。这与厂商 2 作为垄断者时选择的产量相同（当 $Q_1=0$ 时，它的剩余需求曲线与它作为垄断者时的需求曲线相同）。对于厂商 1，$P=a-b(Q_1+Q_2)=a-b\times75-bQ_1$。因此，$\overline{\text{MR}}_1=a-b\times75-2bQ_1$。如果厂商 1 生产 0，$\text{MC}_1>a-b\times75$，这是厂商 2 的垄断价格。

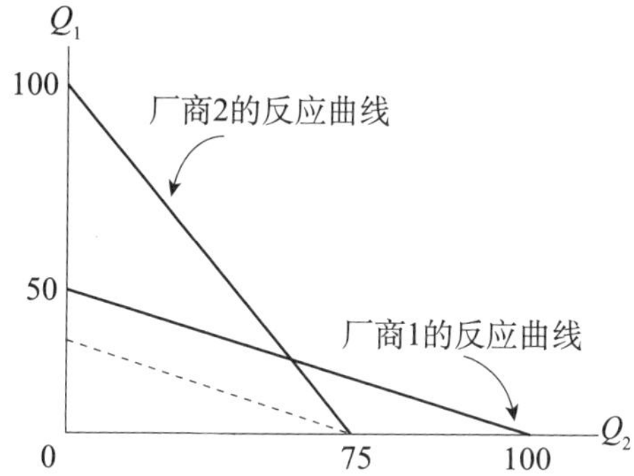

图 12A. 4

自测题答案

16. c. 每个零售店持有不同的商品，但存在很多零售店。

17. b. 市场上仅有几个零售店。

18. b. 选项 a 是错的，因为在垄断竞争均衡下，存在过量的生产能力（厂商位于最小平均成本的左边）。因此，c 也是错的。

19. d. 一般古诺问题的解总是这个答案。直觉上，古诺竞争带来的均衡比垄断更有竞争性，但比完全竞争更缺乏竞争性。

20. b. 伯特兰均衡价格等于竞争价格，于是总产出等于竞争产出。

21. c. 行业中厂商间决策的相互影响刻画了寡头垄断的特征。任意给定厂商的利润均受到对手行为的影响。选项 a 和 b 是错的，因为寡头垄断由行业中的厂商集中度来定义，并且为了将厂商数量限制为几个，就必须有进入壁垒。

22. b. 这是模型的假定。

23. e. 如果需求更缺乏弹性，那么一定有更少的替代品，这对卡特尔是利好。如果生产成本类似且卡特尔成员生产相同的产出水平，配额的谈判会更容易进行且更容易监督。

24. c. 在差异化产品的例子中，价格竞争不会使价格一直下降到等于边际成本。

25. b. 两种市场都可以自由进入，且共谋很难在两种市场中存在。

第13章 博弈论与竞争策略

重要概念

- 博弈的要素
  - 参与人
  - 策略
  - 支付矩阵
- 非合作博弈与合作博弈
- 占优策略
- 纳什均衡
  - 极大化极小策略
  - 纯策略
  - 混合策略
- 重复博弈
- 序贯博弈
- 博弈的扩展形
- 策略性行动
- 可信的威胁
- 阻止进入
- 拍卖

本章重点

博弈论是对理性决策者的互动行为的研究。在一个寡头垄断市场上，一个厂商有关任何重要变量（如产出、价格、生产能力或者广告支出）的策略性决策，都依赖于该厂商对其他厂商的相关决策变量的预期。这些策略选择是复杂的，因为其他厂商同样在预测对手的行为，以此做出决策。假设所有厂商都是理性行为人，为了选择自己的最优策略，一个厂商必须同时判断其他厂商的最优策略是什么。

第12章学习的古诺模型是非合作博弈的一个例子，其中每个厂商都独立地选择产出，而没有建立与其他厂商之间的有约束力的承诺关系。经济学研究的博弈大部分是非合作博弈。在合作博弈中，厂商之间可以做出有约束力的承诺。合同谈判是合作博弈的一个重要例子。

如果可行的话，博弈中参与人（参与者）最简单的策略是选择一个占优策略。占优策略就是不管对手选择什么样的策略，参与人所做出的策略都是最优的。当参与人的最优策略依赖于对手的选择时，他就不拥有占优策略。当博弈没有占优策略均衡时，参与人会选择纳什均衡策略。纳什均衡是这样一个策略组合：给定其他参与人的策略，每个参与人都选择了自己的最优策略。对于纳什均衡，这个条件对每一个参与人都必须成立。

只要每个参与人都能够假设其他人是理性的，纳什均衡就给出了参与人合理的策略选择。如果参与人对此有怀疑，那么他可以选择极大化极小策略，也就是最大化他的最小收益。有些博弈不存在纯策略纳什均衡（可以采取确定的策略）。在这种情形下，纳什均衡可以采取混合策略，其中参与人在几种无差异的替代项中随机选择。

在真实市场中，厂商之间进行的是多期的重复博弈。重复博弈与单次博弈往往有不同的均衡。在囚徒困境博弈中，两个参与人都可以选择坦白或者不坦白。如果对方不坦白，则博弈双方的境况都是最好的，但坦白却是每一方的占优策略。因此，如果博弈只进行一期，两个参与人都会选择坦白。在无限重复的囚徒困境博弈中，合作行为（不坦白）可以构成一个均衡。

在序贯博弈中，参与人依次行动。博弈的扩展形（决策树）是分析序贯博弈的有用工具。通过扩展形，找到参与人在博弈最后阶段的最优策略。然后，逆向推导先前阶段的参与人决策，并检验这些决策是如何影响参与人在后面阶段的策略的。

序贯博弈中最先行动的参与人可以通过策略性行动来获益。策略性行动限制了参与人自己的行动，但它是有益的，因为它能影响对手的反应。一个厂商可能会采用阻止进入策略；比如，采取行动使得行业外的厂商相信进入这个行业将是无利可图的。不可撤销的行动减少了厂商自己的支付，比如扩张生产能力，如果采取这样的行动，它就成为可信的威胁以阻止进入。

在拍卖市场，商品是通过一个竞标过程来买卖的。在英国式拍卖中，卖方要求潜在的买方报价，并且当只剩下最后一个投标者时，商品被出售。商品是以最高报价出售的。

在荷兰式拍卖中，卖方一开始时设立一个高价，如果没有投标者接受，则价格下降。标的将卖给第一个接受报价的买者。在密封投标拍卖中，报价是私密性的，而且商品将卖给提交最高报价的投标者。在一级密封价格拍卖中，获胜的投标者支付的价格就是投标价格；在二级密封价格拍卖中，支付的价格将是第二高的报价。拍卖原则将对商品出售的价格有非常大的影响。

概念复习和练习

博弈与策略性决策（第 13.1 节）

博弈是个一般性的概念，它几乎包括所有这样的情形，即决策者的利润依赖于其他决策者或参与人的行动。描述一个博弈，我们需要知道博弈的规则、每个参与人的可行策略，以及每一个可能的行动组合对应的支付。参与人被假设为最大化其自身支付。博弈的规则包括参与人行动的顺序以及关于行动的有约束力的承诺是否可能。

考虑支付矩阵表 13.1 描述的有两个参与人的博弈。我们定义 A 的可行行动是行 1 和行 2，B 的可行行动是列 1、列 2 和列 3。在这个讨论中，参与人是厂商，并且每一个厂商的支付都是其所得利润。对于每一个 A 和 B 的行动组合，支付矩阵给出了每个参与人的支付。支付矩阵各单元格中的第一个数字是 A 的支付，第二个数字是 B 的支付。比如，如果 A 采取行 1 的行动而 B 采取列 1 的行动，则 A 的支付是 400 美元，B 的支付是 100 美元。

表 13.1

		B		
		1	2	3
A	1	400 美元，100 美元	500 美元，0 美元	200 美元，400 美元
	2	200 美元，200 美元	600 美元，300 美元	500 美元，100 美元

每个参与人对结果的影响均是有限的。A 选择行，B 选择列。A 不能控制 B 的选择，B 也不能控制 A 的选择。比如，如果 A

选择行 1，它可能获得 500 美元的支付。但如果 B 选择了列 3，A 的支付就只有 200 美元。本章的余下部分将讨论如何找到博弈的均衡。

占优策略（第 13.2 节）

为了描述参与人的行为，我们首先要精确地知道他们所拥有的信息。为了简化博弈，我们假设参与人对博弈的各个方面都拥有完全信息，包括支付矩阵中所有人的支付。每个人都需要这些信息来推断出其他参与人的哪些行为是理性的。

对参与人行动最简单的分析，是看每个参与人是否有最优策略，而不管其他人做什么。接下来考虑有两个厂商即 A 和 B 的博弈，而且每个厂商都有两个可行的行动。

在表 13.2 中，无论 B 选择什么，A 选择行 1 总会更好。A 必须一列一列地检查它的支付。在这种情况下，如果 B 选择列 1，A 选择行 1 的支付要比选择行 2 的支付好（100 比 80）；如果 B 选择列 2，A 选择行 1 的支付仍然要比选择行 2 的支付好（70 比 60）。（A 必须考虑 B 选择每一列的可能性，因为它不能控制 B 的选择。）因此，行 1 对 A 而言就是占优策略，也就是 A 应该采取的策略。占优策略指无论竞争者如何行动，对参与人而言，该策略都是最优的。无论 B 如何选择，A 采取占优策略都会更有利。

表 13.2

		B	
		1	2
A	1	100,40	70,50
	2	80,90	60,100

现在我们知道了 A 应该如何行动，但是为了完全求解这个博弈，我们仍然要知道 B 的行动。通过观察支付矩阵，你能够发现 B 也有占优策略。不管 A 如何行动，B 都应该选择列 2（如果 A 选择行 1，则 50 大于 40；如果 A 选择行 2，则 100 大于 90）。因此，假设两个厂商都是理性的，博弈的结果将是 A 选择行 1 和 B 选择列 2。

现在稍微改动一下博弈，如表 13.3 所示，B 的右下角的支付从 100 变到 80，博弈的结果将是什么？

表 13.3

		B	
		1	2
A	1	100,40	70,50
	2	80,90	60,80

厂商 B 现在没有占优策略，因为如果 A 选择行 1，列 2 对 B 来说将是最好的，而如果 A 选择行 2，列 1 对 B 来说将是最好的。然而，B 知道行 1 是 A 的占优策略。因此，给定这些信息时，B 应该选择列 2 这个最优策略。博弈的结果是 A 选择行 1 和 B 选择列 2，A 的支付为 70，B 的支付为 50。

参与双方冲突的利益阻止了他们选择行 2 和列 1——一个给予每一方更高收益的支付。问题在于在这种情况下，A 选择行 1 将更好，但对 B 却不利。很明显，非合作博弈的解并不必然就是所有参与人最好的结果。

✍ 练习

1. 露华浓和欧莱雅两个化妆品公司必须为它们的产品选择一个高价或者低价。支付矩阵表 13.4 列出了露华浓和欧莱雅的每一种策略组合的利润（单位：百万美元）。这个博弈的结果是什么？博弈的每一方都有占优策略吗？

表 13.4

		欧莱雅	
		低价	高价
露华浓	低价	10,10	20,6
	高价	6,20	15,15

在其他博弈中，比如表 13.5，没有参与人拥有占优策略。

表 13.5

		B		
		1	2	3
A	1	2,3	3,2	1,2
	2	1,5	2,9	5,8
	3	1,4	4,2	3,5

因此，A 的最优策略是：

行 1，如果 B 采取列 1；

行 3，如果 B 采取列 2；

行 2，如果 B 采取列 3。

B 的最优策略是：

列 1，如果 A 采取行 1；

列 2，如果 A 采取行 2；

列 3，如果 A 采取行 3。

没有参与人拥有占优策略。对于这个博弈，我们需要一个更一般的解的概念。

纳什均衡是这样一对策略：给定其他人的行动，博弈的每一方都能采取最优策略。因为没有参与人能控制其他人的选择，一个理性的参与人应该努力判断对手的行动和选择。在表 13.5 的博弈里，策略组合（行 1，列 1）是一个纳什均衡。如果 A 采取行 1，B 的最优策略是列 1；如果 B 采取列 1，A 的最优策略是行 1。没有厂商有动力去改变它的决策。

✍ **练习**

2. 在表 13.6 的博弈中，博弈的每一方都有占优策略吗？纳什均衡是什么？

表 13.6

		B		
		1	2	3
A	1	3,2	7,7	5,6
	2	2,8	1,4	2,9

3. 在表 13.7 的博弈中，博弈的每一方都有占优策略吗？纳什均衡是什么？

表 13.7

		B		
		1	2	3
A	1	3,2	7,7	9,5
	2	4,8	1,4	6,9

纳什均衡回顾（第 13.3 节）

为了澄清占优策略均衡和纳什均衡的区别，我们重复一下教材中第 13.3 节的比较。

占优策略均衡：

我所做的是不管你做什么我所能做的最好的。

你所做的是不管我做什么你所能做的最好的。

纳什均衡：

我所做的是给定你所做的时我所能做的最好的。

你所做的是给定我所做的时你所能做的最好的。

在求解博弈的纳什均衡时，可能会碰到两个困难。第一个困难是，博弈可能有不止一个纳什均衡。如果博弈有多个纳什均衡，预测参与人的行动显然会更困难，尤其是在交流不被允许的情况下。

✍ **练习**

4. 在表 13.8 的博弈中，每一个参与人都有占优策略吗？这里有一个还是两个纳什均衡？

表 13.8

		厂商 2	
		网上出售	不在网上出售
厂商 1	网上出售	50,60	20,30
	不在网上出售	40,20	60,40

第二个困难是，对于有些博弈，不存在纯策略纳什均衡（可以采取确定的行动）。就像我们接下来要讨论的，如果我们允许某些博弈采用混合策略，其中参与人可以在几种无差异的替代策略中随机选择，这个困难将会消失。

极大化极小策略

在表 13.9 表述的博弈（对表 13.3 的博弈稍加改变）中，参与人 A 有占优策略行 1。参与人 B 没有占优策略。当求解表 13.3 的博弈时，我们论述了因为 B 知道 A 将选择占优策略，因此 B 必须选择列 2。表 13.3 的博弈有一个纳什均衡（70，50）。这个博弈也一样。假定A会理性地选择它的占优策略，选择列2将最大化B的支付。

表 13.9

		B 1	B 2
A	1	100,40	70,50
	2	80,30	60,20

如果B无法确定A的行为，情形又将如何？如果A选择了行2，那么B选择列1将更好（30大于20）。一个风险厌恶的参与人可能会偏爱极大化极小策略，即最大化他的最小支付。如果B选择了列1，他的最差的结果将是30；如果B选择了列2，他的最差的结果将是20。因此，选择最差当中最好的结果，B应该选择列1。如果B是保守的并且无法确定A的选择，极大化极小策略就最大化了B的最小支付。

上面的极大化极小策略可能被一个谨慎的无法估计A的策略分布的厂商采用。假设B认为A有80%的可能性选择行1和20%的可能性选择行2，那么它选择列1的期望支付是0.80×40+0.20×30=38。B选择列2的期望支付是0.80×50+0.20×20=44。因此B应该选择列2。这个策略最大化了B的期望支付，但并没有单独考虑最低的支付可能是多少。如果B是风险中性的，这可能是一个不错的策略选择。

✍ 练习

5. 表13.10描述的是一个囚徒困境博弈的支付矩阵。每个厂商都要在两个策略之间选择：维持现在的价格，还是为了争夺市场份额而降价，并最终引发价格战。以前我们分析囚徒困境时，我们寻找的是最优策略并得出结论：降价是参与双方的最优策略。但如果两个厂商都采用极大化极小策略，它们最终还会降价吗？

表 13.10

		厂商 2 维持价格	厂商 2 降价
厂商 1	维持价格	200,150	130,180
	降价	220,125	135,130

*混合策略

在赌硬币博弈中，参与双方每人抛一枚硬币，并且同时亮出硬币是正面还是反面。如果两枚硬币配对上即都是正面或都是反面，则参与人A获胜并从参与人B处赢得1美元；如果两枚硬币没配对上，则参与人B获胜并从参与人A处赢得1美元。各参与人都有两种可行的行动：正面或反面。表13.11给出了支付矩阵：

表 13.11

		参与人 B 正面	参与人 B 反面
参与人 A	正面	1,−1	−1,1
	反面	−1,1	1,−1

在这个博弈中，没有一对行动是纳什均衡。这并不奇怪，因为参与人B总是希望选择跟参与人A相同的行动，但参与人A却总是希望选择跟参与人B不同的行动。

如果你玩这个游戏，你很快就会认识到通过随机地抛硬币来决定正面或者反面跟其他任何选择至少一样好。在博弈论中，随机化你的行动选择就叫混合策略。假设A以50%的概率选正面和50%的概率选反面。B选正面的期望支付是0.5×1+0.5×(−1)=0，因为A选正面时B赢而A选反面时B输。类似地，B选反面的期望支付是0.5×(−1)+0.5×1=0。A的混合策略使得B在两个行动之间的选择是无差异的。给定A的混合策略，选正面或者反面都是B的最优策略。同样，如果B以50%的概率选正面和50%的概率选反面，任何可行的行动对A来说也是无差异的。

对于行动无差异的参与人，他会从这些行动中随机选择。这是采用混合策略的第一个要求——一个参与人只会选择能带来相同期望支付的行动。第二个要求是，参与人决定自己行动的概率分布，使得对手在可行的替代行动之间的选择是无差异的。混合策略是纳什均衡的，当且仅当没有其他的纯策略或者混合策略能使任何一个参与人的境况变得更好时。博弈论的重要研究结果显示，对于每一个参与人都只有有限个可行行动的博弈，要么有纯策略纳什均衡，要么有混合策略均衡。

赌硬币博弈的特殊性在于所有行动都以相同的概率被选择。并不是所有的博弈都有这样的特性，如下面的练习所示。

✍ **练习**

*__6.__ 表 13.12 的纳什均衡是什么？如果没有纯策略纳什均衡，看看混合策略均衡时参与人在行动之间的选择是否为无差异的。计算期望支付。

表 13.12

		B: 1	B: 2
A	1	30,40	70,50
	2	20,100	80,80

重复博弈（第 13.4 节）

第 12 章所示的囚徒困境博弈是静态博弈或者单期博弈的例子。然而，大多数市场中都有一个相对稳定的厂商群体，它们在长时间内互相竞争。如果厂商是随时间重复竞争的，它们就可以调整自己对对手行动所持有的看法并做出反应。某一期的“坏”行动会导致未来的惩罚。或者，一个厂商有机会去建立合作的声誉，并且鼓励其他厂商也这么做。

重复博弈与只进行一次的博弈往往有不同的均衡。比如，在单期囚徒困境博弈中，机会主义地行动是参与各方的占优策略；而在无限重复博弈中，合作行为可以是一个均衡。

✍ **练习**

7. 在实行反对价格固定的反托拉斯法时，默许的共谋会引起什么问题？

表 13.13 显示了一个简单的只有两个参与人“你”和“你的对手”的囚徒困境博弈：每个参与人都有“合作”和“进攻”两个策略。假设这个博弈会重复 100 次。在博弈的第 100 期，合理的行动将是选择“进攻”。你的对手不能报复你，因为博弈已经没有下一期了。你选择“进攻”将更好，因为无论你的对手如何行动，你的利润都将更高。因此，在最后一期，你和你的对手都将选择进攻。现在考虑第 99 期你们的选择。你们知道无论第 99 期的选择是什么，双方在最后一期都将选择进攻。因此，你们在倒数第 2 期都会选择进攻。将这样的逻辑扩展至博弈的开始，你将看到这个重复博弈的均衡就是从一开始就选择进攻。这个结论依赖于参与各方是理性的这一假设，并且在博弈的过程中，没有发生什么事情来改变参与人对于对手是理性的这一信念。

表 13.13

		你的对手：合作	你的对手：进攻
你	合作	5,5	0,10
	进攻	10,0	1,1

当囚徒困境博弈重复无限次时，合作并不必然是非理性的。以牙还牙策略是指只要你的对手合作，你也合作；如果你的对手选择进攻，你将在博弈的剩余各期都以进攻作为回应。这意味着任何对合作的偏离都将招致最严厉的惩罚。在这种情况下，合作的期望支付将大于进攻（比如在卡特尔中的欺骗行为）的期望支付，因为进攻只会给这个参与人一期的高利润，而接下来的各期只有竞争性利润（零利润）。因此，在长期，如果你觉得你的对手有合作的可能性，你将发现选择合作更为有利。

✍ **练习**

8. 表 13.14 描述了一个囚徒困境博弈，其中参与人双方是两个电视台，ABC 和 NBC。它们的策略是决定是否为新的电视节目做广告。如果不做广告，它们将分割市场并省下广告支出。如果做广告，市场将扩大，但是成本很高，所以利润会下降。如果一个做广告而另一个不做，市场将全归做广告的电视台。利润如支付矩阵所示，单位为百万美元/年。

表 13.14

		NBC	
		做广告	不做广告
ABC	做广告	100,100	300,0
	不做广告	0,300	200,200

a. 如果博弈只进行一次，纳什均衡是什么？

b. 现在考虑基于表 13.14 的重复博弈。假设 ABC 在第一期拒绝做广告，并且在接下来的各期中只要 NBC 不做广告，它也继续不做。但是只要 NBC 有一期不合作，ABC 将永久性地转向更安全的做广告的策略。尽管这一博弈被假设为可以无限次地重复进行，为了计算上的方便，考虑 10 期。计算 NBC 在采用与 ABC 相同的策略时的总利润。如果 NBC 利用了 ABC 合作的意愿从而在第一期选择做广告，则 NBC 的总利润是多少？比较这两种收入流。NBC 该如何选择？

序贯博弈（第 13.5 节）

序贯博弈是一个多期的博弈，其中每一期只有一个参与人行动，而不是同时行动。通常，参与人只在博弈结束时得到支付。最简单的序贯博弈的例子是参与人 A 先行动，参与人 B 在观测到 A 的行动后再行动，如斯塔克伯格模型。我们能够用扩展形来描述这样的博弈。图 13.1 描述了表 13.3 所描述的博弈的扩展形，其中 A 先行动。A 的选择相当于支付矩阵中的行，B 的选择相当于支付矩阵中的列。A 的支付在逗号之前，B 的支付在逗号之后。

解一个序贯博弈要从最后往前逆推。如果 A 选择行动 1，B 的最优行动选择是 2(50 大于 40)；如果 A 选择行动 2，B 的最优行动选择是 1(90 大于 80)。如果 B 不能在 A 做出选择之前先选择，那么在后一个时点上 B 只能在两种替代的行动之间最大化他的支

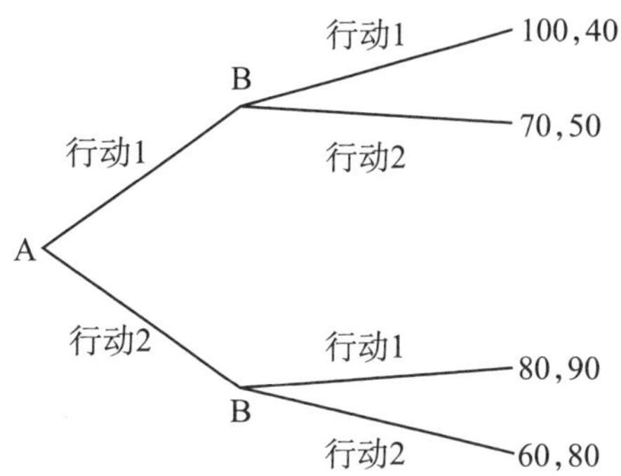

图 13.1

付。这就是为什么逆推是一种正确的方法。因此，A 在做选择时，能够计算出选择行动 1 能带来 70 的支付，选择行动 2 能带来 80 的支付。由此 A 将选择行动 2。最后的支付是 A 为 80，B 为 90。

✍ **练习**

9. 对于表 13.3 给出的博弈，如果 B 先行动，序贯博弈的扩展形是什么？序贯博弈的纳什均衡是什么？

威胁、承诺与可信性（第 13.6 节）

通常最先行动的参与人因为能够承诺采取某个行动而具有一定的优势。同样，先行动的参与人也能够从策略性行动中获益。一个策略性行动约束了自己的行动，但因为影响了对手的反应从而是有利的。比如，一个石油输出国组织国家能够声称，如果欺骗卡特尔协议的行为被发现，它将降低价格至低于边际成本，直到欺骗者被逐出市场。但是这个威胁可能是不可信的。如果真的采取这个惩罚措施，可能有悖于厂商的最优利益。对手会忽视一个空头威胁。如果厂商除了执行威胁行动外别无选择，这个威胁就是可信的。

✍ **练习**

10. 有两个提供商品的部门——商场和商店——在一个地方市场上竞争。商场正在计划通过全场降价来争夺市场份额。商店则声称在压力之下它将降价更多，以此来维护自己的市场地位。表 13.15

的支付矩阵描述了供应商品的两个部门的利润（单位：百万美元）。假设利润是以贴现值的方式计算的。

表 13.15

		商场	
		维持价格	降价
商店	维持价格	20,14	16,20
	降价	4,1	2,4

商店的潜在价格战的威胁是否可信？试解释。

阻止进入（第 13.7 节）

表 13.16 描述了有一个在位者和一个潜在进入者的博弈的支付矩阵。进入者有两种选择——进入或者不进入。在位者可做出“强硬”的反应（通过降价或者广告战与进入者竞争），也可选择“宽容”的策略并且与潜在进入者分享市场。

表 13.16

		在位者	
		强硬	宽容
潜在进入者	进入	−1,−2	1,2
	不进入	0,10	0,10

一个可能的纳什均衡是潜在进入者选择进入，在位者选择宽容。另一个纳什均衡是在位者选择强硬的姿态而潜在进入者不进入（注意潜在进入者不进入市场时，在位者的两种选择对它自己来说是无差异的，但是如果在位者显示其强硬姿态，潜在进入者就没有动力去改变它的策略）。什么结果最有可能发生？如果在位者没有办法承诺“强硬”策略，那么潜在进入者就应该会认为这是在位者的虚张声势并且选择进入。一旦潜在进入者进入市场，在位者选择宽容将符合它的最优利益（因为 2 大于－2）。强硬行动的威胁是不可信的。

使威胁可信的一个方法是预先实施这个威胁行动（也就是说，采取一个不可撤销的行动）。比如，在位者可能签订长期广告战的合约，或者在潜在进入者进入之前扩张生产能力。这些行动会改变在位者的支付。表 13.17 给出了如何实施的一个例子。

表 13.17

		在位者	
		强硬	宽容
潜在进入者	进入	−1,1	1,0.5
	不进入	0,10	0,10

通过预先准备好跟进入者斗争，在位者的这些成本在潜在进入者进入之前就已经发生了，但是这个计划可以被更审慎地考虑和安排，以降低选择强硬策略时的成本。现在如果潜在进入者进入，在位者继续选择强硬策略将得到支付 1。如果在位者不使用扩张的生产能力或者广告战，但成本已支付，那么在位者选择宽容策略的支付就是 0.5。在这种情况下，强硬行动的威胁就是可信的。想进入该行业的潜在进入者受到阻止。

*拍卖（第 13.8 节）

有几种常见的拍卖形式：

● 英国式拍卖。这是一种公开报价逐渐上升的拍卖，投标者公开地报出他们的投标价格。卖方要求潜在的买方报价，当只剩最后一个投标者时，商品被出售。商品以最后投标者所出的报价出售给他。一个投标者的策略是决定在什么价格上停止报价。比如，如果你的保留价格是 R，当报价已经是 B 并且高于 R 时，你就应该退出投标。如果其他人最后的报价低于 R，你可以继续报价（一个微小的增加）。你将以你最后的报价得到商品，利润是 $R-B$。

● 荷兰式拍卖。卖方一开始时设定一个高的价格，如果没有投标者接受，则逐渐降低这个价格。商品将卖给第一个接受卖方要价的买方。投标者的策略要求选择投标的唯一价格。一个有意思的问题是你该报价 R 还是更低一些。答案是更低一些。在报价太低从而存在失去商品的风险和报价 R 从而得到零利润之间要做出权衡。根据这个权衡，最优的报价应该是略低于你的估价。当投标者的数量增加时，你的报价和估价之间的差额缩小。

● 密封投标拍卖。报价是私密性的，商品将出售给呈送最高报价的人。在一级密封价格拍卖中，赢者支付的价格就是他的报价；而在二级密封价格拍卖中，赢者支付的价格是拍卖中第二高的报价。这里的策略选择是决定什么样的价格作为你呈送的报价。如同荷兰式拍卖，一级密封价格拍卖的最优报价应该略低于你的估价。

如果投标者对于被拍卖的商品有不同的保留价格（估价），这个拍卖就是私人价值拍卖。比如，投标者可能对电影《绿野仙踪》中朱迪·加兰所穿的红宝石鞋有不同的估价。如果商品对每个投标者有相同的价值，我们就称之为共同价值拍卖。尽管在共同价值拍卖中商品对所有投标者均有相同的价值，但单个投标者只能对真实价值有一个粗略的估价。比如，为开采权而竞标的石油公司可能大致知道地下的石油储备量，但是每个投标者会有不同的估计。

不同的拍卖规则会影响最优报价。一方面，在一个私人价值二级密封价格拍卖中，占优策略是真实地报价。另一方面，在一个共同价值拍卖中，考虑到赢者的期望误差（假设商品的价值存在不确定性），你应该降低你的最高报价。赢者的诅咒问题往往在共同价值拍卖中出现：赢得拍卖使得赢者的境况变得更差，因为他过高估计了商品的价值。

✍ **练习**

11. 在一个二级密封价格拍卖中，有五个潜在的买方竞标单个商品。每个买方都有一个私人价值并且不存在转售的可能性。投标者及他们的价值如下表所示。

投标者	价值（美元）
A	420
B	760
C	550
D	430
E	600

a. 每个人应该报价多少？如果他们都选择了最优报价，谁将赢得拍卖？支付多少？

b. 现在假设投标者的价值如下表所示。

投标者	价值（美元）
A	380
B	760
C	500
D	490
E	540

每个人应该报价多少？如果他们都选择了最优报价，谁将赢得拍卖？支付多少？

c. 假设在上面两种情形下卖方都采用一级密封价格拍卖。给定 a 和 b 中的价值，如果所有买方都相信两种情形下私人价值有相同的分布，赢者支付的价格是否有差别？

习题集

12. 在表 13.1 描述的博弈中，是否每个参与人都有占优策略？博弈的纳什均衡是什么？

13. 假设英特尔和动力系统是仅有的能生产某种微处理器的厂商。进入该产品市场的支付矩阵如下表所示。

		动力系统	
		进入	不进入
英特尔	进入	10，−40	250，0
	不进入	0，200	0，0

支付矩阵的单元格中的数字表示的是利润，单位为百万美元。英特尔比动力系统略胜一筹，并且能够先行动。

a. 结果将是什么？

b. 如果动力系统选择生产这种微处理器，政府将补贴 5 000 万美元。结果将是什么？

c. 支付矩阵如何变化时补贴将使得英特

尔不再进入该市场？

14. 卡特尔往往会面临两种障碍：现有成员的欺骗和市场上新进入者所导致的对卡特尔市场力量的侵蚀。下面的支付矩阵描述了卡特尔和一个进入者的情形（见下表）。

		新厂商	
		进入	不进入
卡特尔	价格战	−50，−5	−40，0
	非价格战	90，10	100，0

a. 如果新厂商进入，卡特尔威胁将采用价格战。新厂商是否应该认为这是可信的威胁？

b. 设想一种卡特尔可采用的方法，使得其结果是卡特尔所希望的。

15. 假设两个厂商分享市场并已经形成了卡特尔，而且没有新厂商进入的可能性。如果两个厂商合作，则每一期双方可得利润 50 美元。如果厂商 A 背叛协议而厂商 B 仍合作，厂商 A 可得利润 75 美元，厂商 B 的利润为零。如果厂商 B 背叛而厂商 A 合作，厂商 B 可得利润 75 美元，厂商 A 的利润为零。如果两个厂商都背叛，那一期双方都得利润 20 美元。

a. 写出博弈的支付矩阵。

b. 假设博弈重复两期。厂商 B 承诺一个策略，第一期合作，第二期选择厂商 A 在第一期的行动。这个策略能否威慑厂商 A 的背叛行为？

16. 在下表所示的博弈中，参与人各方的极大化极小策略是什么？这些是纳什均衡策略吗？

		参与人 2		
		1	2	3
参与人 1	1	18，5	−20，45	40，70
	2	30，20	10，35	20，40
	3	25，40	30，30	30，50

17. 针对参与人 1 的两个可行策略，如下表所示的支付矩阵代表了参与人 2 的三个不同策略的支付。

		参与人 2		
		1	2	3
参与人 1	1	10	0	4
	2	0	10	3

策略 3 是否占优于策略 1 或者策略 2？参与人 2 是否会采用策略 3？

自测题

18. 一个非合作博弈是：

a. 一方所得是另一方所失。

b. 没有可行的有约束力的合约。

c. 参与人的利益是直接相对的。

d. 没有参与人具有占优策略。

e. 以上选项都不正确。

19. 参与人的占优策略是：

a. 所有支付都大于其他任何策略的所有支付。

b. 不管对手如何选择，对参与人而言都是最好的。

c. 给定对手的均衡选择，对参与人而言是最好的。

d. a 和 c。

e. 以上选项都不正确。

20. 在无限重复囚徒困境博弈中：

a. 参与人都有一个占优策略即坦白。

b. 参与人都有一个占优策略即不坦白。

c. 在面临未来的惩罚威胁时，合作可以维持。

d. 达成合作需要参与人的交流。

e. 以上选项都不正确。

21. 在一个序贯博弈中，可信的威胁是：

a. 对手自己不能做相同的威胁。

b. 实施这个威胁的参与人要从中得利。

c. 若实施这个威胁，则参与人各方都将受罚。

d. a 和 c。

e. 以上选项都不正确。

接下来的两个问题与下面的博弈有关

（见下表）。

		B	
		1	2
A	1	−30，−5	40，0
	2	0，80	0，0

22. 如果 A 先行动，纳什均衡策略是：

a. 行 1 和列 1。

b. 行 2 和列 1。

c. 行 1 和列 2。

d. 行 2 和列 2。

e. 该博弈没有纯策略纳什均衡。

23. 如果 A 和 B 同时行动，纳什均衡策略是：

a. 行 1 和列 2。

b. 行 2 和列 1。

c. 行 1 和列 1。

d. a 和 b。

e. a 和 c。

24. 考虑以下支付矩阵（见下表）。

		厂商 B	
		做广告	不做广告
厂商 A	做广告	20，10	32，0
	不做广告	15，12	20，5

如果每个厂商都遵循它的占优策略，结果将是什么？

a. 20，10。

b. 20，5。

c. 32，0。

d. 15，12。

e. 该博弈没有均衡。

25. 纳什均衡是指：

a. 每个厂商都从所有的可行支付中选择了最大的支付。

b. 给定对手的行动，每个厂商所做的都是它所能做的最好的。

c. 某个厂商有一个最优策略，而不管对手如何行动。

d. 厂商选择数量而不是价格。

e. 在博弈开始前，每个厂商承诺一个策略。

26. 两个生产磁带的理性厂商必须选择“冒犯”的低价策略，或者“合作”的高价策略。它们都认识到磁带很快将过时（因为 CD 的发明），因此双方都知道它们的竞争只会持续有限的时期。如果这两个厂商都选择以牙还牙策略，它们将：

a. 设定高价格。

b. 设定低价格。

c. 除了最后一期外的所有各期都设定高价格，最后一期设定低价格。

d. 除了最后一期外的所有各期都设定低价格，最后一期设定高价格。

e. 以上选项都不正确。

27. 序贯博弈的一个例子是：

a. 斯塔克伯格模型。

b. 国际象棋比赛。

c. 先行的投资博弈。

d. 阻止进入博弈。

e. 以上选项都正确。

28. 以下博弈中参与人的利益是一致的：对一方有利意味着对另一方也有利（见下表）。

		参与人 2	
		左	右
参与人 1	左	2，2	0，0
	右	1，1/2	1，1

在这个博弈中：

a. 参与人 1 有一个占优策略“左”并且结果将是（2，2）。

b. 参与双方都有占优策略“左”并且结果将是（2，2）。

c. 参与双方都有占优策略“右”并且结果将是（1，1）。

d. 没有参与人有占优策略，但该博弈的一个纳什均衡是（2，2）。

e. 参与人 1 选择“右”的可信的威胁导致了结果（1，1）。

29. 考虑以下扩展形的博弈：参与人 1，在位的行业垄断者；参与人 2，能够进入该行业的一个厂商（见下图）。

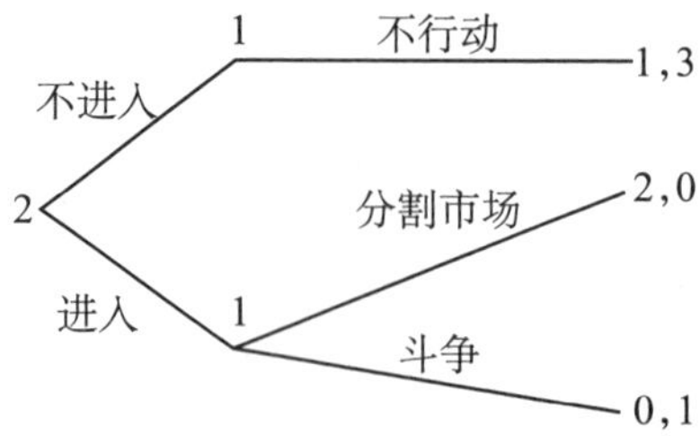

参与人 2 的支付在逗号之前，参与人 1 的支付在逗号之后。参与人 1 进行了额外生产能力的不可撤销的投资，且只有在它决定跟进入者斗争时才使用。这个博弈的结果将是：

a. 参与人 2 的进入将被威慑住。

b. 参与人 2 将进入并且和参与人 1 分割市场。

c. 参与人 2 将进入而参与人 1 会斗争。

d. 参与人 2 不进入，因为支付 3 大于 0。

e. 参与人 1 将不阻止进入，因为它对进入的威胁是不可信的。

第 13 章答案

练习答案

1. 露华浓的占优策略是选择低价，无论它如何判断欧莱雅的行动。（如果欧莱雅定低价，那么露华浓应该定低价，因为 10 大于 6；如果欧莱雅定高价，露华浓仍然应该定低价，因为 20 大于 15。）同样，欧莱雅也有一个占优策略，就是选择低价。博弈的结果是双方都选择低价并且各方获得 10（百万美元）的利润。

2. 对于 B 的每个可行的策略，A 的占优策略都是选择行 1，也就是说，A 选择行 1 的支付要大于选择行 2 的支付。B 没有占优策略，因为针对行 1，列 2 的策略是最好的；而针对行 2，列 3 的策略才是最好的。这个博弈的纳什均衡是 A 选择占优策略行 1，B 选择列 2。均衡的支付是 A 获得 7 和 B 获得 7。一旦这些策略被选定，没有参与人有激励去偏离。

3. 这里没有参与人有占优策略。针对列 1，行 2 是 A 的最优策略，而针对列 2 或列 3，行 1 是 A 的最优策略。类似地，针对行 1，列 2 是 B 的最优策略，而针对行 2，列 3 是 B 的最优策略。在纳什均衡中，A 选择行 1 和 B 选择列 2。均衡的支付是 A 获得 7 和 B 获得 7。

4. 没有参与人有占优策略，并且这里共有两个纳什均衡。一个纳什均衡是“出售-出售”（50，60），也就是两个厂商都选择网上出售。这能够成为一个纳什均衡，因为给定对方选择这个策略，没有厂商有激励去改变策略。第二个纳什均衡是“不出售-不出售”（60，40），刚好与第一个相反。在这种情形下没有厂商选择在网上出售。给定支付，每一个结果都是一个稳定的点。如果没有额外的有关产品或者厂商的信息，就很难确定哪一个均衡会在市场上胜出。

5. 会。如果厂商都选择极大化极小策略，它们会发现自己最终处于双方都降价的均衡中。如果厂商 1 维持价格，它的最小支付是 130。如果它降价，最小支付是 135。因此，遵循极大化极小策略的原理，厂商 1 会通过降价来最大化它的最小支付。厂商 2 同样认识到维持价格时，它的最小支付是 125，但是降价后它能略微地增加它的最小支付到 130。因此，厂商 2 也会降价。这种情形下的极大化极小均衡与占优策略均衡（纳什均衡）是一样的。

6. 没有参与人有占优策略。一个混合策略均衡会使得 A 在选择行 1 和行 2 之间无差异，B 在选择列 1 和列 2 之间无差异。令 p 是 A 选择行 1 的概率，$1-p$ 是 A 选择行 2 的概率。令 q 是 B 选择列 1 的概率，$1-q$ 是 B 选择列 2 的概率。

对于 A 混合行 1 和行 2，每一个策略的期望支付应该是相等的。A 选择行 1 的期望支付是 $30q+70(1-q)$，选择行 2 的期望支付是 $20q+80(1-q)$。因此 q^* 就是

$30q+70(1-q)=20q+80(1-q)$的解。对其化简，得 $20q=10$，所以 $q^*=1/2$。对于B混合列1和列2，每一个策略的期望支付也应该是相等的。因此 p^* 是 $40p+100(1-p)=50p+80(1-p)$的解。对其化简，得$30p=20$，即 $p^*=2/3$。A 选择行 1 的期望支付是 $1/2\times30+1/2\times70=50$；A 选择行 2 的期望支付是 $1/2\times20+1/2\times80=50$。选择每个策略的期望支付相等，也就证实了 q^* 是正确的。B 选择列 1 的期望支付是 $2/3\times40+1/3\times100=60$；B选择列 2 的期望支付是 $2/3\times50+1/3\times80=60$。

7. 默许的共谋就是团体之间没有明确合约的共谋。因此，这里可能没有可观察到的违法行为（比如不同厂商的经理之间有关价格的交流）。给定它对对方行为的期望时，每个厂商都可以声称自己的行为是个体理性的。

8. a. 如果博弈只进行一次，ABC 和 NBC 都会选择做广告，并且各方获得 100。（做广告是双方的占优策略。）

b. 如果 NBC 选择相同的策略，计算前 10 期的利润，我们得到：

$$\pi_{NBC}=10\times200=2\ 000$$

如果 NBC 试图利用 ABC，它会在第一期选择做广告，获得 300，但是ABC之后会选择做广告来报复，因此，NBC 的利润是：

$$\pi_{NBC}=300+9\times100=1\ 200$$

明显地，选择后一个策略不是NBC 的利益所在。

9. 见图 13A. 1。轮到 A 选择时，它会选择行动 1，而不论 B 已经选择了行动 1 还是行动 2。因此，B 将偏爱行动 2，因为这样做他将能得到 50 的支付，而不是选择行动 1 时 40 的支付。所以，纳什均衡是B选择行动 2，A 选择行动 1。均衡支付是 A 获得 70，B 获得 50。

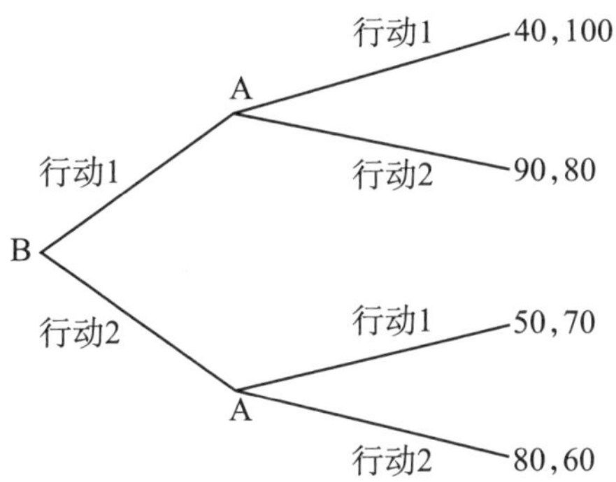

图 13A. 1

10. 根据支付矩阵，如果商场降价，商店维持价格将更好。因此商店的威胁是不可信的。

11. a. 每个人都应该按自己真实的私人价值报价。B 将报价 760 美元并赢得商品，但只需支付 600 美元，即第二高的报价。

b. B 将报价 760 美元并赢得商品，但只需支付 540 美元，即第二高的报价。

c. 在一级密封价格拍卖中，最优的策略是报一个低于自己私人价值的价格。a 和 b 中的两种拍卖形式对于卖方而言有相同的价值。因此，B 应该报出一个价格，使得该价格等于他认为的对该商品的第二高的估价（假设他的私人价值是最高的）。这在两个拍卖中应该是一样的，因为其他投标者有关价值分布的信息是相同的，而且最高的私人价值也是相同的。

习题集答案

12. 没有参与人有占优策略。针对列 1，A 选择行 1 是最优的，而针对列 2，A 选择行 2 是最优的。针对行 1，B 选择列 3 是最优的，而针对行 2，B 选择列 2 是最优的。纳什均衡是行 2 和列 2，支付是 A 获得 600，B 获得 300。

13. a. 英特尔将进入，因为这是它的占优策略，而且动力系统会认识到这些，从而选择不进入。支付是英特尔获得 250，动力系统获得 0。

b. 支付矩阵将变为（见下表）：

		动力系统	
		进入	不进入
英特尔	进入	10,10	250,0
	不进入	0,250	0,0

英特尔仍然进入，但动力系统也会进入。英特尔和动力系统的支付都为 10。

c. 当动力系统进入时，为了使英特尔不进入，英特尔不进入的支付应该比进入的支付要大。这是可能发生的，比如，微处理器的生产存在非常大的规模经济，并且补贴已经使得动力系统建造了足够的生产能力，以使自己的成本低于英特尔。

14. a. 卡特尔的这个阻止进入的威胁并不能成功。如果新厂商选择进入，它能够预期到（如果卡特尔是理性的）卡特尔不会引发价格战（因为 90 大于 −50）。如果进入发生了，卡特尔将发现宽容地对待市场的进入者符合自己的利益。价格战的威胁是不可信的。

b. 卡特尔能够：（ⅰ）向顾客承诺，如果新厂商进入，它将选择低价。（ⅱ）以自己的声誉承诺将与进入者斗争，增加不斗争的成本。（ⅲ）偶尔地采取非理性的行为与新进入者斗争，从而向其他潜在进入者传递信息。

15. a. 支付矩阵如下表所示。

		B	
		合作	背叛
A	合作	50,50	0,75
	背叛	75,0	20,20

b. 如果 A 两期都合作：

$\pi_A = 50 + 50 = 100$

如果 A 两期都背叛：

$\pi_A = 75 + 20 = 95$

（如果 A 在第一期背叛，B 在第二期也会背叛。）

如果 A 先合作再背叛：

$\pi_A = 50 + 75 = 125$

如果 A 先背叛再合作：

$\pi_A = 75 + 0 = 75$

这个策略并不能威慑 A 在第二期的背叛。博弈中 A 的利润最大化策略是第一期合作而第二期背叛，因为 B 无法再报复了。

16. 参与人 1 的三个策略的最小支付分别是 −20、10、25，因此，他的极大化极小策略是策略 3。参与人 2 的三个策略的最小支付分别是 5、30、40，因此，他的极大化极小策略是策略 3。

然而，博弈的唯一的纳什均衡是参与人 1 的策略 1 和参与人 2 的策略 3，支付是 40 和 70。

17. 如果参与人 1 选择策略 1，参与人 2 的策略 2 劣于策略 3，并且如果参与人 1 选择策略 2，参与人 2 的策略 1 劣于策略 3。因此，参与人 2 没有纯策略占优于策略 3。

参与人 2 不会选择策略 3，因为无论他如何预测参与人 1 的选择，策略 1 或 2 都会有一个更高的支付。事实上，五五分的混合策略（50−50 mix）1 和 2 保证了参与人 2 的期望支付是 5，这优于策略 3 的最大支付。

自测题答案

18. b. 非合作博弈的定义不在于特定的支付（因此选项 a、c、d 是错的），而在于厂商的行为。如果厂商是独立行动的，那么博弈就是非合作的。如果它们能达成有约束力的合约，那么博弈就是合作的。

19. b. 选项 a 过于严格，选项 c 对于任何均衡策略都是对的。

20. c. 当博弈重复无限次时，合作的期望支付将超过背叛。

21. b. 如果如选项 c 所言执行一项威胁将惩罚各方，那么选择威胁的参与人就不会执行。

22. c. 如果 A 选择行 1，B 将选择列 2。如果 A 选择行 2，B 将选择列 1。前者 A 可得支付 40，后者 A 可得支付 0，因此，A 将选择行 1，然后 B 选择列 2。一旦做出这样的决策，就没有参与人有激励去偏离它。

23. d. （行 1，列 2）和（行 2，列 1）都是纳什均衡。如果参与人是同时选择策略的，给定对手的策略，没有参与人会偏离。

24. a. "做广告"是两个厂商的占优策略。

25. b. 这是纳什均衡的定义。纳什均衡的定义跟支付、数量或者价格、承诺（选项 a、d、e）无关。选项 c 是占优策略的定义。

26. b. 在有限次重复博弈中，只要对手合作你也合作，而一旦对手降价你就降价（以牙还牙策略）会导致低价均衡。博弈可用逆推解法。

27. e. 在每种情形下都是博弈的一方先行动，而不是双方或者多方同时行动。

28. d. 结果（2，2）是一个纳什均衡（当得到这个结果时，没有参与人有激励去偏离它），但是博弈中没有占优策略。另外一个纳什均衡是（1，1）。

29. a. 如果参与人 2 进入，参与人 1 将斗争（1 大于 0），而且参与人 2 的支付是 0。如果参与人 2 不进入，结果将更好，因为它的支付是 1。因此，参与人 1 的威胁是可信的。

第14章

投入要素市场

重要概念

- 劳动的边际生产收益
- 单个厂商的劳动需求曲线
- 行业的劳动需求曲线
- 要素供给曲线
- 向后弯曲的劳动供给曲线
- 买方垄断势力
- 边际支出
- 双边垄断

本章重点

要素市场是有关劳动、原料和其他用于生产的投入品的市场。理解生产要素需求的重点是，它是引致需求，依赖于厂商的投入成本和产出水平。增加额外一单位投入是有利的，当且仅当这一额外投入带来的产出的额外收益大于投入的成本时。增加一单位劳动投入带来的额外收益就是劳动的边际生产收益（MRP_L）。一般而言，它等于劳动的边际产出乘以厂商的边际收益。如果厂商在竞争性市场上购买投入品，MRP_L曲线就是劳动需求曲线。

在长期，当多种投入可变时，厂商对于低工资的反应是增加产出和租用更多的资本。这使得MRP_L曲线向右移动，因此劳动需求曲线比资本固定时更平坦。另外，行业的劳动需求曲线要比厂商需求曲线的加总更陡峭。这是因为工资率的下降引致了所有厂商产出的扩大，从而降低了产出品的价格。当产出品的价格更低时，每个厂商的MRP_L曲线均向右移动。

投入品的市场供给曲线通常向上倾斜。然而，劳动供给曲线可能是向后弯曲的。因为消费者出售自己的劳动，当劳动价格上升时他们的境况变得更好。如果闲暇是正常品，工资增加带来的收入效应将鼓励工人提供更少的劳动。

而替代效应则起到相反的作用：工资上升使闲暇相对于其他商品变得更加昂贵，从而鼓励工人提供更多的劳动。如果收入效应足够大，它将超过替代效应。因此，劳动供给的数量可能随着工资的上升而减少。

要素市场的均衡处在边际生产收益曲线和要素供给曲线的交点。这对于竞争性的和垄断性的产品市场都成立，虽然MRP曲线在两种情形下有所不同。只要劳动供给曲线是向上倾斜的，均衡时对劳动的总的支付就大于工人在提供相同数量的劳动时所愿意接受的最小支付。这两者支付的差额就是经济租，类似于产品市场上的生产者剩余。如果一种投入的供给是完全无弹性的，那么对该生产要素的所有支付都是经济租（因为无论要素价格是多少，这种要素都要被提供）。

买方垄断势力存在于要素购买者面对的是向上倾斜的供给曲线的情形。买方垄断的边际支出曲线描述了增加一单位投入时的额外支出，并且它位于平均支出曲线之上，这是因为厂商在购买更多单位的投入时，必须为所有的投入都支付更高的价格。买方垄断者雇用劳动，直到边际支出曲线与 MRP_L 曲线相交，并且支付供给曲线上该数量劳动的工资。

要素市场的卖方垄断势力经常以工会的形式出现。这些工会能依赖于它们的目标而设定不同的工资——最大化就业、最大化经济租或者最大化工资总额。当工会成功地增加了工会化部门的工资时，一些工人就会失业。当这些工人转移到非工会化部门时，这个效应将降低非工会化部门的工资。

概念复习和练习

竞争性要素市场（第 14.1 节）

一个竞争性的投入品市场由很多买方和卖方组成。考虑一个城市的非熟练劳动力市场。在这样一个市场，每个工人在市场工资给定的情形下选择劳动供给时间。相反，每个厂商在市场工资的水平上决定雇用的工人数量（或劳动时间）。

投入额外一小时劳动的成本就是小时工资 w。厂商从额外一小时劳动中获得的收益，就是这一小时劳动带来的额外产出乘以每一单位产出的额外收益，或者 $MP_L \cdot MR$。劳动的边际产出和边际收益的乘积被称为劳动的边际生产收益（MRP_L）。对于一个完全竞争的厂商而言，边际收益等于价格，因此 $MRP_L = P \cdot MP_L$。

无论产品市场是不是竞争性的，如果一个厂商从竞争性要素市场购买投入品，MRP_L 曲线就是它的劳动需求曲线。因为一个成本最小化（利润最大化）的厂商会决定这样的劳动投入，即劳动的边际生产收益等于它的边际成本，或 $MRP_L = w$。劳动需求曲线是向下倾斜的，因此当工资率下降时，劳动的需求量就会上升，如图 14.1 所示。注意劳动需求曲线依赖于厂商对其他要素的使用量，比如，厂商对资本投入的变化会引起 MP_L 曲线的移动，最终导致 MRP_L 曲线的移动。对投入的需求是一种引致需求，依赖于生产和产品市场的状况。

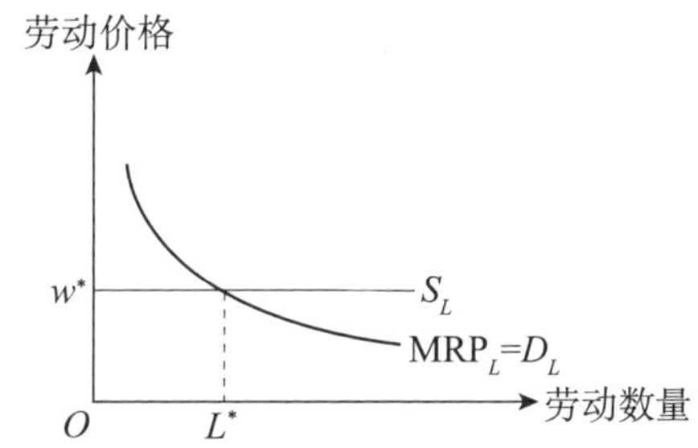

图 14.1

✍ **练习**

1. 安德森实业公司生产铁砧并且在完全竞争市场出售。在短期，它的资本投入是固定的，并且劳动的边际产出曲线是 $MP_L = 3.10 - 0.02L$，其中，L 是每星期雇用的人数。
   a. 如果安德森实业公司以 200 美元/单位的价格出售铁砧，计算它的 MRP_L 曲线。
   b. 如果每星期的工资是 300 美元，它会雇用多少工人？
   c. 如果每星期的工资降到 240 美元，它会雇用多少工人？
2. *［运用微积分］伯克斯特实业公司生产气钻，并且对产品拥有专利。其劳动的边际产出曲线是 $MP_L = 60 - L$，其中，L 为每星期雇用的人数。劳动的总产出曲线是 $Q = 60L - 0.5L^2$，其中，Q 为每星期的产出。厂商产出的需求曲线是 $P = 100 - Q$。

劳动的边际生产收益曲线是什么?

在长期，当所有投入都可变时，单个厂商的劳动需求曲线并不等于 MRP_L 曲线。比如，考虑一个住宅建筑商，其投入是木工和资本。作为对木工工资下降的反应，厂商的边际成本曲线下移。结果，厂商扩张它的产出，雇用更多的木工并且投入更多的资本。投入额外的资本使得 MP_L 曲线（因此 MRP_L 曲线）右移。所以，对木工的长期劳动需求曲线比短期 MRP_L 曲线更平坦，如图 14.2 所示。

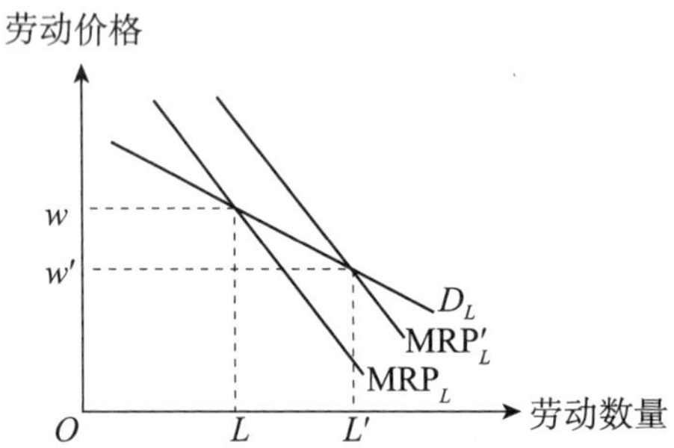

图 14.2

类似地，行业的劳动需求曲线并不简单地等于厂商的劳动需求曲线之和。随着工资的下降，每个厂商会生产更多，这降低了均衡的产出价格。因为厂商的劳动需求曲线是由产出价格引致的，简单地把厂商的需求曲线加总起来就是不正确的。更低的产出价格导致单个厂商的 MRP_L 曲线左移。加总每个工资水平处的劳动需求数量，我们就会发现行业的劳动需求曲线比单个厂商的需求曲线的水平加总更陡峭。正如教材的图 14.5(b) 所示，这里再次引用。

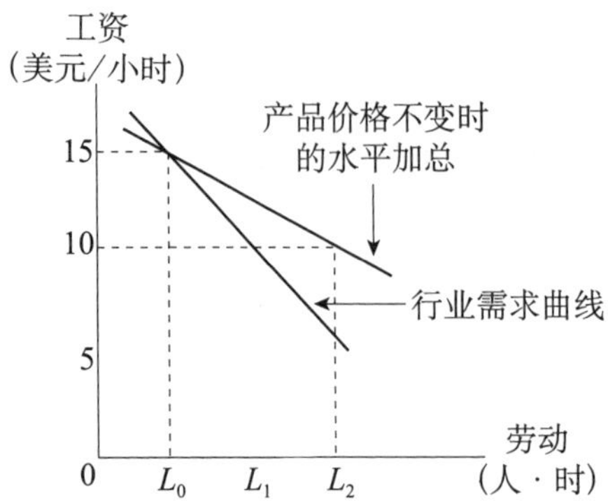

教材图 14.5 (b)

要素供给曲线

行业的要素供给曲线一般是向上倾斜的。然而，单个厂商面临的供给曲线是要素在市场价格处的水平线。厂商视要素价格为给定的，并按照自己的需求量来决定要素投入。这与竞争性产品市场的假设相似，即单个竞争性厂商视产品价格为给定的，虽然整个行业的产品需求曲线是向下倾斜的。

如果厂商是要素的唯一购买者（买方垄断），那么它的最优的要素投入数量是要素的边际支出（ME）等于边际生产收益（第 10 章的边际价值）的那一点。比如，假设一个住宅建筑商是某个城市的木工的唯一雇主。如果工资是 14 美元/小时，劳动供给是每天 100 人 · 时；而如果工资是 14.5 美元/小时，则劳动供给是每天 101 人 · 时。因此，如果厂商每天雇用 100 人 · 时，费用就是 1 400 美元；而若每天雇用 101 人 · 时，总费用就是 1 464.50 美元。也就是每天的第 101 小时的边际支出是 64.50 美元。

相反，如果厂商是在竞争性市场上雇用木工，它的边际支出就等于工资。如果厂商面临的是 14 美元/小时的水平供给曲线，第 101 人 · 时的边际支出就是 14 美元。因此厂商会雇用木工，直到 MRP_L 等于 14 美元/小时。因为 $ME=w$，这两个等式（$MRP_L=ME$ 和 $MRP_L=w$）就是相同的。

尽管要素的市场供给曲线一般是向上倾斜的，但劳动供给曲线却有可能是向后弯曲的。当工资较低时，工资的增加可能导致劳动供给的增加，但当工资较高时，继续增加工资就可能减少劳动供给。这是否会发生依赖于工资变动时替代效应和收入效应的相对重要性。因为消费者出售他们自己的劳动，劳动价格的上升使得他们的境况变好。

如果闲暇是正常品，工资增加的收入效应会导致更多的闲暇消费，因此会减少劳动供给。相反，工资增加的替代效应会导致更多的劳动供给（当闲暇成本上升时，闲暇的消费就会减少）。如果闲暇是正常品，收入效应和替代效应的作用就是相反的。一旦收入效应足够大，它就会超过替代效应。此时，劳动供给的数量就随着工资的上升而减少。当工资水平较低时，替代效应一般较大，而当工资水平较高时，收入效应就可能居于主要地位。这导致了向后弯曲的劳动供给曲线，如图 14.3 所示。

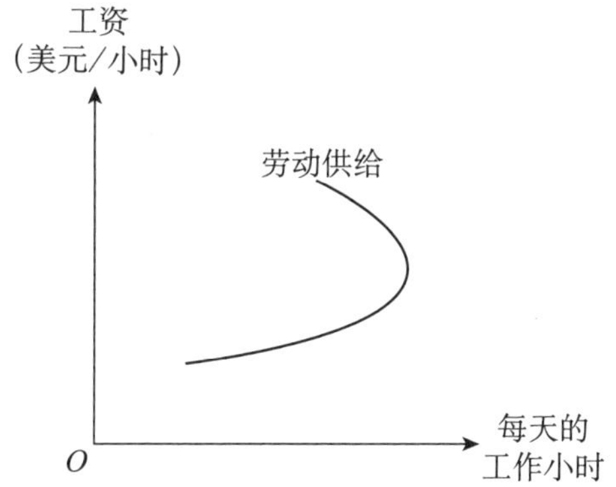

图 14.3

这个讨论听上去跟我们先前讨论的吉芬商品很相似，实际上却差别很大。个人牺牲自己的闲暇也就是向市场提供劳动。工资的增加提升了他的总的可得时间的价值，同时也提升了他的闲暇的价格。如果闲暇是正常品，时间价值的增加就能够增加他的总收入。结果，我们会看到在任何给定的工资率下，他对闲暇的需求都上升了。这个正的收入效应可能非常大。然而，高的闲暇价格将减少闲暇的需求量，如果效用保持不变，这里就会有替代效应。因此，收入效应和替代效应起相反的作用并不意味着该商品是劣等品，就如吉芬商品所要求的。向后弯曲的劳动供给曲线比吉芬商品更常见，因为劳动收入是大多数工人的主要收入。

✍ **练习**

3. 一个地方搬运公司支付一个固定的工资率 w，并且它的工人每天工作 8 小时。公司现在希望它的员工能加班（每天超过 8 小时）。为了达到此目的，公司正在考虑采用以下计划中的某一种：

a. 给每个员工提供一个新的工资率 $\hat{w}>w$。

b. 给每个员工提供一个加班工资率 $\hat{w}>w$，以超过 8 小时的那部分时间计算。

如果要保证工人每天能工作超过 8 小时，公司该采用哪种计划？用无差异曲线和预算约束证明你的结论，其中两种商品分别是"收入"（纵坐标轴）和"闲暇时间"（横坐标轴），两者均以天计算。

竞争性要素市场的均衡（第 14.2 节）

劳动供给曲线和劳动需求曲线的交点决定了竞争性均衡的工资率（w）和劳动供给数量（L）。完全竞争的产品市场要求 $w=MRP_L=P\cdot MP_L$；而在垄断的产品市场，均衡条件是 $w=MRP_L=MR\cdot MP_L$。在垄断市场上劳动需求更少仅仅是因为产出更少。

当劳动供给曲线向上倾斜时，均衡时对劳动的总的支付就大于鼓励工人提供该数量劳动时所必需的最小支付。这个差额就是劳动的经济租，如图 14.4 所示（回顾一下，劳动供给曲线也就是平均支出曲线），如同产品市场上的生产者剩余。因为均衡时所有的工人均被支付相同的工资，那些在更低工资处就愿意提供劳动的工人得到了一个超过他们机会成本的支付。在完全无弹性的要素供给曲线的特例中，比如未开垦的土地，所有的要素支付都是经济租。然而，当要素供给曲线是水平的时，竞争性均衡中就没有经济租。

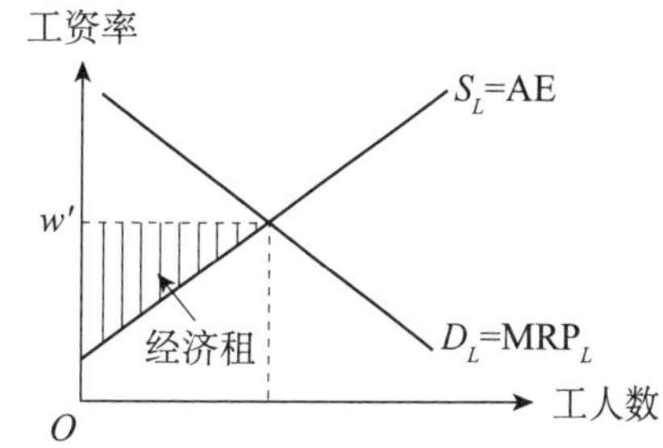

图 14.4

✍ **练习**

4. a. 给定图 14.5 的信息，确定竞争性均衡时的工资和劳动雇佣数量。然后，假定产品市场是垄断的，确定垄断工资和劳动雇佣数量。

b. 为了最大化经济租，工人会喜欢工资率 w_0、w_1 还是 w_2？

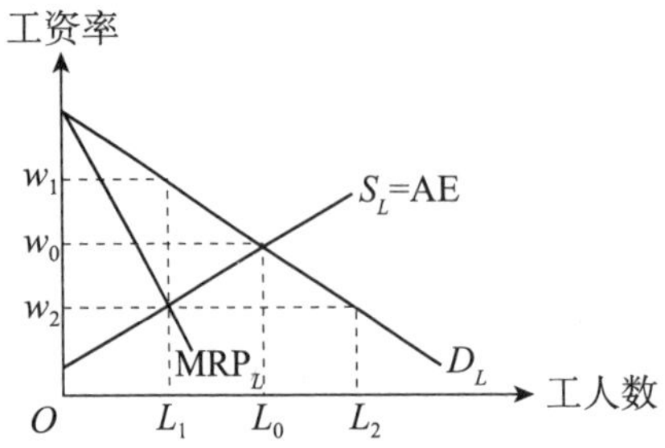

图 14.5

有买方垄断势力的要素市场（第 14.3 节）

在第 10 章，我们看到一个垄断厂商会使自己产品的边际价值等于边际支出，也就是多购买一单位时的额外支出。第 10 章所讲的边际价值（MV）曲线也就是本章前面所讲的 MRP_L 曲线。第 10 章的条件 MV＝ME 告诉了我们，垄断厂商会雇用劳动直到 MRP_L 等于边际支出 ME。注意，只要劳动供给曲线是向上倾斜的，ME 曲线就会在劳动供给曲线之上。垄断厂商会雇用的劳动的数量将由边际支出曲线与 MRP_L 曲线的交点决定，并支付供给曲线上该劳动数量所对应的工资率。这意味着即使有相同的 MRP_L，一个垄断厂商也会比完全竞争市场上的厂商雇用更少的劳动。图 14.6 描述了买方垄断的结果。

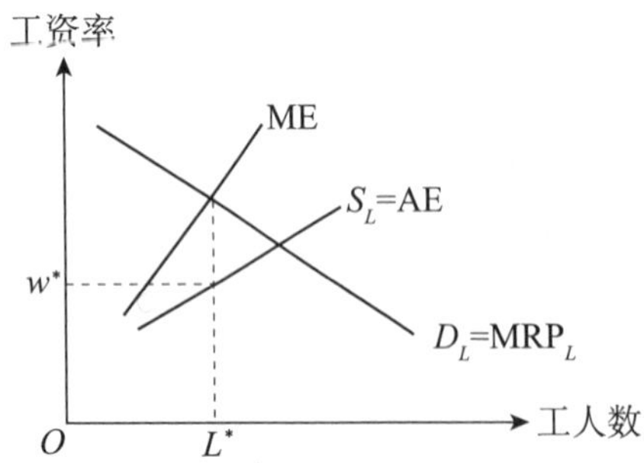

图 14.6

只要厂商面对的是向上倾斜的要素供给曲线，就会存在买方垄断势力。买方垄断在要素市场比在产品市场更常见。就像一个卖方即使不是唯一的卖方也可以具有垄断势力一样，一个厂商可以具有买方垄断势力，哪怕它要和其他买方竞争。关键是这个厂商要能够通过改变它购买的要素数量来影响要素的市场价格。一个小镇上的大雇主就往往具有买方垄断势力。如果这个地区的居民很少有其他工作机会，那么该厂商的买方垄断势力就会相当大。

✍ **练习**

5. Dustbowl 镇的唯一雇主是当地的一个纺织厂。纺织厂面对的劳动供给如表 14.1 所示。

表 14.1

工资率（美元/小时）	每小时的劳动供给单位	总支出	边际支出
4	10	40	n. a.
5	11	—	—
6	12	—	—
7	13	—	—
8	14	—	—

a. 填补表 14.1 中的空白。

b. 纺织厂的劳动需求曲线是工资率为 17 美元/小时的水平线。该纺织厂需要多少劳动？均衡工资率是多少？

有卖方垄断势力的要素市场（第 14.4 节）

如同产品市场一样，虽然很少见，但要素市场仍然可能被卖方垄断。比如，如果必须由工会工人从船上卸货，那么工会就成了这项工作的唯一劳动“出售者”。工会可能有多个目标——最大化就业、最大化经济租（工会成员的工资收入与他的机会成本之间的差额），或者最大化工资总额。通过一个类似于我们在产品市场上有关卖方垄断的分析，我们将看到不同工会政策所产生的不同结果。

考虑图 14.7。如果工会希望最大化就业，它应该同意 $w_{L\text{-max}}$ 的工资。如果它希望最大化成员的工资总额，它就应该同意 $w_{w\text{-max}}$ 的工资并且只允许 L_w 的工人工作。（注意，这跟产品市场上为了最大化总收入而选择弹性是－1 时的价格的垄断厂商非常相像。）如果工会希望最大化经济租（就像垄断厂商希望最大化生产者剩余一样），它应该将劳动供给数量限制在 L_r，即边际收益曲线和劳动供给曲线的交点。每一项目标总有得益者和受损者。因此，如果工会的领导人希望维持忠诚的团队关系，他们就必须小心地选择讨价还价策略。

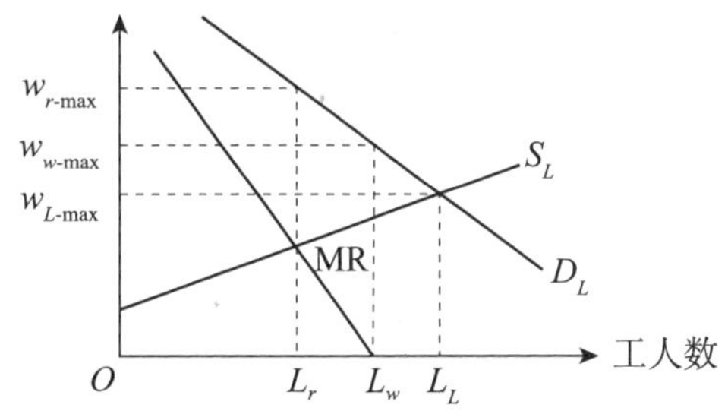

图 14.7

✍ **练习**

6. a. 图 14.8 画出了一条劳动供给曲线、一条行业的劳动需求曲线和相应的边际收益曲线。工会选择工资。如果工会希望最大化工会成员的经济租，劳动雇佣数量是多少？工资是多少？

b. 该工资下的经济租是多少？

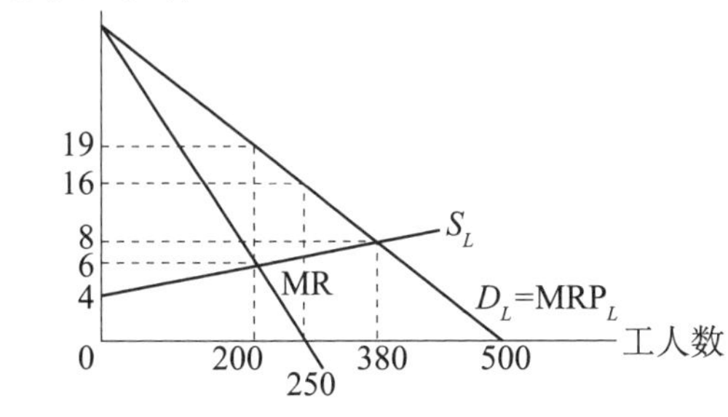

图 14.8

与竞争性工资相比，在最大化经济租下，更少的工人被雇用。这使得在工会工资的水平上，被雇用的工会成员和未被雇用的人之间形成了不平等。工会可能为了减少成员之间的不平等而追求最大化经济租以外的目标。如下面的练习所示的两种结果。

✍ **练习**

7. 考虑练习 6 中讨论过的工会。

a. 假设工会希望最大化总的就业。对于工会设定的任何工资，劳动雇佣数量都等于该工资水平下需求数量和供给数量中较小的一个。工会应该如何决定工资水平？劳动雇佣数量是多少？

b. 假设工会希望最大化工资总额。工会应该如何决定工资水平？劳动雇佣数量是多少？

习题集

8. 对于练习 1 中的厂商，如果工会的目标是最大化工资总额，它将如何决定工资水平？

9. *［运用微积分］一个厂商有生产函数 $Q=12L-L^2$，其中 L 为每天的劳动投入，Q 为每天的产出。劳动的边际产出等于 $12-2L$。如果厂商是卖方垄断者并且有需求曲线 $P(Q)=100-Q$，MRP_L 曲线是什么？

10. 一个行业的劳动需求曲线是 $L=72-5w$，其中 L 为每天的劳动需求，w 为工资率。供给曲线是 $L=3w$。

a. 均衡工资率和劳动雇佣数量是多少？

b. 工人所获得的经济租是多少？

c. 如果工人希望最大化经济租，a 中的工资是否就是他们要选择的？用你在本章所学到的概念解释或者计算一下不同工资率（比如工资比 a 的答案多 1 美元）下的经济租，说明与 b 的答案的区别。

11. 一些工会限制工会成员的数量并且要求雇主只雇用工会成员。这种安排被称为“排外性雇佣制企业”（closed shop）。假设一个排外性雇佣制企业工会把工会成员限制在 L_u 并且让企业决定工资。

a. 用具有劳动需求曲线和供给曲线的图来表示均衡工资和劳动雇佣数量。（提示：记住工会工人的劳动供给被完全固定在 L_u。）

b. 你的图能否解释，为什么当工会制定限制制度之后，经常会有一张等待成为工会成员的名单？

12. 考虑只有一个大医院的小镇的护理服务市场。
    a. 如果政府设定一个高于现在市场水平的护士的最低工资，护士的雇佣数量和无谓损失将如何变化？为什么？假定要素供给和边际生产收益均为线性的，试用图解释你的答案。
    b. 假设邻镇开设了一个老人福利院，因此地方的护士就有了更多的就业机会。你认为医院雇用的护士数量和工资会如何变化？假设供给曲线是平行变动的，试解释你的答案。

自测题

13. 劳动的边际生产收益等于：
    a. MP_L/MR。
    b. MR/MP_L。
    c. $P \cdot MP_L$。
    d. $MR \cdot MP_L$。
    e. 以上选项都不正确。
14. 厂商的最优劳动雇佣数量是：
    a. $w = P \cdot MP_L$。
    b. $w = MRP_L$。
    c. $MC = MRP_L$。
    d. $MR = MP_L$。
    e. 以上选项都不正确。
15. 当劳动的边际生产收益如何时，厂商应该减少劳动的雇佣数量？
    a. 等于产品价格。
    b. 等于工资率。
    c. 小于工资率。
    d. 向下倾斜。
    e. 向后弯曲。
16. 厂商的长期劳动需求曲线：
    a. 比短期劳动需求曲线平坦。
    b. 比短期劳动需求曲线陡峭。
    c. 在短期劳动需求曲线的左边。
    d. 在短期劳动需求曲线的右边。
    e. 以上选项都不正确。
17. 假设一个行业由相同的厂商构成，那么行业的劳动需求曲线：
    a. 比厂商的劳动需求曲线更有弹性。
    b. 不如厂商的劳动需求曲线有弹性。
    c. 为水平的。
    d. 为垂直的。
    e. 以上选项都不正确。

使用下面的信息回答以下两个问题：一个竞争性厂商的劳动的边际产出曲线为 $MP_L = 100 - 0.4L$。产品价格是 $P = 2.50$ 美元/单位。工资率是 15 美元/小时。

18. 给定这些信息，劳动的边际生产收益是多少？
    a. $40 - 0.16L$。
    b. $1\,500 - 6L$。
    c. $100 - 0.4L$。
    d. $100 - 0.8L$。
    e. $250 - L$。
19. 给定这些信息，为了最大化利润，多少小时的劳动将被雇用？
    a. 235。
    b. 106.25。
    c. 212.50。
    d. 250。
    e. 156。
20. 在劳动供给曲线向后弯曲的范围内，
    a. 替代效应占优于收入效应。
    b. 收入效应占优于替代效应。
    c. 闲暇是吉芬商品。
    d. 消费是吉芬商品。
    e. 以上选项都不正确。
21. 买方垄断的厂商会雇用劳动直到：
    a. $w = MRP_L$。
    b. $w = ME$。
    c. $MRP_L = ME$。
    d. $ME = MP_L$。
    e. 以上选项都不正确。
22. 要素的边际支出将一直会：
    a. 向下倾斜。
    b. 等于平均支出。

c. 高于要素价格，如果供给曲线是向上倾斜的。

d. 低于要素价格，如果需求曲线是向下倾斜的。

e. 以上选项都不正确。

23. 在图 14.9 中，当 g 数量的工人被雇用时，经济租就等于区域：

a. abc。

b. $bcgf$。

c. bcd。

d. ced。

e. $dcgf$。

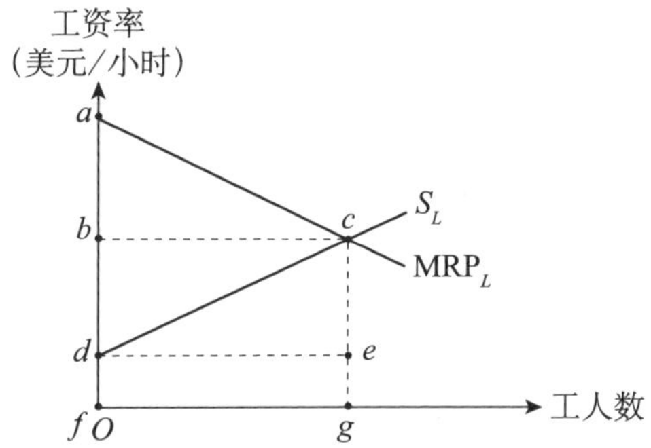

图 14.9

24. 在 20 世纪 70 年代职业棒球领域引入自由球员制度之前，选手要么只为自己所属的球队打球，要么退出职业棒球运动。一直到 20 世纪 70 年代，棒球选手的薪水都比今天低很多，这是因为：

a. 参加人数很少。

b. 球员工会只对增加就业感兴趣。

c. 所有者是买方垄断。

d. MRP_L更低。

e. 以上选项都不正确。

第 14 章答案

练习答案

1. a. MRP_L 等于价格乘以 MP_L。因此，$MRP_L=200\times(3.10-0.02L)=620-4L$。

b. 如果工资是 300 美元，雇用的劳动数量是：$620-4L=300$，$L=80$。

c. 如果工资是 240 美元，雇用的劳动数量是：$620-4L=240$，$L=95$。

2. 作为卖方垄断，MRP_L 等于边际收益乘以 MP_L。然而，因为 MRP_L 与 L 有关，我们应该用 L 替代 Q 来重写 MR。因为 $P=100-Q$，所以 $MR=100-2Q$。又因为 $Q=60L-0.5L^2$，故 $MR=100-2\times(60L-0.5L^2)=100-120L+L^2$。所以 $MRP_L=(100-120L+L^2)(60-L)=6\,000-7\,200L+60L^2-100L+120L^2-L^3=6\,000-7\,300L+180L^2-L^3$。

3. 图 14A.1(a) 和图 14A.1(b) 分别描述了计划 1 和计划 2 的效应。在每幅图中，L_0 的斜率都是 w，L_1 的斜率都是 $\hat{w}$。

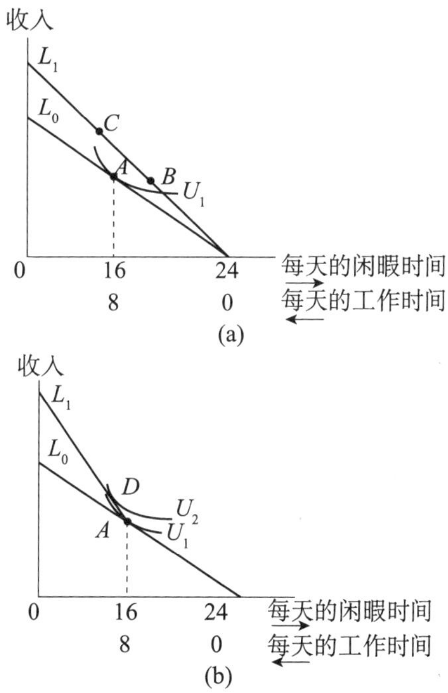

图 14A.1

只有计划 2 能够保证工人加班。在计划 1 中，如图 14A.1(a) 所示，工人可以从 A 点移动到 B 点或 C 点，这依赖于替代效应或者收入效应的强度（在 B 点，工资增加的收入效应超过了替代效应）。在计划 2 中，如图 14A.1(b) 所示，能得到一个减少闲暇的清晰的结果。这是因为对加班工资的反应完全是替代效应。

(只有在无差异曲线 U_1 是 L 形的时，工人才不会加班。)

4. a. 竞争性均衡时的工资和劳动雇佣数量分别是 w_0 和 L_0。垄断时的工资和劳动雇佣数量分别是 w_2 和 L_1。

b. 经济租就是工资线以下、S_L 曲线以上直到劳动雇佣数量的那一个区域。w_1 会最大化经济租。

5. a.

工资率（美元/小时）	每小时的劳动供给单位	总支出	边际支出
4	10	40	n. a.
5	11	55	15
6	12	72	17
7	13	91	19
8	14	112	21

b. 纺织厂是一个垄断厂商，因而会令ME=D_L 来决定最优的劳动雇佣数量以及支付由劳动供给曲线决定的工资。所以，如果 $D_L=17=$ME，可求得结果 $L=12$ 和$w=6$ 美元。

6. a. 在图 14.8 中，MR 曲线和 S_L 曲线相交时 $L=200$。厂商愿意为该数量的工人支付的工资是 19 美元/小时。因此，$L=200$，$w=19$ 美元。

b. 经济租等于 S_L 曲线以上、$w=19$ 曲线以下直到 $L=200$ 的这个区域。因此，经济租是 $200\times(19-6)+0.5\times200\times(6-4)=2\ 800$(美元)。

7. a. 为了最大化总的就业，工会应该决定工资水平使其等于竞争性工资。(任何其他的工资水平设定都会导致要么劳动需求不足，要么劳动供给不足。) 在图 14.8 中工会应选择 8 美元的工资，并且 $L=380$。

b. 为了最大化工资总额，工会应该将工资水平设定在 MR 曲线和水平轴的交点处。此时工资是 16 美元，厂商雇用 250 名工人。

习题集答案

8. 给定 $MP_L=3.10-0.02L$ 和 $P=200$ 美元，我们有 $MRP_L=200\times(3.10-0.02L)=620-4L$。因为 $w=MRP_L$ 告诉了我们工人的雇佣数，因此工资总额就等于 $wL=(620-4L)L=620L-4L^2$。这是总收入。又因为劳动需求曲线是线性的，边际收益曲线的斜率就是劳动需求曲线斜率的两倍：$MR=620-8L$。令 MR=0 最大化工资总额，所以 $L^*=77.5$，工资是 310 美元。

9. $MR=100-2Q$，即 $MR=100-2\times(12L-L^2)=100-24L+2L^2$。$MRP_L=MR\cdot MP_L=(100-24L+2L^2)(12-2L)=1\ 200-288L+24L^2-200L+48L^2-4L^3=1\ 200-488L+72L^2-4L^3$。

10. a. 令供给等于需求，即 $72-5w=3w$，解得 $w^*=9$ 美元，$L^*=27$。

b. 经济租等于 $0.5\times27\times9=121.50$(美元)。

c. 由边际收益曲线和劳动供给曲线的交点决定的工资能最大化经济租。或者如果你用 $w=10$ 美元（工资比 a 的答案多 1 美元）的例子来计算，你会发现经济租是 139.70 美元，说明了竞争性均衡的工资并不是最大化经济租的工资。

11. a. 劳动供给曲线在 L_u 处垂直，如图 14A.2 所示。因为企业仅能雇用工会成员，所以也就没有其他的劳动供给来源。企业所愿意支付的均衡工资将是 w_u。

b. 如图 14A.2 所示，L'的工人愿意在工资率为 w_u时提供劳动。这部分超额的劳动供给就成了等待成为工会成员的名单。

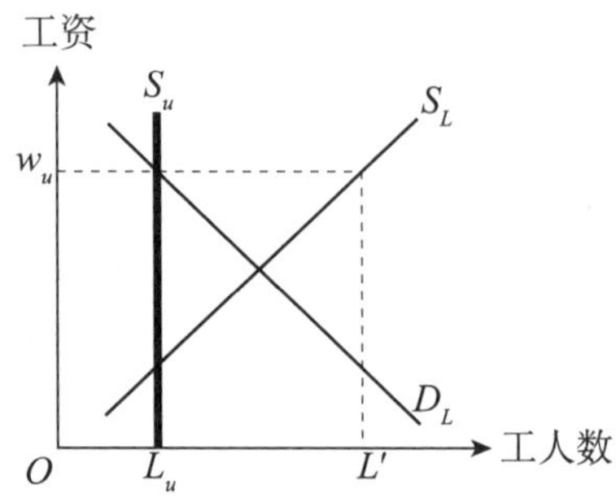

图 14A. 2

12. a. 开始时的工资是 w_0 并且 N_0 的护士被雇用。最低工资使得在该工资水平上护士供给曲线左边的 ME（边际支出）曲线变成水平线。在图 14A.3 中，新的 ME 曲线就等于最低工资 w_m，位于 N_m 点的左边。在 N_m 以下，雇用额外的一名护士并不需要增加工资。因此，如果最低工资与初始工资 w_0 相比并不是特别高，更多的护士将被雇用。初始工资下的无谓损失是阴影三角形 A 的面积。在这种情形中，最低工资法案实际上消除了无谓损失。

b. 供给曲线移到 S^1 并且 ME^0 变成 ME^1。因为护士有了更多的就业就会，工资会上升。这将减少医院所愿意雇用的护士数量。在图 14A.3 中，w_1 和 N_1 是新的工资和雇用人数。

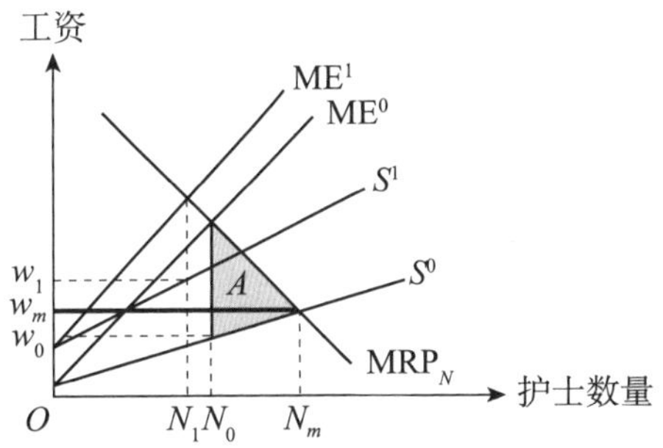

图 14A.3

自测题答案

13. d. 选项 c 只有在完全竞争的卖方情形下才正确，而选项 d 则一直正确。

14. b. 同样，选项 a 只有在完全竞争的卖方情形下才正确。

15. c. 当 $MRP_L < w$ 时，最后雇用的劳动的价值就小于厂商支付的成本。

16. a. 随着工资的下降，厂商增加产出并投入更多资本。这使得 MP_L 曲线向右移动，由此也使得 MRP_L 曲线向右移动。见图 14.2。

17. b. 因为行业的需求曲线比厂商的需求曲线更陡峭，所以就更缺乏弹性。

18. e. $MRP_L = P \cdot MP_L = 2.5 \times (100 - 0.4L) = 250 - L$。

19. a. 令 $w = MRP_L$，即 $15 = 250 - L$，得到 $L = 235$。

20. b. 当工资上升时，收入效应导致劳动供给减少，而替代效应导致劳动供给增加。

21. c. 买方垄断厂商会雇用劳动直到最后一单位劳动带来的收益（MRP_L）等于这一单位成本（ME）。

22. c. 如果供给曲线向上倾斜，那么当厂商投入更多单位的要素时会提高要素价格，从而厂商必须为所有单位的要素支付高价格。

23. c. 劳动的支付等于 $bcgf$，区域 $dcgf$ 是供应 fg 单位劳动的机会成本，剩下的 bcd 是经济租。

24. c. 在自由球员制度被引入之前，所有者之间并不会为争夺球员而竞争。

第15章

投资、时间与资本市场

重要概念

- 存量与流量
- 贴现值
- 债券
- 永久债券
- 有效收益率
- 净现值
- 贴现率
- 风险溢价
- 风险（可分散和不可分散）
- 资本资产定价模型
- 可耗竭资源的价格路径
- 利率

本章重点

资本和其他生产要素（比如劳动）的基本区别在于时间。劳动投入为厂商提供了即时的收益；而今天安装的机器则可能服务很多年。一般而言，劳动和原料的投入被视为流量，而资本设备则被视为存量。资本存量是持久耐用的，并且允许厂商在多年内持续获得利润流。

比较资本的租金流与其生产成本的基本概念是贴现值（PDV）。因为今天安装机器的资金同样可以借贷给别人，从而获得利息收入，因此一年之后机器产生的1美元收入只相当于现在的$1/(1+R)$美元，其中R是利率。换句话说，今天借出的$1/(1+R)$美元能够在一年之后成为1美元的回报。从这个基本的关系出发，我们可以计算出今后任意年份任意数额的PDV。

有了PDV这个概念，我们就可以算出各种各样的收入和支出的现值了，比如债券和永久债券。债券是借款人支付给债券持有人一连串货币的合约。而永久债券是每年支付固定金额并永远支付的债券。从债券的价格出发，我们可以利用PDV的公式来计算债券的有效收益率，也就是使得债券支付流的现值等于债券市场价格的利率。

为了判断一项资本投资是否值得，厂商必须比较投资的成本和从投资中得到的未来现金流的贴现值。净现值（NPV）等于未来现金流的PDV减去初始的投资成本。如果NPV>0，投资就是值得的。风险中性的厂商应该投资任何有正的NPV的项目。

为了计算NPV，有必要区分实际贴现

率和名义贴现率。贴现率就是贴现未来利润流的利率；它被定义为资本的机会成本。未来的通货膨胀可能会增加未来的现金流，但同样也会影响资本的机会成本。通过使用实际现金流和将实际利率作为贴现率，我们可以在 NPV 的计算中扣除未来通货膨胀的影响。

当未来的现金流确定时，无风险利率就是一个合适的贴现率。然而，对于大多数时间，未来的现金流是不确定的。如果未来的现金流可能会遭遇风险，正在考虑投资的厂商该如何调整？一种简单的方法是使用风险调整的贴现率。风险调整利率和无风险利率的区别在于风险溢价，而且合适的调整依赖于风险是可分散的还是不可分散的。风险溢价应该只影响投资的不可分散风险。不愿承担可分散风险的投资者可以通过多样化的投资决策来规避。资本资产定价模型（CAPM）通过投资的预期回报和股票市场的预期回报之间的比较来得到风险溢价。

石油和矿产资源也是资本资产。这些资源的所有者会持续地面对这样一个选择，即现在就出售，还是继续储藏以待未来出售。为了使竞争性市场上的生产者在现在和将来都愿意出售这些资源，所有者必须预期价格和开采成本的差额与利率同步增长。从这个有关开采的内在规则我们就可以计算出可耗竭资源的未来价格路径。在卖方垄断市场，资源的所有者会预期边际收益和开采成本之间的差额与利率同步增长。

就像其他价格一样，利率也由供给和需求之间的均衡决定。当利率上升时，对可贷资金的需求就减少，同时供给的数量则增加。多种市场就意味着多种利率，比如国库券利率、优惠利率和公司债券利率。因为持有资产的风险不同，投资时限不同，从而这些利率也是不同的。

概念复习和练习

存量与流量（第 15.1 节）

在第 7 章，我们通过以租金作为资本的价格（由于是在一定时期内对机器的使用）分析了单个厂商的资本投入需求。对于机器的所有者而言，这是一个流量（每一期的金额）。在其他情形中，厂商自己购买机器，并且把机器服务的流量跟其他投入品结合起来，以生产产品。机器的数量本身跟生产无关，而机器·时（machine-hour）的数量则与生产相关。然而，我们假设资本服务的流量和资本存量之间是成比例的。这使得我们能把厂商对资本服务的流量需求和对资本的存量需求结合起来。资本服务的成本以资本的租金率计算。如果厂商自己拥有机器，那么这个租金率就是隐性成本（因为厂商可以出租给其他人）。

练习

1. 一个厂商拥有一个价值 2 000 万美元的造纸厂，并使用劳动和木材来生产纸产品。以下选项中哪些是存量？哪些是流量？

a. 劳动。

b. 木材。

c. 厂房和设备。

d. 纸产品。

贴现值（第 15.2 节）

为了比较存量的成本和所获得的流量价值，我们需要确定贴现值。同样的分析运用于厂商租用机器还是自己拥有机器。因此，如果使用投入品来生产最终产品的厂商自己拥有机器，作为最小化成本的一部分，它仍然必须使用贴现值的概念来计算每台机器的租金。

没有耐心意味着相较于未来，你更看重现在的消费。因此，今天的 1 美元比一年之后支付的 1 美元更有价值。我们可以用利率（借款人因为这一年使用了这 1 美元所必须偿付的）来计算 1 美元在将来的价值。如果利率等于 R 并且你今天出借 1 美元，那么一年之后你就能收到 $1\times(1+R)$ 美元。我们把这 $1+R$ 美元叫作今天 1 美元的未来价值。一年之后支付的 1 美元的现在价值，被叫作贴现值（PDV）。一年之后支付的 1 美元的

PDV 是 $1/(1+R)$ 美元。

对于更长的时期，计算方法相似。假设利率在未来保持不变，那么，出借 1 美元一年并且把所得（1 美元加上利息收入）重新出借一年，你就能在第二年年底获得 $1(1+R)(1+R)$ 美元的收入。所以，两年之后的 1 美元的 PDV 是 $1/(1+R)^2$ 美元。扩展这个概念，n 年之后的 1 美元的 PDV 是 $1/(1+R)^n$ 美元。

✍ **练习**

2. a. 假设利率固定在 8%。两年之后的 1 美元的 PDV 是多少？

b. 假设利率固定在 10%。两年之后的 1 美元的 PDV 是多少？

c. 现在假设利率不是固定的。今年的利率是 10%，下一年的利率是 8%，两年之后的 1 美元的 PDV 是多少？

计算一个收入流的 PDV，只要把每年所得到的收入的 PDV 相加即可。类似地，通过加总收入的 PDV 并且减去支出的 PDV，我们就可以计算不同年份或正或负现金流的总的 PDV。

债券的价值（第 15.3 节）

资本市场有很多不同形式的支付流。债券是其中最常见的；债券可以在很多期内获得固定的支付（债息）和一个最终的更大的支付（本金）。债券的价值就是这个支付流的 PDV。如果一种 8 年期的债券每年支付 100 美元，并在 8 年之后返还 1 000 美元，利率是 R，那么债券的价值就是：

$$
\begin{aligned}
\text{PDV} &= \frac{100}{(1+R)} + \frac{100}{(1+R)^2} + \cdots \\
&\quad + \frac{100}{(1+R)^8} + \frac{1\,000}{(1+R)^8}
\end{aligned}
$$

注意在最后一年债券所有者能够同时收到债息和本金。

✍ **练习**

3. 现在的利率是 7%，并且该水平将保持 5 年。一种每年支付 70 美元并在 5 年之后支付 1 000 美元本金的债券的贴现值是多少？

永久债券是一种永远支付债息但不返还本金的特殊债券。这样一个流量的价值是：

$$
\begin{aligned}
\text{PDV} &= \frac{c}{(1+R)} + \frac{c}{(1+R)^2} + \frac{c}{(1+R)^3} + \cdots \\
&= \frac{c}{R}
\end{aligned}
$$

这个结果，即 $\text{PDV}=c/R$ 可以由上述序列加总而得到。然而，我们可以更简单也更容易地把握其中的关系，因为在利率为 R 时投资 c/R 美元，每年都会支付 c，直到永远。

虽然在资本市场上永久债券很少，但它的公式可以用来测算其他金融工具的价值，包括债券。因此，3 年期的、每年支付 70 美元债息并在期终返还本金 1 000 美元的债券的 PDV，等于 1 年之后开始支付债息 70 美元的永久债券的 PDV 减去 4 年之后开始支付债息 70 美元的永久债券的 PDV，再加上 1 000 美元本金的 PDV。为了便于理解，把该债券的 PDV 写出来：

$$
\begin{aligned}
\text{PDV} &= \frac{70}{(1+R)} + \frac{70}{(1+R)^2} + \frac{70}{(1+R)^3} \\
&\quad + \frac{70}{(1+R)^4} + \cdots \\
&\quad - \left[\frac{70}{(1+R)^4} + \frac{70}{(1+R)^5} + \cdots\right] \\
&\quad + \frac{1\,000}{(1+R)^3}
\end{aligned}
$$

方括号中的项就是从 4 年之后开始支付债息 70 美元的永久债券的 PDV。

✍ **练习**

4. 6 年之后开始支付的永久债券的 PDV 是多少？用此关系来计算练习 3 中的债券价值。

一项抵押贷款类似于一种债券，除了一般情况下没有单独的本金支付。在大多数抵押贷款中，每笔支付都是由部分利息和部分本金偿还组成的。因此，一项抵押贷款就是这样一种债券：债息在期限内固定且持续支付，但没有期末大额偿还（如果有，这个期末大额偿还就叫作“气球型”支付）。

✍ 练习

5. 计算利率是12%时每年支付8 000美元、期限是24年的抵押贷款的PDV。如果利率是6%，你的答案又是什么？（提示：用永久债券的公式。）

债券的价格由债券市场决定。利率的变化会导致债券价格与债券发行时的价格不一致。求解利息流和本金的贴现率，以使得PDV等于债券价格，该利率就是债券的有效收益率。相反，给定市场利率，通过贴现利息流和本金支付，我们可以求解债券的价格。

✍ 练习

6. 零息债券是指在到期时只支付一次的债券。这样的债券显然是以低于票面金额的价格出售的。如果利率是7%，3年期的、票面金额是1 000美元的零息债券的价值是多少？

资本投资决策的净现值标准（第15.4节）

净现值标准表述的是，如果一个项目的未来现金流的PDV超过投资成本，那么就应该投资该项目。投资成本（C）是即时支付的，因此成本的PDV就是成本本身。假设接下来的年份的现金流是F_1，F_2，F_3，…，F_n，其中项目的回报将持续n年。那么，

$$\mathrm{NPV}=-C+\frac{F_1}{(1+R)}+\frac{F_2}{(1+R)^2}+\cdots+\frac{F_n}{(1+R)^n}$$

如果NPV>0，就应该投资。即使流量在多年之内都是负的，我们依然可以使用NPV标准，比如一个在回报开始之前有多年投入的投资项目。

贴现未来现金流的R值是厂商使用该资金的机会成本。通常，贴现率就是厂商可以借贷的利率。在计算NPV时，正确处理通货膨胀很重要。如果项目的现金流是以实际值给出的，那么贴现率就应该等于实际利率（利率减去通货膨胀率）；如果现金流是以名义值（考虑了未来的通货膨胀）给出的，那么贴现率就应该等于名义利率（未对通货膨胀进行调整）。

✍ 练习

7. 今年20万美元的投资能够使你的工厂在未来4年每年增加7.5万美元的利润。如果你的工厂的资本的机会成本是10%，该投资的净现值是多少？

对风险的调整（第15.5节）

投资项目很少是确定的。基本上所有的投资都会给厂商未来的现金流带来不确定性。如果风险与未来的回报有关，这对计算NPV时的贴现率会有什么样的影响？

与项目回报有关的风险并不必然是令人不快的，理解这一点很重要。真正重要的是风险对项目投资者的整体回报的影响。

因为投资者可以在多种不同的投资上多样化他们的决策，值得关注的也就是单个项目对整体最优投资决策的风险的影响。如果一个项目的回报与另一个项目的回报完全负相关，同时投资两个项目就可以冲抵风险了。比如，假设两个厂商都在为一项相同的发明申请专利。得到专利权的厂商的投资者可以获利，而另一个厂商的投资者则会赔钱。但如果同时投资于两个厂商，那么在竞争专利的结果中，投资者就既不会有所得也不会有所失。

我们可以把风险分为两大类——可分散风险和不可分散风险。可分散风险是投资风险中与其他投资的风险无关的那部分。通过投资于多个项目，投资者就可以确保任何单个项目的可分散风险不会影响多样化投资决策的整体风险。不可分散风险是指与最优投资组合中的风险相关的风险——不能够通过与其他投资的风险相对冲来消除。对于一项有吸引力的投资，不可分散风险必须有更高的预期回报来补偿。

通过资本资产定价模型（CAPM），我们可以确定不同股票的风险溢价。首先，考虑投资中与风险无关的利率，也就是无风险

利率 r_f。比如，这个无风险利率可以是短期的联邦债券利率。如果 r_m 是所有股票组合（股票市场）的预期回报率，那么 $r_m - r_f$ 就是整个市场的风险溢价。现在对于单只股票，我们可以把它的风险分为可分散风险和不可分散风险两部分。一种对不可分散风险的测量就是股票的回报率和整个股票市场的回报率之间的相关度。利用这个相关度我们就可以为每种股票定义一个符号 β。这个常量 β 被称为资产贝塔，度量了资产的回报率对整个股票市场回报率的敏感度。（注意这个 β 等于该资产的回报率和市场回报率的协方差再除以市场回报率的方差。）如果 $\beta=2$，整个股票市场有超过平均回报率 15%的回报率，那么该单只股票就有超过平均回报率 30%的预期回报率。资本资产定价模型告诉我们股票 i 的预期回报率是：

$$r_i = r_f + \beta(r_m - r_f)$$

这就是每种股票和整个股票市场的均衡关系。通过 β 我们就可以决定投资者对该种股票所隐含使用的贴现率。这个贴现率就是 $r_f + \beta(r_m - r_f)$。对于这个厂商的经理来说，β 也告诉了该厂商在决定项目预期现金流的贴现值时所应该使用的贴现率。

资本资产定价模型中隐含的重要一点是，厂商并不能从简单地减小现金流的方差中获益——在资本资产定价模型中，起作用的是与整个股票市场的相关性。因为投资者已经在股票市场实现了多样化并且消除了可分散风险，他们就不会为这样的股票支付高价格，如果厂商的经理在厂商内履行同样的多样化的职能的话。因此，当没有业务相关性的两个公司合并时，新公司的组合价值就应该等于两个公司的价值之和。

✍ 练习

8. 给定以下信息，利用资本资产定价模型计算股票的贴现率：(1) 股票市场整体上有 8%的回报率；(2) 无风险利率是 5%；(3) 股票市场的价格上升 1%使得该种股票的价格上升 2%。

*跨时生产决策：可耗竭资源（第 15.8 节）

地下的石油是可耗竭的或者可采空的资源。如果今天一个厂商从井下开采石油，那么未来可开采的石油就变少了。今天生产和销售一单位的额外的机会成本被称为生产的使用者成本。因为厂商可以自行选择何时开采石油，并且石油的总量是固定的，因而选择逐渐开采石油的厂商就应该预期石油的实际价格会随着时间的推移而上升。否则，厂商现在就会将石油开采完，将所获利润投资到别处，并获得回报。因为贴现，将来再开采石油的利润比现在开采的利润价值要低。

令 P_t 是 t 时期的预期石油价格，并且 c_t 是 t 时期每一单位石油的开采成本。那么预期价格的路径就是 $P_{t+1} - c_{t+1} = (1+R)(P_t - c_t)$。因此，如果 R 是 8%并且开采成本固定，那么每桶石油每年的价格就应该上升 8%。如果价格上升低于该比率，石油的所有者现在就应该开采石油并卖掉，将利润以 8%的利率投资于别处；由此未来可得的石油将会减少，未来的价格也就会上升。相反，如果价格以更高的比率上升，所有者就会推迟开采石油；因为现在开采的少了，所以现在的价格将会上升。注意，即使成本是随时间推移而变化的，这个公式仍然具有一般性。

✍ 练习

***9.** 假设一个石油生产商预期石油的开采成本将维持在 15 美元/桶不变，今天每桶石油的售价是 20 美元，并且生产商打算在未来三年内逐年开采。如果利率是 4%，生产商随时间变化的价格预期是多少？（所有价格都是实际值，包括利率。）

***10.** 利率影响可耗竭资源的时间路径。本题讨论一些短期和长期的影响。

a. 假设长期利率下降。假设当前的石油价格不变，这对于从现在开始的十年后石油的价格会产生什么影响？这对于从现在开始的十年后石油的需求量有什么影响?

b. 如果生产者预期与利率较高时相比，未来会有更多的石油销量，这对当前的石油价格会有什么影响?

c. 我们可以判断出利率下降对于石油价格路径的斜率的影响吗?

注意对于这样的生产原则，不能简单地照字面意思理解。因为各种各样的原因，石油价格减去开采成本不一定总是以利率的水平上升。比如导致开采成本降低的技术进步，以及不确定性和不可预料的事件都起着重要作用。

习题集

11. 如果利率是 9%，一项 12 年每年支付 4 500 美元的抵押贷款的贴现值是多少?(提示：写下这项抵押贷款的基本公式后，你看看可以如何简化。)

12. 一个企业家面临着如下投资机会：今天投资 100 美元，并且来年再投资 150 美元，两年之后他能得到 300 美元的回报。如果利率是 5%，他是否应该投资? 利率是 15%呢? 请解释。

13. 短期政府债券的无风险利率是 7%。股票市场的平均收益率是 14%。养老金投资计划的经理们已经计算出了股票“伽马水龙头”的 β 值是 1.5。对于持有“伽马水龙头”股票的预期现金流，合适的贴现率是多少?

14. 你在为是否购买一辆旧车做决策。车的价格是 1 200 美元，并且你期望这辆车能持续使用 4 年。你已经知道了这 4 年每年你所获得的服务流的价值是 500 美元，但是在第 2、3、4 年你要每年付出 100 美元的维修保养费。利率是 20%。(假设这些数字都是实际值。)

a. 如果不对未来的现金流和收益流贴现，购买这辆车的收益是否大于成本?

b. 当合理计算成本和收益时，这项投资的净现值是多少? 你是否该买这辆车?

15. 假设莎拉鞋业正在采用一个有利于提高生产效率的投资项目。这个项目包括一个当前的、不可逆转的成本 C 美元。而项目的总价值是不确定的，到第二年才会实现。总回报要么是 π_1，要么是 π_2。回报为 π_1 的概率是 x，回报为 π_2 的概率是 $(1-x)$。R 是贴现率。虽然预期回报的现值超过项目成本，但 π_2 要低于成本 $(\pi_1>C>\pi_2>0)$，因此，如果最终回报较低，厂商就会在项目上有损失。

a. 写下项目预期净现值的表达式。(令 ENPV 代表这个表达式。)

b. 如果厂商在花费成本 C 之前就知道总回报，写下项目预期净现值的表达式。(令 ENPV′代表这个表达式。)

c. 现在假设厂商在进行投资决策之前并不能自动地知道回报是多少，但可以通过一个额外成本来显示回报。如果信息的价值超过成本，厂商就会决定得到这个信息。(信息的价值是 ENPV′−ENPV。) 令 VI 代表信息的价值。写出 VI 的表达式。

d. 说明 π_2 增加时 VI 是增加、减少还是保持不变。请解释。

e. 当 π_1、x 和 R 变化时，再回答 d。

自测题

16. 与流量相比较，一个生产性企业的以下各项中，哪些是存量?

a. 购买新的打包机器的成本。

b. 每年为负债支付的利息。

c. 每月支付的医疗保险费。

d. a 和 b。

e. a 和 c。

17. 如果利率是 11%，4 年之后收到的 20 美元的贴现值是多少?

a. 18.02 美元。

b. 4.50 美元。

c. 13.17 美元。

d. 13.89 美元。

e. 以上选项都不正确。

18. 如果利率是 6%，每年支付 300 美元的永久债券的贴现值是多少？

a. 300 美元。

b. 283.01 美元。

c. 319.15 美元。

d. 5 000 美元。

e. 以上选项都不正确。

19. 现在的利率是 8%。一种到年底支付 140 美元债息和 1 000 美元本金的债券的均衡价格是多少？

a. 1 000 美元。

b. 925.93 美元。

c. 1 140 美元。

d. 1 055.56 美元。

e. 以上选项都不正确。

20. 有一个公司建造临海别墅，对于想购买这个公司的股票的投资者，以下哪些不确定性事件代表不可分散风险？

a. 一个适逢雨季的销售期。

b. 一场毁坏建筑的飓风。

c. 建筑材料价格的突然上涨。

d. 经济衰退。

e. 以上选项都不正确。

21. 经济中可贷资金供给的减少会导致（其他因素不变）：

a. 市场利率的下降。

b. 市场利率的上升。

c. 投资需求资金数量的减少。

d. 投资需求资金数量的增加。

e. b 和 c。

22. 考虑一种每年支付 210 美元债息的永久债券。如果利率从 6%下降到 4%，该债券的价格将上升多少？

a. 5 250 美元。

b. 3 500 美元。

c. 1 750 美元。

d. 198 美元。

e. 3.81 美元。

23. 一个厂商正在考虑是否购买某个项目的开发权。它知道，在它手中，下一年该项目需要 10 000 美元的成本投入，但也是从下一年开始，该项目每年可带来 5 000 美元的收益。如果利率是 10%，该厂商为购买这个项目的开发权所愿意支付的最高价格是多少？

a. 不愿意购买，因为 PDV 是负的。

b. 36 363.64 美元。

c. 40 000 美元。

d. 32 231.41 美元。

e. 33 231.41 美元。

24. 假设实际利率是 6%。如果预期的通货膨胀率是 8%，自现在起一年之后收到的 2 000 美元的贴现值是：

a. 1 886.79 美元。

b. 1 754.39 美元。

c. 1 851.85 美元。

d. 2 037.74 美元。

e. 1 962.96 美元。

25. 在仔细阅读了《消费者报告》后，你认为购买一台节能冰箱来改善厨房是值得的。但在你购买之前，联邦储备委员会抬高了利率。你应该采取以下何种行动？

a. 购买节能冰箱，因为 NPV 上升了。

b. 购买节能冰箱，因为 NPV 下降了。

c. 你需要重新评估你的决策，因为相对于传统冰箱，节能冰箱的 NPV 下降了。

d. 你需要重新评估你的决策，因为相对于传统冰箱，节能冰箱的 NPV 上升了。

e. 如果你用现金购买该冰箱，利率的变动是无关紧要的。

26. *［可耗竭资源］矿产的实际价格被认为是随时间推移而上升的，因为：

a. 通货膨胀。

b. 开采有一个缓慢的技术进步率。

c. 更高的价格是必要的，可用来补偿矿主等待以在未来出售矿产。

d. 矿产行业的工资上升得比其他行业快。

e. 以上选项都不正确。

27. *[可耗竭资源] 假设现在有一项能极大地降低未来石油开采成本的技术进步被公之于众。以下对该公告的反应，哪项是正确的？

Ⅰ. 在预期到未来更低的成本后，石油生产者现在会降低石油价格。

Ⅱ. 为了节省石油以待未来开采成本更低时再开采，石油生产者现在会提高石油价格。

Ⅲ. 因为未来的销售更有利可图，石油生产者会希望它们的供给持续更长时间，预期的未来价格将会上升。

Ⅳ. 作为对更低的单位开采成本的反应，石油生产者会希望在未来销售得更多，所以预期的未来价格将会下降。

a. Ⅰ和Ⅳ。

b. Ⅰ和Ⅲ。

c. Ⅱ和Ⅲ。

d. Ⅱ和Ⅳ。

e. 以上选项都不代表正确的效应组合。

第 15 章答案

练习答案

1. a. 流量。b. 流量。c. 存量。d. 流量。

2. a. 今天投资的 1 美元一年之后就会值 1.08 美元，并且这 1.08 美元可以再投资一年。两年后，投资者就能得到 1.08×1.08=1.166 4(美元) 的收入。因此，两年之后 1 美元的 PDV 是 1/1.166 4=0.857 3(美元)。

   b. 现在的 PDV 是 $1/(1.10)^2=0.826\ 4$ (美元)。

   c. 投资者一年之后就能有 1.10 美元的收入。以 8%的利率再投资一年，他就能有 1.10×1.08=1.188(美元) 的收入。因此，两年之后 1 美元的 PDV 是 1/1.188=0.841 8(美元)。

3. 我们可以把支付流写成：

$$\frac{70}{(1.07)}+\frac{70}{(1.07)^2}+\frac{70}{(1.07)^3}+\frac{70}{(1.07)^4}+\frac{1\ 070}{(1.07)^5}=1\ 000(\text{美元})$$

当债息等于贴现率乘以本金时，债券的 PDV 就等于本金。

4. 一种永久债券的价值是 c/R。6 年之后开始支付的永久债券的价值是 $(c/R)/(1+R)^5$（记住永久债券的第一笔债息是在一年之后支付的）。我们可以把该债券分成两部分——债息支付和本金返还。本金支付是 $1\ 000/(1.07)^5=712.99$(美元)。债息支付流就相当于一个今天开始的永久债券减去一个 6 年之后开始的永久债券。所以，债息的支付流就是 $70/0.07-(70/0.07)[1/(1+0.07)^5]=1\ 000-712.99=287.01$(美元)。把这两项相加，我们就能计算出该债券的价值是 1 000 美元。

5. 用永久债券的公式，该抵押贷款的 PDV 是：

$$\frac{8\ 000}{0.12}-\frac{\left(\frac{8\ 000}{0.12}\right)}{(1.12)^{24}}=62\ 274.52(\text{美元})$$

在利率为 6%时，PDV 是：

$$\frac{8\ 000}{0.06}-\frac{\left(\frac{8\ 000}{0.06}\right)}{(1.06)^{24}}=100\ 402.86(\text{美元})$$

6. PDV 是 $\frac{1\ 000}{(1.07)^3}=816.30$ (美元)。

7. $NPV=-200\ 000+\frac{75\ 000}{(1+0.1)}+\frac{75\ 000}{(1+0.1)^2}+\frac{75\ 000}{(1+0.1)^3}+\frac{75\ 000}{(1+0.1)^4}=37\ 739.89$(美元)。

8. 贴现率 $=r_f+\beta(r_m-r_f)=0.05+2\times(0.08-0.05)=0.11$，或者 11%。

9. 预期价格由 $P_{t+1}=c_{t+1}+(1+R)(P_t-c_t)$ 给出。每桶石油的净收入是 20－15=5 (美元)。在 4%的利率下，生产商会预期来年的价格是：15+5×1.04=20.20(美元)。两年之后，预期价格是：15+5×

$(1.04)^2=20.41$(美元)。三年之后，预期价格是：$15+5\times(1.04)^3=20.62$(美元)。

10. a. 在更低的利率下，从现在开始的十年后的价格是当前价格乘以一个更小的乘数 $[P_0(1+r')^{10}<P_0(1+r)^{10}$，如果 $r'<r]$。从现在开始的十年后，价格更低，从而消费将会上升。

b. 在未来每年生产更多的石油要求今天生产更少，因此当前价格应该会上升。

c. 无论利率下降时当前价格上升还是下降，未来的价格路径都会变得更平坦。

习题集答案

11. PDV 可以由这 12 项加总而得：

$$\frac{4\ 500}{(1.09)},\frac{4\ 500}{(1.09)^2},\cdots,\frac{4\ 500}{(1.09)^{12}}$$

更简单的方式是把它写成两项永久债券的差：一项从现在开始支付而另一项从 13 年后开始支付。第一项值 4 500/0.09=50 000(美元)。第二项值 $(4\ 500/0.09)/(1.09)^{12}=17\ 776.74$(美元)。所以这项抵押贷款的 PDV 是 32 223.26 美元。

12. 当利率是 5%时，NPV 是 $-100-150/1.05+300/(1.05)^2=29.25$(美元)。投资是值得的。

当利率是 15%时，NPV 是 $-100-150/1.15+300/(1.15)^2=-3.59$(美元)。投资是不值得的。

因为收益是在未来取得的，一个更高的贴现率会降低这些收益的现值。因此，投资变得更不有利可图。

13. 风险调整的贴现率就是经理预期的股票回报率。在对股票 i 的资本资产定价模型中，$r_i=r_f+\beta_i(r_m-r_f)=0.07+1.5\times(0.14-0.07)=0.175$ 或者 17.5%。

14. a. 这四年的收益流是 500+500+500+500=2 000 (美元)。这四年的成本流是 1 200+100+100+100=1 500(美元)。因此，收益超过成本。

b. 收益流的 PDV 是：

$$\frac{500}{(1.2)}+\frac{500}{(1.2)^2}+\frac{500}{(1.2)^3}+\frac{500}{(1.2)^4}=$$

416.67 + 347.22 + 289.35 + 241.13 = 1 294.37(美元)

成本的 PDV 是：

$$1\ 200+\frac{100}{(1.2)^2}+\frac{100}{(1.2)^3}+\frac{100}{(1.2)^4}=$$

1 200+69.44+57.87+48.23=1 375.54 (美元)

净现值是负的 [1 294.37 − 1 375.54=−81.17(美元)]，因此你不应该购买这辆车。

15. a. $ENPV=x[\pi_1/(1+R)]+(1-x)[\pi_2/(1+R)]-C$。

b. $ENPV'=x[\pi_1/(1+R)-C]$ (如果回报低，莎拉鞋业不会投资该项目)。

c. $VI=(1-x)[C-\pi_2/(1+R)]$ (当回报低时，莎拉鞋业使用信息来防止损失)。

d. 如果 π_2 上升，VI 会下降，因为潜在的损失减少了。

e. 如果回报高，莎拉鞋业总是会投资该项目，所以 π_1 不影响 VI。如果 x 上升，损失的可能性下降，所以 VI 也会下降。如果 R 上升，损失也会增加，因此避免它就更重要了，VI 也会上升。

自测题答案

16. a. b 和 c 中的数量是重复发生的费用，所以是流量。a 中的数量是一次性费用，所以是存量。

17. c. PDV 等于 $20/(1.11)^4$ 美元。

18. d. PDV 等于 300/0.06 美元。

19. d. 价格等于 PDV，而 PDV 等于 1 140/1.08(美元)。

20. d. a、b、c 中的风险是该项目特有的，所以投资者可以通过投资其他项目来消除这些风险。但是经济衰退会影响所有行业，所以是不可分散风险。

21. e. 可贷资金供给曲线向左（向上）移动将提高市场利率，并减少市场中可贷资金供给和需求的均衡数量。

22. c. 利率为 6%时该永久债券的价格是 210/0.06＝3 500(美元)。利率为 4%时该永久债券的价格是 210/0.04＝5 250(美元)。因此，价格上升了 1 750 美元。

23. b. 在下一年，该项目将花费 10 000 美元，并得到相当于年支付 5 000 美元债息的永久债券的收益。因此，在下一年该项目的 NPV 将是 5 000/0.1－10 000＝40 000(美元)。因为这是未来的某个值，所以必须贴现，也就是说，今天厂商愿意支付的价格是 40 000/1.1＝36 363.636(美元)。

24. b. 名义利率等于实际利率加上通货膨胀率，所以 2 000/(1＋0.06＋0.08)＝1 754.39(美元)。

25. c. 作为利率上升的结果，冰箱在未来节能的收益也就是 NPV 下降了。

26. c. 通货膨胀并不直接影响实际价格。选项 b 和 d 可能正确也可能不正确，而选项 c 总是正确的。

27. d. 在最初的价格路径上，未来的生产比现在的生产更有利可图。对于未来更低的开采成本，除非生产路径改变，否则石油生产者的价格-成本利润率将以更快的速度上升。厂商会寻求未来生产更多，现在生产更少。因此，现在的价格上升，未来的价格下降。

第4篇

信息、市场失灵与政府的角色

第16章 一般均衡与经济效率

重要概念

- 一般均衡分析
  - ◆ 反馈效应
- 帕累托有效配置
- 社会福利函数
- 埃奇沃思盒状图
- 契约曲线
- 公平与效率
- 效用可能性边界
- 生产可能性边界
- 边际转换率
- 比较优势
- 市场失灵

本章重点

在这一章我们将从局部均衡分析（考察单个市场）转向一般均衡分析（同时考察所有市场）。比如，由于疾病或者洪水而导致牛肉供给的减少，从某种程度上将会减少对用于制作汉堡包的面包的需求。反馈效应是指，某个市场的价格和数量的调整所导致的相关市场的价格和数量的调整。

运用一般均衡分析，我们可以检验市场交易的效率。假如在不使其他人境况变差的情况下没有人的境况可以变得更好，我们认为这种商品配置是帕累托有效的。在一个交换经济中，假如商品总量固定，埃奇沃思盒状图可以用来描述两个人所有可能的有效配置。所有有效配置点的连线叫作契约曲线。在竞争性均衡处，消费者作为价格接受者，他们的边际替代率都相等且等于相应市场价格的比例。这也是福利经济学第一定理的基本原理：如果所有人都在竞争性市场上进行交易，则所有互利的交易都将得以完成，而其产生的均衡资源配置将是帕累托有效的。

两个消费者的效用可能性边界描述了在给定经济中在资源可得的情况下，每个消费者所能获得的满意程度。边界上的一个点对应契约曲线上的一个资源配置点。一个经济上无效率的配置（在效用可能性边界内部的点）可能会比一个竞争性均衡所能达到的配置更为公平，因而该无效率配置点可能具有更高的社会福利水平。社会福利函数为社会中每一个个体的效用分配权重，因而它也代表了一种人与人之间的效用比较。社会福利函数的例子有功利主义社会福利函数（社会福利是所有个体效用的加总）以及罗尔斯主义社会福利函数（社会福利等于最差个体的满意程度）。

埃奇沃思盒状图还可以用来研究两种商

品的生产。在要素总投入固定时，若在一种商品的产出水平固定的情况下令另一种商品达到了产出最大化，则这种资源配置方式是技术上有效率的。在埃奇沃思盒状图中用坐标轴代表要素的供给，我们可以导出生产契约曲线，这条契约曲线是两个厂商的边际技术替代率相等的要素组合点的连线。对于成本最小化的厂商，边际技术替代率等于工资与资本的比率，显然对于完全竞争性均衡来说，它必定是技术上有效率的。

生产可能性边界（PPF）描述在资源与技术约束既定的情况下，给定一种产品的任意产出水平，另一种产品可以达到的最大产出水平。生产可能性边界上的每一个点都代表了生产契约曲线上的一个要素配置。生产可能性边界的斜率是边际转换率（MRT），它等于两种产品的边际成本之比。就产出选择的效率来说，边际转换率应该等于每一个消费者的边际替代率。在竞争性均衡处，厂商在边际成本等于市场价格的情况下运营，而个体在边际替代率等于市场价格比的情况下进行消费。所以，竞争性均衡是具有效率的产出组合。

我们可以用生产可能性边界来研究国际贸易的好处。比较优势（一个国家生产一种商品的成本相对于生产另一种商品的成本比另一个国家低）的存在使得国家之间的贸易是互惠的。由于贸易的存在，每个国家都在专业化生产它具有比较优势的那些商品。当国内的需求通过进口来满足时，消费者的境况一般会变好，但国内相应的企业和工人会由于本国该产业的衰落而境况变差。

本章的最后一部分讨论市场失灵——市场的无效率结果。市场失灵的重要原因包括市场势力、不完全信息、外部性以及公共物品。

概念复习和练习

一般均衡分析（第 16.1 节）

第 3 章和第 4 章分析了单个商品价格的变化对该商品需求的影响。第 8 章和第 14 章分析了个别投入品价格的变化对商品供给的影响。然而某种商品价格的变化可能会使许多需求曲线发生移动，进一步导致相关市场上商品价格的变化。某些“第二轮”的价格变化可以进一步改变最初引发变化的商品市场的需求。一般均衡分析就是研究这类反馈效应。一般均衡分析也考虑到这样的现象：消费者的收入是由市场上要素（劳动和资本）的价格决定的，而这些要素是由消费者向市场提供的。

假如反馈效应的程度很小，局部市场分析是有用的近似分析方法，它的分析结果和一般均衡分析的结果差别不大。通常我们想要知道的无非是数量的变化（价格是升高了还是降低了）。对于这类问题，局部均衡分析通常是一种有用的指导工具，但如果两个市场的需求或供给紧密地联系在一起，我们就必须考虑反馈效应。

假设咖啡供给的下降导致咖啡的价格从 P_0 升至 P_1，如图 16.1(a) 所示。咖啡的需求量会从 Q_0 减至 Q_1。但是，咖啡价格的上升会导致作为咖啡互补品的多纳圈的需求曲线从 D_0 降至 D_1，如图 16.1(b) 所示。在多纳圈的价格下降之后（从 P_0 到 P_1），咖啡的需求会略微上升，增至图 16.1(a) 中的 D'。另外还存在着来自其他市场的反馈效应（例如，茶的需求增加导致茶的价格上升，从而产生咖啡需求增加的反馈效应）。这些反馈效应会持续到达到一般均衡，在一般均衡处所有的市场都没有任何需求和供给的变动。

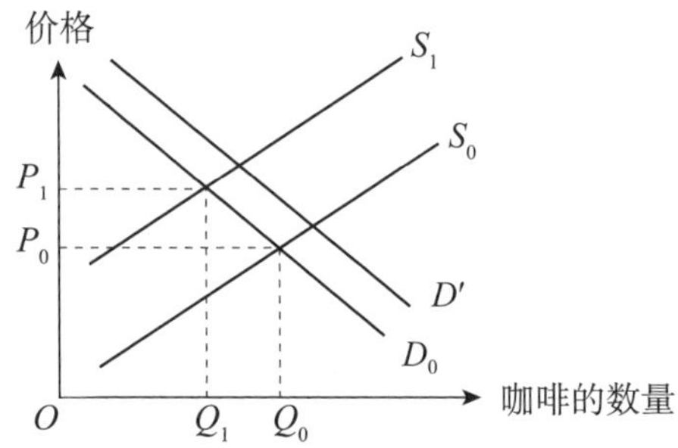

(a)

图 16.1

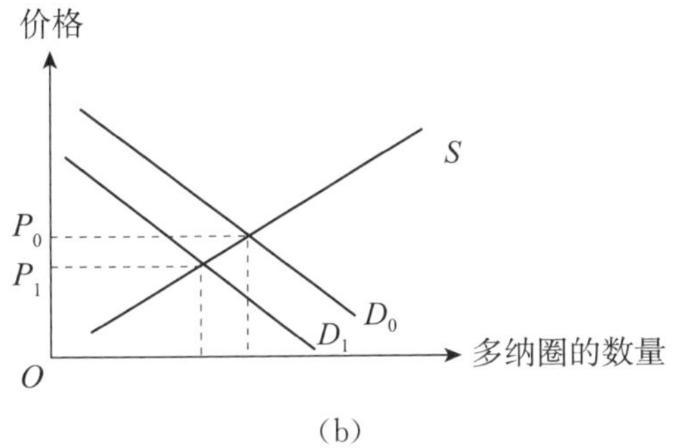

(b)

图 16.1（续）

✍ **练习**

1. 玉米片和番茄调味酱是一种流行的快餐食品组合。假设有一种转基因微生物有助于防止番茄受到霜冻的侵袭，从而使番茄的产量增加。定性分析玉米片和调味酱的价格会有什么变化。你的分析和局部均衡分析有什么不同？

交换的效率（第 16.2 节）

考虑一个交换的模型，在该模型中，个人在消费之前首先进行交换。在市场中每一个交易者所拥有的商品都被称为初始配置。每一种商品的总量是所有交易者所拥有的该种商品的初始配置的加总。交易是自愿的——交易者不愿意发生交易行为，并不是因为某种外部的强迫力。因此，只有当某种交易是互惠的时（如果两个交易者的境况都会变好，或者新的配置会优于初始配置），人们才会进行交易。

在两个交易者和两种商品的情形下，我们可以用埃奇沃思盒状图这样一个分析工具来分析如何在消费者之间有效率地配置商品，并考察是否存在多个有效配置。假设两个交易者分别是艾尔弗雷德和贝蒂，而两种商品是食品和衣服。画一个矩形，矩形的底等于两个人全部可得的食品的数量，而矩形的高等于两个人全部可得的衣服的数量。艾尔弗雷德的初始配置为 F_A 和 C_A，贝蒂的初始配置为 F_B 和 C_B。盒状图的底为 $F(=F_A+F_B)$，高是 $C(=C_A+C_B)$，如图 16.2 所示。

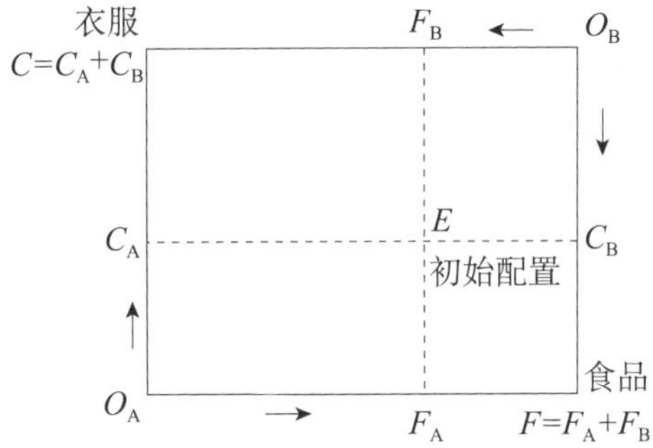

图 16.2

盒状图中的每一个点都可以用来描述两个消费者的消费。艾尔弗雷德的原点为 O_A，贝蒂的原点是 O_B。在图 16.2 中，E 点到盒状图下边界的距离为艾尔弗雷德的衣服消费，E 点到左边界的距离为他的食品消费。显然，贝蒂消费剩下的那一部分配置，所以贝蒂的衣服消费是从 E 点到盒状图上边界的距离，她的食品消费是从 E 点到右边界的距离。

艾尔弗雷德的无差异曲线可以像平常那样画出来，而贝蒂的无差异曲线则必须颠倒过来，因为她的无差异曲线需要从原点 O_B 来看，而不是原点 O_A。

✍ **练习**

2. 马克和杰姬正在收拾行李去参加一个电影节。他们带的唯一的两种商品是爆米花和糖果。马克有 10 包爆米花和 5 磅糖果，杰姬有 10 包爆米花和 12 磅糖果。

a. 画一幅埃奇沃思盒状图来表示马克和杰姬所拥有的爆米花和糖果的初始配置。

b. 画一条经过马克的初始配置点的无差异曲线，同样，为杰姬也画一条经过初始配置点的无差异曲线。

假设在交易过程中没有与讨价还价相关的交易成本。如果经过初始配置点的两条无差异曲线相交，就像练习 2 中那样，那么互惠交易就是可能的。完全确定发生怎样的交易是很难的，但是我们可以确定交易可能发生的区域。在图 16.3 中，两个消费者 A 和 B 的资源的初始配置在 X 点，他们通过交易可以达到两条加粗的无差异曲线所包括的配置点。也就是说，从初始配置点 X 出发，如果两个消费者交易之后所达到的配置在 U_{B1} 和 U_{A1} 所围的区域内，则这两个消费者的境况都会变好。例如，经过交易从初始配置点 X 到达配置点 Y，这使得消费者 A 和 B 各自移动到一条代表更高效用水平的无差异曲线上。在 Y 点仍然存在双边互惠交易的可能性（由于消费者的边际替代率不相等）。当消费者达到他们无差异曲线相切的点（图 16.3 中的 Z 点）时，他们的边际替代率相等，这时不再存在进一步的双边互惠交易机会。

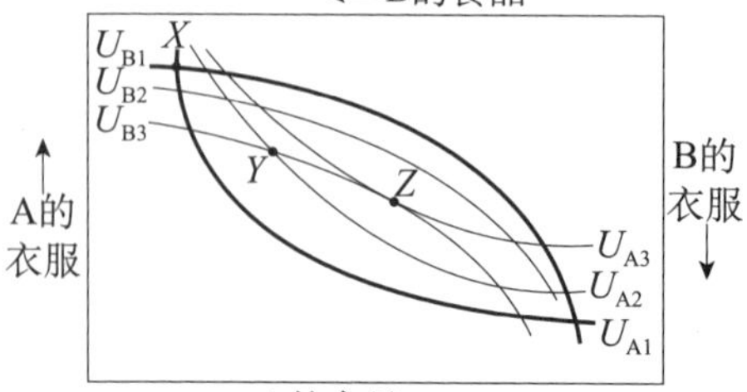

图 16.3

当不存在互惠交易机会时，经济体所处的配置是帕累托有效配置。帕累托有效配置是指在不使其他人的境况变差的情况下，没有人的境况可以变得更好。通过双边互惠交易可以达到许多可能的帕累托有效配置。图 16.4 描绘了所有在埃奇沃思盒状图中的无差异曲线切点的连线。这条线被称为契约曲线。穿过初始配置点的两条无差异曲线之间的契约曲线，是所有从初始配置开始所能达到的有效配置的集合。比如，图 16.3 中的 Z 点就是消费者 A 和 B 从初始配置点 X 开始所能达到的契约曲线上的点。

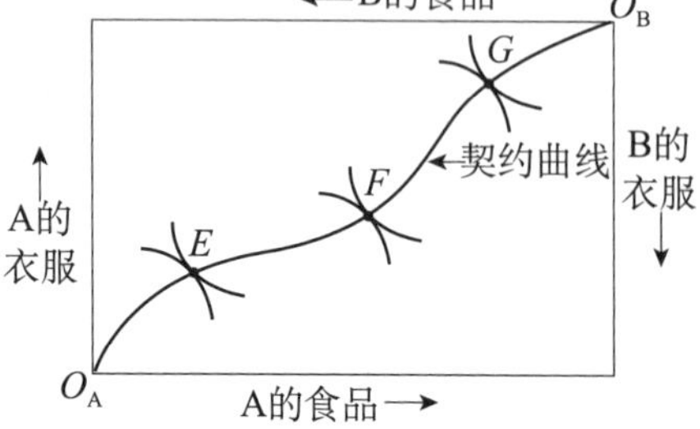

图 16.4

如果通过重新配置资源可以使两个人的境况都变好，那么这个配置就是非帕累托有效的。因此，如果两个人同意进行互惠交易，他们交易之前所处的配置就一定是非帕累托有效的。

在两人讨价还价的博弈过程中，最终的结果（最终的配置）取决于两人之间的讨价还价能力。在竞争性市场中，市场中的买方和卖方都是价格接受者，所以不存在最终的配置取决于讨价还价能力的问题。竞争性市场上所有的买方和卖方都会在他们的边际替代率等于市场价格的那一点达成交易。而市场价格对于竞争性市场中的每个人都是一样的，所以所有消费者的边际替代率都相等。因此，竞争性市场的均衡是一组价格以及与价格相联系的数量，这些数量表明在每一个局部市场上需求量都等于供给量；在竞争性市场均衡处，每一个消费者的无差异曲线都与其各自的预算线相切，同时各个消费者的无差异曲线也相切。所以竞争性市场是帕累托有效的。

✍ **练习**

3. 请用边际替代率和市场价格比来表述竞争性市场的均衡是帕累托有效的。

4. 吉姆有 40 加仑汽油，另外还有 100 美元可用于购买其他商品；对于他所购买的市场篮子来说，他的边际替代率为 1 美元/加仑。琳达有 10 加仑汽油和可用于购买其他商品的 300 美元货币；她的边际替代率为 1 美元/4 加仑。

a. 请问吉姆和琳达之间的汽油和货币的初始配置是否为有效配置？

b. 他们会交易吗？如果会，具体的交易是怎样的？

公平与效率（第 16.3 节）

令其他人的效用保持不变，我们可以极大化某个人的效用水平；而所有这些效用极大化的点则构成了契约曲线。这种对于帕累托效率的描述还可以通过另一种方式来表达。对于契约曲线上的每一个点，我们可以画一幅坐标图，用坐标轴来衡量艾尔弗雷德和贝蒂的效用水平。这样，契约曲线上的每一个点就都可以转换成效用可能性边界上的点。这个边界告诉我们，在所有资源都可以自由流动的情形下，给定贝蒂的每一个可能的效用水平，艾尔弗雷德可以得到的最大效用。图 16.5 中的 E 点、F 点、G 点分别对应图 16.4 中契约曲线上的 E 点、F 点、G 点；在 G 点，艾尔弗雷德的效用要比在 E 点高，尽管这两个点都是有效率的配置点。效用可能性边界上的哪一个点达到竞争性均衡取决于最初的资源配置。

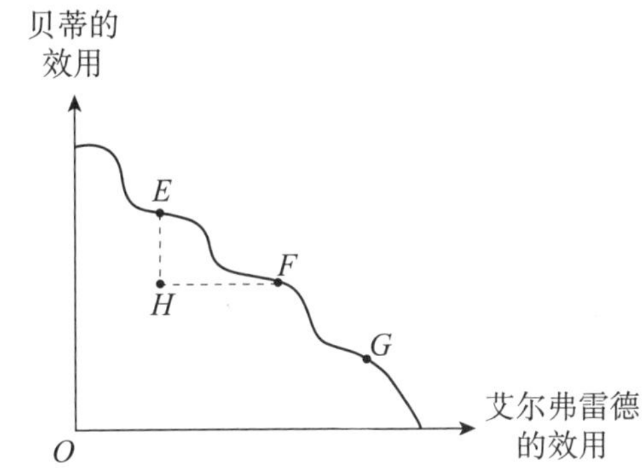

图 16.5

✍ **练习**

5. 考虑图 16.5 中的 F 点、G 点和 H 点，其中 F 点和 G 点在效用可能性边界上，H 点位于效用可能性边界的内部。请问从 H 点移至 F 点是否为帕累托改进？从 H 点移至 G 点是帕累托改进吗？请简要说明理由。

你应该可以在练习 5 中发现，图 16.5 中的 H 点是无效率的配置。但这并不意味着 H 点没有 E 点、F 点和 G 点公平。实际上，我们经常需要回答这样的问题：哪一个效率配置是最公平的？回答这个问题涉及谁的福利更加重要，即是艾尔弗雷德还是贝蒂。由于这牵涉到个人之间效用的比较，所以问题的判断不存在一个客观的标准。（比如，假设艾尔弗雷德更加“开心”，这是否表明他的境况变得更好了？）研究这些问题的经济学家用一个叫作社会福利函数的工具来解决这些困难，这个函数可以为每个个体的偏好赋予一个权重。功利主义社会福利函数给每个个体的效用赋予一个相同的权重，这产生了一个最大化社会所有成员效用总和的配置。平均主义的观点认为每个人都应该获得相同数量的商品。罗尔斯主义的观点认为，最公平的配置应该能够使社会中境况最差的个体的效用达到极大化。市场主导的观点认为，市场的结果是最公平的。

生产的效率（第 16.4 节）

假设资本和劳动的供给固定，它们是生产食品和衣服的仅有的投入品。为了决定在这两者的生产上怎样分配这些投入品，我们可以画一幅埃奇沃思盒状图，这和消费的情况是类似的。盒状图的底是可得的劳动总量 L，而高是可得的资本总量 K。盒状图中的 A 点描述的是在两种生产活动中的劳动和资本的投入量。如果我们在不减少食品产出的情况下无法增加衣服的产出，我们就说这时的生产是有效率的。从几何上来说，如果在某个投入配置下等产量线相切，那么这个配置点的生产就是有效率的。

✍ **练习**

6. 回忆我们在第 6 章中把一条等产量线的斜率的负值称作边际技术替代率（MRTS）。请用生产食品和衣服的边际技术替代率来重新表述有效率生产的条件。

7. 对于一个在竞争性要素市场购买投入品的厂商来说，它的成本最小化的必要条件是什么？解释为什么在生产的埃奇沃思盒状图中，要素市场的竞争性均衡是一个有效配置。

正如我们从消费的埃奇沃思盒状图中的契约曲线导出效用可能性边界一样，我们也能从生产的埃奇沃思盒状图中的契约曲线导出生产可能性边界（PPF）。在给定投入 K 和 L 的情形下，对于每一个可能的食品产出水平，我们找到相应的衣服的最大可能性产出。用横轴表示食品产出，用纵轴表示衣服产出，我们在图 16.6 中画出了相应的生产可能性边界。

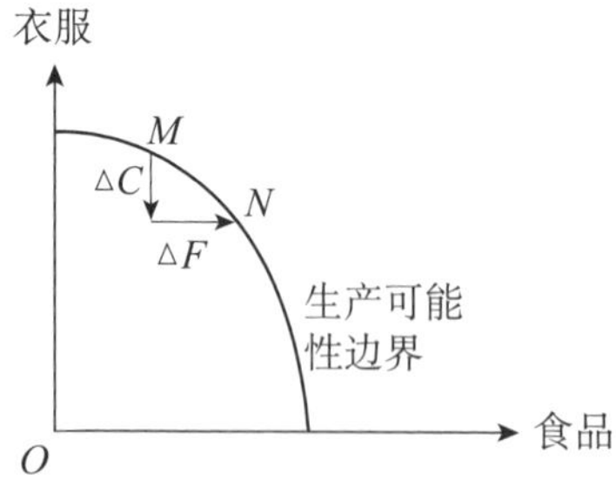

图 16.6

✍ **练习**

8. 试解释为什么不在契约曲线上的资本-劳动配置所能生产的产量位于生产可能性边界内部。

9. 如果一个经济体中可利用的生产性资源增加了，这会对生产可能性边界有什么影响？

生产可能性边界上某个点的斜率代表食品和衣服产出在生产上的转换。食品产出减少一单位能够增加的衣服产出可以用生产可能性边界的斜率来表示（它等于 $\Delta C/\Delta F$，如图 16.6 所示，从 M 点移动到 N 点）。生产可能性边界的斜率也可以用 $-MC_F/MC_C$（因为 $1/MC_F$ 表示减少一单位食品产出所释放的资源）来表示。生产可能性边界斜率的绝对值为食品和衣服之间的边际转换率（MRT）。在生产可能性边界上，$MRT=MC_F/MC_C$。

产出市场的效率

给定一种产品的产出，最大化另一种产品的产出对于效率来说只是必要条件，而非充分条件。不充分的原因在于生产可能性边界上所有的点并不同样地令人满意。另外，所生产的产出组合可能不是消费者最偏好的产出组合。

为了解释有效产出组合的条件，我们假设一个消费者消费了由 K 和 L 生产的全部食品和衣服。在生产的埃奇沃思盒状图中，我们导出这个两商品经济的生产可能性边界。如果对于每一个消费者 j，有 $MRT=MRS^j$，则表明此时的产出是有效率的。因为 $MRT=MC_F/MC_C$，$P_F/P_C=MRS^j$，生产者利润最大化和消费者效用最大化保证了 $MRS^j=MRT$。

自由贸易的好处（第 16.5 节）

A 国在生产一种商品上相对于 B 国具有比较优势，也就是说，与其他商品的生产相比，该商品在 A 国生产要比在 B 国生产成本更低。如果 A 国生产一种商品的成本要低于 B 国生产同样商品的成本，那么称 A 国生产该商品具有绝对优势。当两个国家各自具有不同的比较优势的时候，这两个国家之间的贸易就是双边互惠的。或者，如果一个国家在生产某种特殊的商品上相对更有效率，那么它就应该专业化生产该种商品，然后用该商品与世界上其他国家进行交换，以获得它所需要的其他商品。通过贸易，具有比较优势的国家能够在生产可能性边界的外部消费。所以当我们从一个封闭的市场转向一个自由贸易的市场时，消费者的境况会变好，但是，进口的增加可能会导致相应部门的企业和它们的工人福利受损。

总结：竞争性市场的效率（第 16.6 节）

概括一下，我们已经学习了实现经济效率的三个条件，它们在完全竞争市场上都能得到满足（假设两种产品：食品和衣服）：

交换的效率：对于两个消费者 A 和 B 来说，$MRS^A=MRS^B(=P_F/P_C)$。

生产中要素使用的效率：对于两种投入资本和劳动来说，$MRTS_F=MRTS_C(=w/r)$。

产品市场的效率：对于两种产出品来说，$MRT(=MC_F/MC_C)=MRS^A(=P_F/P_C)=MRS^B$。

市场为什么会失灵？（第 16.7 节）

到目前为止，我们一直假设竞争性市场是存在的，所以一个有效率的配置总是可能达到的。但在某些情况下，竞争性市场并不存在。本章认为，市场失灵有可能来源于以下原因：

（1）市场势力。在决定利润最大化的产出水平时，垄断者设定边际收益等于边际成本。这种条件下的产出水平比竞争性市场下的要小，而价格比竞争性价格要高。在较低的产出水平上，垄断者的边际成本较低，比如，厂商可以使用更少的资源来生产该产品，多出的资源可以转移到其他产品的生产上。产出的组合显然不同于竞争性市场，因而垄断的产出是无效率的。

（2）不完全信息。缺少信息使生产者和消费者做出错误的决策（由于他们的信息是不完全的，他们的决策会使得他们的境况变差）。信息的无效率会在第 17 章进一步讨论。

（3）外部性。当一种消费或生产行为对其他消费或生产行为产生一种间接的影响时，我们称此时存在外部性。由于市场价格并不反映间接效应，所以当存在外部性的时候，市场会“失灵”。在第 18 章我们会讨论外部性及其解决方法。

（4）公共物品。一旦公共物品被提供给一群消费者，阻止其他消费者消费该公共物品就会十分困难（如公园或国防）。如果私有企业无法对消费其产品的消费者收费，市场对公共物品的供给就会不足。在第 18 章我们会详细讨论公共物品问题。

✍ **练习**

10. 对于以下每一个无效率事件，指出它们各自违反了哪个效率条件，并简要解释。或者它们还会偶尔导致违反其他效率条件，请相应地解释其原因。（提示：想想不同契约曲线和边界的效率条件。）

a. 农业价格补助。

b. 垄断者在单一价格处出售产品。

c. 三级价格歧视。

d. 作为价格领导者的支配厂商。

习题集

11. 证明：效用可能性边界上不可能存在斜率为正的点。（这是定义的直接推论。）

12. 如果一个点在效用可能性边界内部，帕累托改进是否总是可能的？

13. 一座中型城市有两个主要的工业部门：金融服务业和电子设备制造业。假设金融服务市场对于州际竞争的限制措施会导致该城市金融服务部门的扩张。

a. 你预计就业机会的增长会对该城市的工资和房价有什么影响？

b. 你认为该城市的制造业部门会有什么变化？你觉得制造业部门的就业会增加还是减少？

14. 一座小城市有两个市民：莎莉和约翰。他们唯一关心的是今年的总消费量 X_1 和明年的总消费量 X_2（都以美元计）。莎莉关于 X_1 和 X_2 的初始配置是 $E^S=(80，40)$。约翰的初始配置是 $E^J=(40，80)$。假设不存在借贷的可能性。例如，约翰不能在第一年向莎莉借入一笔钱，然后在第二年偿还这笔钱并加上利息。现在，假设政府必须在第一年筹集 20 美元来提供国防，并假设莎莉和约翰承担同样的税收义务。

a. 根据税后配置 $E^{ST}=(70，40)$ 和 $E^{JT}=(30，80)$ 画出埃奇沃思盒状图。用 E 表示配置点，在盒状图中标出该点。

b. 现在假设政府不在第一年征税，而是向莎莉借了 20 美元；政府在第二年向莎莉和约翰都征收了 15 美元的税收，并且把这 30 美元全部偿还给莎莉。在埃奇沃思盒状图中画出新的配置点 B，并画出穿过 a 中的配置点 E 的无差异曲线，使得 B 点是一个帕累托改进。解释为什么在政府向市民借款的情形下，两个市民的福利要比政府预先向每个人征税的情形好。

自测题

15. 一般均衡分析

a. 同时决定所有的价格。

b. 考虑了反馈效应。

c. 对于研究密切相关的市场十分有用。

d. 可以同时考虑商品市场和要素市场。

e. 以上选项都正确。

16. 在有两个消费者 A 和 B 的交换经济中，

a. $MRS^A = 1/MRS^B$ 处处成立。

b. $MRS^A = MRS^B$ 处处成立。

c. $MRS^A = 1/MRS^B$ 在契约曲线上成立。

d. $MRS^A = MRS^B$ 在契约曲线上成立。

e. 以上选项都不正确。

17. 如果一个配置是帕累托有效的，那么

a. 不存在使得两个人的境况都变好的交易。

b. 该配置位于契约曲线上。

c. 两个人的境况都要比初始配置的境况好。

d. a 和 b。

e. a、b 和 c。

18. 效用可能性边界

a. 可能有正斜率。

b. 描述了契约曲线上配置的效用水平。

c. 取决于初始配置的分配。

d. a 和 b。

e. a、b 和 c。

19. 在生产的帕累托有效配置处：

a. $MRS^A = MRS^B$。

b. $MRS^A = MRT$。

c. 所有工业部门的 MRTS 都相等。

d. a 和 b。

e. a、b 和 c。

20. 一个小国可以从自由贸易中获益：

a. 如果贸易之前该小国市场上的价格比不同于世界市场上的价格比。

b. 如果该小国生产某种商品相对于世界上其他地区具有绝对成本优势。

c. 如果消费者具有确定的偏好。

d. a 和 b。

e. 以上选项都不正确。

21. 某一交易使得从不在契约曲线上的某个点移至契约曲线上的某个点，则：

a. 某些人的境况会变好，而另一些人的境况会变差。

b. 不使任何人的境况变差，而某些人的境况会绝对变好。

c. 没有人的境况会变好。

d. 只有当初始配置发生改变时，这个交易才是可能的。

e. 这个交易过程对应于效用可能性边界上的一个移动。

22. 假设艾尔弗雷德的食品对衣服的边际替代率为 3，而贝蒂的食品对衣服的边际替代率为 2。我们可以推断出在一个市场中，艾尔弗雷德和贝蒂：

a. 自愿选择不交易。

b. 交易，但是艾尔弗雷德的境况变差了。

c. 交易，但是贝蒂的境况变差了。

d. 交易，使得他们当前的配置移至契约曲线上的某个点。

e. 信息不充分，所以不知道会发生什么。

23. 比较契约曲线上的两个点 Q 和 R，我们可以认为：

a. 它们是有效率的。

b. 消费者会自愿从 Q 点移至 R 点。

c. Q 点和 R 点之间的商品分配是一样的。

d. 平均主义者会认为这两个配置都是公平的。

e. a 和 b。

24. 在什么情况下，一般均衡分析比局部均衡分析更恰当？

a. 有几种情形可能是正确的时。

b. 同时考虑消费者和生产者。

c. 市场之间有明显的反馈效应。

d. 市场独立地运行。

e. 无法进行人际效用比较。

下面的两个问题考虑一个假想的经济体，其中有两种商品——食品（F）和衣服（C），它们用两种投入——劳动（L）和资本（K）来生产。

25. 如果食品部门的 $MRTS_{LK}$ 大于衣服部门的 $MRTS_{LK}$，则：

a. 由于资源的稀缺性，食品生产的增加只能通过衣服生产的减少来达到。

b. 由于衣服生产部门的 MRTS 相对较小，衣服生产的增加只能通过食品生

产的减少来达到。

c. 通过资本从衣服生产部门向食品生产部门的转移，而劳动从食品生产部门向衣服生产部门的转移，在不减少衣服产量的同时可以增加食品的产量。

d. 通过劳动从衣服生产部门向食品生产部门的转移，而资本从食品生产部门向衣服生产部门的转移，在不减少衣服产量的同时可以增加食品的产量。

e. 以上选项都不正确。

26. 如果所有消费者的食品对衣服的边际替代率都是 4，衣服转换成食品的边际转换率是 2，那么

a. 消费者希望用食品来换取衣服而不是选择衣服的机会成本，因为对于消费者来说衣服的边际消费效用较大，所以厂商应该生产更多的衣服。

b. 应该增加衣服的产量，而减少食品的产量，使 MRS 等于 MRT。

c. 消费者希望用衣服来换取食品而不是选择食品的机会成本，因为对于消费者来说食品的边际消费效用较大，所以厂商应该生产更多的食品。

d. a 和 b。

e. 以上选项都不正确。

27. 如果衣服生产部门是垄断市场，而食品生产部门是完全竞争市场，则 MC_F/MC_C ______ P_F/P_C。这说明对于衣服生产部门而言，其资源配置是______的。

a. 大于；过量

b. 小于；过量

c. 大于；不足

d. 小于；不足

e. 以上选项都不正确。

第 16 章答案

练习答案

1. 霜冻侵袭的减少使番茄的供给曲线向右移动，并降低了调味酱的价格。这种变化反过来又导致玉米片的需求曲线向右移动，提高了它的价格。而玉米片价格的升高会使调味酱的需求曲线向左移动，而这进一步降低了调味酱的价格。所以调味酱的价格会比在局部均衡下下降得更多。

2. a 和 b 的答案如图 16A.1 中的埃奇沃思盒状图所示。

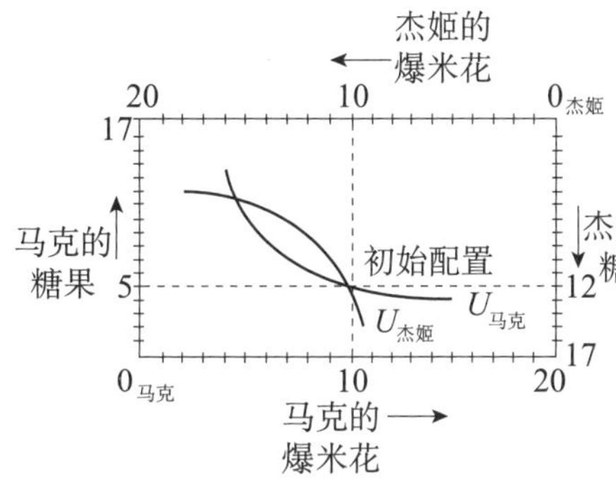

图 16A.1

3. 比如，艾尔弗雷德关于食品和衣服的预算线与他的无差异曲线相切，意味着 $MRS^A = P_F/P_C$。同样，对于贝蒂，$MRS^B = P_F/P_C$，所以 $MRS^A = MRS^B$。

4. a. 该初始配置并不是一个帕累托有效配置，因为吉姆的 MRS 不等于琳达的 MRS。

b. 如果吉姆给琳达一些货币，而琳达给吉姆一些汽油，他们的境况都会变好。（吉姆最多愿意用 1 美元来交换 1 加仑汽油；而琳达则愿意以 0.25 美元的价格出售 1 加仑汽油。因此，如果 1 加仑汽油的交换价格在 0.25 美元和 1 美元之间，两人通过交易，境况都会变好。）

5. 从 H 点移至 F 点可以在不损害贝蒂福利的情况下使艾尔弗雷德的境况变好。显然 H 点是无效率的。或者也可以说从 H 点移至 F 点是帕累托改进。贝蒂在 H 点的境况比在 G 点的境况要好，相反，艾尔弗雷德在 G 点的境况要好于在 H 点。从 H 点移向 G 点并不是一个帕累托改进，因为它使其中一个消费者的境况变差了。由于 H 点的配置并不是一个帕累托有效

配置，所以存在效用可能性边界内部的点使两人的福利都比在 H 点要好。但并不是所有的帕累托有效配置（在边界上的点）都是可能性边界内某个特定的点的帕累托改进。

6. 在一个有效配置点处，$\mathrm{MRTS}_F=\mathrm{MRTS}_C$。由于对食品和衣服来说，$\mathrm{MRTS}=\mathrm{MP}_L/\mathrm{MP}_K$，我们可以认为相切的等产量线具有相同的边际产出比。注意两个部门之间的 MP_L 和 MP_K 并不总是相同的，因为当一种商品的产出增加而另一种商品的产出减少时，边际产出会有变化。

7. 一个成本最小化的厂商在 $\mathrm{MRTS}=w/r$（工资/租金率）处生产。给定厂商面对的要素价格，$\mathrm{MRTS}_F=w/r$ 以及 $\mathrm{MRTS}_C=w/r$，因而，$\mathrm{MRTS}_F=\mathrm{MRTS}_C$，这也就是生产的埃奇沃思盒状图有效率的条件。

8. 假如某个生产配置点并不在契约曲线上，那么通过这两个厂商之间的要素再分配，可以使两个厂商的产出同时增加。如果两种商品的产出能够同时增加，那么初始配置点一定在 PPF 的左下方。

9. 这会使得生产可能性边界向外扩张。

10. a. 扭曲的产出价格意味着对于每一个消费者 j 来说，$\mathrm{MRS}^j\neq\mathrm{MRT}$。如果农业产出同时又是生产其他商品的投入品，在某个使用农产品的工业部门中，我们有 $\mathrm{MRTS}_F\neq\mathrm{MRTS}_C$。

b. 垄断造成的扭曲使得 $\mathrm{MRS}^j\neq\mathrm{MRT}$。

c. 垄断者的价格歧视有两种扭曲效应：对于垄断厂商，$\mathrm{MRS}^j\neq\mathrm{MRT}$；对于两个面临不同价格的消费者 A 和 B，$\mathrm{MRS}^A\neq\mathrm{MRS}^B$。

d. 这里，$\mathrm{MRS}^j\neq\mathrm{MRT}$，并且工业部门中厂商之间的边际成本不同，所以这个经济体在 PPF 内部生产。

习题集答案

11. 假如效用可能性边界向上倾斜，那么该边界上的一个点移动到另一个点可以使得两个消费者的效用同时增加。如果是这样的，那个初始点就不是帕累托有效的，因而它不可能在效用可能性边界上。

12. 考虑图 16.5：从 H 点开始，任何在 EHF 内部的移动都是一种帕累托改进，因为这样的移动提高了消费者的效用。但是，从 H 点向 G 点的移动却会使其中一个消费者的境况变差。所以只有向右上方的移动才算是帕累托改进。当一个点位于效用可能性边界上时，不存在任何帕累托改进的可能。

13. a. 对劳动需求的增加会提高均衡工资水平。更高的工资水平会吸引更多的新工人来到这个城市，与此同时也会使这个城市所有工人的收入增加。然后使得住房的需求增加，从而房价会上升。

b. 制造业部门为了和其他部门竞争以得到更多的工人，其工资水平可能会上升。同时抬高的房价也会要求工资水平的提高，以吸引更多的新工人来到这个城市。所以，该城市的制造业部门比其他城市的制造业部门面临更高的成本。如果电子设备制造部门的流动性比较强，该部门的厂商会向其他城市转移生产。最后的结果就是，制造业部门的雇佣工人数量会减少，而其他部门的雇佣工人数量会增加。

14. a. 见图 16A. 2。E 点表示税后配置。

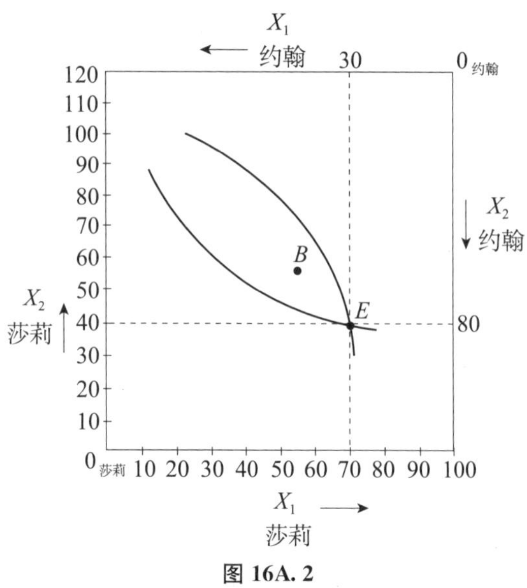

图 16A. 2

b. 当政府借款的时候，它延迟了向那些不够有耐心的个人的征税，在这种情况下，这些个人会获益；而对于那些有足够耐心的个人来说，政府的借款同样可以让他们因赚取利息而获益。（在这里，缺乏耐心的个人是否可以得到无限制的借款以及他们是否会遵守合约无关紧要。最关键的是，在这个问题中，那些缺乏耐心的个人缺少借款的能力，而这种假定导致了帕累托改进。）

自测题答案

15. e. 一般均衡分析满足所有这些陈述。

16. d. MRS 只有在埃奇沃思盒状图中无差异曲线相切的时候（沿着契约曲线）才相等。

17. d. 初始配置有可能在契约曲线上，所以 c 是错的。

18. b. 效用可能性边界取决于资源总量，但并不取决于资源的分配，显然沿着可能性边界的移动是沿着契约曲线对商品的再分配。

19. e. 这是效率的三个边际条件。

20. a. 如果自由贸易能获益，只有 a 是必需的。如果 a 是事实，不管消费者的偏好如何，贸易都会改善这个国家的福利。

21. b. 任何不在契约曲线上的点都是无效率的，因而通过商品再分配可以在不损害其他人福利的情况下，使某个人的福利得到改善。

22. d. 既然他们的 MRS 不相等，那么他们的资源配置点必定不在契约曲线上。他们可以通过互惠交易达到契约曲线上的配置点，在该点 $MRS^A=MRS^B$。

23. a. 我们只能认为这两个点都是有效配置点。一旦我们选中了契约曲线上的某个点，就无法进行帕累托改进，因而 b 是错的。另外，商品的分配肯定不会在所有配置之间都一样。平均主义者只是认为等量的商品分配是公平的，而我们并不知道 Q 点和 R 点处的具体分配是怎样的。

24. c. 如果市场之间的反馈效应比较显著，那么局部均衡分析就是一种较差的近似，因为局部均衡分析得到的答案和一般均衡分析得到的答案相差太大了。

25. d. 如果一个工人从衣服生产部门向食品生产部门转移，在不降低食品产量的情况下，食品生产部门可以节省的资本量会超过用来补偿衣服生产部门工人减少所需要增加的资本量。这个资本量的差额可以用来增加任意一种商品的产出。

26. c. 消费者愿意放弃 4 单位衣服来换取 1 单位食品，但是对于这个经济体来说，1 单位食品的成本只有 2 单位衣服。因此，应该生产更多的食品，而减少衣服的生产。

27. c. 由于垄断厂商的定价大于边际成本，而竞争性厂商所面临的价格则等于边际成本，所以对于垄断厂商而言，$MC_F/MC_C>P_F/P_C$。由于垄断价格超过了边际成本，所以产出太低了。

第17章 信息不对称的市场

重要概念

- 逆向选择
- 柠檬问题
- 信号传递
- 道德风险
- 委托-代理问题
- 效率工资

本章重点

在第5章和第15章，我们研究了不确定性对消费者和厂商行为的一些影响。然而，所有此类交易中双方拥有的信息都是对称的。例如，在资本资产定价模型中，所有投资者对每一个厂商的风险都有准确的预期。现在，我们考虑另外一种情况：买方和卖方对产品或服务的质量所拥有的信息是不同的。

保险市场和信贷市场是两个受困于不对称信息问题的市场的例子。在这些例子中，消费者比销售者更确切地知道他们自身的风险类型。低风险者可能选择不购买保险，因为保险费是基于人群的平均风险制定的。这个逆向选择问题（事实是只有高风险者购买保险）意味着保险公司必须基于高于目标人群平均风险的损失率制定价格。保险公司和放贷者通常利用以前的出事率和历史贷款信息来减少逆向选择问题。

在产品市场，有关产品质量的不对称信息可以使得市场价格足够低，并且迫使高质量产品退出市场。这就是所谓的“柠檬问题”(lemons problem)。当买方仅知道产品质量的总体分布情况时，买方愿意支付的价格取决于他对产品质量的平均预期。但是，卖方所愿意接受的价格取决于他的产品的确切质量。

信息不对称导致了市场失灵：高质量产品的销售者不会销售他们的产品，尽管如果买方知道产品的质量，就会愿意支付更高的价格。一般来说市场上销售的产品的质量低于平均质量。销售者可以通过建立质量声誉来解决这个问题。所以，连锁店能够通过标准化来有效减少买方面对的不确定性，而单独的某个商店则很难做到这一点。

劳动市场同样存在信息不对称。教育可能是高能力者向潜在的雇主展示其能力的手段。因此，受教育情况可以作为一种“信号”，以消除雇主与雇员之间的信息不对称。如果高能力者比低能力者提供信号的成本低，那么，高能力者就能可信地向雇主展示其能力。信息是否具有直接的生产价值并不重要。作为一个信号，高能力者接受教育的成本必须低于低能力者。另外一类信号是产品质量保证。质量保证能够显示产品质量，因为高质量产品的生产者提供质量保证的成本更低。

道德风险是另外一类信息问题，指的是被保险人在获得保险后改变他们的行为。例如，在购买保险之后，被保险人可能不再那么小心地规避损失。如果保险公司不能直接观察到被保险人的小心程度，保险的成本肯定更高，从而用以弥补保险公司面临的更高的风险。

委托-代理问题的根源是不可观测的行为。一个委托人雇用代理人执行一项任务，但是委托人无法完全观察到代理人的行为。如果代理人的产出同时取决于其努力水平和随机因素（委托人无法观察到），为了使代理人提供合意的努力水平，基于产出的激励机制是必要的。

效率工资理论认为工资水平会影响雇员的劳动生产率。偷懒模型给出了一个解释。如果监督雇员工作的成本高昂，厂商可以选择随机监督员工，解雇那些被抓到的工作不努力者。在一个竞争性劳动市场均衡下，被解雇的雇员可以找到新工作，获得相同的工资水平，所以解雇的威胁不够严厉。但是，如果工人的工资水平高于均衡工资，工人们失去工作以后将找不到同样好的工作，境况会变差。所以，高工资诱使员工不偷懒，以免被解雇，即使真正被解雇的概率很小。

概念复习和练习

质量不确定性与“柠檬”市场（第 17.1 节）

每天早上出门时，你的一个朋友抓起放在床边的零钱，放进口袋。他告诉你，他每次出门，平均带上 2.5 美元零钱，零钱在 1 美元和 4 美元之间平均分布。这个朋友向你提出：他用口袋里的零钱跟你换 2 美元。你是否接受？如果他不知道他今天带了多少零钱，那么看起来这次打赌是值得的：用 2 美元换取 2.5 美元的预期收益。现在改变一下问题：假定你的朋友要你给他口袋里的零钱出价。当你出价后，他会清点他的零钱，然后决定是否接受你的出价。在这个例子中，不要接受打赌——除非你的朋友的零钱少于你的出价，否则他不会接受出价，因此，你永远赢不了。因为你的朋友比你拥有更多的信息，他拥有了由于信息不对称而产生的优势。

个人面对很多在相似境况下的重要选择。二手车的卖方对车的质量比买方了解得多。购买车险的人也更加清楚自己驾车的风格是鲁莽还是谨慎。借贷者也更清楚自己是否打算还钱。柠檬问题也是由对产品质量的不对称信息导致的。比如，在旧车市场，买方根据自己对市场上车的平均质量的预期来决定出价。相反，卖方知道车的质量，并且根据车的质量要价。在这个框架里，最高质量的车的卖方不可能得到与他的车的质量相符的报价。结果是，高质量车的卖方退出旧车市场。但是现在，次高质量车的卖方同样得不到合适的报价，也将退出市场。这个过程会一直持续到仅有最低质量的车在市场上销售。（除非买方赋予低质量车过高的价值，高质量车才有可能在市场上销售。）

在任何时候，都有一些人因为质量以外的其他原因出售其二手车（刚刚身为父母的人可能需要一辆更大的车；销售人员需要一辆时髦的、能够吸引眼球的汽车，以便给他人留下好印象，所以必须经常出售其原有的汽车）。当很多交易发生在信息不对称的市场时，交易量将低于效率水平。即便车主在车的质量能够如实地显示出来、而消费者也愿意为高质量的车出更高的价格时愿意出售其汽车，信息不对称也使得部分人不愿意出售其汽车。劳动市场同样存在信息不对称，下面的练习将很好地说明这一点。

✍ 练习

1. 伯特目前拥有一份工作，他决定去面试一份不同的工作。如果一个新的雇主萨姆愿意招收伯特，伯特的选择之一是让他目前的老板哈里提高给他的工资。
   a. 如果伯特接受了反要约（counteroffer），这对萨姆来说意味着什么？如果伯特没有接受，又意味着什么？
   b. 萨姆是否应该基于对工人的期望质量（由面试过程决定）提出工资水平？或者提出更低的工资？为什么？
2. 考虑便携音响设备市场，这一设备通常兼容收音机、CD 播放器以及小型扬声器。市场上同时销售高质量和低质量的音响。
   a. 假定卖方比买方对产品质量拥有更多的信息（虽然买方也知道一些信息）。与完全信息市场相比，高质量音响所占的市场份额更高、更低还是相同？
   b. 为了缓解消费者面临的不对称信息问题，市场中已经出现了哪些方法？

市场的信号传递（第 17.2 节）

很多企业销售可替代的汽车配件，比如减震器。有些企业保证在你汽车的使用年限内这些配件不会坏，有些企业保证一个更短的时间，有些企业则干脆不做保证。尽管你可能愿意花更多的钱去获取一个有质量保证的新减震器，但是你愿意多付多少取决于你估计的在你使用汽车的时间内不同类型的减震器损坏的概率。高质量厂商提供保证的成本比低质量厂商低，因为高质量厂商为实现其保证所支付的成本低。即使获得完全的保证，你也会选择购买损坏概率最低的品牌，因为你在行使保证权利时是需要成本的（至少你需要把你的汽车运到修理店）。所以，你愿意为更高质量的产品支付一个溢价。

因为低质量产品的生产者为实现其保证所支付的成本比高质量厂商高，所以低质量厂商不提供保证。成本差异意味着保证能够作为产品质量的一个强信号。如果消费者愿意为有质量保证的品牌支付的溢价高于高质量厂商实现其保证的成本，但是低于低质量厂商实现其保证的成本，那么就只有高质量厂商提供保证。

总的来说，如果高质量销售者发送信号的成本低于低质量销售者，信号就是有效的。发送信号的成本必须足够高，以防止低质量销售者也发送信号，但是又必须足够低，以使得高质量销售者愿意发送信号。比如，如果好的员工接受教育更容易，教育就能作为显示员工质量的信号。

✍ 练习

3. 如果因为资金援助力度加大，更多的学生能够上大学，你认为会有更多的学生拿到 MBA 学位吗？为什么？

道德风险（第 17.3 节）

如果保险公司不能监督保单持有人的行为，那么被保险人在购买了保险之后就可能改变他们的行为。例如，一个投保了火险的厂商可能比一个没有投保火险的厂商更不关心火灾的预防。在很多类似的情况下，努力水平取决于个人面对的风险。因为保险降低了风险，同时也就降低了规避风险的努力。在不确定环境下，当被保险人的行为能够影响风险水平时，道德风险问题就会产生。尽管被称为“道德风险”，但是个人在购买保险之后减少预防风险的行为，根本谈不上不道德或者欺骗。它只是在保险公司不能观察到风险预防行为时被保险人追求利益最大化的反应。对于保险公司而言，这意味着，未投保群体的行为不能作为分析投保群体发生火灾（或其他事故）的概率的参考。

✍ 练习

4. 尽管乔购买了综合健康险，但他还是不愿意得心脏病。他依然关注自己的饮食，定期锻炼，以减少患心脏病的风险。保险公司是否还需要关注道德风险问题？

委托-代理问题（第 17.4 节）

道德风险是针对保险公司而言的，因为

它们通常不能界定事故是由粗心还是坏运气导致的。事实上，所有企业都面临这个问题。比如，企业主不能完全观察到其销售代表所做出的努力。设计最好的薪酬机制是委托-代理问题的一个例子。当一个人的福利依赖于另外一个人时，我们称二者之间存在委托-代理关系。企业主是委托人（努力的受益人），销售员（付出努力的人）是代理人。

如果一个销售员的业绩很差，企业主很难区分是销售员偷懒还是销售员所在区域的潜在消费者当时的需求水平很低。如果企业主不能观察销售员的努力水平，他应该制定怎样的薪酬机制来激励销售员努力工作？一个可能的方法是，根据分配的销售目标支付报酬（任务制度）。但是，一个纯任务制度可能强加给销售员太高的风险（而这由企业主来承担更加合适）。一个折中的办法是采用固定工资加上基于销售业绩的提成。销售员有付出努力的激励，但是比纯任务制度下的激励少。通过这样一种混合制度，企业主承担了部分风险。

✍ **练习**

5. 对汽车的需求有很强的周期性：当经济繁荣时，需求上升；当经济衰退时，需求下降。汽车企业的所有者了解这一点。考虑到企业的利润同时取决于经理的表现和经济的景气程度，企业主必须制定不同的薪酬机制。你建议企业主采取下面哪一种机制？为什么？

a. 采取固定工资制度，经理所得与企业的经营业绩无关。

b. 经理所得为企业利润的一部分。

c. 固定工资加上基于企业业绩的分红。

劳动市场的不对称信息：效率工资理论(第 17.6 节)

效率工资指的是能够诱使工人努力工作而不是偷懒的工资水平。效率工资高于竞争性工资。换句话说，假定一个工人偷懒被抓住并被解雇，如果解雇他的厂商的工资水平高于市场工资，那么被解雇的损失就更大。

效率工资与市场工资之差取决于厂商的数量。比如，失业率越高，差异就越小。当失业率很高的时候，偷懒并且失去该工作的成本就很高（长期失业的风险很高）。所以，厂商不需要大幅提高工资水平以激励工人努力工作。或者考虑厂商监督的频率的影响。如果厂商能够一直监督工人，工资就不需要调整。但是如果厂商只能偶尔监督工人，则必须有一个较大的工资差异来减少工人的偷懒行为。

✍ **练习**

6. 假定所有厂商都试图消除偷懒行为。如果所有厂商都提高工资水平，对偷懒还会有影响吗？

习题集

7. 在旧车市场，如果买方和卖方都不拥有关于车辆质量的信息，是否还存在市场失灵？此时的市场均衡与不对称信息下的市场均衡有何区别？

8. 逆向选择和道德风险都是在保险市场发生的问题。这两个概念是针对同一个问题、两个不同且相互排斥的问题还是不同但可能同时出现的问题？请解释。

9. 假定即便在没有接受教育的情况下，也依然有 40%的高能力者，每个人的边际产出的贴现值为 200 000 美元。这些高能力者接受大学教育的成本的现值为 40 000 美元。剩下的 60%为低能力者，边际产出的贴现值为 120 000 美元。低能力者接受大学教育的成本的现值为 90 000 美元。雇主无法辨别谁是高能力者，但是雇员自己知道。

a. 在均衡时，支付给接受过大学教育者的工资的贴现值为多少？没有接受过大学教育者呢？请解释。

b. 假设高能力者接受大学教育的成本大幅提高到 100 000 美元，低能力者提高到 140 000 美元。支付给接受过大学教育者的工资的贴现值为多少？没有接受过大学教育者呢？请解释。

10. 雇员团体健康险通常比个人险的保险费要低很多。而汽车团体险与个人险的保险费差额不大。各州的法律要求个人必须购买一些汽车险。借助这两个例子，解释团体险与个人险的相对价格。

11. 解释为什么道德风险问题对汽车保险市场的影响比对航空保险（当飞机失事时提供人身险）市场的影响大。

12. 假设每个汽车租赁者都有一条关于汽车行驶里程的需求曲线，如图 17.1 所示。汽车租赁公司提供汽车的成本为 30 美元/天的固定成本加上 0.25 美元/英里。假设汽车租赁市场是完全竞争的。

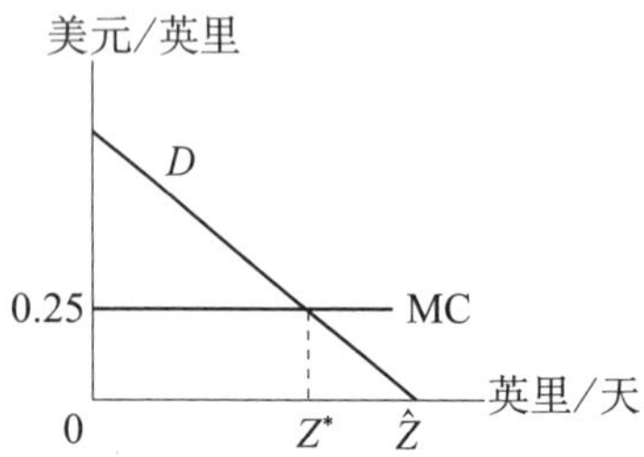

图 17.1

a. 当汽车租赁公司能够衡量汽车行驶的里程（每天的价格和每英里的价格）时，汽车租赁合同的均衡价格是多少？

b. 在一个社区里，一个汽车租赁公司在过去曾被抓住对计程器做手脚。结果，为了保护消费者的利益，当地政府通过了一项消费者保护法规，规定汽车租赁公司不能按照行驶里程收费。此时，均衡的日租赁价是多少？

c. 由于不能按照行驶里程收费而造成的净福利损失是多少？

自测题

13. 在租赁汽车时，汽车租赁公司会卖给你一个免责证书，使你免于在汽车因碰撞而毁坏时赔偿。与其他类型的汽车保险相比，免责证书的费用很高。一个可能的解释是：

a. 道德风险问题更加严重。

b. 逆向选择问题更加严重。

c. 修理租赁的汽车花费更高。

d. a 和 c。

e. b 和 c。

14. 在下列哪种情况下，生产商不愿意提供质量保证？

a. 消费者的错误使用不可监测，却会导致产品损坏。

b. 它的产品比其竞争对手的产品质量更高。

c. 它的产品比其竞争对手的产品质量更低。

d. a 和 b。

e. a 和 c。

15. 其他情况相同，你更愿意从谁那里购买二手车？

a. 准备换新车的人。

b. 业余汽车机械师。

c. 刚刚拿到博士学位，准备回归祖国的学生。

d. 准备购买一辆其他二手车的家庭。

e. a 或者 d。

16. 教育的信号传递模型在下列哪种情况下失效？

a. 学校里学到的技能在就业中有用。

b. 不同能力的人接受教育的成本是相同的。

c. 教育者不知道其自身的能力。

d. b 和 c。

e. a、b 和 c。

17. 效率工资理论说明：

a. 向工人支付最低工资更有效率。

b. 高工资能够防止工人偷懒。

c. 高工资工人更不害怕失业。

d. 不能按照边际产出支付工人工资。

e. 以上选项都不正确。

18. 大部分家庭要经常购买衣服洗涤剂。我们可以将质量更高的产品做更多的广告看作______的例子。

a. 逆向选择
b. 道德风险
c. 市场信号传递
d. 委托-代理问题
e. 以上选项都不正确

19. 下面哪个选项是逆向选择问题的最佳示例?
a. 消费者购买了一台割草机，发现它并没有广告里说的那么好。
b. 购买了火灾保险的酒店所有者放火烧酒店。
c. 风险厌恶者购买超过他们需要的保险。
d. 不健康的人更愿意购买健康险。
e. 只有高质量厂商提供质量保证。

20. 在曼彻斯特，共有100辆待售的二手车。低质量车车主对车的估价为4 000美元，高质量车车主对车的估价为8 000美元。买主相信50%的车为柠檬车（次品，或低质量车）。共有100个买主，他们对低质量车的估价为5 000美元，对高质量车的估价为10 000美元。买主意愿的出价是市场所销售汽车的平均质量的函数。就长期而言，我们可以得出如下结论：
a. 买主出价7 500美元，只有低质量车销售。
b. 买主出价7 500美元，两种类型的车都销售。
c. 买主出价5 000美元，只有低质量车销售。
d. 买主出价10 000美元，两种类型的车都销售。
e. 买主出价10 000美元，只有高质量车销售。

21. 下列哪个行业做全国广告的品牌的市场份额最大？
a. 管道承包商。
b. 瓶装奶。
c. 旅馆。
d. 半正式礼服租赁。
e. 以上选项都不正确。

22. 给予上市公司经理长期股票期权：
a. 让个人财富很少的经理在公司中拥有更多的利益。
b. 使经理与股东的利益紧密相连。
c. 激励公司经理不要只关注短期利益。
d. b和c。
e. a、b和c。

23. 无条件退货政策对于一个电子订货邮购服装厂商而言：
a. 可作为厂商向消费者发送的信号。
b. 减少了消费者对于产品质量的不确定性。
c. 对新进入者的影响较小。
d. a和b。
e. a、b和c。

24. 很多州要求车主购买责任险。对于保险公司而言，这可能减轻：
a. 道德风险问题。
b. 逆向选择问题。
c. 委托-代理问题。
d. 以上选项都正确。
e. 以上选项都不正确。

第17章答案

练习答案

1. a. 在本题中，在未来的雇主萨姆和目前的雇主哈里之间存在信息不对称。无论萨姆给伯特多好的待遇，只要伯特至少值萨姆所开出的工资，哈里就会提出反要约。如果伯特得到了反要约，他就会留下。只有当未来的雇主高估伯特的价值时，伯特才会离开。

b. 如果存在反要约时伯特绝不离开，并且所有厂商对工人的估价是一样的，那么目前已拥有工作的人不会得到任何工作要约。这个结论显然太强了——但是未来的雇主要小心：由于现在的雇主能够提出反要约，因此他们有更高的概率雇用到低能力的员工。

2. a. 高质量音响所占的市场份额比完全信息下的少。这是柠檬问题的直接应用。

 b. 购买音响设备的问题在于，买方必须试听以判断质量。所以，很多商店都把音响插上电源以方便买方测试。同样，诸如《消费者报告》之类的出版物在进行了广泛的测试之后，也会对音响设备进行排名（包括音质、持久性、方便程度等）。买方可以借助排名来缓解不对称信息问题。

3. 如果教育作为一种信号，则更高的教育程度意味着能力更强。当平均教育水平上升时，为了显示相对能力，人们需要接受更高程度的教育。所以，如果更多的人拥有大学学历，高能力者就需要更高的学历以显示其能力，从而会有更多的学生拿到MBA学位。

4. 考虑到健康护理的成本，在乔的例子中，健康险的道德风险问题依然存在。在没有保险的情况下，如果你的家庭医生告诉你，心脏搭桥手术、改变饮食和锻炼都能够治愈你的病，你可能会选择后者。如果你的保险包含了所有的手术费用，你可能会选择手术。

 购买保险意味着你更愿意接受昂贵的药物治疗，而不是等着看症状是否会变化。所以，投保人花费的成本与未投保人花费的成本不同，即使两种类型的人都不喜欢生病。

5. a. 固定工资无法激励经理追求所有者的利润最大化目标。

 b. 这一机制能提供有效的激励，但也会增加经理承担的风险。如果企业是风险中性的而经理是风险厌恶的，由企业承担风险会更好。

 c. 分红计划可能有效。固定工资为经理提供了保险保证，而收益分享制度也激励了经理努力工作以增加企业的利润。

6. 如果所有厂商都提高工资水平，但又不能提高价格以弥补增加的成本，那么它们就只好减少员工数量。这意味着失业率会上升，反过来员工也会因此降低偷懒的概率，因为长期失业的风险很高。

习题集答案

7. 如果谁都不知道待售汽车的质量，那么买方和卖方都基于平均质量出价。各种质量的汽车都在市场上出售，从而没有市场失灵。（风险厌恶可能会在某种程度上减少需求，但依然是有效率的。）不对称信息下的市场均衡因信息不对称的程度而明显不同。如果信息不对称情况很严重，又没有“柠檬法则”和质量保证以保护消费者，则市场可能会失灵。

8. 当个人在获得保险后改变其行为时，就会出现道德风险。逆向选择是指个人根据其对自身风险类型的判断决定保险选择。这是两个不同的问题。在健康险中，两个问题可能同时出现。

9. a. 因为人群中的40%是高能力者，平均每个人的边际产出的期望贴现值为0.40×200 000＋0.60×120 000＝152 000(美元)。如果没有人上大学，雇主愿意向每个人支付的贴现值为152 000美元。给定高能力者接受大学教育的成本为40 000美元，并且他们都去上大学，因为雇主将给他们200 000美元，所以接受教育的收益为200 000－40 000－152 000＝8 000(美元)。低能力者的收益为120 000美元，但是他们不愿意花费90 000美元去赚80 000美元。所以，在这里，教育是强信号。

 b. 此时，两组人接受教育的成本都太高了，所以没有人上大学，每个人获得的期望贴现值为 152 000 美元。

10. 由于所有驾驶员都要购买汽车险，所以保险公司不必像健康险那样担心逆向选择问题。团体险能够把风险高的人和风险低的人各自聚集到一起，从而减少了保险人面临的逆向选择问题。但是就汽车险而言，这个问题是次要的，因为汽车团体险的折扣很低。另外一种可能是，雇佣是与健康状况而不是与驾驶水平相关的。即使事实的确如此，保险公司依然会根据被保险人的职位来确定个人险的保险费水平。

11. 当被保险人能够影响其投保的事件发生的概率时，就会产生道德风险。与飞机失事相比，个人对车祸的影响更大，所以，车险公司更担心道德风险问题。

12. a. 因为所有公司的成本都相同，汽车租赁的价格等于成本，所以，租赁者支付 30 美元/天的固定成本加上 0.25 美元/英里。

b. 由于不能根据行驶里程收取费用，每个租赁者每天将行驶 $\hat{Z}$ 英里。由于租赁价格必须超过成本，所以租赁者应该支付（$30+0.25\hat{Z}$）美元。

c. 如图 17A.1 所示，汽车租赁者愿意为超过 Z^* 英里的部分支付的价格低于成本。与行驶里程可以被观察到的情形相比，此时消费者剩余减少了，但是汽车租赁者依然愿意租赁汽车（因为消费者剩余依然为正）。

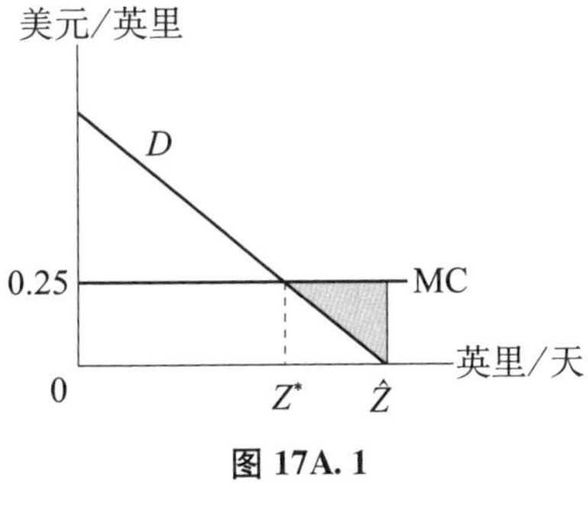

图 17A.1

自测题答案

13. d. 如果不是你的汽车，你可能不会很小心（道德风险）。同样，由于当租赁汽车时，所有人都能够购买这类保险，可能只有不安全的驾驶者才会选择购买保险（逆向选择）。

14. e. 选项 b 是唯一使得质量保证成为一个强信号的因素。如果消费者能够影响损坏的概率，生产商提供质量保证就会面临道德风险问题。

15. c. 拥有博士学位的学生是唯一不会选择性地出售汽车的人，正因为如此，他出售的汽车可能是高质量的。

16. d. 为了成功发送信号，选项 b 和 c 的反面必须成立。如果 a 是正确的，教育就能够作为一个信号使用，但是成本更低。

17. b. 效率工资理论认为高工资要么吸引高能力工人，要么使得工人更努力地工作。

18. c. 高质量的洗涤剂会有更多的回头客，所以广告对他们的价值更大。

19. d. 注意选项 b 是道德风险的例子，选项 e 是信号传递的例子。

20. c. 如果所有二手车都在市场销售，从买主的角度来看，一辆车的期望价值等于 0.5×5 000+0.5×10 000=7 500（美元）。由于买主最初的意愿支付少于 8 000 美元，只有低质量车销售。但是如果只有低质量车销售，买主就只愿意支付 5 000 美元。所以，我们的结论是，在长期只有低质量车销售。

21. c. 所有这些行业中的厂商都有建立质量声誉的需要，但只有酒店业才需要向外地消费者进行推销，其他行业只需要在本地做广告，或者口头宣传，所以它们对通过品牌建立声誉的需要更少。

22. e. 股票期权具有上述所有效应。

23. e. 愿意提供更慷慨的退货政策的厂商，

预期消费者对它们产品的满意度更高。所以，该厂商在产品中向其消费者传递信号，以显示其信心，同样，这个信号也可用于减少消费者的不确定性。但是，对于新进入者而言，类似的退货政策的作用较小，因为消费者不能确定该厂商未来的经营状况。

24. b. 当具有最低风险的汽车所有者不购买保险的时候，保险公司面临逆向选择问题。但是，在由于法律约束，具有最低风险的驾驶者必须购买保险的情况下，逆向选择问题消失了。在强制保险的情况下，道德风险问题依然存在。这里没有委托-代理问题，汽车所有者不是保险公司的代理人。

第 18 章

外部性与公共物品

重要概念

- 正外部性和负外部性
- 边际社会成本
- 排污标准
- 排污费
- 可转让排污许可证
- 存量外部性
- 产权
- 科斯定理
- 共有资源
- 公共物品
- 非竞争性
- 非排他性
- “免费搭车者”问题

本章重点

本章考察了竞争性市场中市场失灵的两个原因：外部性和公共物品。外部性指的是，个人的消费或者生产行为影响到了他人的效用或生产可能性结果。如果他人的境况变差了，我们称为负外部性，比如空气污染；如果他人的境况变好了，则称为正外部性，比如种痘。无论在哪种情况下，只要存在外部性，均衡产出就是无效率的，因为社会收益和成本与私人收益和成本不一致。当存在负外部性时，边际社会成本高于边际私人成本。在竞争性市场中，均衡产出是需求和供给（所有厂商边际成本的总和）的交点。但是，此时有效产出水平位于需求和边际社会成本的交点。

社会面临的最重要的负外部性是污染。有三种方法可以解决污染中的市场无效率问题：（1）排污标准在法律上限制了厂商的污染物排放量；（2）排污费类似于对厂商排放的每单位污染物征税；（3）在可转让排污许可证制度下，厂商必须获得排污许可证，同时，排污许可证可以进行交易。

排污费和排污许可证使得厂商把因污染而强加给社会的外部成本内部化了。在充分信息下，污染控制部门可以通过任意一种方法获得有效污染水平。

法律制度同样可以用来规制外部性。产权描述了个人或者企业如何处置其财产的法律规则。如果机场附近的居民有享有安静环境的产权，他们就能阻止飞机噪声的干扰。或者他们能够通过放弃产权，获得补偿。无论谁拥有产权，只要谈判没有成本，就总能达到有效率的结果。这就是所谓的科斯定理。

共有资源指的是任何人都可以免费使用的资源，比如渔场。自由进入意味着个人只需支付其使用资源的私人成本。由于一个人使用资源后，其他人能够使用的资源就减少了，因而私人成本低于社会总成本，因此，自由进入意味着资源使用是无效率的。消除无效率的方法之一是资源的私人所有。这样所有者就有限制进入的激励，并且对使用者导致的外部成本收费。如果私人产权不现实，政府所有也是一种更加合适的方式。

公共物品有两个特征：非竞争性和非排他性。非竞争性意味着向一个额外的消费者提供产品的边际成本为零。非排他性意味着不能排除其他人使用该产品。由于每个人都有机会消费所生产的所有产品，因此，社会愿意为公共物品支付的价格是个人意愿支付的总和。反映消费者意愿支付的总和的公共物品的需求曲线是个人需求曲线的垂直加总（而不是水平加总）。公共物品的有效产出位于加总的需求曲线与边际成本曲线的交点。

由于“免费搭车者”问题的存在，公共物品的供给是不足的。当个人知道他们可以在不支付成本的情况下消费产品时，就会产生“免费搭车者”问题。为了防止“免费搭车者”问题，在私人不能有效提供公共物品的情况下，政府直接提供公共物品或者进行补贴。政府面临的一个问题是应该提供多少公共物品。如果公共物品的水平由多数原则决定，中间选民的支出意愿最有可能成为现实的选择。这种结果同样是无效率的，因为这相当于假定所有投票人的权重是相同的，事实上，不同投票人的偏好强度是不同的。

概念复习和练习

外部性（第 18.1 节）

当一个人的效用函数或者一个厂商的生产函数直接取决于他人的消费或生产行为时，就产生了生产和消费的外部效应。当一方把成本强加给另一方时，就产生了负外部性；当一方的行为使另一方受益时，我们称之为正外部性。

✍ 练习

1. 解释下列各种情况分别属于哪种外部性（可以有多个答案）。

a. 在电梯里吸烟。

b. 在海滩上大声放音乐。

c. 干洗衣服。

d. 种植一个吸引人的花园。

为了分析负的生产外部性，我们可以使用供需图。在图 18.1 中，一个城镇有很多钢铁厂，每个钢铁厂在生产过程中都会排放二氧化硫。钢铁市场是完全竞争的（甚至把所有钢铁厂组成一个集团，仍然不能影响价格）。所以，在市场价格 P' 下，需求曲线是水平的。供给曲线表明了钢铁厂生产一单位钢的边际成本。在没有外部性的情况下，均衡产量为 Q_0。

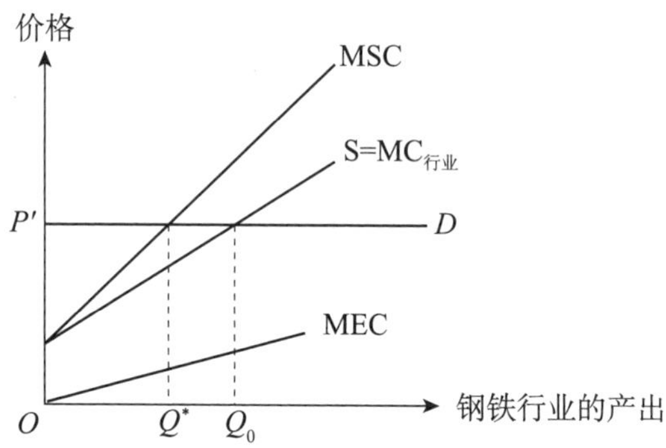

图 18.1

不幸的是，钢铁厂产生了外部性，居民的健康由于二氧化硫的排放而受到了伤害。事实上，每单位产出对居民健康的损害是递增的。由居民额外承担的边际外部成本由图 18.1 中的 MEC 给出。MEC 曲线和 MC 曲线的垂直加总就是生产每一单位钢的边际社会成本（MSC）。有效产出是 Q^*，此时，$P'=$ MSC。可以看到，在存在负外部性的情况下，生产了过多的钢，$Q^*<Q$。

✍ **练习**

2. 当产量为 Q_0 时，效率损失为多少？

当存在正外部性时，我们得到相反的结果。此时，有效产出水平比私人市场提供的产出更高。这是因为个人会根据边际收益等于边际成本来确定产出，即使边际社会收益（MSB）高于边际私人收益。如图 18.2 所示，边际成本不变，市场供给为 Q_0，而有效产出为 Q^*。

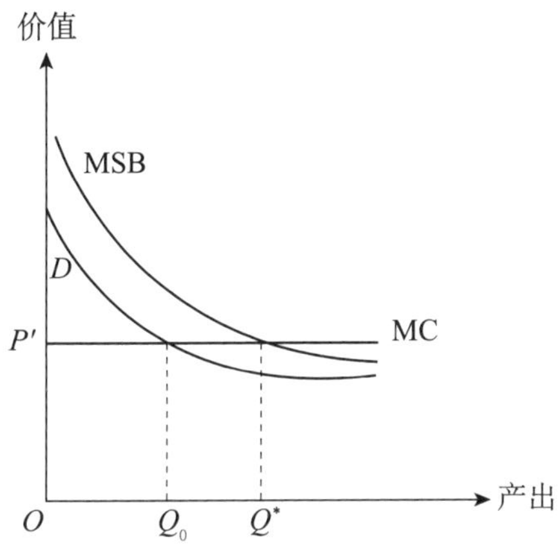

图 18.2

纠正市场失灵的办法（第 18.2 节）

有几种规制手段可以使钢铁厂将产量减少到 Q^*。最简单的就是对产出征税。在图 18.3 中，每单位产出的税率为 t^*，边际成本曲线 MC 向上移动到 MC′。此时，钢铁厂的产量为 Q^*，$P'=\text{MC}'$。由于在 Q^* 点，MC′等于 MSC，价格也等于 MSC，所以，产出是最优的。

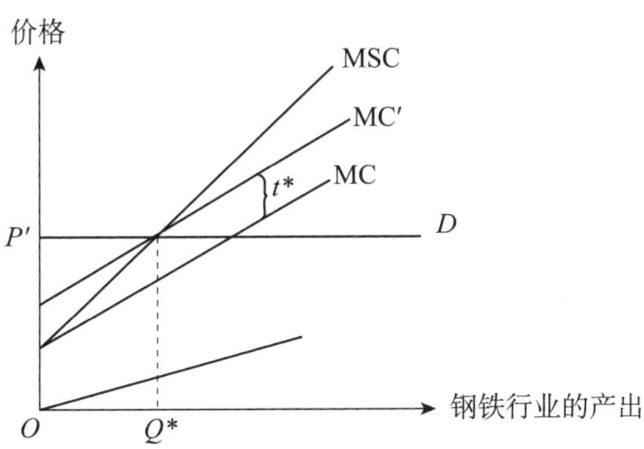

图 18.3

我们还可以分析一些侧重从外部性的基本来源纠正外部性的方法。比如，空气污染是生产某些特定产品的副产品。厂商可以通过两个途径减少排污量：减少产出来间接地减少排污量；直接减少每单位产出的污染。后一种方法意味着寻找一个更加清洁的生产过程，这通常不是成本最低的生产方法。

总的来说，减少排污的边际成本也就是厂商安装污染控制设备的额外成本，它随着排放水平的降低而增加。由于外部性越广泛，它的边际成本就越高，因此，随着排放水平的升高，排污的边际社会成本会增加。图 18.4 显示了排污的边际社会成本（MSC）和减少排污的边际成本（MCA）。当这些边际成本相等时，总成本最小。在 E^* 点，MSC＝MCA，此时，排放水平达到最优。

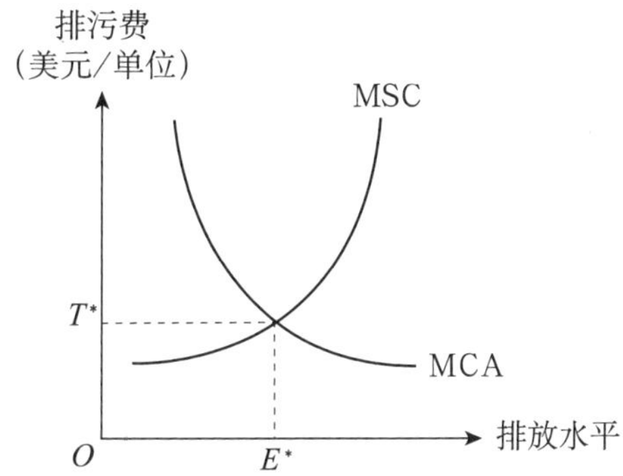

图 18.4

排污标准设定了厂商的最大排放水平。厂商通过安装减污设备达到这一标准。如果这个标准要求厂商的排放水平不超过 $\hat{E}$，它就将排放这么多，除非 $\hat{E}>\bar{E}$，$\bar{E}$ 是没有任何排污规制政策情况下的排放水平。

我们已经描述了对厂商的产出征税如何能够被用来减少外部性。现在我们考虑排污费，它是对每单位排污征收的费用。假定厂商的 MCA 曲线如图 18.4 所示，每单位排污需缴纳费用 T^*，厂商会把排放水平减少到 $\text{MCA}=T^*$ 的点，也就是 E^* 点。如果 MCA 小于排污税，厂商就能通过减少排污获益。如果 MCA 大于税收，增加一单位排污就会增加一单位税收，但是会节省 MCA，所以，厂商通过增加排污可以获益。如果在 E^* 点排污费等于减少排污的边际成本，厂商会将排放水平减少到有效水平。

一般来说，经济学家更喜欢排污费，而不是排污标准。排污费同样能够降低排放水平，而且成本更低。但是，排污费会降低多少排放水平是不确定的，这使得一些国家采用排污标准。

在可转让排污许可证制度下，给每个厂商发放一张排污许可证，并且可以允许厂商出售或购买排污许可证。如果有足够多的厂商和足够多的排污许可证，则会产生一个排污许可证的竞争性市场。在均衡时，排污许可证的价格等于减少排污的边际成本。

存量外部性（第 18.3 节）

一些外部性效应——正的或负的——取决于存量累积而不是流量。一方面，一个正的存量外部性的例子是在研发领域投资时随着时间推移累计而得的知识存量。另一方面，温室气体（GHGs）说明了负的存量外部性问题，因为温室气体在空气中聚集多年是有害的。

给定随着时间推移而变化的存量累积（或消散），应当以等同于厂商计算投资净现值的方式进行政策分析。例如，对于温室气体，社会应当把减少温室气体排放的年成本现值与温室气体存量减少而得到的年收益现值进行比较。正如教材所指出的，该计算对消散率和用于计算而假定的社会贴现率特别敏感。从而，考虑该问题的动态特征，一旦我们考虑了污染类型（它随时间推移而持续地并对未来几代人潜在地造成额外的伤害），社会所面对的这个问题（试图选择污染的“有效”水平）就大大地复杂化了。

外部性与产权（第 18.4 节）

税收和控制外部性的标准设定办法假定被损害的一方不能防止损害的产生。但是，在有些情况下，被损害方能够通过法律途径防止损害的产生。当个人拥有不被污染损害的产权时，排污的厂商和那些遭受污染的人能够就排放水平和相应的补偿标准进行谈判。

如果产权是明确界定的，并且外部性影响到的人不多，就能实现经济效率。如果谈判没有成本，通过讨价还价就能实现帕累托有效产出。科斯定理表明，排污者是否有权排污或者受害者是否有权阻止排污并不重要。如果最优污染水平大于零，各方就会进行谈判以实现最优产出。产权所有者从另一方获得补偿。（如果厂商拥有污染的产权，厂商就能获得对因减少排放而造成的损失的补偿。）

共有资源（第 18.5 节）

共有资源指的是那些任何人都可以免费使用的资源，比如渔场和牧场。每个人都有权使用这些资源，但是不能出售它们的使用权，也不能阻止他人使用。考虑一个供商业渔民使用的湖。每个渔民花费时间和使用工具从湖中捕鱼。从湖中捕获的鱼越多，再捕获一条鱼的成本就越高。所以，如图 18.5 所示，私人成本曲线告诉我们随着已捕获的鱼的数量的变化平均成本如何变化。平均成本是每个渔民实际支付的成本。

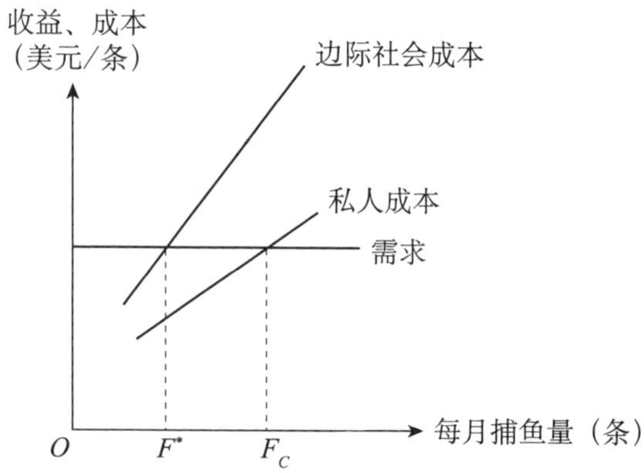

图 18.5

在这个例子中，因为每捕获一条鱼以后，再捕获一条鱼的成本就会增加，因此私人成本不等于社会成本。边际社会成本曲线位于私人成本曲线之上，并且更陡峭。边际社会成本曲线包括所有渔民再捕获一条鱼所增加的成本。鱼的最优捕获量位于边际社会成本曲线和需求曲线的交点 F^* 处。在没有管制的情况下，竞争性均衡由私人成本曲线和需求曲线的交点给出，这是一个零利润、自由进入的均衡。

解决共有资源问题的方法有几种。给予个体所有权、依捕鱼量收取费用、限制每人的捕鱼量都是可行的办法。

✍ **练习**

3. 自由进入（在湖中自由捕鱼）所导致的效率损失是多少？

公共物品（第 18.6 节）

在研究消费者行为时，我们假定商品具有两种基本属性：竞争性和排他性。竞争性意味着如果我消费了一定量的商品，这些商品就不能同时被他人消费。每个人的消费同时减少了他人可得的消费量。排他性意味着我能被阻挡在消费该商品之外。生产者能够要求我为消费商品支付一个价格，否则可以采取法律行动阻止我消费。如果一个商品是竞争性的和排他性的，就被称为纯私人产品。

一些商品是非竞争性的和非排他性的。警察的保护就是一个例子。如果巡逻能够在一定区域内防止抢劫的发生，该区域的所有居民都会受益（这就是非竞争性）。更重要的是，每个人享有警察保护的同时并不妨碍他人同时享有此权利。巡逻减少了所有犯罪行为，而不仅仅是针对部分人的犯罪行为。警察巡逻很难甚至不可能只保护部分居民（这就是非排他性）。如果警察经常在某一区域巡逻，即便他们只为那些付费的人服务，罪犯也不敢擅闯民宅，除非他们清楚地知道哪些居民是受警察保护的。由于警察会追捕所有罪犯，因此所有人都能享受到警察巡逻的收益，不能被排除在外。

一个具有非排他性和非竞争性的商品就是纯公共物品。一些商品是非竞争性的，但却是排他性的；另一些商品是非排他性的，但却是竞争性的，如下题所示。

✍ **练习**

4. 解释下列商品为什么是竞争性的或者非竞争性的，以及为什么是排他性的或者非排他性的：

a. 广播电视。

b. 有线电视。

c. 海滩。

d. 渔场。

如果一个商品是非竞争性的，每个人都能从该商品的生产中获益。如图 18.6 所示，图中给出了三个人对警察保护的需求。需求量是巡逻时间，单位是人·时。艾伯特愿意以 6 美元/小时的价格获得 5 小时的巡逻，波尼斯愿意支付的价格是 3 美元/小时，卡罗尔愿意支付的价格是 7 美元/小时。由于每个人都能从 5 小时的巡逻时间中获益，总共愿意支付 16 美元/小时。换句话说，公共物品的市场需求曲线等于个人需求曲线的垂直加总。

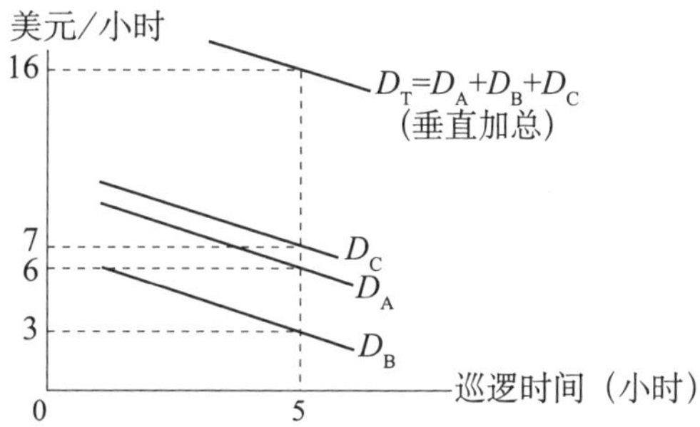

图 18.6

公共物品的有效产出位于市场需求曲线和边际成本曲线的交点。此时，所有消费者的意愿支付总额等于最后一单位产品的成本。

✍ **练习**

5. 在图 18.6 中，假定卡罗尔离开了社区，只剩下另外两人。此时，边际支付意愿是多少？

习题集

6. 评论以下内容：当存在正外部性时，政府没有必要干预，因为正外部性对他人不会造成损害。

7. 比较对导致污染的产品征税和直接对作为副产品的污染征税的效应。

8. 在可转让排污许可证制度下，厂商必须得到排污许可证。如果一个厂商的排放水平低于许可排放水平，它可以将剩下的许可证卖给那些许可证不足的厂商。

 请评论：许可证制度比排污标准和排污费有优势，所以它是最佳的污染控制方法。

9. 为什么最优污染水平不等于零？

10. a. 最初，生产高温塑料杯的边际成本固定为 4 美元/单位，市场需求曲线为 $P=22-Q$。此时，行业产量为多少？消费者剩余和生产者剩余各为多少？

 b. 该产业会产生空气污染。污染的边际外部成本函数为 $MEC=0.2Q$。根据效率观点（比如，社会的观点），应该生产多少高温塑料杯？

 c. 环境保护当局关心污染问题，要求该产业采用一种新的、污染更少的生产技术，该生产技术会使得生产的边际成本增加到 MC=10 美元/单位。给定这种新技术，该行业会生产多少？此时的消费者剩余和生产者剩余又是多少？

 d. 通过 c 来回答 a。

 e. 一个咨询公司估计使用减少污染的新技术的总收益为 80 美元，减少污染是否还值得？

11. 地方环保部门对厂商排放的废弃物征收排污费 30 美元/吨，厂商减少排污的边际成本曲线如图 18.7 所示。

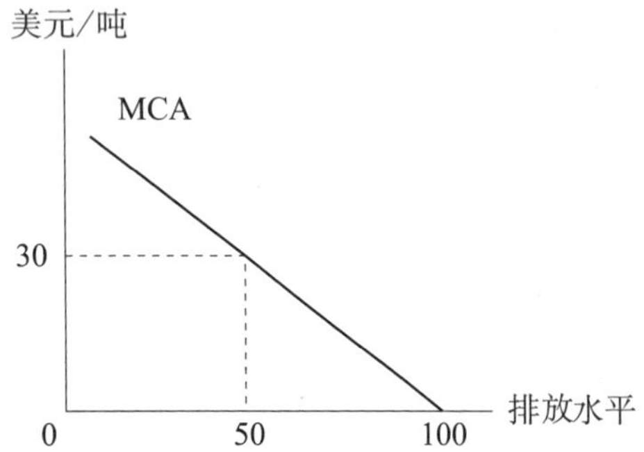

图 18.7

 a. 厂商的排放水平为多少？需要支付的排污费为多少？

 b. 如果只有排放水平超过了 40 吨才会被征收排污费，排放水平是多少？排污费是多少？解释厂商的决定。

自测题

12. 下列选项中哪些是负外部性的示例？

 a. 一个电子厂排放废液，这些液体最终流入水中。

 b. 我在前院种植了一个很吸引人的花坛。

 c. 美国对于花生的配额政策使得国内花生油的价格上升。

 d. a 和 b。

 e. a 和 c。

13. 在图 18.8 中，哪一部分是负外部性造成的效率损失？

 a. cgj。

 b. gdk。

 c. cag。

 d. $efgjh$。

 e. 以上选项都不正确。

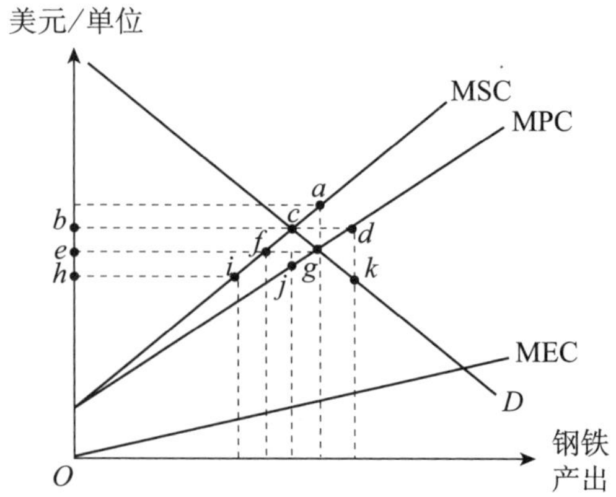

图 18.8

14. 在排污费制度下，厂商的最大污染量：

 a. 对应于排污费等于 MSC。

 b. 对应于排污费等于产品价格。

 c. 对应于排污费等于 MCA。

 d. 等于 0，因为厂商必须为污染付费。

e. 以上选项都不正确。

15. 排污标准比排污费更好，如果满足：

a. 减少污染的成本和收益都不清楚。

b. MSC 曲线比 MCA 曲线陡峭。

c. MSC 曲线比 MCA 曲线平坦。

d. a 和 b。

e. a 和 c。

16. 如果波当克机场允许飞机晚间起飞和着陆，与没有飞机起飞和着陆相比，机场附近的 40 户居民每户损失了 3 000 美元。假定居民拥有阻止晚间噪声的产权，居民和机场之间谈判的结果是：

a. 除非每户居民支付给机场 3 000 美元，否则飞机会继续晚间飞行。

b. 除非机场支付给居民 120 000 美元，否则飞机不被允许晚间飞行。

c. 如果晚间飞行的贴现值大于 120 000 美元，飞机就继续晚间飞行。

d. a 和 c。

e. b 和 c。

17. 对于共有资源而言，有效产出是______，自由进入均衡产出是______。

a. 私人成本和需求的交点；边际社会成本和需求的交点

b. 边际社会成本和需求的交点；私人成本和需求的交点

c. 私人成本和需求的交点；私人成本和需求的交点

d. 边际社会成本和需求的交点；边际社会成本和需求的交点

e. 以上选项都不正确

18. 纯公共物品是：

a. 竞争性的和排他性的。

b. 非竞争性的和非排他性的。

c. 非竞争性的。

d. 非排他性的。

e. 由政府所有的。

19. 当存在负外部性时，私人市场产出水平：

a. 太低。

b. 太高。

c. 是社会最优的。

d. 是需求和边际社会成本的交点。

e. 是最小化边际外部成本的点。

20. 制造摩丝压力瓶的边际成本为 $MC=2+0.01Q$，但是由于使用压力摩丝破坏了地球的臭氧层，边际社会成本为 $MSC=2+0.5Q$，其中 Q 为每月消耗的摩丝瓶数。摩丝的市场竞争价格是 4 美元/瓶，有效产出是多少？

a. 0。

b. 2。

c. 4。

d. 20。

e. 200。

21. 科斯定理说明：

a. 无论产权如何分配，只要谈判成本为 0，总能实现有效产出。

b. 如果产权被授予负外部性制造方，能够实现有效产出。

c. 当共有资源属于一个人时，能够达到最高效率。

d. 在不完全信息下，排污标准比排污费更有效。

e. 以上选项都不正确。

22. “免费搭车者”问题产生于：

a. 私人成本超过了社会收益。

b. 产品是非竞争性的，但却是排他性的。

c. 产品是非排他性的。

d. 市场产量高于社会最优产量。

e. 市场价格为 0。

23. 押金返还制度：

a. 鼓励原料回收。

b. 应该按照不当处置的外部性来制定返还额。

c. 如果消费者回收的成本更高，返还额就应该更高。

d. 以上选项都正确。

e. 以上选项都不正确。

24. 以下哪一项是正确的？

a. 当存在负的存量外部性时，当前行动导致未来的外部成本。

b. 如果污染物的消散率很高，负的存量

外部性相对来说就不会那么严重。

c. 当存在高的社会贴现率时，对减少排污更有利，这些污染物创造了负的存量外部性。

d. a 和 b。

e. a、b 和 c。

第 18 章答案

练习答案

1. a. 这是负外部性。不吸烟的人受到二手烟的负面影响，而享受不到吸烟的任何好处。

   b. 如果收音机打扰了其他人，就存在负外部性；如果其他人乐意听，就存在正外部性。

   c. 干洗会挥发出化学气味，降低空气质量，所以外部性为负。

   d. 一个吸引人的花园使周围的人感到更加舒适（并且可能提升财产价值），所以外部性为正。

2. 负外部性会引起产量过多，从而导致效率损失。无谓损失等于由 MSC 曲线、D 曲线在 Q^* 与 Q_0 之间围成的三角形，在图 18A.1 中，就是 abc 这个区域。

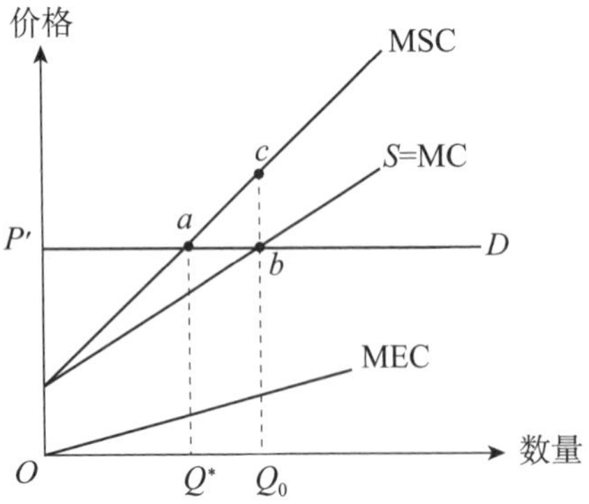

图 18A.1

3. 在图 18.5 中，效率损失等于从 F^* 到 F_C 之间由边际社会成本和需求曲线围成的区域。自由进入导致产量过多。

4. a. 在可视区域内是非竞争性的，在没有信号干扰的时候是非排他性的。

   b. 电缆接入是排他性的。最初的连接是竞争性的，因为每次安装都要使用一些电线，还要挖填电缆。但是安装好了以后，多看一个频道是非竞争性的。

   c. 海滩受拥挤程度的约束，所以是竞争性的。人们进入海滩需要得到许可，所以也是排他性的。

   d. 渔场是竞争性的，因为每个渔民对鱼的捕获减少了他人可以捕获的鱼的数量，在现实中排他性的成本非常高昂。

5. 把 D_A 和 D_B 垂直相加，得到当巡逻时间为 5 小时时，$\hat{D}_T=9$。

习题集答案

6. 在图 18.2 中，在 Q_0 与 Q^* 之间由 MSB 曲线与 D 曲线围成的区域就是效率损失。生产的产品太少了。由于没有人会因为消费能够产生外部性的产品而受损，看起来我们不需要担心什么，但是净社会收益低于社会最优水平。在正外部性下，由于各谈判方的福利都能得到改善，所以协议比较容易达成。相反，污染者则会因为规制而遭受损失。

7. 在产品税下，污染厂商唯一的反应是减少产出。在排污费（税）制度下，污染厂商能够通过减少产量或者（和）采用高成本、低污染的生产技术减少税收。

8. 在可转让排污许可证制度下，即便只能大概知道成本和收益，污染控制当局也能够确定污染量。教材中的图 18.7 展示了那些使用污染标准更好的情况。在有很多污染源的情况下，每个厂商都需要知道规制者规定的最大许可排放水平。此时，设定排污标准是非常困难的。在可转让排污许可证制度下，厂商可以互相交易许可证，所以在边际处，每个厂商的 MCA 相等。此时，对社会而言，减少排污的成本最低。

9. 如果规制者设立了零污染水平，我们就会失去很多商品。只要我们想消费这些商品，就会产生污染。最优污染水平应该能够平衡污染对环境的破坏和消费者消费商品所得到的效用。想象一下，如果世界没有以石油为动力的运输系统、没有火电和核电会是什么样子。

10. a. 令 P＝MC，或者 22－Q＝4，这意味着 Q＝18。CS＋PS＝0.5×18×18＋0＝162(美元)。(由于 MC 曲线是水平的，所以 PS＝0。)

b. 令 MSC＝MC＋MEC＝P，或者 4＋0.2Q＝22－Q，得到 Q＝15。

c. 行业产量出现在 P＝MC′或者 22－Q＝10 处，得到 Q＝12。所以，CS＋PS＝0.5×12×12＋0＝72(美元)。

d. 如图 18A.2 所示。

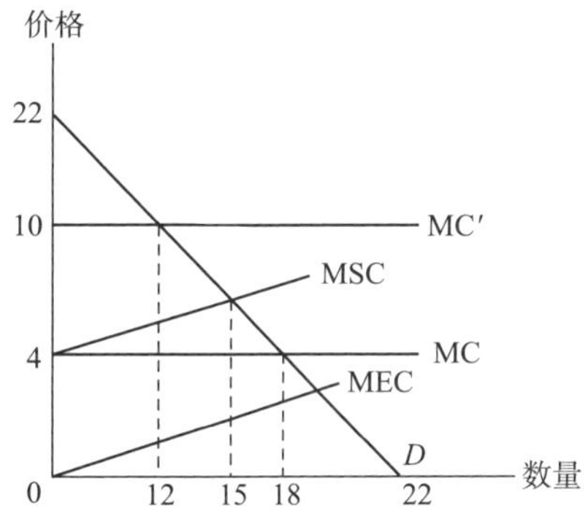

图 18A.2

e. 总收益为 80 美元，损失 CS＝162－72＝90(美元)。所以，对于塑料杯的生产商和消费者来说，减少污染不值得。

11. a. 把排放水平减少至 50 吨，厂商每吨可以节省 30 美元的排污费，在排放水平大于 50 吨的时候，减少排污的边际成本（即图 18A.3 中的 MCA）低于 30 美元/吨。在排放水平为 50 吨时，厂商愿意支付 30 美元/吨的排污费（图 18A.3 中的区域 A 和 B），排污费等于 30×50＝1 500(美元)。

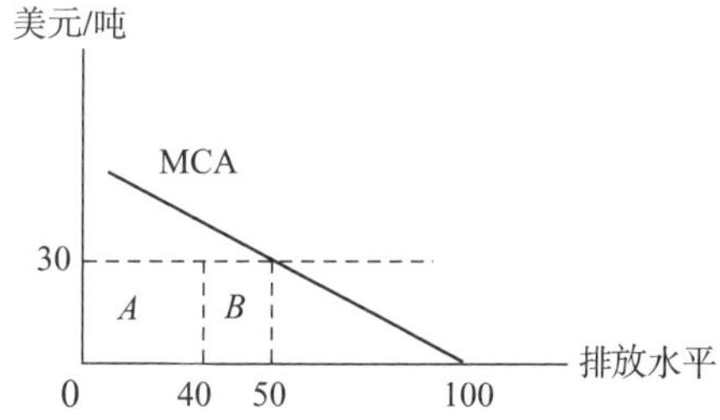

图 18A.3

b. 在图 18A.3 中，虚线给出了厂商的费率。厂商的排放水平依然会减少至 50 吨，但是此时仅仅需要支付 10 吨排污量每吨 30 美元的费用，排污费等于 30×10＝300(美元)(区域 B)。在这两种情况下，厂商的排放水平都会减少至 MCA 等于费率为止。

自测题答案

12. a. 选项 b 是正外部性的例子，选项 c 给出了投入品价格上升的效应。

13. c. 社会效率均衡位于 c 点，市场均衡位于 g 点。产量过剩导致的效率损失为 cag。

14. c. 只要减少排污的边际成本（MCA）小于排污费，厂商就会减少排放水平。如果 MCA 大于费率，厂商应该支付排污费，而不是减少排污。

15. d. 当边际社会成本（MSC）曲线比 MCA 曲线陡峭得多时，不减污的成本很高。(很陡的 MSC 曲线意味着高排污的代价高昂。)如果设立排污标准比排污费的误差更小，社会更倾向于设定排污标准。注意，虽然在设定排污标准情形下排污水平更加确定，但是各个厂商的减污成本反而更加不确定了。

16. e. 结果取决于飞机晚间飞行对机场的价值。

17. b. 私人成本决定了自由进入的结果，社会成本决定了社会最优结果。

18. b. 这两个条件都是公共物品定义的组成部分。

19. b. 私人产出水平太高了，因为产生负外部性的各方没有考虑强加给消费者和生产者的额外成本。

20. c. 令 MSC＝P，得到 $Q=4$。

21. a. 科斯定理如下：如果没有谈判成本，无论产权如何界定，结果都是有效率的。

22. c. 当产品是非排他性的时，人们就会有“免费搭车”的倾向，希望免费得到好处。

23. d. 押金应该为降低与处置报废的边际社会成本相关的边际私人成本服务。选项 b 与报废的 MSC 相关，而选项 c 与边际（净）私人成本相关。

24. d. 选项 c 是错的，因为更高的贴现率会降低减少排污的贴现值。

第19章 行为经济学

重要概念

- 行为经济学
- 参照点
- 禀赋效应
- 损失厌恶
- 经验法则
- 锚定
- 过度自信
- 泡沫

本章重点

消费者行为理论是理解和分析有关消费者决策的许多问题的一种有力工具。不过，消费者偏好非常复杂，仍有许多方面是基本理论无法解释的。消费者需求理论有三个基本假设：消费者对于各类商品组合有确切的偏好；消费者面对预算约束；给定偏好、有限的收入以及不同商品的价格，消费者选择最大化其满足（或效用）的商品组合。本章从这三个假设不符合现实的情形出发。

心理学和社会学的研究将这一情形解释为参照点。参照点理论认为，一个消费决策最初的环境或初始点可能影响这一消费决策。参照点可能依赖于过去的决策和（或）对未来的预期。本章包括一系列不同类型的参照点。例如，一些研究表明，人们在评价商品和服务的价值时存在一种禀赋效应：人们对于他们已经拥有（即被赋予）的东西的评价高于他们不拥有时。另外几种效应包括：损失厌恶——相对于获得收益，人们更倾向于避免损失；框架效应——消费选择依赖于选择问题的描述框架；凸显性——对商品的一种或多种特征感知到的重要性。

与我们把需求和供给的基本模型修改为包含一些风险因素类似，我们也会把决策中的如公平之类的特定特征引入消费者行为基本模型之中。例如，如果人们的公平观念影响他们的最大支付意愿，那么我们的模型修正后依然适用。

我们运用各种方式来解决复杂的决策。一种方式被称为“经验法则”，它以文化、行业及社会规范为基础，或者以个人经验为基础。这些旨在迅速、轻松地做出决策的经验法则可能会导致一些偏见（或称偏差）。一种偏见被称为锚定——决策的环境可能影响消费者的最终决策。另一种偏见被称为小数定律，指人们依照对某事件的最近经历或新闻来形成推断，从而过高估计这一事件发生的概率。小数定律与我们使用主观概率（对某事件发生概率的主观估计）作为决策的基础有关。因此，小数定律也与过度自信和过度乐观（例如，我们总是认为自己的驾驶技术高于平均水平）的现象有关。

本章总结了行为经济学的两类广泛应用。第一类应用是理解泡沫，如股票市场泡沫和房地产泡沫，此时价格的上升基础是人们对价格会继续上升的信念。第二类应用广泛地存在于公共政策设计领域：如果说理解人类决策过程有助于我们更好地预测消费决策，那么它也有助于政策制定者为了达到各类社会目标而进行的特定政策的设计（例如，能源消费政策）。

概念复习和练习

参照点与消费者偏好（第 19.1 节）

通过考察实际消费者行为偏离传统效用理论的情形，行为经济学加深了我们对于消费者行为的理解。例如，心理学家和社会学家发现，消费者对于商品或服务的主观估价可能依赖于决策的环境。此时，个人可能更关心类似于相对收入的参照点，而不是绝对收入（例如，你可能更关心与你的邻居进行比较，而不是你实际的货币收入或财富）。禀赋效应是影响我们日常决策的重要参照点。当人们受禀赋效应影响时，他们会在拥有一个商品（拥有商品的产权）时估值更高。换句话说，他们在出售商品时会设定一个比最初购买时更高的价格。还有其他超越传统模型的复杂的消费者理论，例如损失厌恶：相对于获得收益，决策者更倾向于避免损失。此类对于经济学家标准模型的调整丰富了我们对于消费者行为和消费的理解，有助于我们做出更好的预测。

✍ **练习**

1. 许多大学的学生可以以比一般体育迷更低的价格购买体育赛事的门票。虽然所有的大学都会采取措施来避免套利行为的发生，但是仍然无法完全杜绝套利行为，学生有时还是会把票卖给非学生。假设一个学生花费 50 美元购买其学校足球季后赛门票，而类似座位的门票在在线票务门户 StubHub 上的售价为 200 美元。如果学生只愿意以 75 美元购买门票，但却不愿意在票务网站出售门票，那么请用禀赋效应解释学生的行为。

经验法则与决策中的偏见（第 19.3 节）

当决策特别复杂时，消费者可以采取一种经验法则或锚定效应，此时一些想到的信息可能影响消费者的决策。经验法则在消费者日常决策中非常常见，例如我们是不是在线上购物时会忽略运费的确切计算。这也会被经理和高管利用来制定复杂的定价策略。例如，采取行业规范中的特定加成比例（如 20%）。

过度自信是另一个著名的现象，大多数人会陷入其中，并影响到消费者和商业决策。已经证明，无论是对于类似开车等日常活动，估计完成一项任务所需的时间，还是我们作为经理和决策者时的商业敏锐度，我们都有高估自己能力的倾向（或至少高估与他人相比的技术水平）。下一个例子经常出现在高管们评估兼并决策时：即使高管们知道待收购的目标企业境况堪忧，甚至听说过很多关于两个企业在文化上存在极大冲突的传闻，他们依旧倾向于相信他们可以成功完成兼并，并为股东创造价值。此类对于经济学家标准模型的调整丰富了我们对于消费者行为和消费的理解，有助于我们做出更好的预测。

✍ **练习**

2. 许多慈善机构根据个人以前的捐赠量身定制它们的邀请。大学毕业生会收到母校根据校友名录寄送的邮件，每个校友的邮件中都会列出几个固定的捐赠金额以及“其他”作为选项。如果某校友前一年捐赠了 500 美元，那么他收到的邮件中的选项为：750 美元、1 000 美元、2 000 美元以及其他。如果一个校友前一年捐赠了 1 500 美元，那么他收到的邮件中的选项为：2 000 美元、2 500 美元、5 000 美元以及其他。这个例子是否可以理解为对决策过程中的锚定效应的利用？为什么？

3. 行为经济学的一个复杂之处在于消费者可能知道他们在决策时存在偏见。因此，一些消费者可以选择去影响自己未来的决策。考虑你去健身房的决策。如果每次费用为 12 美元，你一个月会去几次？如果每月费用为 70 美元，你一个月会去几次？（提示：考虑一下两个选项的预算线。）如果你可以在两者间做个选择，哪一项能促使你更多地去健身房？这里的比较与教材中的例 19.4 之间有何区别？

泡沫（第 19.4 节）

若一种商品或股票的价格持续上涨，人们就会形成价格会持续上涨的信念。这种信念如果促使消费者或投资者持续购买，则投机或市场泡沫就出现了，比如 20 世纪 90 年代末的互联网泡沫。因此，对未来价格的预期在创造泡沫中发挥了重要作用。人们在购买决策中忽视了市场或资本的基本面。正如教材中所指出的，非理性行为可能是泡沫产生的原因：人们相信自己可以预测价格由升到降的时点，并在此之前退出市场，但是实际上没有人知道泡沫何时会破裂。

✍ **练习**

4. 因为水力压裂技术提高了石油和天然气的开采量，北达科他州近年经历了快速的经济增长。你认为北达科他州的房价上升是泡沫吗？

习题集

5. 教材中的例 19.3 讨论了过度自信在消费者的信用卡使用行为中的作用。经济学家很久以前就确信，信用卡利率高于其他利率。假设消费者对于自己保证财务平衡（因此，不会失去财务平衡而付利息）的能力过度自信，使用信用卡只是为了便利。信用卡发卡行相互竞争新客户，邮寄新卡给消费者。以下哪一种新卡会被消费者选择：一种卡相对利率较高，但有更多机会赚取飞行常客里程和其他奖励；另一种卡利率更低，但没有其他附加优惠？你的选择是否可以解释信用卡竞争为何较少导致利率降低？

6. 许多消费类电子产品商店提供电子产品（如电视机、打印机等）的质保服务。对于许多质保购买者，更换产品的成本只占他们个人收入的很小比例。而且，这些质保服务与预期的货币损失相比通常昂贵得多。从行为经济学角度出发，决策中的什么因素可以解释那么多消费者购买质保服务？

自测题

7. 以下哪项是损失厌恶的例子？

a. 现有住房价格随着高销售量迅速攀升，但随着低销售量仅缓慢下滑。

b. 投资者选择不去购买可能变得不具投资价值的风险型股票。

c. 消费者通常等到贷款还清时才购买新车，即使他们必须为开旧车支付维修费用。

d. a 和 b。

e. a 和 c。

8. 美国的许多企业通过 401(k) 计划为员工提供养老储蓄机会，该计划与其他类型储蓄相比有税收优势。大多数企业允许新员工选择将其总收入的一个比例储蓄到该计划中（这一比例不得高于联邦所得税制度规定的最高水平）。如果员工不做选择，则不加入该计划。一些企业提供相同的一系列选择给员工，但是默认选项（如果不做选择）是将总收入的 3%

投入该计划。如果此时更多的员工按照3%的默认选项加入401(k)计划，那么员工的行为是______的例子？

a. 过度自信
b. 框架效应
c. 损失厌恶
d. 以上选项都正确
e. 以上选项都不正确

9. 在上一题中，企业使用3%的默认选项是______的例子？

a. 家长式管理
b. 剥削
c. 支付效率工资
d. 助推（nudge）
e. 以上选项都不正确

10. 许多零售商为耐用品提供延期质保。例如，如果你在一个电器零售店购买了一个电脑显示器，你可能被提供机会来购买一个三年期质保，尽管生产厂家只提供6个月的质保。研究发现，这些质保实际上是非常昂贵的保险。购买这些质保的消费者呈现了哪种类型的偏见？

a. 禀赋效应。
b. 损失厌恶。
c. 经验法则。
d. 过度自信。
e. 以上选项都不正确。

11. 信息片段会导致什么？

a. 资产价格中的锚定。
b. 最高限价。
c. 资产市场中的泡沫。
d. 道德风险。
e. 以上选项都不正确。

12. 2006年之后房产泡沫的结束对于整体经济的影响比其他泡沫破裂的影响要大得多，为什么？

a. 住房是家庭的必需品。
b. 买房需要通过贷款完成。
c. 住房是耐用品。
d. 其他国家的住房价格也大约在同时下滑。
e. 以上选项都正确。

第19章答案

练习答案

1. 一旦他购买到了门票（价值高于他付出的价格50美元），他就会赋予这张门票比意愿支出75美元更高的价值。获得门票改变了其对于门票价值的主观评价，这就是禀赋效应的例子。

2. 这是锚定效应的例子。通过只列出比个人之前捐款额稍高的几个建议数额，大学可以尝试将校友的决策锚定到一个更高的捐款额。如果校友没有回忆起他们以前的捐款额，他们可能选择列表中最低的额度。当然，大学正在尝试悄悄地鼓励更多的捐赠。

3. 按月支付意味着多去健身房不会有额外的金钱支出（当然时间成本，包括去健身房的交通成本不变），因此，参照图19A.1，一个消费者按次支付就去健身房G_1次，按月支付就去健身房G_2次。不过，教材的例19.4中的消费者不会增加去健身房的次数从而使得月付计划更合算（他们每月去健身房的次数低于G_3）。与按次支付相比，他们仍然通过购买月付计划增加去健身房的次数。

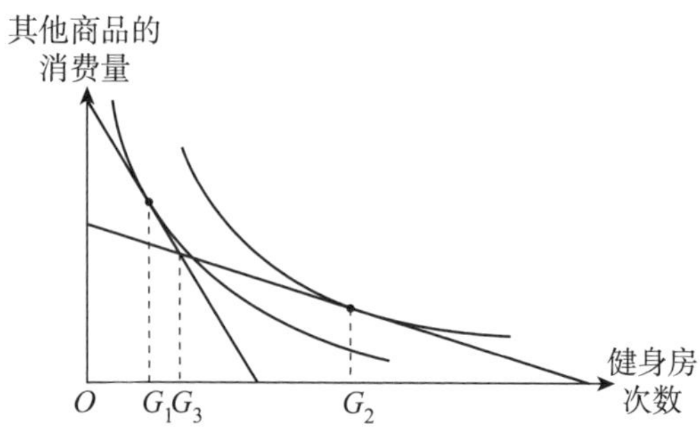

图19A.1

4. 不是泡沫。并非所有资产价格的迅速上升都形成泡沫。在北达科他州住房市场上的投资者可能预期对住房的需求会持续上升。因此，高房价可能来源于需求的正当驱动。不过，如果在产油区附近有足够多的空地（当前就是这样），投资者应该预测到新建住房的增加会抑制房价的过快增长。

习题集答案

5. 过度自信的消费者将只会比较信用卡的附加福利，因为他们不会认为未来会发生利息。如果足够多的消费者选择有附加福利的信用卡，那么竞争将不会很有效地导致利率下降。

6. 几个因素会在这里发挥作用。第一个因素可能是损失厌恶。通过明确告知消费者一个可能的损失，商家鼓励消费者购买质保。第二，当销售员强调设备在厂家质保期之后发生损坏的风险时，销售员就凸显了影响消费者决策的损失因素。两个因素都可以用来解释为什么消费者会为特定的相对较小的损失购买保险，而对很多其他可能的损失视而不见。

自测题答案

7. e. 损失厌恶描述了与资产价值下降相关的行为。

8. b. 将默认选项定为3%使得员工觉得这一选择是正确的。

9. d. 即使企业认为员工应该将3%的收入储存到401(k)计划中，员工也不会被要求这样去做。但是新的默认选项导致员工会做出这样的选择。因此，这是一种影响行为的助推机制。

10. b. 如果显示器被损坏，消费者会聚焦于这一损失，即使重购成本相对于他们面对的许多其他风险来说小得多。

11. c. 当投资者基于其他人的决策进行决策时，泡沫可能会出现。

12. b. 因为购买住房是通过抵押贷款进行的，许多一直期望房价继续上升的业主在房价下降时不会出售房子，最终因丧失抵押品赎回权而失去房屋。而这对银行部门的冲击非常大。

经济科学译丛

序号	书名	作者	Author	单价	出版年份	ISBN
1	平狄克《微观经济学》(第九版)学习指导	乔纳森·汉密尔顿等	Jonathan Hamilton	42.00	2020	978-7-300-28281-7
2	经济地理学:区域和国家一体化	皮埃尔-菲利普·库姆斯等	Pierre-Philippe Combes	56.00	2020	978-7-300-28276-3
3	公共部门经济学(第四版)	约瑟夫·E. 斯蒂格利茨等	Joseph E. Stiglitz	96.00	2020	978-7-300-28218-3
4	递归宏观经济理论(第三版)	拉尔斯·扬奎斯特等	Lars Ljungqvist	128.00	2020	978-7-300-28058-5
5	策略博弈(第四版)	阿维纳什·迪克西特等	Avinash Dixit	85.00	2020	978-7-300-28005-9
6	劳动关系(第10版)	小威廉·H. 霍利等	William H. Holley, Jr.	83.00	2020	978-7-300-25582-8
7	微观经济学(第九版)	罗伯特·S. 平狄克等	Robert S. Pindyck	93.00	2020	978-7-300-26640-4
8	宏观经济学(第十版)	N. 格里高利·曼昆	N. Gregory Mankiw	79.00	2020	978-7-300-27631-1
9	宏观经济学(第九版)	安德鲁·B. 亚伯等	Andrew B. Abel	95.00	2020	978-7-300-27382-2
10	商务经济学(第二版)	克里斯·马尔赫恩等	Chris Mulhearn	56.00	2019	978-7-300-24491-4
11	管理经济学:基于战略的视角(第二版)	蒂莫西·费希尔等	Timothy Fisher	58.00	2019	978-7-300-23886-9
12	投入产出分析:基础与扩展(第二版)	罗纳德·E. 米勒等	Ronald E. Miller	98.00	2019	978-7-300-26845-3
13	宏观经济学:政策与实践(第二版)	弗雷德里克·S. 米什金	Frederic S. Mishkin	89.00	2019	978-7-300-26809-5
14	国际商务:亚洲视角	查尔斯·W. L. 希尔等	Charles W. L. Hill	108.00	2019	978-7-300-26791-3
15	统计学:在经济和管理中的应用(第10版)	杰拉德·凯勒	Gerald Keller	158.00	2019	978-7-300-26771-5
16	经济学精要(第五版)	R. 格伦·哈伯德等	R. Glenn Hubbard	99.00	2019	978-7-300-26561-2
17	环境经济学(第七版)	埃班·古德斯坦等	Eban Goodstein	78.00	2019	978-7-300-23867-8
18	管理者微观经济学	戴维·M. 克雷普斯	David M. Kreps	88.00	2019	978-7-300-22914-0
19	税收与企业经营战略:筹划方法(第五版)	迈伦·S. 斯科尔斯等	Myron S. Scholes	78.00	2018	978-7-300-25999-4
20	美国经济史(第12版)	加里·M. 沃尔顿等	Gary M. Walton	98.00	2018	978-7-300-26473-8
21	组织经济学:经济学分析方法在组织管理上的应用(第五版)	塞特斯·杜玛等	Sytse Douma	62.00	2018	978-7-300-25545-3
22	经济理论的回顾(第五版)	马克·布劳格	Mark Blaug	88.00	2018	978-7-300-26252-9
23	实地实验:设计、分析与解释	艾伦·伯格等	Alan S. Gerber	69.80	2018	978-7-300-26319-9
24	金融学(第二版)	兹维·博迪等	Zvi Bodie	75.00	2018	978-7-300-26134-8
25	空间数据分析:模型、方法与技术	曼弗雷德·M. 费希尔等	Manfred M. Fischer	36.00	2018	978-7-300-25304-6
26	《宏观经济学》(第十二版)学习指导书	鲁迪格·多恩布什等	Rudiger Dornbusch	38.00	2018	978-7-300-26063-1
27	宏观经济学(第四版)	保罗·克鲁格曼等	Paul Krugman	68.00	2018	978-7-300-26068-6
28	计量经济学导论:现代观点(第六版)	杰弗里·M. 伍德里奇	Jeffrey M. Wooldridge	109.00	2018	978-7-300-25914-7
29	经济思想史:伦敦经济学院讲演录	莱昂内尔·罗宾斯	Lionel Robbins	59.80	2018	978-7-300-25258-2
30	空间计量经济学入门——在R中的应用	朱塞佩·阿尔比亚	Giuseppe Arbia	45.00	2018	978-7-300-25458-6
31	克鲁格曼经济学原理(第四版)	保罗·克鲁格曼等	Paul Krugman	88.00	2018	978-7-300-25639-9
32	发展经济学(第七版)	德怀特·H. 波金斯等	Dwight H. Perkins	98.00	2018	978-7-300-25506-4
33	线性与非线性规划(第四版)	戴维·G. 卢恩伯格等	David G. Luenberger	79.80	2018	978-7-300-25391-6
34	产业组织理论	让·梯若尔	Jean Tirole	110.00	2018	978-7-300-25170-7
35	经济学精要(第六版)	巴德、帕金	Bade, Parkin	89.00	2018	978-7-300-24749-6
36	空间计量经济学——空间数据的分位数回归	丹尼尔·P. 麦克米伦	Daniel P. McMillen	30.00	2018	978-7-300-23949-1
37	高级宏观经济学基础(第二版)	本·J. 海德拉	Ben J. Heijdra	88.00	2018	978-7-300-25147-9
38	税收经济学(第二版)	伯纳德·萨拉尼耶	Bernard Salanié	42.00	2018	978-7-300-23866-1
39	国际贸易(第三版)	罗伯特·C. 芬斯特拉	Robert C. Feenstra	73.00	2017	978-7-300-25327-5
40	国际宏观经济学(第三版)	罗伯特·C. 芬斯特拉	Robert C. Feenstra	79.00	2017	978-7-300-25326-8
41	公司治理(第五版)	罗伯特·A. G. 蒙克斯	Robert A. G. Monks	69.80	2017	978-7-300-24972-8
42	国际经济学(第15版)	罗伯特·J. 凯伯	Robert J. Carbaugh	78.00	2017	978-7-300-24844-8
43	经济理论和方法史(第五版)	小罗伯特·B. 埃克伦德等	Robert B. Ekelund. Jr.	88.00	2017	978-7-300-22497-8
44	经济地理学	威廉·P. 安德森	William P. Anderson	59.80	2017	978-7-300-24544-7
45	博弈与信息:博弈论概论(第四版)	艾里克·拉斯穆森	Eric Rasmusen	79.80	2017	978-7-300-24546-1
46	MBA宏观经济学	莫里斯·A. 戴维斯	Morris A. Davis	38.00	2017	978-7-300-24268-2
47	经济学基础(第十六版)	弗兰克·V. 马斯切纳	Frank V. Mastrianna	42.00	2017	978-7-300-22607-1
48	高级微观经济学:选择与竞争性市场	戴维·M. 克雷普斯	David M. Kreps	79.80	2017	978-7-300-23674-2
49	博弈论与机制设计	Y. 内拉哈里	Y. Narahari	69.80	2017	978-7-300-24209-5
50	宏观经济学精要:理解新闻中的经济学(第三版)	彼得·肯尼迪	Peter Kennedy	45.00	2017	978-7-300-21617-
51	宏观经济学(第十二版)	鲁迪格·多恩布什等	Rudiger Dornbusch	69.00	2017	978-7-300-23772-5
52	国际金融与开放宏观经济学:理论、历史与政策	亨德里克·范登伯格	Hendrik Van den Berg	68.00	2016	978-7-300-23380-
53	经济学(微观部分)	达龙·阿西莫格鲁等	Daron Acemoglu	59.00	2016	978-7-300-21786-
54	经济学(宏观部分)	达龙·阿西莫格鲁等	Daron Acemoglu	45.00	2016	978-7-300-21886-
55	发展经济学	热若尔·罗兰	Gérard Roland	79.00	2016	978-7-300-23379-
56	中级微观经济学——直觉思维与数理方法(上下册)	托马斯·J. 内契巴	Thomas J. Nechyba	128.00	2016	978-7-300-22363-
57	环境与自然资源经济学(第十版)	汤姆·蒂坦伯格等	Tom Tietenberg	72.00	2016	978-7-300-22900-
58	劳动经济学基础(第二版)	托马斯·海克拉克等	Thomas Hyclak	65.00	2016	978-7-300-23146-

经济科学译丛

序号	书名	作者	Author	单价	出版年份	ISBN
59	货币金融学(第十一版)	弗雷德里克·S. 米什金	Frederic S. Mishkin	85.00	2016	978-7-300-23001-6
60	动态优化——经济学和管理学中的变分法和最优控制(第二版)	莫顿·I. 凯曼等	Morton I. Kamien	48.00	2016	978-7-300-23167-9
61	用Excel学习中级微观经济学	温贝托·巴雷托	Humberto Barreto	65.00	2016	978-7-300-21628-7
62	国际经济学:理论与政策(第十版)	保罗·R. 克鲁格曼等	Paul R. Krugman	89.00	2016	978-7-300-22710-8
63	国际金融(第十版)	保罗·R. 克鲁格曼等	Paul R. Krugman	55.00	2016	978-7-300-22089-5
64	国际贸易(第十版)	保罗·R. 克鲁格曼等	Paul R. Krugman	42.00	2016	978-7-300-22088-8
65	经济学精要(第3版)	斯坦利·L. 布鲁伊等	Stanley L. Brue	58.00	2016	978-7-300-22301-8
66	经济分析史(第七版)	英格里德·H. 里马	Ingrid H. Rima	72.00	2016	978-7-300-22294-3
67	投资学精要(第九版)	兹维·博迪等	Zvi Bodie	108.00	2016	978-7-300-22236-3
68	环境经济学(第二版)	查尔斯·D. 科尔斯塔德	Charles D. Kolstad	68.00	2016	978-7-300-22255-4
69	MWG《微观经济理论》习题解答	原千晶等	Chiaki Hara	75.00	2016	978-7-300-22306-3
70	现代战略分析(第七版)	罗伯特·M. 格兰特	Robert M. Grant	68.00	2016	978-7-300-17123-4
71	横截面与面板数据的计量经济分析(第二版)	杰弗里·M. 伍德里奇	Jeffrey M. Wooldridge	128.00	2016	978-7-300-21938-7
72	宏观经济学(第十二版)	罗伯特·J. 戈登	Robert J. Gordon	75.00	2016	978-7-300-21978-3
73	动态最优化基础	蒋中一	Alpha C. Chiang	42.00	2015	978-7-300-22068-0
74	城市经济学	布伦丹·奥弗莱厄蒂	Brendan O'Flaherty	69.80	2015	978-7-300-22067-3
75	管理经济学:理论、应用与案例(第八版)	布鲁斯·艾伦等	Bruce Allen	79.80	2015	978-7-300-21991-2
76	经济政策:理论与实践	阿格尼丝·贝纳西-奎里等	Agnès Bénassy-Quéré	79.80	2015	978-7-300-21921-9
77	微观经济分析(第三版)	哈尔·R. 范里安	Hal R. Varian	68.00	2015	978-7-300-21536-5
78	财政学(第十版)	哈维·S. 罗森等	Harvey S. Rosen	68.00	2015	978-7-300-21754-3
79	经济数学(第三版)	迈克尔·霍伊等	Michael Hoy	88.00	2015	978-7-300-21674-4
80	发展经济学(第九版)	A. P. 瑟尔沃	A. P. Thirlwall	69.80	2015	978-7-300-21193-0
81	宏观经济学(第五版)	斯蒂芬·D. 威廉森	Stephen D. Williamson	69.00	2015	978-7-300-21169-5
82	资源经济学(第三版)	约翰·C. 伯格斯特罗姆等	John C. Bergstrom	58.00	2015	978-7-300-20742-1
83	应用中级宏观经济学	凯文·D. 胡佛	Kevin D. Hoover	78.00	2015	978-7-300-21000-1
84	现代时间序列分析导论(第二版)	约根·沃特斯等	Jürgen Wolters	39.80	2015	978-7-300-20625-7
85	空间计量经济学——从横截面数据到空间面板	J. 保罗·埃尔霍斯特	J. Paul Elhorst	32.00	2015	978-7-300-21024-7
86	国际经济学原理	肯尼思·A. 赖纳特	Kenneth A. Reinert	58.00	2015	978-7-300-20830-5
87	经济写作(第二版)	迪尔德丽·N. 麦克洛斯基	Deirdre N. McCloskey	39.80	2015	978-7-300-20914-2
88	计量经济学方法与应用(第五版)	巴蒂·H. 巴尔塔基	Badi H. Baltagi	58.00	2015	978-7-300-20584-7
89	战略经济学(第五版)	戴维·贝赞可等	David Besanko	78.00	2015	978-7-300-20679-0
90	博弈论导论	史蒂文·泰迪里斯	Steven Tadelis	58.00	2015	978-7-300-19993-1
91	社会问题经济学(第二十版)	安塞尔·M. 夏普等	Ansel M. Sharp	49.00	2015	978-7-300-20279-2
92	博弈论:矛盾冲突分析	罗杰·B. 迈尔森	Roger B. Myerson	58.00	2015	978-7-300-20212-9
93	时间序列分析	詹姆斯·D. 汉密尔顿	James D. Hamilton	118.00	2015	978-7-300-20213-6
94	经济问题与政策(第五版)	杰奎琳·默里·布鲁克斯	Jacqueline Murray Brux	58.00	2014	978-7-300-17799-1
95	微观经济理论	安德鲁·马斯-克莱尔等	Andreu Mas-Collel	148.00	2014	978-7-300-19986-3
96	产业组织:理论与实践(第四版)	唐·E. 瓦尔德曼等	Don E. Waldman	75.00	2014	978-7-300-19722-7
97	公司金融理论	让·梯若尔	Jean Tirole	128.00	2014	978-7-300-20178-8
98	公共部门经济学	理查德·W. 特里西	Richard W. Tresch	49.00	2014	978-7-300-18442-5
99	计量经济学原理(第六版)	彼得·肯尼迪	Peter Kennedy	69.80	2014	978-7-300-19342-7
100	统计学:在经济中的应用	玛格丽特·刘易斯	Margaret Lewis	45.00	2014	978-7-300-19082-2
101	产业组织:现代理论与实践(第四版)	林恩·佩波尔等	Lynne Pepall	88.00	2014	978-7-300-19166-9
102	计量经济学导论(第三版)	詹姆斯·H. 斯托克等	James H. Stock	69.00	2014	978-7-300-18467-8
103	发展经济学导论(第四版)	秋山裕	秋山裕	39.80	2014	978-7-300-19127-0
104	中级微观经济学(第六版)	杰弗里·M. 佩罗夫	Jeffrey M. Perloff	89.00	2014	978-7-300-18441-8
105	微观银行经济学(第二版)	哈维尔·弗雷克斯等	Xavier Freixas	48.00	2014	978-7-300-18940-6
106	施米托夫论出口贸易——国际贸易法律与实务(第11版)	克利夫·M. 施米托夫等	Clive M. Schmitthoff	168.00	2014	978-7-300-18425-8
107	微观经济学思维	玛莎·L. 奥尔尼	Martha L. Olney	29.80	2013	978-7-300-17280-4
108	宏观经济学思维	玛莎·L. 奥尔尼	Martha L. Olney	39.80	2013	978-7-300-17279-8
109	计量经济学原理与实践	达摩达尔·N. 古扎拉蒂	Damodar N. Gujarati	49.80	2013	978-7-300-18169-1
110	现代战略分析案例集	罗伯特·M. 格兰特	Robert M. Grant	48.00	2013	978-7-300-16038-2
111	高级国际贸易:理论与实证	罗伯特·C. 芬斯特拉	Robert C. Feenstra	59.00	2013	978-7-300-17157-9

经济科学译丛

序号	书名	作者	Author	单价	出版年份	ISBN
112	经济学简史——处理沉闷科学的巧妙方法(第二版)	E. 雷・坎特伯里	E. Ray Canterbery	58.00	2013	978-7-300-17571-3
113	微观经济学原理(第五版)	巴德、帕金	Bade, Parkin	65.00	2013	978-7-300-16930-9
114	宏观经济学原理(第五版)	巴德、帕金	Bade, Parkin	63.00	2013	978-7-300-16929-3
115	环境经济学	彼得・伯克等	Peter Berck	55.00	2013	978-7-300-16538-7
116	高级微观经济理论	杰弗里・杰里	Geoffrey A. Jehle	69.00	2012	978-7-300-16613-1
117	高级宏观经济学导论:增长与经济周期(第二版)	彼得・伯奇・索伦森等	Peter Birch Sørensen	95.00	2012	978-7-300-15871-6
118	微观经济学(第二版)	保罗・克鲁格曼	Paul Krugman	69.80	2012	978-7-300-14835-9
119	克鲁格曼《微观经济学(第二版)》学习手册	伊丽莎白・索耶・凯利	Elizabeth Sawyer Kelly	58.00	2013	978-7-300-17002-2
120	克鲁格曼《宏观经济学(第二版)》学习手册	伊丽莎白・索耶・凯利	Elizabeth Sawyer Kelly	36.00	2013	978-7-300-17024-4
121	微观经济学(第十一版)	埃德温・曼斯费尔德	Edwin Mansfield	88.00	2012	978-7-300-15050-5
122	卫生经济学(第六版)	舍曼・富兰德等	Sherman Folland	79.00	2011	978-7-300-14645-4
123	现代劳动经济学:理论与公共政策(第十版)	罗纳德・G. 伊兰伯格等	Ronald G. Ehrenberg	69.00	2011	978-7-300-14482-5
124	宏观经济学:理论与政策(第九版)	理查德・T. 弗罗恩	Richard T. Froyen	55.00	2011	978-7-300-14108-4
125	经济学原理(第四版)	威廉・博伊斯等	William Boyes	59.00	2011	978-7-300-13518-2
126	计量经济学基础(第五版)(上下册)	达摩达尔・N. 古扎拉蒂	Damodar N. Gujarati	99.00	2011	978-7-300-13693-6
127	《计量经济学基础》(第五版)学生习题解答手册	达摩达尔・N. 古扎拉蒂等	Damodar N. Gujarati	23.00	2012	978-7-300-15080-8
128	计量经济分析(第六版)(上下册)	威廉・H. 格林	William H. Greene	128.00	2011	978-7-300-12779-8

金融学译丛

序号	书名	作者	Author	单价	出版年份	ISBN
1	银行学(第二版)	芭芭拉・卡苏等	Barbara Casu	99.00	2020	978-7-300-28034-9
2	金融衍生工具与风险管理(第十版)	唐・M. 钱斯	Don M. Chance	98.00	2020	978-7-300-27651-9
3	投资学导论(第十二版)	赫伯特・B. 梅奥	Herbert B. Mayo	89.00	2020	978-7-300-27653-3
4	金融几何学	阿尔文・库鲁克	Alvin Kuruc	58.00	2020	978-7-300-14104-6
5	银行风险管理(第四版)	若埃尔・贝西	Joël Bessis	56.00	2019	978-7-300-26496-7
6	金融学原理(第八版)	阿瑟・J. 基翁等	Arthur J. Keown	79.00	2018	978-7-300-25638-2
7	财务管理基础(第七版)	劳伦斯・J. 吉特曼等	Lawrence J. Gitman	89.00	2018	978-7-300-25339-8
8	利率互换及其他衍生品	霍华德・科伯	Howard Corb	69.00	2018	978-7-300-25294-0
9	固定收益证券手册(第八版)	弗兰克・J. 法博齐	Frank J. Fabozzi	228.00	2017	978-7-300-24227-9
10	金融市场与金融机构(第8版)	弗雷德里克・S. 米什金等	Frederic S. Mishkin	86.00	2017	978-7-300-24731-1
11	兼并、收购和公司重组(第六版)	帕特里克・A. 高根	Patrick A. Gaughan	89.00	2017	978-7-300-24231-6
12	债券市场:分析与策略(第九版)	弗兰克・J. 法博齐	Frank J. Fabozzi	98.00	2016	978-7-300-23495-3
13	财务报表分析(第四版)	马丁・弗里德森	Martin Fridson	46.00	2016	978-7-300-23037-5
14	国际金融学	约瑟夫・P. 丹尼尔斯等	Joseph P. Daniels	65.00	2016	978-7-300-23037-1
15	国际金融	阿德里安・巴克利	Adrian Buckley	88.00	2016	978-7-300-22668-2
16	个人理财(第六版)	阿瑟・J. 基翁	Arthur J. Keown	85.00	2016	978-7-300-22711-5
17	投资学基础(第三版)	戈登・J. 亚历山大等	Gordon J. Alexander	79.00	2015	978-7-300-20274-7
18	金融风险管理(第二版)	彼德・F. 克里斯托弗森	Peter F. Christoffersen	46.00	2015	978-7-300-21210-4
19	风险管理与保险管理(第十二版)	乔治・E. 瑞达等	George E. Rejda	95.00	2015	978-7-300-21486-3
20	个人理财(第五版)	杰夫・马杜拉	Jeff Madura	69.00	2015	978-7-300-20583-0
21	企业价值评估	罗伯特・A.G. 蒙克斯等	Robert A. G. Monks	58.00	2015	978-7-300-20582-3
22	基于Excel的金融学原理(第二版)	西蒙・本尼卡	Simon Benninga	79.00	2014	978-7-300-18899-7
23	金融工程学原理(第二版)	萨利赫・N. 内夫特奇	Salih N. Neftci	88.00	2014	978-7-300-19348-9
24	投资学导论(第十版)	赫伯特・B. 梅奥	Herbert B. Mayo	69.00	2014	978-7-300-18971-0
25	国际金融市场导论(第六版)	斯蒂芬・瓦尔德斯等	Stephen Valdez	59.80	2014	978-7-300-18896-6
26	金融数学:金融工程引论(第二版)	马雷克・凯宾斯基等	Marek Capinski	42.00	2014	978-7-300-17650-5
27	财务管理(第二版)	雷蒙德・布鲁克斯	Raymond Brooks	69.00	2014	978-7-300-19085-3
28	期货与期权市场导论(第七版)	约翰・C. 赫尔	John C. Hull	69.00	2014	978-7-300-18994-2
29	国际金融:理论与实务	皮特・塞尔居	Piet Sercu	88.00	2014	978-7-300-18413-5
30	货币、银行和金融体系	R. 格伦・哈伯德等	R. Glenn Hubbard	75.00	2013	978-7-300-17856-1
31	并购创造价值(第二版)	萨德・苏达斯纳	Sudi Sudarsanam	89.00	2013	978-7-300-17473-0
32	个人理财——理财技能培养方法(第三版)	杰克・R. 卡普尔等	Jack R. Kapoor	66.00	2013	978-7-300-16687-2
33	国际财务管理	吉尔特・贝克特	Geert Bekaert	95.00	2012	978-7-300-16031-3
34	应用公司财务(第三版)	阿斯沃思・达摩达兰	Aswath Damodaran	88.00	2012	978-7-300-16034-4
35	资本市场:机构与工具(第四版)	弗兰克・J. 法博齐	Frank J. Fabozzi	85.00	2011	978-7-300-13828-2
36	衍生品市场(第二版)	罗伯特・L. 麦克唐纳	Robert L. McDonald	98.00	2011	978-7-300-13130-6

图书在版编目（CIP）数据

《微观经济学》（第九版）学习指导/（ ）乔纳森·汉密尔顿，（ ）瓦莱丽·萨斯洛编；李彬译. --北京：中国人民大学出版社，2020.7
（经济科学译丛）
书名原文：Study Guide for Microeconomics，9e
ISBN 978-7-300-28281-7

Ⅰ.①微… Ⅱ.①乔… ②瓦… ③李… Ⅲ.①微观经济学-高等学校-教学参考资料 Ⅳ.①F016

中国版本图书馆 CIP 数据核字（2020）第 111163 号

“十三五”国家重点出版物出版规划项目
经济科学译丛
《微观经济学》（第九版）学习指导
乔纳森·汉密尔顿
瓦莱丽·萨斯洛 编
李 彬 译
张 军 校
Weiguan Jingjixue Xuexi Zhidao

出版发行	中国人民大学出版社		
社　　址	北京中关村大街 31 号	**邮政编码**	100080
电　　话	010－62511242（总编室）		010－62511770（质管部）
	010－82501766（邮购部）		010－62514148（门市部）
	010－62515195（发行公司）		010－62515275（盗版举报）
网　　址	http://www.crup.com.cn		
经　　销	新华书店		
印　　刷	涿州市星河印刷有限公司		
规　　格	185 mm×260 mm　16 开本	**版　　次**	2020 年 7 月第 1 版
印　　张	16.5　插页 2	**印　　次**	2020 年 7 月第 1 次印刷
字　　数	406 000	**定　　价**	42.00 元

Pearson

尊敬的老师：

您好！

为了确保您及时有效地申请培生整体教学资源，请您务必完整填写如下表格，加盖学院的公章后传真给我们，我们将会在2-3个工作日内为您处理。

请填写所需教辅的开课信息：

采用教材			□中文版 □英文版 □双语版
作　者		出版社	
版　次		**ISBN**	
课程时间	始于　年　月　日	学生人数	
	止于　年　月　日	学生年级	□专　科　□本科 1/2 年级 □研究生　□本科 3/4 年级

请填写您的个人信息：

学　校			
院系/专业			
姓　名		职　称	□助教 □讲师 □副教授 □教授
通信地址/邮编			
手　机		电　话	
传　真			
official email(必填) **(eg:XXX@ruc.edu.cn)**		**email** **(eg:XXX@163.com)**	
是否愿意接受我们定期的新书讯息通知：　□是　□否			

系 / 院主任：__________（签字）

（系 / 院办公室章）

___年___月___日

资源介绍：

--教材、常规教辅（PPT、教师手册、题库等）资源：请访问 www.pearsonhighered.com/educator；（免费）

--MyLabs/Mastering 系列在线平台：适合老师和学生共同使用；访问需要 Access Code；（付费）

地址：北京市东城区北三环东路36号环球贸易中心D座1208室 100013

Please send this form to：copub.hed@pearson.com

Website: www.pearson.com